KB040518

삼국유사

돋을새김 푸른책장 시리즈 **022**

삼국유사 [개정판]

초판 발행 2014년 10월 24일
개정 1쇄 2019년 08월 30일

지은이 | 일연
편역자 | 임명현
발행인 | 권오현

펴낸곳 | 돋을새김
주소 | 서울시 종로구 이화동 27-2 부광빌딩 402호
전화 | 02-745-1854~5 팩스 | 02-745-1856
홈페이지 | http://blog.naver.com/doduls 전자우편 | doduls@naver.com
등록 | 1997.12.15. 제300-1997-140호

인쇄 | 금강인쇄(주)(02-852-1051)

ISBN 978-89-6167-262-7 (03910)
Copyright ⓒ 2019, 임명현

값 14,000원

돌을새김
푸른책장
시 리 즈
0 2 2

삼국유사

일연 지음 | **임명현** 편역

돌을새김

《삼국유사》는 고조선 이후 고대 역사의
흥망성쇠를 보여주면서도 신화, 설화, 전설, 향가처럼
《삼국사기》에서는 제외된 역사 이면의 삶의 모습까지도
들여다볼 수는 매우 귀중한 문헌이다.

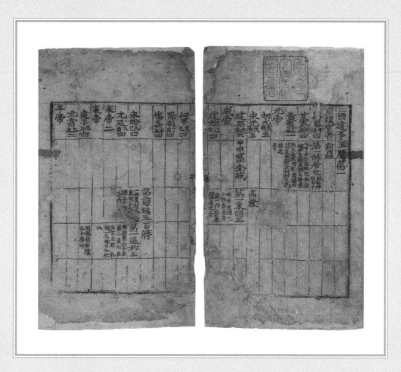

《삼국유사》 1512년 규장각본 (국보 306-2호)

일연은 고려 후기 고승이다. 최충헌이 집권한 무신정권 시대인 1206년에 태어나 1289년(충렬왕 15) 인각사에서 입적했다. 1283년 국사로 책봉될 정도로 고려 왕실과 불교의 정신적 중추 역할을 했다. 그러나 말년에 연로한 어머니를 모시기 위해 고향 경북 군위로 내려갔다. 그곳에서 인각사를 수리하여 머물며 《삼국유사》를 썼다.

이름 있는 정치가, 종교인, 학자 등이 현직에서 물러나면 한적한 시골에 은둔하여 저술 활동을 하는 경우가 많다. 일연 역시 평생을 불교와 나라를 위해 봉사하다 말년에 고향으로 내려와 자신의 삶을 정리하는 의미에서 저술 활동을 했다.

일연이 집필을 시작할 즈음에는 이미 100여 년 전인 1145년에 김부식이 저술한 《삼국사기》가 있었다. 그런데도 일연은 삼국의 역사에 대해 또 한 권의 책을 쓴 것이다. 그 이유가 무엇이었을까?

천년의 역사를 지닌 신라를 계승한 고려 왕조였으나 12세기경에 이르러 귀족사회가 분열되었으며, 반란이 일어나고 그것은 무신정권으로 이어졌다. 게다가 몽고의 침략으로 결정적인 시련까지 맞게 되는데, 왕이 강화도로 쫓겨날 정도였으니(1232년) 고려 왕실을 비롯한 민중들 삶의 처참함은 말할 것도 없었다. 결국 고려 왕조는 100여 년 간 원나라(몽고)의 지배를 받게 되었다.

이러한 시기에 일연은 운문사의 주지로 있을 때는 왕에게 불법을 강론하고 국존國尊의 위치에까지 올랐으며, 인각사에 머물 즈음에는 비록 속세는 떠나 있었지만 자신의 역할에 대해 고민했다. 그리고 그 결과물이 《삼국유사》로 나타났으리라 생각한다. 그것은 왕과 왕실을 지배하는 권문귀족세력들을 향한 진정어린 호소였을 것이다.

일연은 김부식의 사대주의적 역사관에서 한 걸음 더 나아가 우리의 역사를 바라보았다. 정사에는 없는 이야기 즉 고조선, 고구려, 발해의 역사를 재조망함으로써 신라 중심의 역사에서 벗어나고자 했다. 중국과 동등한 자주의식을 갖추는 길만이 고려의 민중을 살릴 수 있다는 것을 왕에게 시사한 것이다.

당시 서적과 글을 다룰 수 있는 계급은 일부 지배층이었다. 따라서 지금까지의 역사는 그들만의 역사에 불과했다. 일연은 백성들의 삶 속에 전해 내려오고 있는 신화, 설화, 전설, 향가 등에 주목했다. 사대부들이 허황한 세속의 이야기로 폄하했던 것들을 옛 기록에서 찾아내 우리의 역사를 새롭게 바라보는 통찰의 계기로 삼으려 했음을 알 수 있다.

《삼국사기》에는 시대별, 연대별로 왕의 치적을 비롯한 역사들이 객관적으로 정리되어 있다. 그러나 《삼국유사》는 정사의 틀에서 벗어난 서술 방식을 택했다. 고대 역사의 흥망성쇠를 보여주면서도 역사의 배경이 되는 신비한 이적, 특히 불교와 무속 신앙으로 비쳐지는 신비한 믿음을 보여주는 설화들이 많이 담겨 있다. 사실에 근거하기보다는 비합리적인 세계를 보여주기 때문에 받아들이기에 어려움이 있다.

또한 시대적 전개도 연속성이 떨어진다. 당시 역사와 불교에 대한 전반적인 지식을 갖춘 지배계층을 염두에 두었기 때문으로 보인다. 즉 《삼국사기》에 근거한 역사와 불교사에서 지식인들이 알고 있는 역사는 중복해 기술하지 않는 대신 누락되고 배제된 것을 첨가하는 형식을 따랐던 것이다.

그래서 다산茶山은 《삼국유사》의 성격에 대해 "유사遺事는 일사逸事다. 사가의 기록 외에 빠졌거나 자세하게 드러나지 않은 것을 드러내 표현한 것이다."라고 했다.

따라서 《삼국유사》를 읽을 때는 내용 그대로 이야기 중심으로 읽기를 바란다. 제3 흥법에서 제9 효선까지는 불교의 전승과 승려의 행적에 따라 정리되어 있다. 그러나 제1, 제2 기이에는 신화, 역사, 설화 등이 함께 수록되어 있다. 간혹 그것을 내용별로 따로 구성하여 이해하려 할 수 있다. 그러나 그 같은 구성에는 《삼국사기》에서 배제된 것을 재구성하려 한 일연의 의도가 반영되어 있다. 시대별로는 상고시대에서부터 신라의 삼국통일시대까지 이어지고 있으며, 앞장과 다음 장 사이에는 반드시 연결되는 상징과 맥락들이 곳곳에 담겨 있다.

또한 불교에 관한 설화에는 부처, 경전, 공양, 사리, 진영, 부도, 석탑 등과 관련된 신비한 불교의 세상이 펼쳐진다. 기독교 신앙의 역사를 보여주는 바이블이 있듯이 일연이 전하는 이야기도 불교의 바이블이라 생각하면 이해하지 못할 부분이 없다.

따라서 《삼국유사》를 대하는 우리의 태도는 불교적 세계관과 자주의식으로 새로운 가치를 부여하고 있는 일연의 의식세계를 들여다보는 과정이어야 한다. 그렇게 하면 반드시 읽어야 할 고전이기에 의무적으로 읽는 것이 아니라 우리 민족의 고유한 정신세계를 음미하는 유익한 독서가 될 것이다.

이해를 돕기 위해 저자 일연과 《삼국유사》의 체재를 간략하게 정리하여 이 책의 부록편에 수록했다. 또한 각 장의 말미에는 독자들이 흥미를 느끼고 좀더 깊이 있게 읽을 수 있도록 '한번 더 들여다보기'를 덧붙였다. 물론 일연이 전하는 이야기 속에는 그보다 더한 상징과 의미들이 있다고 확신한다. 그것을 찾아내는 것은 이제 독자 여러분의 몫이다.

| 차례 |

들어가기 전에 • 7

제 1 권

제1 기이紀異(상)

제 2 권

제2 기이(하)

제8 피은

제9 효선

일러두기

1. 이 책은 삼국유사 정덕본正德本(1512년, 조선 중종 7년에 간행된 목판본)을 원본으로 하여 발간된 책을 참고했다.

2. 일연의 주(原註)는 분문 옆에 작은 글씨로 표기했다.

3. 이 책에서 본문과 일연 주의 '지금'은 '고려'를 말한다.

4. 《삼국사기》와 상이한 부분과 설명이 필요한 부분에 주석을 달았다.

5. 이해하기 쉬운 한글로 번역하는 것을 원칙으로 했으나 최대한 원뜻이 손상되지 않도록 했다. 고문으로 해독이 어려운 곳은 현대문으로 의역한 경우도 있다.

6. 연대는 독자의 이해를 돕기 위해 해당 연대를 먼저 쓰고 ( ) 안에 연호年號(동양의 국가에서는 군주의 재위년을 연호로 사용한다. 한 군주가 필요에 따라 연호를 바꾸어 쓸 수도 있다.)와 간지干支[십간十干(갑甲 을乙 병丙 정丁 무戊 기己 경庚 신辛 임壬 계癸)과 십이지十二支(자子 축丑 인寅 묘卯 진辰 사巳 오午 미未 신申 유酉 술戌 해亥)를 조합한 것]를 표기했다.

7. 각 장의 중간 제목은 이해를 돕기 위해 임의로 보충했다.

8. 고려조 왕의 이름을 피휘避諱(왕의 이름에 쓰인 글자를 피해 사용)하기 위해 바꿔 쓴 경우에는 원본의 표기대로 두고 각주로 설명했다.

9. 제1 기이(상)와 제2 기이(하)는 전편을 모두 수록했으나 제3 흥법~제9 효선은 특별히 의미 깊은 내용만을 선별해 구성했다.

제1권

제1 기이(상)

단군신화에서부터 고조선을 시작으로
신라 통일 이전 태종무열왕까지를 다루고 있다.
우리의 고대사라 할 수 있는 고조선과 위만조선,
부여, 옥저, 대방, 가야, 이서국
그리고 발해의 역사를 다루었으며
고구려, 백제, 신라의 건국 신화와
설화 등이 실려 있다.

제1 기이紀異(상)

머리말

　대체로 옛날 성인이 이른바 예악禮樂으로 나라를 일으키고 인의人義로써 가르치고자 할 때 괴이한 힘과 어지러운 귀신[1]에 대해 말하지 않았다. 그러나 제왕帝王이 장차 나타날 때는 부명符命[2]을 받고 도록圖錄[3]을 받았다. 그러므로 반드시 여느 사람들과는 다름이 있었다. 그런 연후에야 능히 생각지도 못한 변화를 타서 천자의 지위[大器]를 얻고 업을 이룰 수 있는 것이다.

　그러므로 황하에서 그림이 나오고 낙수洛水에서 글이 나와[4] 성인聖人이

---

1 괴력난신怪力亂神.
2 하늘의 명.
3 도참. 앞날의 길흉을 예언하는 글.
4 중국 고대 전설상의 제왕인 복희 시대에 황하에서 나온 용마의 등에 그려진 그림을 말한다. 복희는 이 그림을 근거로 주역周易의 팔괘를 그렸다 한다. 또한 중국의 우왕이 만든 서경書經의 홍범구주弘範九疇(천하를 다스리는 9가지 법칙)는 하늘로부터 받은 낙서洛書를 근거로 만든 것이라 한다.

18

나타났던 것이다. 무지개가 신모神母를 둘러싸 복희伏羲[5]를 낳았고, 용이 여등女登에게 감응해서 염제炎帝[6]를 낳았다. 황아皇娥가 궁상窮桑의 들에서 놀고 있을 때 자신을 백제白帝[7]의 아들이라고 밝힌 신동神童과 정을 통해 소호少昊를 낳았고, 간적簡狄은 알을 삼키고 설契[8]을 낳았다. 강원姜嫄은 거인의 발자국을 밟았는데 기棄[9]를 낳았고, 요의 어머니는 잉태한 지 14개월 만에 요堯[10] 임금을 낳았다. 패공沛公[11]의 어머니는 용과 커다란 연못에서 교접하여 패공을 낳기에 이르렀다. 이 같은 일들을 어찌 일일이 다 기록할 수 있겠는가?

그렇다면 삼국의 시조가 모두 기이奇異하게 나타났다고 해서 어떻게 괴이한 일이라 할 수 있겠는가? 이것이 기이紀異를 이 책의 첫머리에 싣는 까닭이며 이유이다.

한번 더 들여다보기

일연(1206~1289)은 기이 편을 시작하면서 《논어論語》 술이述而 편에 나오는 '괴력난신怪力亂神'을 인용했다. 중국의 성인 공자孔子는 예악과 인의를 가르치면서 '괴상한 힘과 어지러운 귀

---

5 중국 고대의 제왕. 백성들에게 고기 잡는 것과 목축을 가르쳤다.
6 중국 고대의 제왕 신농씨. 백성들에게 농사짓는 것을 가르쳤으며 불을 받들었다.
7 중국 고대 오제 중의 하나. 서쪽을 다스렸다.
8 중국 고대 은殷(상)나라의 시조.
9 중국 주周나라의 시조인 후직后稷.
10 중국 고대 제왕인 도당씨. 훗날 순제舜帝와 더불어 성군으로 일컬어지며, 요순시대라는 중국 역사상 태평시대를 열었다.
11 중국 한나라 고조 유방. 패읍沛邑에서 군사를 일으켰다.

신에 대해서는 말하지 않았다.' 즉 도리에 어긋나는 것이라든지, 이
성적으로 설명하기 곤란한 불가사의한 존재나 현상은 인간을 현혹하
기 때문이라는 것이다. 이것은 공자로 대표되는 유교의 합리적 사상
이다.

그러나 일연은 무릇 제왕이란 하늘의 명[符命]과 예언[圖錄]을 받아
나타나며, 중국 전설상의 왕 삼황오제三皇五帝 역시 그러한 과정으로
탄생했음을 소개했다. 그럼으로써 우리 삼국의 이야기도 그러한 맥
락에서 쓰고자 한 것임을 밝히고 있다.

첫머리에서 우리는 일연의 역사적 서술 태도가 유교적 합리주의
역사관에 입각하여 저술된 김부식의 《삼국사기》와는 다른 맥락으로
전개되리라는 것을 예측할 수 있다.

고조선古朝鮮(왕검조선王儉朝鮮)[1]

《위서魏書》[2]의 기록이다.

지금으로부터 2천년 전에 단군왕검壇(檀)君王儉[3]이 아사달阿斯達경(經)에
는 백주白州에 있는 무엽산(無葉山) 또는 백악(白岳)이라 했다. 또는 개성開城 동쪽에 있다고도

---

1 일연은 조선을 위만조선衛滿朝鮮과 구분하기 위해 고조선古朝鮮이라 했다. 즉 위만조선보
   다 오래 전에 있었던 조선이란 뜻이다.
2 중국 위나라의 역사책. 그러나 현존하는 《위서》에는 고조선에 대한 기록이 없다.
3 《제왕운기》에는 壇으로 되어 있으나 다른 책에는 檀으로 쓰고 있다. 단군은 제사장이라는
   의미이다.

하는데, 지금의 백악궁이다을 도읍으로 정하고, 나라를 열어 조선朝鮮이라 했다. 요[高]⁴와 같은 때이다.

환웅이 내려오다

《고기古記》⁵의 기록은 다음과 같다.

옛날에 환인桓因제석(帝釋)⁶을 말한다의 서자 환웅桓雄이 천하에 자주 뜻을 품고 인간 세상을 몹시 탐하였다. 아버지(환인)는 아들의 뜻을 알고 삼위 태백三危太伯⁷을 내려다보니 가히 인간 세상을 홍익弘益⁸할 만한 곳이라 생각되었다. 이에 환웅에게 천부인天符印⁹ 세 개를 주어 내려가서 다스리게 했다.

환웅은 천상의 무리 3천 명을 거느리고 태백산太伯山 꼭대기지금¹⁰의 묘향산의 신단수神檀樹 아래로 내려와 이곳을 신시神市라 했다. 이 분을 환웅천왕桓雄天王이라 한다. 그는 풍백風伯, 우사雨師, 운사雲師¹¹를 거느리고 농

---

4 중국의 요堯 임금. 고려 정종의 이름 '요堯'를 피해 '고高'로 썼다.
5 《단군고기檀君古記》.
6 '최고의 신'이라는 뜻의 불교용어.
7 '삼위태백'에 대한 의견은 분분하다. 우선 《서경》에 "삼묘를 삼위로 보냈다竄三苗于三危"라는 구절이 있어 '태백'을 삼위 지역의 한 산이라고 보는 설이 있다. 또한 《제왕운기》와 《동국여지승람》에서 구월산, 즉 아사달산의 다른 이름 중 하나로 삼위三危를 들고 있어 태백은 뒤에 나오는 태백산(지금의 묘향산)을 가리킨 것이라는 설도 있다. 《중문대사전》에는 "삼위는 우리말의 삼봉(三峰)을 일컫는다"하여 삼위태백을 곧 '세 봉우리의 태백산'이라고 해석하기도 한다.
8 널리 이롭게.
9 천제가 내려 준 신표. 칼, 거울, 방울.
10 1281년, 고려 충렬왕 7년.《삼국유사》의 찬술연대로 여겨진다.
11 바람의 신, 비의 신, 구름의 신.

사, 생명, 질병, 형벌, 선악 등 인간 세상에 관한 360여 가지의 일들을 주재하며 세상을 다스리고 교화했다.

나라가 열리다

이때 곰 한 마리와 호랑이 한 마리가 같은 동굴에 살았는데 신령스러운 환웅에게 사람이 되게 해달라고 늘 빌었다. 신(환웅)이 영험한 쑥 한 줌과 마늘 20쪽을 주면서 말했다.

"너희들이 이것을 먹고 백일 동안 햇빛을 보지 않으면 곧 사람의 모습이 될 수 있을 것이다."

곰과 호랑이는 이것을 받아서 먹고 금기禁忌에 들어갔다. 삼칠일[1] 만에 곰은 마침내 여자의 몸이 되었으나 호랑이는 금기를 지키지 못하여 사람의 형체를 얻지 못했다.

곰으로 변신한 여인 웅녀熊女는 그녀와 혼인할 만한 사람이 없었으므로 매일 신단수 아래에서 아이를 갖게 해 달라고 빌었다. 환웅이 잠시 사람으로 변하여 그녀와 혼인했다. 웅녀가 잉태하여 아들을 낳으니 단군왕검檀君王儉이라 했다.

단군은 나라를 열었다. 요제堯帝가 왕위에 오른 지 50년이 되는 경인년庚寅年요 임금이 즉위한 원년[2]은 무진(戊辰)이므로 50년은 경인이 아니고 정사(丁巳)이다. 아마도 이것은 잘못된 것 같다의 일이다. 평양성平壤城지금의 서경(西京)을 도읍으로 하

---

1 21일로 해석되는데, 앞에서 말한 백일 동안의 금기와 맞지 않아 해석이 분분하다.
2 기원전 2333년 고조선의 건국연대로 추정된다.

고 비로소 조선朝鮮이라 불렀다.

이후에 도읍을 백악산白岳山 아사달阿斯達로 옮겼다. 그곳을 궁홀산弓忽山또는 방홀산(方忽山) 또는 금미달今彌達이라고도 한다. 단군은 1천 5백년간 나라를 다스렸다.[3]

기자조선

주周나라의 호왕虎王[4]이 은殷 왕조를 멸하고 즉위한 기원전 1122년(기묘)에 은 왕조의 유신 기자箕子를 조선에 봉하니,[5] 단군은 장당경藏唐京으로 옮겨갔다가 나중에 아사달에 돌아와 숨어서 산신이 되었다. 나이가 1908세였다고 한다.

당唐나라의《배구전裵矩傳》에는 이렇게 되어 있다.[6]

고려高麗[7]는 본래 고죽국孤竹國지금의 해주(海州)이다. 주나라가 기자를 봉해 조선朝鮮이라 했다. 한漢나라 때 이곳을 나누어 3군을 설치했는데 현도玄菟, 낙랑樂浪, 대방帶方북대방(北帶方)이라 했다.

《통전通典》[8]의 설명도 동일하다.《한서(漢書)》[9]에는 진번[眞], 임둔[臨], 낙랑[樂], 현도[玄] 4군으로 되어 있는데, 여기에서는 3군을 두었다 하고 이름도 같지 않으니 어찌된 것일까?

---

3 단군의 자손으로 이어지면서 다스렸던 기간 전체를 의미하는 것으로 본다.
4 주나라의 무왕武王. 고려 혜종의 이름 무武를 피해 호虎라 썼다.
5 기자조선箕子朝鮮의 실체에 대해서는 부정적이거나 학설이 다양하다.
6 일연은 고조선 말미에 고구려와 기자, 그리고 한사군에 대해 이야기한다. 아마 다음 장에 이어질 위만조선과 관련된 것이기 때문인 듯하다.
7 고구려를 말한다.
8 중국 당唐 나라의 재상 두우杜佑(735~812)가 편찬한 제도사制度史.
9 중국 후한後漢의 반고班固가 지은 역사서.

　　　　　　　　　　　　단군신화는 우리나라 최초의 국가인 고조선의 건국에 대한 이야기이다. 천신天神의 아들인 환웅이 지상으로 내려와 여인으로 변한 웅녀와 혼인했으며, 그들 사이에서 태어난 아들 단군이 '고조선'이라는 나라를 세웠다는 내용이다.

　단군이 우리의 시조이며, 고조선은 우리나라 최초의 국가인 것이다. 그러나 고조선의 건국연대가 중국의 요 임금 시절인 기원전 2333년 또는 그 이전이라고 하는 것이 역사적 사실로 증명되지 않기 때문에 우리는 이것을 신화라 부른다.

　즉 역사라기보다는 국가의 권력이 하늘로부터 내려온 신성한 것임을 강조하는 건국신화로서, 하늘의 자손인 환웅 부족이 곰과 호랑이로 상징되는 토착집단을 정복하여, '널리 인간을 이롭게 하려' 했음을 의미하는 것으로 이해해야 한다.

　신화에 따르면 고조선은 천신의 뜻으로 세워진 나라이다. 또한 신시新市를 중심으로 한 제정일치의 사회이다. 농경에 종사하고, 형벌과 선악을 주재하는 문물제도 등을 갖춘 고대국가 형태였다는 것을 알 수 있다.

　고조선의 위치에 대해서는 여러 학설이 존재한다. 일연의 주석에 따르면, '태백산은 묘향산이며, 평양은 지금(고려)의 평양'이라고 한다. 그러나 현재는 대동강 유역의 평양설, 요동설[1] 또는 요서지역이

---

1 중국의 요하강(랴오허강)을 중심으로 동쪽을 요동, 서쪽을 요서라 한다.

라 주장하는 학자도 있으며, 요동 지역에서 대동강 유역으로 이동했다는 설도 있다. 그것은 사마천의 《사기》 조선열전에 의하면 한나라와 위만조선이 요동 지역에서 전쟁을 치른 기록이 나오기 때문이다. 확실한 사실은 고조선이 멸망하던 시기에는 요동 지역에 있었다는 것이다.

현재 단군신화는 일연의 《삼국유사》와 이승휴의 《제왕운기》를 비롯하여 몇몇 문헌으로 전해지고 있다.

위만조선魏(衛)滿朝鮮

위만이 나라를 세우다

《전한서前漢書》 조선전朝鮮傳의 기록이다.

처음 연燕나라 때부터 일찍이 진번조선真番朝鮮안사고(顏師古)는 《한서(漢書)》의 주석에서 전국시대(戰國時代)[2]에 연나라가 최초로 이 땅을 침략해서 차지했다고 썼다을 침략해 차지하고 관리를 두고 요새를 쌓았다.

진秦나라[3]가 연나라를 멸망시켜 이곳을 요동遼東의 변방으로 삼았다. 그러나 한漢나라에 이르러 이 땅이 멀어서 지키기 어렵다며 다시 요동의 옛 요새를 구축하고 패수浿水까지를 경계를 삼고안사고는 패수가 낙랑군(樂浪郡)

---

2 기원전 403~221. 진秦이 중국을 통일하기 전까지의 기간.
3 기원전 249~207. 전국시대 7웅 중 하나. 전국시대를 통일한 중국 최초의 통일왕조.

에 있다고 했다연나라에 귀속시켰다.

연나라 왕 노관盧綰이 한나라에 반기를 들고 흉노에게 망명해가니 연나라 사람 위만도 망명하여 무리 1천여 명을 모아 동쪽으로 달아나 요새를 빠져 나갔다. 패수를 건너 옛날 진秦나라 때의 비어 있던 땅 상하에 자리 잡았다. 그는 진번조선의 오랑캐와 옛 연나라와 제齊나라의 망명자들을 차츰 복속시키고 스스로 왕이 되어 왕검王儉이기(李奇)는 '지명'이라 했고, 신찬(臣瓚)은 '왕검성은 낙랑군의 패수 동쪽'에 있다고 했다에 도읍을 정했다. 군사를 길러 주변의 작은 읍들을 항복시키니 진번眞番[1]과 임둔臨屯[2]이 모두 와서 복속되어 나라 땅이 수천 리가 되었다.

위만은 왕위를 아들에게 넘겼고 손자 우거右渠안사고는 손자의 이름이 우거라 했다에 이르렀다.

한나라와 충돌하다

진번[3]과 진국辰國[4]이 국서를 올려 천자[5]를 뵙고 싶어 했으나 우거가 길을 막아 전하지 못하게 했다.안사고는 진(辰)은 진한(辰韓)이라 했다.

기원전 109년(원봉元封[6] 2년)에 한나라에서 사신 섭하涉何를 보내 우거를 타일렀으나 끝내 천자의 명령을 받들지 않았다. 섭하가 돌아가면서 국

---

1 황해도 지방.
2 함흥평야 지역.
3 황해도, 즉 자비령 이남 한강 이북의 땅.
4 당시 한강 이남의 여러 국가를 이른다.
5 중국 한漢나라 무제武帝.
6 한 무제의 연호, 기원전 110~105.

경 패수에 이르렀을 때 수레를 몰던 자를 시켜 자기를 배웅하는 조선의 비왕神王 장長안사고는 섭하를 배웅한 사람의 이름이라 했다을 찔러 죽이게 했다. 그리고 급히 패수를 건너 요새를 넘어 도망가 천자에게 보고했다.

천자는 섭하를 요동의 동부도위東部都尉로 삼았는데, 조선이 섭하를 원망하여 그를 습격해 죽였다. 천자는 누선장군樓船將軍 양복楊僕을 보내어 군사 5만 명으로 제齊나라에서 발해渤海를 건너가게 했다. 좌장군 순체는 요동에서부터 우거를 쳤다. 우거는 군사를 거느리고 험준한 곳에 숨어서 이들을 막았다.

그러나 누선이 제나라 군사 7천을 거느리고 왕검성에 먼저 이르렀다. 우거는 성을 지키며 누선의 군대가 적은 것을 알아채고 즉시 나가서 공격하니 패하여 달아났다. 누선장군 양복은 군사를 잃고 산속으로 도망했으나 잡히지는 않았다. 좌장군 순체도 조선의 패수 서쪽 군대를 공격했으나 격파하지 못했다. 천자는 두 장군이 불리함을 알고 위산衛山을 시켜 군대의 위력을 과시하며 우거를 타이르게 했다.

우거는 항복을 청하고 태자를 보내 말을 바치기로 했다. 태자가 무리 1만여 명과 함께 무기를 가지고 패수를 막 건너려 할 때 위산과 좌장군 순체는 그들이 변을 일으키지 않을까 의심하여 태자에게 말했다.

"이미 항복했으므로 무기를 지니지 않는 것이 마땅하다."

태자도 사신이 자기를 속일 수도 있다는 의심이 들어 패수를 건너지 않고 다시 되돌아갔다. 이 일이 천자에게 보고되니 위산의 목을 베게 했다.

좌장군 순체가 다시 패수가의 군대를 격파하고 전진하여 왕검성 아래까지 이르러 서북쪽을 포위했다. 누선장군도 와서 성 남쪽에서 합세했다.

우거가 성을 굳게 지켰으므로 여러 달이 지나도 함락시킬 수 없었다.

내분으로 멸망하다

전쟁이 오랫동안 끝나지 않자 천자는 전 제남태수濟南太守 공손수公孫
遂를 보내 물리치라 하고 편의에 따라 일을 처리하도록 했다. 공손수가 조
선에 이르러 누선장군을 포박하고 그의 군대와 합쳐 좌장군과 함께 급히
조선을 공격했다.

조선의 상相[1] 노인路人과 한음韓陶, 이계尼谿의 상 삼參, 장군 왕협안사고
는 이계는 지명이라 하며 따라서 모두 4명이라 했다이 서로 모의하여 항복하려고 했으
나 우거는 이를 허락하지 않았다. 한음, 왕협, 노인이 모두 한나라에 항복
하기 위해 도망쳤으나 노인은 가는 길에 죽었다.

기원전 110년(원봉 3년) 여름에 이계의 상 삼이 사람을 시켜 우거를 죽
이고 한나라에 항복했다. 그러나 왕검성이 아직 함락되지 않았으므로 우
거를 대신해 성기成己가 한나라에 반기를 들었다. 좌장군은 우거의 아들
장長과 노인의 아들 최最로 하여금 그들의 백성을 회유하여 계책을 꾸며
성기를 죽이게 했다. 이로써 마침내 한나라가 조선을 평정하고 진번, 임
둔, 낙랑, 현도의 4군으로 삼았다.

---

1 중국 관직제도와 유사한 재상.

고조선 초기의 중심지역이 중국의 요동지방이었
다는 주장은 이 지역에서 출토되는 우리나라 초기 청동기 유물인 비
파형 동검의 분포로 알 수 있다. 따라서 요동에서 성장하던 고조선
은 기원전 4~3세기경 중국과 충돌하게 되는데, 중국 전국시대 7웅
의 하나인 연나라의 침입을 받게 되어 그즈음 중심지를 평양 부근으
로 이동한 것으로 보인다.

즉 위만조선은 연나라 침입 때 위만이 조선 땅으로 망명하여 고
조선의 유민들과 함께 세운 나라이다. 그러나 위만의 손자 우거왕에
이르러 한나라의 침략을 받았고 이에 대항했으나 결국 멸망했다.

일연이 전하는 위만의 역사를 간략히 정리하면 다음과 같다.

기원전 3세기 말 중국 전국시대의 혼란기를 진秦나라가 통일할 즈
음(기원전 221) 중국의 유민들이 고조선으로 이주해 왔다. 이때 고조
선은 부왕否王, 준왕準王과 같은 강력한 왕이 등장하여 왕위를 이어가
고 있었다. 진나라가 망하고 다시 한나라의 유방에 의해 중국이 재
통일되는 동안(기원전 206) 중국은 혼란에 휩싸였다. 이때 위만이 1천
여 명의 무리를 이끌고 고조선으로 망명해 왔다.

고조선의 준왕은 위만을 환대하여 그에게 서쪽 1백 리의 땅을 주
고 변경을 수비하게 했다. 그러나 위만은 세력을 키워 준왕을 내쫓
고 고조선의 왕이 되었다. 이때를 위만조선이라 한다.(쫓겨난 준왕은
남쪽 진국辰國으로 가서 한왕韓王이라 칭했다.)

위만조선은 강력한 군대를 갖추어 이웃의 소국을 정복했다. 따라

서 위만조선의 영토는 한강 북쪽에서 자비령 이남, 이어 함경남도까지 이르렀다. 위만의 손자 우거왕에 이르면 한나라의 가장 강력한 적대국으로 자리 잡게 된다.

위만조선과 한나라의 관계는 조선의 장수를 죽이고 달아난 섭하를 조선에서 살해하여 보복함으로써 더욱 악화되었다. 한나라 무제(재위 기원전 141~87)[1]는 4명의 장수를 보내 조선을 공략하지만 힘으로 조선을 진압하지는 못했다. 그러나 위만조선에서 내분이 일었고 반란자들이 우거왕을 죽임으로써 위만조선은 한나라에 평정된다(기원전 108년). 한무제는 위만조선의 일부 지역에 진번, 임둔, 낙랑 3군현을 두고, 그 다음 해(기원전 107년)에 예濊의 땅에 현도를 두어 다스리기 시작했다.

위만은 중국인 유민 세력을 이끌고 망명해 왔지만, 고조선의 토착세력과 결합하여 새로운 왕조를 건설했다. 따라서 중국 지배하의 이민족이 아니었으며 위만조선은 고조선의 뒤를 이은 새로운 연맹왕국이었다고 할 수 있다.

---

1 중국 역사상 가장 넓은 영토를 만들어 전한의 전성기를 열었다.

마한馬韓

마한이 세워지다

《삼국지》위지魏志² 기록이다.

위만魏滿이 조선을 치니, 조선왕 준準은 궁인과 측근 신하들을 거느리고 바다를 건너 남쪽으로 내려왔다. 한韓 땅에 이르러 나라를 세우고 마한馬韓이라 했다.

후백제의 견훤甄萱이 태조太祖³에게 올린 글에는 '옛날에 마한이 먼저 일어나고 박혁거세朴赫居世가 나라를 세우니, 그즈음 백제도 금마산金馬山⁴에 나라를 세웠습니다.'라고 되어 있다.

최치원崔致遠⁵은 '마한은 고구려이고, 진한은 신라이다.'라 했다.《삼국사기(三國史記)》신라 본기(本紀)에 따르면 기원전 57년(갑자)에 신라가 먼저 일어났고, 고구려는 그 후 기원전 37년(갑신)에 일어났다고 했다. 그런데 (견훤의 글에) '마한이 먼저 일어났다고' 한 것은 조선왕 준(準)을 두고 말한 것이다. 동명왕(東明王)이 일어났을 때는 이미 마한을 통합했을 것이고, 따라서 고구려를 일컬어 마한이라 한 것이다. 오늘날(고려) 사람들이 간혹 금마산(金馬山)으로 인해 마한을 백제라 하는 것은 잘못 알고 있는 것이다. 고구려 땅에 본래 마읍산(馬邑山)이 있었으므로 이름을 마한이라고 한 것이다.

---

2 《삼국지三國志》는 중국 진晉나라의 역사가 진수陳壽가 편찬한 것으로 위魏, 촉蜀, 오吳의 역사를 기록한 것이다. 위지는 그중 하나인 위나라의 역사이다.
3 고려의 태조, 왕건王建.
4 현재의 전북 익산.
5 신라 말기의 학자(857~?).

동이족

사이四夷[1]는 구이九夷, 구한九韓, 예穢와 맥貊이다. 《주례周禮》에 직방씨職方氏[2]가 사이四夷와 구맥九貊을 관장했다고 한 것은 동이東夷의 종족 곧 구이九夷를 이른 것이다.

이에 대한 《삼국사三國史》의 기록은 다음과 같다.

명주溟洲는 옛날의 예국穢國인데 농부가 밭을 갈다가 예왕의 인장을 발견하여 바쳤다. 또 춘주春州는 옛날 (고구려 때의) 우수주牛首州로서 옛날 맥국貊國이다. 또는 오늘날(고려)의 삭주朔州를 맥국이라 하며, 혹은 평양성平壤城을 맥국이라고도 한다.

《회남자淮南子》[3] 주注에는 '동방의 오랑캐는 9종족이다.'라고 쓰여 있다.

《논어정의論語正義》는 구이九夷를 1. 현도玄菟 2. 낙랑樂浪 3. 고려高麗 4. 만식滿飾 5. 부유鳧臾 6. 소가素家 7. 동도東屠 8. 왜인倭人 9. 천비天鄙라 했다.

《해동안홍기海東安弘記》에는 구한九韓은 1. 일본日本 2. 중화中華 3. 오월吳越 4. 탁라乇羅 5. 응유鷹遊 6. 말갈靺鞨 7. 단국丹國 8. 여진女眞 9. 예맥穢貊이라 했다.

---

1 중국 주변의 이민족을 일컫는다.
2 주나라의 관직. 지도와 토지에 관한 일을 보며, 사방의 공물貢物을 관리한 것으로 보인다.
3 중국 전한前漢의 회남왕 유안劉安의 저술로, 21권으로 되어 있는 일종의 백과사전이다.

위만이 대동강 유역에서 고조선의 지배권을 확립할 즈음 한강 유역 이남 지역에는 진국辰國이라는 세력 집단이 형성되고 있었다. 진국이 기록에 나타나기 시작한 것은 기원전 2세기경이다.

진국이 한나라의 천자에게 글을 올리려 한 것을 위만의 아들 우거왕이 막았다는 기록이 그것이다. 이들은 한漢나라의 철기문화를 수용하며 성장하고 있었던 것으로 보인다. 위만에 의해 내쫓긴 준왕을 비롯하여 고조선으로부터 많은 사람들이 이곳으로 이주해왔으며, 차츰 토착세력과 결합하여 새로운 형태의 집단 마한, 진한, 변한과 같은 초기 국가로 정립되었다. 이들을 합쳐 삼한이라 한다.

삼한 중에서 마한은 50여 국으로 이루어졌으며 한반도의 서부인 지금의 경기, 충청, 전라 지역에 있었다. 3세기경 백제국伯濟國에 통합되어 백제百濟가 되었다.

《삼국사기》에는 백조의 온조왕이 마한을 멸망시켰다고 말한다. 그러나 일연은 고조선의 왕 준이 다스리던 지역을 고구려의 시조 동명왕이 계승했으며, 마한 지역도 백제가 되기 전에는 고구려에 병합되었을 것이라고 본다. 즉 고조선에서 위만조선, 그리고 고구려로 우리 민족의 정통성이 이어지고 있음을 말하고 있다.

삼한의 위치에 대해서는 여러 가지 논의가 있으나 진한은 경상도의 낙동강 동쪽, 변한은 경상도의 낙동강 서쪽으로 말해지고 있다.

말미의 동이족에 대한 서술은 일연이 예맥족과 고구려와의 관련성에 주목했음을 보여준다.

2부二府

《전한서前漢書》에 '기원전 82년(소제昭帝 시원始元[1] 5년, 기해)에 2외부外府를 두었다.'고 한 것은 조선의 옛 땅이었던 평나平那와 현도군玄菟郡 등을 평주도독부平州都督府로 삼고, 임둔臨屯과 낙랑樂浪 등 두 곳의 땅에 동부도위부東部都尉府를 설치한 것을 가리킨다. 내 생각에는 《전한서》 조선전에는 진번, 현도, 임둔, 낙랑 등 4개 군으로 되어 있는데, 지금 이 기록에 평나는 있고 진번은 없다. 아마 같은 지역이 두 이름으로 불린 것으로 보인다.

한번 더 들여다보기

한나라에서 설치한 4군郡이 둘씩 통합되어 평주도독부와 동부도위부의 2군이 되었다고 하나, 《전한서》 지리지에 따르면 낙랑군樂浪郡이 확장되어 동부도위부와 남부도위부가 있었다는 기록이 있다.

---

1 중국 전한前漢 제8대 소제의 연호, 기원전 86~81.

78국七十八國

《통전通典》에는, 조선의 유민이 나뉘어 70여 국이 되었는데 땅은 모두 사방 백리였다고 했다.

또《후한서》의 기록을 보면 다음과 같다.

서한西韓[2]이 조선의 옛 땅에 처음에는 4군을 두고 뒤에는 2부府를 두었는데 법령이 점차 복잡해지므로 78국으로 나누고 각 국에 1만호를 두었다. 마한(馬韓)은 서쪽에 있어 54개의 소읍이 있는데 모두 나라로 불렸다. 진한(辰韓)은 동쪽에 있어 12개의 소읍이 있는데 모두 나라로 불렸다. 변한(卞韓)은 남쪽에 있어 12개의 소읍이 있는데 각각 나라라고 불렸다.

낙랑국樂浪國

전한前漢 때 처음으로 낙랑군을 두었다. 응소應劭는 이를 고조선국故朝鮮國이라 했다.《신당서新唐書》의 주에는 평양성平壤城은 옛날 한漢나라의 낙랑군이라 했다.

그러나《국사國史》에는 다음과 같이 되어 있다.

혁거세赫居世 30년에 낙랑인들이 신라에 와서 투항했다. 또 제3대 노례

---

2 전한前漢을 말한다.

왕弩禮王 4년[1]에 고구려 제3대 무휼왕無恤王이 낙랑을 정벌하여 멸망시키니 그 나라 사람이 대방帶方북대방(北帶方) 사람들과 더불어 신라에 투항했다. 또 기원후 44년 무휼왕 27년에 후한의 광무제[光虎帝][2]가 사신을 보내 낙랑을 정벌하고 그 땅을 빼앗아 군현으로 삼으니 살수薩水 이남의 땅이 한나라에 속하게 되었다. 앞의 기록에 따르면, 낙랑이 지금의 평양성이라 한 것은 옳다. 어떤 사람들은 낙랑이 중두산(中頭山) 아래 말갈과의 경계에 있었고 살수는 지금의 대동강이라고 하는데 어느 것이 옳은지는 확실하지 않다.

또한 백제 온조溫祚 왕은 '동쪽에 낙랑이 있고, 북쪽에 말갈이 있다.'고 했다. 이것은 아마 옛날 한나라 때 낙랑군 속현屬縣의 땅이었을 것이다.

또한 신라인들은 스스로를 낙랑이라 불렀으며 지금(고려)도 이곳을 낙랑군부인樂浪郡夫人이라 말한다. 또 고려 태조太祖는 김부金傅[3]에게 딸을 내리고 역시 낙랑공주樂浪公主라고 했다.

한번 더 들여다보기
- - - - - - - - - - - 낙랑국이란 일반적으로 전한의 무제에 의해 설치된 한사군漢四郡 중 하나인 낙랑군을 가리키는 것으로 본다. 그러나《국사》즉 신라본기의 기록에 따라 고구려 무휼왕에 의해 멸망한 고대 정권으로 보는 시각도 있다.

---

1 신라 제3대 유리왕.《삼국사기》에는 유리왕 14년으로 되어 있다.
2 고려 혜종의 이름 무武를 피휘해서 호虎를 쓴 것이다.
3 신라 제56대 경순왕의 이름. 935년 고려 태조 왕건에게 항복하여 신라의 마지막 왕이 되었다.

기원전 108년 한나라에 의해 설치된 한사군은 20여년 만인 기원전 82년경 토착민들의 저항을 받아 4군 중 진번, 임둔이 폐지되고 진번군이 낙랑군에 병합된다. 기원전 75년에는 현도군이 옮겨가게 되어 최종적으로 낙랑군만 남게 되었다.

낙랑군은 진번, 임둔 지역에 남부도위와 동부도위를 설치하여 군현을 다스렸는데, 2세기말 요동의 공손탁의 세력에 의해 남부도위 관할 7개현에 대방군이 설치된다. 이들 세력은 313년 고구려의 미천왕에 의해 축출될 때까지 한반도 북부에 4세기 정도 존속했다.

현재 낙랑군의 지리적 위치에 대해서는 여러 논란이 있다. 위의 글에서도 알 수 있지만 일연은 평양으로, 또한 《삼국사기》에서도 평양 일대로 보고 있다. 그러나 박지원 등의 실학자들은 요동 지역으로, 또는 요하 서쪽이라고 주장하는 학자 등등 여러 학설이 있다.

북대방北帶方

북대방은 본래 죽군성竹軍城이다. 신라 노례왕 4년에 대방 사람들이 낙랑 사람들과 더불어 신라에 투항했다. 이것은 모두 전한(前漢)이 설치한 두 군의 이름인데 그 후 참람하게도 그들 스스로 '나라[國]'라고 부르다가 이제 (신라에) 와서 항복했다.

남대방南帶方

조위曹魏[1] 때 처음으로 남대방군지금의 남원부(南原府)을 두었으므로 남대방이라 했다. 대방의 남쪽 바다 천리를 한해瀚海[2]라 했다. 후한의 건안(建安)[3] 연간에 마한의 남쪽 황무지를 대방군으로 삼았다. 왜와 한(韓)이 복속되었다는 것은 이를 두고 한 말이다.

말갈靺鞨 또는 물길(勿吉)과 발해渤海

대조영의 발해 건국

《통전通典》의 기록이다.

발해는 본래 속말말갈粟末靺鞨이다. 추장 조영祚榮에 이르러 나라를 세우고 스스로 진단震旦[4]이라 했다. 712년 선천先天[5] 연간당 현종 임자년에 비로소 말갈이라는 이름을 버리고 발해渤海라 했다. 719년 개원開元[6] 7년에 조영이 죽자 시호를 고왕高王이라 했다.

---

1 중국 삼국시대 조조의 아들 조비가 세운 위魏나라(220~265). 남북조시대의 후위後魏와 구별하기 위해 조위라 한다.
2 대마도 남쪽 바다.
3 중국 후한 헌제獻帝의 연호, 196~220.
4 진국震國을 말한다.
5 중국 당唐 현종玄宗 즉위 초의 연호.
6 중국 당 현종玄宗 때의 연호, 713~741.

세자가 왕위를 이어 받자 명황明皇은 그를 책봉하여 왕위를 잇게 했다. 그러나 스스로 연호를 인안仁安으로 고쳐 마침내 해동성국海東盛國이 되었다. 5경 15부 62주를 두어 다스렸다.

후당後唐의 천성天成[7] 초에 거란契丹의 공격으로 무너져 그 후에는 거란의 지배를 받았다.《삼국사》에는 '678년(의봉(儀鳳) 3년) 당 고종 무인에 고구려의 남은 유민들이 무리를 모아 북쪽 태백산(太伯山) 아래에 터를 잡고 국호를 발해라 했다. 732년[개원(開元) 20년]에 황제가 장수를 보내 이를 토벌했다. 또 733년[신라 성덕왕(聖德王) 32년], 당 현종 갑술[8]에 발해와 말갈이 바다를 건너 당나라 등주(登州)를 침략하니 현종이 이를 토벌했다'고 되어 있다. 또 신라《고기(古記)》에는 이렇게 기록되어 있다. '고구려의 구장(舊將) 조영은 성이 대씨(大氏)인데 남은 군사들을 이끌고 태백산 남쪽에 나라를 세우고 국호를 발해라 했다.' 위의 여러 글을 살펴보면 발해는 말갈의 다른 명칭임을 알 수 있다. 다만 분리와 통합이 일치하지 않을 뿐이다.《지장도(指掌圖)》를 살펴보니 '발해는 만리장성(萬里長城)의 동북쪽 모서리 밖에 있다'라고 되어 있었다.

고구려를 계승한 발해

또 당나라 가탐賈耽의《군국지郡國志》에는 이렇게 되어 있다.

발해국의 압록鴨淥, 남해南海, 부여夫餘, 추성橻城 4부는 모두 고구려의 옛 땅이며 신라의 천정군泉井郡[9]《지리지(地理志)》에 따르면 삭주(朔州)의 영현(領縣)에 천정군이 있었으니 지금의 용주(湧州)이다으로부터 추성부橻城府에 이르기까지

---

7 중국 후당 명종明宗의 연호, 926~929.
8 당 현종 갑술은 734년이므로 기록에 오류가 있다.
9 함경남도 덕원.

39역驛이 있다.

또 《삼국사》의 기록은 이렇다.

백제 말년에 발해, 말갈, 신라가 백제의 땅을 나누었다. 이에 의하면 발해와 말갈이 또 나뉘어 두 나라가 되었다고 볼 수 있다. 신라 사람들은 '북쪽에는 말갈이 있고 남쪽에는 왜인이 있으며 서쪽에는 백제가 있으니 이것이 나라의 해가 된다. 또 말갈 땅은 아슬라주阿瑟羅州[1]에 접해 있다.'고도 했다.

또 《동명기東明記》를 보면 졸본성卒本城은 위쪽으로는 말갈또는 지금의 동진(東眞)과 연해 있었는데, 125년(을축) 신라 제6대 지마왕祇麻王 14년에 말갈의 군사가 북쪽 국경으로 대거 침입해 대령大嶺의 성책을 습격하고 이하泥河를 건넜다고 되어 있다.

《후위서後魏書》에는 말갈은 물길勿吉이라고 했고 《지장도》에는 읍루挹婁와 물길은 모두 숙신肅愼이라고 했다.

흑수와 옥저

흑수黑水[2]와 옥저沃沮는 동파東坡의 《지장도》를 살펴보니, 진한辰韓의 북쪽에 남북의 흑수가 있다고 했다. 동명왕이 왕위에 오른 지 10년째에 북옥저를 멸망시켰고 온조왕溫祚王 42년에는 남옥저의 20여 집이 신라[3]에 와서 투항했으며 또 혁거세왕 52년에 동옥저가 신라에 와서 좋은 말을 바쳤다고 했으니 동옥저도 있었다. 《지장도》에는 흑수는 장성長成 북쪽에

---

1 현재의 강릉.
2 흑룡강이다. 이 부근에 살았던 말갈족을 흑수말갈이라 했다.
3 백제를 잘못 표기한 것으로 추측한다.

있고 옥저는 장성 남쪽에 있다고 했다.

한번 더 들여다보기
　　　　　　　　　　중국의 역사에서는 발해를 말갈족의 나라라 보고 있으나 일연은 고구려를 계승한 나라라고 생각했다.

　발해의 건국자는 대조영(재위 698~719)이다. 시호는 고왕高王이며, 고구려 유민 출신이라고도 하고, 말갈 백산부의 사람이라는 설도 있다. 신라와 연합하여 고구려를 멸망시킨 당나라는(668년) 고구려 유민들을 중국으로 이주시켰다.

　이때 대조영도 영주榮州로 끌려갔다. 696년 거란의 이진충이 반란을 일으키자 만주 동부지역으로 빠져나와 고구려 유민과 말갈인을 규합했다. 동모산東牟山(길림성 돈화현 부근) 아래에 성을 쌓고 발해를 세우고, 스스로 진국왕震國王이라 칭했다. 대조영의 뒤를 이은 무왕 대무예大武藝는 인안仁安이라는 연호를 사용하고 만주 북부 일대를 장악했다.

　발해에는 북만주 일대의 말갈인이 많이 예속되어 있었지만, 지배층은 확실하게 고구려의 유민들이었다. 이들은 고구려를 부흥시킨다는 자각을 가지고 있었다. 그러나 신라와는 대립적인 관계였기 때문에 7세기경 신라인들은 발해를 말갈족의 나라로 보았다.

　9세기경 발해는 동으로는 연해주, 북쪽은 흑룡강, 서쪽은 압록강, 남쪽은 원산만까지 진출하여 당나라와 신라를 견제하는 세력을 유지했다. 이처럼 강성했던 발해였지만 10세기 초 몽고의 유목민족인 거란에 의해 멸망했다(926년).

《삼국사기》에는 발해에 대한 기록이 없다. 발해의 역사에 대한 연구는 조선 후기 실학자들에 의해 시작되었다.

이서국伊西國

37년 노례왕弩禮王[1] 14년에 이서국伊西國[2] 사람이 금성金城을 공격했다. 운문사雲門寺에 예부터 전해 내려오는 《제사납전기諸寺納田記》를 살펴보면, 632년(정관貞觀[3] 6년, 임진[4])에 이서군 금오촌의 영미사零味寺가 토지를 바쳤다고 하는데 금오촌은 지금(고려)의 청도淸道 땅이니 곧 청도군靑道郡은 옛 이서군이다.

한번 더 들여다보기
＿＿＿＿＿＿＿＿＿＿＿ 일연은 우리의 고대 역사를 고조선에서부터 시작했다. 그리고 위만조선을 비롯하여 잠시 나타났다 사라진 낙랑, 대방, 옥저, 발해의 역사를 찾아 확장시키며 차츰 남쪽으로 내려오며 정리했다.

---

1 신라 제3대 왕으로, 노례이사금 또는 유리왕, 유리이사금이라 한다. 재위 24~57년.
2 진한辰韓의 소국 중 하나이다.
3 중국 당 태종의 연호, 627~649.
4 신라 선덕여왕 원년.

신라 노례왕 조의 기록에서는 대방과 발해의 흔적을 찾아 정리하고, '이서국'과 관련된 기록도 찾아 보여준다.

5가야五伽倻

5가야《가락국기(駕洛國記)》의 찬(贊)을 살펴보면, '한 가닥 자주색 끈이 하늘에서 내려와 6개의 둥근 알을 내려 주었는데 5개는 각 읍으로 돌아가고 1개는 이 성에 남아 있었다. 그 하나가 수로왕(首露王)이 되었고 나머지 5개는 각기 5가야의 군주가 되었다'라고 했다. 따라서 금관(金官)을 5가야에 넣지 않는 것이 당연하다. 《본조사략(本朝史略)》[5]에서 금관을 5가야에 넣고 창녕(昌寧)이라고 함부로 기록한 것은 잘못이다는 아라가야阿羅伽倻 또는 아야가야(阿耶伽倻). 지금의 함안(咸安) · 고령가야古寧伽倻 지금의 함녕(咸寧) · 대가야大伽倻 지금의 고령(高靈) · 성산가야星山伽倻 지금의 경산(京山)으로 벽진(碧珍)이라고도 한다 · 소가야小伽倻 지금의 고성(固城)이다.

또《본조사략》에는 이렇게 되어 있다.

940년(경자) 태조太祖 천복天福[6] 5년에 5가야의 이름을 고쳤다. 첫째는 금관김해부(金海府)가 되었다, 둘째는 고령가리현(加利縣)이 되었다, 셋째는 비화非火 지금의 창녕이니, 아마 고령(高靈)의 잘못인 듯하다, 나머지 둘은 아라와 성산앞과 같이 성산은 벽진가야라고도 한다이다.

---

5 《고려사략高麗史略》을 가리킨다.
6 중국 후진後晋 고조高祖의 연호, 936~942.

가야는 가락이라고도 하며 가락국駕洛國을 가리
킨다. 일본의 기록에서는 임나任那라 한다. 가야가 위치한 낙동강 유
역은 원래 변한 12국이었다. 그러나 이들은 진왕辰王의 지배를 받지
않고 연맹 형태의 독립 세력을 이루고 있었다. 그중에 구야국狗耶國
(김해), 미오야마국彌烏邪馬國(고령) 등이 있었는데, 구야국은 수로를
시조로 받들어 본가야로 발전했고, 미오야마국은 이진아시를 시조로
대가야로, 그리고 다른 지방의 여러 성읍국가들과 연합하여 가야연
맹을 형성했다.

5가야의 명칭에 대해서는 몇 가지 설이 있다. 《가락국기》에서는
수로왕首露王의 금관가야를 제외한 나머지를 5가야(대가야, 성산가야,
아라가야, 고령가야, 소가야)라 했고, 《본조사략》(《고려사략》)에서는 대가
야를 제외한 나머지를 5가야(금관가야, 고령가야, 소가야, 아라가야, 성산가
야)라고 했다. 일연은 《가락국기》의 기록에 따라 5가야에 금관가야를
넣으면 안 된다고 생각했다. 일연은 제2 기이편(하) 후반부 《가락국
기》편에서 가야에 대해 더 상세하게 소개한다.

북부여北扶餘

《고기古記》의 기록이다.

기원전 59년(전한前漢의 선제宣帝 신작新爵 3년, 임술) 4월 8일에 천제天

帝[1]가 오룡거[2]를 타고 흘승골성訖升·骨城 대요(大遼)의 의주 부근에 내려와 도읍을 정하여 왕이라 일컫고 나라 이름을 북부여라 했다. 그리고 자신의 이름을 해모수解慕漱라 했다. 아들을 낳아 부루夫婁라 하고 해解로써 성을 삼았다. 해부루는 이후 상제上帝의 명에 따라 동부여로 도읍을 옮겼다.

동명제東明帝[3]가 북부여를 계승하여 졸본주卒本州에 도읍을 정하고 졸본부여卒本扶餘를 일으켰으니, 곧 고구려의 시조이다. 뒤이어 설명할 것이다.[4]

한번 더 들여다보기

부여는 기원전 2세기부터 494년까지 존재했던 우리나라 고대 국가 중의 하나이다. 연맹왕국을 형성하여 1세기 초에 중국식 왕王의 칭호를 사용한 것으로 보아 중국과 외교 활동을 할 수 있는 세력이었다. 일명 북부여라고도 했으며 철기문화를 배경으로 지금의 쑹화강[松花江] 유역을 지배했다.

부여에는 두 가지 건국신화가 있다. 해모수가 천제의 아들이라 칭하며 기원전 59년에 북부여를 세웠으며, 그의 아들 해부루가 가섭원이라는 곳으로 수도를 옮기고 나라 이름을 동부여로 했다는 것이다.

해모수는 하백의 딸 유화에게서 또 다른 아들인 주몽을 낳았는데, 주몽은 동부여에서 성장했으나 북부여를 이어 고구려의 시조가 되었

---

1 상제上帝를 의미하며 해모수를 말한다.
2 다섯 마리의 용이 끄는 수레.
3 해모수와 유화의 아들 주몽朱蒙.
4 이에 대한 이야기는 다음 장 동부여와 고구려 편에 계속된다.

다. 일연은 북부여의 해모수에서 주몽으로 왕위가 이어져 고구려가 북부여를 계승한 나라라는 것을 강조했다.

동부여東扶餘

북부여 왕 해부루의 재상 아란불阿蘭弗의 꿈에 천제가 내려와 말했다.

"장차 내 자손으로 하여금 이곳에 나라를 세우게 할 것이니 너는 다른 곳으로 피하라. 동명(東明)이 장차 일어날 것을 예언한 것이다. 동해 바닷가에 가섭원迦葉原이란 땅이 있어 기름지니 왕도王都를 정할 만하다."

아란불은 해부루왕에게 권하여 도읍을 옮기고 국호를 동부여[1]라 했다.

해부루왕은 나이가 들도록 아들이 없었다. 어느 날 산천의 신에게 제사를 지내어 대를 이을 아들을 낳게 해달라고 빌었다.

이때 왕이 탔던 말이 곤연鯤淵[2]에 이르러 큰 돌을 보며 눈물을 흘렸다. 왕이 이상하게 여겨 신하를 시켜 그 돌을 옮겼는데 금빛 개구리 형상의 어린아이가 있었다. 왕이 기뻐하며 외쳤다.

"이는 하늘이 내게 아들을 내려주신 것이다!"

아이를 거두어 기르고 이름을 금와金蛙라 했다. 아이가 성장하니 태자로 삼았다. 부루왕이 세상을 떠나자 금와가 왕위를 이어받았다. 그 다음

---

1 백두산과 압록강이 잇닿은 지역으로 추정한다.
2 백두산의 천지.

46

에는 태자 대소帶素에게 왕위가 전해졌다.

22년(지황地皇[3] 3년, 임오)에 고구려 무휼왕撫恤王[4]이 동부여를 쳐들어와 대소왕을 죽이니 나라가 멸망했다.

한번 더 들여다보기

동부여의 왕위가 해부루에서 금와, 대소로 이어 지고 있음을 알 수 있다. 금와왕이 태자에게 왕위를 물려주었다는 사실은, 부여는 일찍부터 왕의 칭호를 사용했으며 왕위세습제를 갖춘 강력한 왕권이 존재했다는 것을 의미한다. 이는 왕 아래에 마가馬加, 우가牛加, 저가豬加, 구가狗加와 같은 신분 조직이 있었다는 것으로도 알 수 있다.

이들 4가加는 부여를 4등분하여 각각 맡아 다스렸다. 이를 사출도四出道라 하며, 국도는 왕이 직접 다스렸으므로 5부족 연맹체였다. 가들은 국왕의 통솔을 직접 받지만, 4출도에서는 독립된 권한으로 지역의 호족과 피지배계급을 다스렸다.

부여는 기원전 2세기부터 494년 고구려에 병합되기까지 600년 이상 존속했으며 고구려와 백제는 부여로부터 기원했다고 할 수 있다.

---

3 중국 신新왕조 왕망의 연호, 20~23.
4 고구려 유리명왕의 셋째 아들.

고구려高句麗

알에서 난 고구려 시조 동명왕 건국신화

고구려는 곧 졸본부여다. 또는 지금(고려)의 화주和州, 성주成州라고도 하나 모두 잘못이다. 졸본주는 요동遼東 경계에 있다.

《국사》고려본기高麗本紀[1]의 기록이다.

시조 동명성제東明聖帝의 성은 고高씨이며 이름은 주몽朱蒙이다. 이보다 앞서 북부여의 왕 해부루가 그의 나라를 동부여로 옮겼으며 부루왕이 세상을 떠나니 금와가 왕위를 이어 받았다.

금와가 태백산[2] 남쪽 우발수에서 한 여인을 만났는데 여인이 말했다.

"나는 하백河伯[3]의 딸인데 이름은 유화柳花입니다. 동생들과 함께 놀러 나왔다가 한 남자를 만났습니다. 자신을 천제의 아들 해모수解慕漱라 하면서 저를 유혹하여 웅신산熊神山 아래의 압록강 가에 있는 집으로 데리고 가서 정을 통한 다음 떠나 영영 돌아오지 않았습니다. 《단군기(檀君記)》에는 단군이 서하(西河) 하백의 딸과 친하여 아들을 낳아 부루라 했다고 되어 있다. 지금 이것을 살펴보니 해모수가 하백의 딸과 정을 통한 후에 주몽을 낳은 것이라 한다. 즉 부루와 주몽은 어미가 다른 형제이다. 부모님은 중매도 없이 제가 낯선 남자를 따라간 것을 꾸짖었습니다. 그리고 저를 이곳으로 귀양 보냈습니다."

금와왕은 이를 이상하게 여겨 유화를 방에 가두었다. 그랬더니 햇빛이

---

1 김부식의 《삼국사기》 고구려본기를 말한다.
2 백두산을 말한다.
3 물의 신.

48

유화의 몸을 비추었다. 그녀가 몸을 움직여 피하면 햇빛이 또 쫓아와 비추었다. 그로 인해 잉태하게 되어 닷 되 정도 크기의 알 하나를 낳았다.

왕은 그 알을 개와 돼지에게 던져 주었으나 먹지 않았다. 또 길에 내버리니 소와 말이 피해 다녔다. 다시 들판에 갖다 버리니 새와 짐승이 품어 주었다. 깨뜨리고자 했으나 깨지지 않았으므로 결국 어미 유화에게 돌려 주었다.

유화가 천으로 알을 감싸서 따뜻한 곳에 두었더니 껍질을 깨고 한 아이가 태어났는데 골격이며 외모가 특이하고 기이했다. 나이 일곱 살부터 용모와 재략이 남달랐다. 스스로 활과 화살을 만들어 백 번을 쏘면 백 번 다 맞췄다. 그때 나라(동부여)의 풍속에 활 잘 쏘는 사람을 가리켜 주몽朱蒙이라 했으므로, 이름을 주몽이라 했다.

금와왕에게는 일곱 아들이 있었다. 그들은 항상 주몽과 함께 놀았으나 재주가 주몽에 미치지 못했다. 주몽을 시기하던 장자 대소帶素가 왕에게 고했다.

"주몽은 본래 사람에게서 태어나지 않았습니다. 그러므로 일찍 없애지 않으면 후환이 있을까 두렵습니다."

그러나 금와왕은 태자의 말을 듣지 않고 주몽에게 말을 기르게 했다. 주몽은 준마를 알아보고 일부러 먹이를 적게 주어 여위게 하고 둔한 말은 잘 먹여 살찌웠다. 왕은 살찐 말은 자기가 타고 마른 말은 주몽에게 주었다.

여러 왕자들과 신하들이 주몽을 해칠 것을 도모했다. 주몽의 어머니 유화가 이 사실을 알고 몰래 주몽에게 일렀다.

"나라 사람들이 장차 너를 해치려 하는구나. 너의 재주라면 어디에서든

살지 못하겠느냐? 빨리 뭔가를 도모하는 것이 좋겠다."

주몽은 오이烏伊 등 세 사람의 벗과 함께 떠나 엄수淹水어느 곳인지 확실하지
않다[1]에 이르렀다. 주몽은 강물을 향해 외쳤다.

"나는 천제의 아들이며 하백의 손자이다. 오늘 도망치고 있는데 뒤쫓는
자들에게 잡힐 것 같으니 어찌하면 좋겠느냐?"

이에 갑자기 물고기와 자라 떼들이 물위로 다리를 만들어 건너가게 하
고는 곧 흩어졌다. 뒤쫓던 기병들은 건너지 못했다.

주몽 일행은 졸본주卒本州현도군의 경계에 이르러 도읍을 정했다. 미처 궁
궐을 지을 겨를이 없어 비류수沸流水 위에 초가를 짓고 살면서 국호를 고
구려라 했다. 그리고 고高씨를 성으로 삼았다.본래의 성은 해(解)씨였으나 자신이
천제의 아들로 햇빛을 받고 태어났다 하여 스스로 고씨를 성으로 삼았다. 이때 나이가 12세[2]였
다. 기원전 37년[한(漢)나라 효원제(孝元帝) 건소(建昭)[3] 2년, 갑신]에 즉위하여 왕이라 일컬었다.

고구려는 전성기 때 21만 5백 8호나 되었다.

또 다른 동명왕 탄생 신화

또 《주림전珠琳傳》[4] 21권에는 이렇게 되어 있다.

옛날 영품리왕寧稟離王의 시녀가 임신을 했는데 점쟁이가 점을 쳐보고
말했다.

---

1 《삼국사기》에는 '엄호수'라 하고, 그 주석에 '개사수蓋斯水'라 했다. 압록강 동북쪽이다.
2 《삼국사기》 동명성왕조에는 22세로 되어 있다.
3 중국 한 원제의 연호. 기원전 38~34.
4 중국 당나라의 도세道世가 지은 불교서적.

"이 아이는 고귀하여 왕이 될 것입니다."

왕이 말했다.

"내 아들이 아니니 마땅히 죽여야 한다."

시녀가 왕에게 말했다.

"하늘로부터 어떤 정기가 내려와 임신한 것입니다."

시녀가 아들을 낳자 왕은 상서롭지 못하다 하여 돼지우리에 버렸다. 그러나 돼지가 입김을 불어주고 마구간에 버리니 말이 젖을 먹여 주어 죽지 않았다. 마침내 부여夫餘의 왕이 되었다. 곧 동명왕이 졸본부여의 왕이 된 것을 말한 것이다. 또한 졸본부여는 북부여의 다른 도읍이므로 부여 왕이라 말한 것이다. 영품리는 부루왕의 다른 호칭이다.

한번 더 들여다보기

주몽의 고구려 건국신화는 동부여에서 성장한 주몽이 남쪽으로 내려와 압록강 지류 동가강 유역 졸본卒本으로 이동하는 과정을 보여준다.

동가강 유역에는 일찍부터 토착세력인 송양국(비류국), 행인국, 북옥저 등이 자리 잡고 있었다. 경제적으로 빈곤했던 주몽 세력은 이들과 연맹하거나 또는 병합함으로써 점차 규모가 큰 연맹왕국으로 발전했다.

주몽은 왕위에 오른 지 19년 만에 세상을 떠나고, 뒤를 이어 유리왕이 왕위에 올랐다. 부여도 금와왕의 아들 대소가 왕위에 오르면서 고구려와 부여의 관계는 급속히 악화된다. 이후 부여는 고구려와는

적대적 관계를 유지하고 중국과는 밀접하였으나, 494년 부여의 왕족
이 고구려에 항복하면서 부여는 멸망했다.

주몽 신화는 동명왕 신화라고도 하는데, 주몽이 어떻게 태어나 고
구려를 건국하는가를 보여주는 전형적인 건국신화이다. 주인공이 알
에서 태어났다는 이야기는 난생신화卵生神話에 해당되며, 알의 원형
은 태양을 상징한다. 알에 태양의 상서로운 기운이 내려왔다고 하여
천손강림天孫降臨 신화라고도 한다.

주몽의 활 쏘는 실력으로 보아 주몽 집단은 유목생활을 했으며,
유목문화와 농경문화의 융합을 의미하는 신화로도 해석할 수 있다.

변한卞韓과 백제百濟 남부여(南扶餘)라고도 하니, 곧 사비성(泗泌城)을 이른다.

기원전 39년 신라의 시조 혁거세赫居世 즉위 19년(임오)에 변한卞韓 사
람이 나라를 바쳐 항복해왔다. 《신당서新唐書》와 《구당서舊唐書》에는 '변
한의 후예는 낙랑樂浪 땅에 있다.'고 했다. 《후한서後漢書》에는 '변한은 남
쪽에 있고, 마한馬韓은 서쪽에 있으며, 진한辰韓은 동쪽에 있다.'고 했다.
또한 최치원은 '변한은 백제다.'라고 했다.

《본기》[1]에는 '온조溫祚가 일어나 나라를 세운 것은 기원전 17년(홍가鴻

---

1 《삼국사기》 백제본기를 말한다.

嘉^2 4년, 갑진)이다.'라 했다.

그러므로 혁거세나 동명의 시대보다 40여 년 뒤이다. 그런데 《당서》에서 '변한의 후예는 낙랑 땅에 있다.'고 말한 것은 온조의 계통이 동명왕으로부터 나왔기 때문에 그렇게 말했을 뿐이다. 혹 어떤 사람이 낙랑 땅에서 나와 변한에 나라를 세우고, 마한 등과 대립한 것은 온조 이전의 일이고, 도읍이 낙랑의 북쪽에 있었던 것은 아니다.

어떤 사람은 구룡산九龍山^{3}을 변나산卞那山이라고 불렀기 때문에 고구려를 변한卞韓이라고 함부로 말하는데, 이것은 틀린 것이다. 마땅히 옛날 현자[古賢]^{4}의 말이 옳다. 백제 땅에 본래 변산卞山이 있었으므로 변한이라 한 것이다.

백제는 전성 시기에 15만 2천 3백호였다.

한번 더 들여다보기

일연의 역사 서술은 한반도 북쪽에서 시작하여 차츰 남쪽으로 내려와 이제 백제에 이르렀다. 백제를 남부여라 말하며, 부여를 계승한 것이라 생각한다. 그리고 백제의 시조 온조의 뿌리에 대해 이야기한다.

온조의 아버지는 고구려의 동명성왕이다. 고구려의 왕자였던 온조는 동명성왕의 적자 유리가 부여에서 고구려로 아버지를 찾아와 태

---

2 중국 한의 제11대 황제 성제成帝의 연호, 기원전 20~17.
3 평양 북쪽에 있는 산.
4 최치원을 이르는 말이다.

자가 되자 위기감을 느낀다. 이에 어머니 소서노, 형 비류와 함께 남쪽으로 내려왔다. 위례성에 자리를 잡고 백제를 건국한다. 백제의 이야기는 제2 기이편(하) 후반부 '남부여, 전백제, 북부여' 편에 다시 소개된다.

변한卞韓을 삼한의 하나인 변한弁韓이라고 하는데, 이곳은 낙동강 연안의 12개의 소국으로 나중에 구야국을 중심으로 가야로 발전했다. 따라서 일연이 여기서 말하는 변한卞韓은 온조가 남쪽으로 내려온 것에 주목하여 백제를 세우기 전의 나라를 가리키는 것으로 생각된다.

진한辰韓 또는 秦韓

《후한서》의 기록이다.

진한辰韓의 어떤 늙은이가 말하기를 '진秦에서 망명한 사람이 한국韓國에 오니 마한이 동쪽 경계의 땅을 떼어 그들에게 주었으므로 서로를 도徒라 부르며 무리를 이루었다. 진나라 말과 비슷했으므로 간혹 진한秦韓이라 했다.'고 했다.

12개의 소국이 있었는데 각각 1만 호가 있어 나라라 불렀다.

또 최치원은 이렇게 말했다.

'진한은 본래 연나라 사람들이 피난해 온 것이므로 탁수涿水[1]의 이름을 취해 거주하는 읍과 마을을 사탁沙涿, 점탁漸涿 등으로 불렀다.'신라 사람의 방언에 탁(涿)을 도(道)라 읽었으므로 지금도 때때로 사량(沙梁)이라 쓰고 양(梁) 또한 도(道)로 읽는다.

신라의 전성기[2]에 서울에는 178,936호, 1,360방, 55리, 35개의 금입댁金入宅부유한 집이 있었으니 남댁南宅, 북댁北宅, 우비소댁于比所宅, 본피댁本彼宅, 양댁梁宅, 지상댁沚上宅본피부(本彼部), 재매정댁財買井宅김유신의 종가, 북유댁北維宅, 남유댁南維宅반향사(反香寺)의 하방, 대댁隊宅, 빈지댁賓支宅반향사의 북쪽, 장사댁長沙宅, 상앵댁上櫻宅, 하앵댁下櫻宅, 수망댁水望宅, 천댁泉宅, 양상댁楊上宅양부(梁部)의 남쪽, 한기댁漢岐宅법류사 남쪽, 비혈댁鼻穴宅위와 같다, 판적댁板積宅분황사 상방, 별교댁別敎宅개천의 북쪽, 아남댁衙南宅, 김양종댁金楊宗宅양관사(梁官寺) 남쪽, 곡수댁曲水宅개천의 북쪽, 유야댁柳也宅, 사하댁寺下宅, 사량댁沙梁宅, 정상댁井上宅, 이남댁里南宅우소댁(于所宅), 사내곡댁思內曲宅, 지댁池宅, 사상댁寺上宅대숙댁(大宿宅), 임상댁林上宅청룡사(靑龍寺) 동쪽이며, 연못이 있다, 교남댁橋南宅, 항질댁巷叱宅본피부(本彼部), 누상댁樓上宅, 이상댁理上宅, 명남댁椧南宅, 정하댁井下宅이었다.

---

1 중국 연나라 탁현 서쪽의 강.
2 일반적으로 헌강왕 대(875~886)로 본다.

우사절유택又四節遊宅[1]

봄에는 동야댁東野宅, 여름에는 곡량댁谷良宅, 가을에는 구지댁仇知宅, 겨울에는 가이댁加伊宅이다. 신라 제49대 헌강대왕憲康大王 때에는 성 안에 초가집이 하나도 없었고, 집의 처마가 서로 닿아 있었으며, 담장이 이어져 있었다. 또한 노래와 피리소리가 길에 가득하여 밤낮으로 끊이지 않았다.

한번 더 들여다보기

진한은 한반도 남부에 있던 삼한 중의 하나로, 낙동강 동쪽에 있었다. 서쪽으로는 마한, 남쪽으로는 변한에 접해 있었으며, 모두 12개의 성읍국가로 되어 있었다. 그중에서 사로斯盧를 중심으로 발전하여 신라가 된다.

신라 시조 혁거세왕赫居世王

진한 땅의 여섯 마을

진한辰韓 땅에는 옛날 6촌이 있었다.

---

1 사계절 노니는 별장이라는 뜻이다. 판본에는 줄을 바꾸어 우사절유택又四節遊宅을 따로 두었는데, 내용상 '진한'에서 계속된 문장으로 보인다.

첫째는 알천閼川 양산촌陽山村²으로 남쪽은 지금(고려)의 담엄사曇嚴寺 일대이다. 촌장은 알평謁平이다. 처음에 하늘에서 표암봉瓢嵓峰에 내려와 급량부及梁部 이씨李氏의 조상이 되었다.32년 노례왕 9년에 부(部)를 설치하여 급량부라 했는데, 940년(경자) 본조(고려) 태조 천복(天福) 5년에 중흥부로 고쳤다. 파잠, 동산, 피상, 동촌 등이 이에 속한다.

둘째는 돌산突山 고허촌高虛村이다. 촌장은 소벌도리蘇伐都利이다. 형산兄山으로 내려와 사량부沙梁部양(梁)은 혹은 탁(涿) 자를 쓰기도 하나 역시 도(道)로 발음한다 정씨鄭氏의 조상이 되었다. 사량부를 지금(고려)은 남산부南山部라 하며 구량벌仇良伐, 마등오麻等烏, 도북道北, 회덕廻德 등의 남쪽 마을이 이에 속한다.지금이라 한 것은 고려 태조가 설치한 것으로 아래의 내용도 이와 같다.

셋째는 무산茂山 대수촌大樹村이다. 촌장은 구례마俱禮馬구(俱) 대신 구(仇)를 쓰기도 한다인데 처음에 이산伊山또는 개비산으로 내려왔다. 점량부漸梁部, 또는 모량부牟梁部 손씨孫氏의 조상이 되었다. 지금은 장복부長福部라 하며 박곡촌朴谷村 등 서쪽 마을이 이에 속한다.

넷째는 자산觜山 진지촌珍支村또는 빈지(賓之), 빈자(貧子), 빙지(氷之), 촌장은 지백호智伯虎이다. 처음에 화산花山으로 내려왔다. 본피부本彼部 최씨崔氏의 조상이 되었다. 지금은 통선부通仙部라 하며 시파柴巴 등의 동남쪽 마을이 이에 속한다. 최치원이 본피부의 사람이다. 지금도 황룡사 남쪽 미탄사味呑寺의 남쪽에 옛터가 있는데 그곳이 최후崔侯³의 옛 집터가 거의

틀림이 없다.

다섯째는 금산金山 가리촌加里村 지금의 경주 북쪽에 있는 금강산이니 백률사의 북쪽 산이다이다. 촌장은 지타祗沱 또는 지타(只他)이다. 처음에 명활산明活山으로 내려왔다. 한기부漢岐部 또는 한기부(韓岐部) 배씨裵氏의 조상이 되었다. 지금은 가덕부加德部라고 하며 상서지上西知, 하서지下西知, 내아乃兒 등 동쪽 마을이 이에 속한다.

여섯째는 명활산 고야촌高耶村이다. 촌장은 호진虎珍이다. 처음에 금강산金剛山[1]으로 내려왔다. 습비부習比部 설씨薛氏의 조상이 되었다. 지금은 임천부臨川部이며 물이촌勿伊村, 잉구미촌仍仇彌村, 궐곡闕谷 또는 갈곡(葛谷) 등의 동북쪽 마을이 이에 속한다.

위의 기록을 살펴보면 6부의 조상들은 전부 하늘로부터 내려온 것 같다. 32년 노례왕 9년에 비로소 6부의 이름을 고치고 6개의 성을 내려주었다. 지금(고려) 풍속에는 중흥부中興部를 어머니[母]라 하고, 장복부長福部를 아버지[父], 임천부를 아들[子], 가덕부를 딸[女]이라고 하는데 그 이유는 자세히 알 수 없다.

여섯 마을이 모여 알에서 난 혁거세를 왕으로 추대하다

기원전 69년(전한前漢의 지절地節[2] 원년, 임자)고본(古本)에는 건무(建武) 원년이라 하고 또는 건원(建元) 3년이라 했으나 모두 잘못이다[3] 3월 초하루에 6촌의 촌장들은

---

1 경주 북쪽에 있는 산을 말한다. 신라에서는 북악北嶽이라 불렀다.
2 중국 전한 선제宣帝의 연호. 기원전 69~66.
3 건무는 후한 광무제의 연호로 그 원년은 서기 25년이다. 건원은 전한의 무제 연호(기원전

제각기 자제들을 데리고 알천[4]의 언덕에 모여 의논을 했다.

"우리들 위로 백성을 다스릴 임금이 없으니 백성들이 각자 방종하여 제멋대로 놀고 있소. 덕 있는 사람을 찾아 임금으로 삼아 나라를 세우고 도읍을 정해야 할 것이요."

모두 언덕 위로 올라가 남쪽을 바라보니 양산陽山 기슭으로 이상한 기운이 전광처럼 땅에 비치는데 나정蘿井 곁에 흰 말 한 마리가 꿇어 앉아 절하는 형상을 하고 있었다. 그곳으로 찾아가 살펴보니 보랏빛또는 푸른 빛의 큰 알이 하나 있었다. 말은 사람들을 보자 길게 소리쳐 울다가 하늘로 올라가버렸다.

그 알을 깨뜨려 보니 사내아이가 나왔는데 생김새가 단정하고 아름다웠다. 모두들 놀라 이상히 여겨 그 아이를 동천東泉동천사는 사뇌(詞腦) 들판 북쪽에 있다에서 목욕을 시키니 광채가 나고 새와 짐승이 절로 춤을 추고 천지가 진동하고 해와 달이 밝게 빛났다.

그를 혁거세왕赫居世王이라 했다.아마도 우리말일 것이다. 불구내왕(弗矩內王)이라고도 하는데 밝은 빛으로 세상을 다스림을 뜻한다. 해설하는 이는 말하기를, '이는 서술성모(西述聖母)가 낳은 것이다. 중국 사람들이 선도성모(仙桃聖母)를 찬양하여 현인(賢人)을 낳아 나라를 세웠다는 말이 이것이다.'라고도 했다. 계룡(鷄龍)이 상서로움을 나타내 알영을 낳았다는 이야기도 또한 서술성모의 현신을 말한 것 아니겠는가?

위호位號는 거슬한居瑟邯또는 거서간(居西干). 이것은 그가 최초로 입을 열었을 때 스

140~135)로 건원 3년은 기원전 138년이다.
4 오늘날의 경주 북천.

스로를 일컬어 '알지거서간(閼智居西干)이 한번 일어났다.'라고 했으므로 그렇게 부르게 된 것이다. 이로부터 거서간은 왕의 존칭이 되었다이라 했다.

우물에서 태어난 알영

당시 사람들이 서로 입을 모아 축하했다.

"이제 천자가 이미 하늘에서 내려오셨다. 마땅히 덕이 있는 왕후를 찾아 배필을 삼아야 하지 않겠는가."

그날 사양리沙梁里 알영정閼英井또는 아리영정(娥利英井) 주변에 계룡이 나타나 왼편 옆구리에서 여자 아이를 낳았다.혹은 용이 나타나서 죽었는데 그 배를 갈라서 얻었다고도 한다. 자태가 유난히 곱고 입술은 닭의 부리와 같았다. 월성月城 북천에서 목욕을 시키니 부리가 떨어졌다. 부리가 빠졌다 하여 시내의 이름을 발천發川이라 한다.

박혁거세 왕과 알영 왕후

남산 서쪽 기슭지금의 창림사에 궁궐을 짓고 성령스러운 두 아이를 받들어 길렀다. 남자 아이는 알에서 태어났으며 알은 마치 박같이 생겼으므로 향인들은 박[瓠]을 박朴이라 했으니 그로 인해 성을 박朴씨로 했다. 여자 아이는 태어난 우물의 이름을 따서 알영閼英이라 했다.

두 아이가 자라 13세가 되자 기원전 57년(오봉五鳳[1] 원년, 갑자)에 남자는 왕으로 추대되었고 여자는 왕후로 삼았다. 국호를 서라벌徐羅伐 또는

---

[1] 중국 전한 효선제孝宣帝의 연호, 기원전 57~54.

서벌徐伐지금 민간에서 경(京) 자를 서벌이라 훈독하는 것은 이 때문이다이라 했다. 또는 사라斯羅, 사로斯盧라고도 했다.

처음 왕²이 계정鷄井에서 탄생했으므로 계림국鷄林國이라 했는데 계림이 상서로운 곳이기 때문이었다. 일설에는 탈해왕脫解王 때 김알지金閼智를 얻게 되었을 때 닭이 숲속에서 울었으므로 국호를 계림으로 고쳤다고도 한다. 후세에 이르러 국호를 신라新羅로 정했다.

왕은 나라를 다스린 지 61년 만에 하늘로 올라갔다. 그 7일 후 왕의 유체遺體가 흩어져 떨어지자 왕후 알영도 세상을 떠났다.

서라벌 사람들이 왕의 유체를 합하여 장사지내려고 하자 큰 뱀 한 마리가 쫓아와서 방해했다. 결국 머리와 사지의 능을 각각 따로 만들어 다섯 능[五陵]이 되었다. 또한 뱀으로 인해 사능蛇陵이라고도 했다. 담엄사 북쪽의 능이 그것이다. 태자 남해南解가 왕위를 계승했다.

한번 더 들여다보기

신라는 진한辰韓 12국의 하나인 사로국을 중심으로 기원전 57년에 세워진 나라이다. 지리적 여건과 여섯 부족의 전통 등으로 인해 고구려, 백제보다 나라의 기틀을 세우는 것이 가장 늦어졌다.

박혁거세 신화는 신라의 개국신화이다. 경주 부근 여섯 부족의 우두머리가 모여 새로운 통치자를 받들고자 했다. 이때 하늘에서 보랏

---

2 왕후를 잘못 말한 듯하다.

빛 알이 내려오니, 알에서 태어난 아이를 왕으로 받들었다. 이후 여러 씨족들이 하나로 통합되어 신라를 세웠다. 여섯 촌장들은 왕을 '혁거세(밝게 세상을 다스린다)'라 이름하고 거슬한이라는 칭호로 받들었다. 또한 알영 우물가에서 왕후를 얻어 나라의 모습을 갖추었다.

다른 신화와 마찬가지로 천신이 내려와 나라의 기틀을 세웠다. 다만, 씨족 집단이 하늘에서 내려온 새로운 통치자를 중심으로 하나의 소국으로 통합되었음을 보여주는 것은 다른 건국 신화와 구별되는 점이다.

우물에서 왕후가 태어난 것으로 보아, 우물은 신라의 성역이었으며 그들이 농경 생활을 하고 있었음을 알 수 있다. 알영의 입술이 닭의 부리를 닮은 것은 닭을 신성하게 여기는 토템사상으로 보이기도 한다.

한 가지 특이한 사례는 혁거세의 죽음 이후 그의 시신이 사방으로 흩어졌다는 내용이다. 이것은 다른 신화에서는 찾아볼 수 없는 것이다. 이와 관련해 그가 씨족 사회에서 추대된 왕이었기 때문에 말년에 있었을 왕권 다툼을 상징하는 것으로 추측되기도 한다.

제2대 남해왕南解王

혁거세의 뒤를 이은 남해거서간

남해거서간南解居西干은 차차웅次次雄[1]이라고도 한다. 이것은 존장尊長의 칭호이며 오직 이 왕만을 그렇게 불렀다.

아버지는 혁거세이고, 어머니는 알영부인이며, 왕비는 운제부인雲帝夫人운제(雲梯)라고도 한다. 지금 영일현(迎日縣) 서쪽에 운제산 성모(聖母)가 있어 가뭄 때 기원하면 영험이 있다고 한다이다.

기원후 4년(중국 전한前漢 평제平帝 원시元始 4년, 갑자)에 즉위하여 21년 동안 다스리고 23년(지황地皇 4년, 갑신)[2]에 세상을 떠났는데 이 왕을 삼황三皇 중의 제일이라 한다.

신라 왕을 이르는 여러 칭호

《삼국사》를 살펴보니, '신라에서는 왕을 거서간居西干으로 불렀는데 진한의 말[辰言]로 왕이란 뜻이다. 또는 귀인貴人을 부르는 칭호라고도 한다. 차차웅次次雄 또는 자충慈充이라고도 한다.'고 했다.

김대문金大問이 말하기를, '차차웅은 무당을 가리키는 방언이다. 세상 사람들은 무당이 귀신을 섬기고 제사를 숭상하므로 두려워하고 공경하게

---

1 신라는 왕이라는 칭호를 사용하기 전에 차차웅次次雄, 거서간居西干, 이사금尼師今, 마립간麻立干 등의 칭호를 사용했다.
2 지황은 중국 신왕조 왕망의 연호. 20~23. 지황 4년은 23년이나 갑신은 24년이므로, 1년의 오차가 있다.

되어 마침내 존장자를 자충慈充이라고 했다. 또는 이사금尼師今이라고도 했는데 이는 잇금¹을 이른 말이다.'라 했다.

남해왕이 세상을 떠나자 처음에는 아들 노례弩禮가 왕위를 탈해脫解에게 사양했다. 이에 탈해가 말했다.

"내가 들으니 성스럽고 지혜로운 사람은 이가 많다고 합니다."

이에 곧 떡을 물어 확인해 보았다고 한다. 예부터 이런 이야기가 전해졌다.

어떤 이는 왕을 마립간麻立干입(立)은 수(袖)라고도 쓴다이라고 한다. 이에 김대문이 말했다.

"마립이란 방언으로 궐橛이다. 궐표橛標는 벼슬에 따라 설치되는데 왕의 궐은 주主가 되고 신하의 궐은 아래에 배열하게 되니 이로 인해 왕을 뜻하는 명칭이 된 것이다."

또《사론史論》에는 이렇게 되어 있다.

신라에 거서간과 차차웅으로 불린 사람이 하나, 이사금으로 불린 사람 열여섯, 마립간으로 불린 사람이 넷이다. 신라 말기의 이름난 학자 최치원이《제왕연대력帝王年代曆》을 지으면서 모두 '무슨 왕[某王]'으로 부르고 '거서간' 등으로는 말하지 않았다. 혹시 그 말이 천박해 호칭으로 적당하지 않아서였을까? 지금(고려) 신라 때의 일을 기록하면서 방언을 그대로 두는 것이 옳은 일일 것이다.

---

1 잇자국을 뜻한다.

신라 사람들은 모든 추봉追封된 자를 갈문왕葛文王[2]이라고 불렀는데 자세히는 알 수 없다.

낙랑국의 침범과 고구려 속국의 투항

남해왕 때 낙랑국 사람들이 금성을 침범했으나 이기지 못하고 돌아갔다. 또한 18년(천봉天鳳 5년, 무인)에는 고구려의 속국 일곱 나라가 와서 투항했다.

한번 더 들여다보기

신라에서는 왕의 칭호를 거서간, 차차웅, 이사금, 마립간 등으로 불렀다. 거서간居西干은 또 거슬한居瑟邯이라고도 하는데, 유일하게 혁거세만 이 호칭을 썼다. 이것은 진한辰韓의 말로 왕 또는 귀인을 가리킨다.

차차웅次次雄은 또는 자충慈充이라 했는데, 무당을 뜻한 것으로 제정일치 시대의 수장을 의미한다. 제2대 남해왕만 사용하였다. 이사금尼斯今은 '치리齒理' 즉 이가 많은 사람은 지혜로운 사람이라는 뜻으로, 제3대 유리왕부터 제16대 흘해왕까지 썼다.

마립간麻立干이란 마루, 즉 높은 곳에 있는 우두머리를 의미하는 왕호이다. 제17대 내물왕에서 제22대 지증왕까지 사용했다.

《삼국사기》에는 제18대 실성왕까지 이사금을 사용했으며, 19대 눌

---

2 신라에서 왕위에 오르지 못한 왕실귀족 등에게 붙여진 존칭이다.

지왕 때부터 마립간을 사용했다고 되어 있다.

제3대 노례왕弩禮王

박노례니질금朴弩禮尼叱今또는 유리왕(儒理王)[1]은 처음에 왕위에 오를 때 매부 탈해에게 왕위를 사양했다. 이에 탈해가 말했다.

"무릇 덕이 있는 사람은 이[齒]가 많다고 하니 잇금으로 시험해봅시다."

이에 떡을 깨물어 보았는데 노례왕의 이가 더 많았기 때문에 먼저 왕위에 올랐다. 그래서 니질금(잇금)이라 했다. 이 칭호는 노례왕에서부터 시작되었다.

23년(중국 후한의 유성공劉聖公[2] 경시更始 원년, 계미)에 즉위하여연표에는 갑신(24년)에 즉위했다고 되어 있다 6부의 이름을 개정하고 6가지 성씨를 내렸다.

〈도솔가兜率歌〉를 지었는데 차사嗟辭[3]와 사뇌격詞腦格[4]이 있었다. 또한 처음으로 보습[5]과 얼음을 저장하는 창고를 지었으며 수레를 만들었다.

42년(건무建無[6] 18년)에 이서국伊西國을 정벌하여 멸망시켰다. 이 해에 고구려 군사들이 쳐들어왔다.

---

1 《삼국사기》에는 유리니사금儒利尼師今으로 되어 있다.
2 중국의 왕망이 세운 신 왕조에 반기를 든 일파이다.
3 슬픔을 표현하는 말.
4 감탄사를 지닌 향가의 격식.
5 가래 또는 쟁기.
6 중국 후한 광무제光武帝의 연호, 25~56.

이사금은 신라 초기 왕의 칭호로 사용된 것이다. 치질금齒叱今, 이질금尼叱今도 같은 말이다. 잇금[齒理]의 방언이라고도 한다. 남해왕이 죽은 후 유리왕이 왕위를 탈해에게 양보하자 탈해가 잇금으로 겨루어보자 한 데서 유래하였다는 설이 있다. 따라서 이사금은 연장자를 의미하여 사왕嗣王, 계군繼君을 뜻하기도 한다. 이사금이 변하여 '임금'이 되었다고 한다.

제4대 탈해왕脫解王

아이를 태운 배가 아진포에 닿다

탈해치질금脫解齒叱今 또는 토해니사금(吐解尼師今)은 남해왕 때 고본(古本)[7]에서는 탈해가 임인년(42)에 왔다고 했으나 이는 잘못이다. 가까운 때의 임인년이라면 노례왕이 즉위한 후의 일이므로 노례왕과 왕위를 다투어 사양할 수 없었고, 이전의 임인년이라면 혁거세 때이므로 탈해가 신라에 온 해가 임인년이 아닐 것이다. 가락국 앞바다에 배 한 척을 타고 와 닿았다. 그 나라의 수로왕首露王이 신하와 백성들과 함께 북을 치며 나아가 맞아들이고 나라에 머물게 하려 했다.

그러나 배는 곧 쏜살같이 달아나 계림(신라) 동쪽 하서지촌下西知村 아진포阿珍浦에 닿았다. 지금도 상서지촌, 하서지촌이라는 마을 이름이 있다. 그때 갯가에

---

7 《삼국사기》 신라본기.

혁거세왕 때 고기를 잡아 바치던 아진의선阿珍義先이라는 노파가 있었다. 노파가 바다를 바라보며 중얼거렸다.

'이 바다에는 본래 바위가 없는데 까치들이 왜 저리 모여 우는 걸까?'

배를 보내 살펴보니 까치들이 어느 한 배 위에 모여 있었다. 배 안에는 궤 하나가 놓여 있는데 길이는 20자, 폭은 13자였다. 숲 아래로 배를 끌어다 놓고 흉한 일인지 길한 일인지 알 수 없어 하늘을 향해 기도를 올렸다.

잠시 후 궤를 열어보니 단정한 사내아이와 7가지 보물, 노비 여러 명이 있었다. 노파가 그들을 7일 동안 잘 대접했더니 아이가 말했다.

"나는 본래 용성국龍城國또는 정명국(正明國) 혹은 완하국(玩夏國)이라 하는데 완하는 화하국(花夏國)이라고도 한다. 왜국의 동북쪽 1천리에 있다의 사람입니다. 우리나라에는 일찍이 28명의 용왕이 있었습니다. 모두 사람의 태胎에서 태어났고 5, 6세 때부터 왕위에 올라 만백성을 다스리고 성명性命을 닦아 바르게 했습니다. 8품의 성골姓骨이 있으나 차례대로 모두 왕위에 올랐습니다. 내 아버지 함달파왕含達婆王께서 적녀국積女國의 공주를 비로 삼았습니다. 오래도록 자식이 없어 아들을 구하는 기도를 드렸더니 7년 뒤에 왕비께서 큰 알 한 개를 낳았습니다. 대왕이 여러 신하들을 모아 놓고 말했습니다.

'사람이 알을 낳는 일은 고금에 없는 일이니 아마도 좋은 징조는 아닐 것이다.'

이에 궤를 만들어 나를 그 속에 넣고 7가지 보물과 노비들까지 함께 배에 실어 바다에 띄우고 빌었습니다.

'인연이 있는 땅으로 흘러가 나라를 세우고 집안을 이루어라.'

이때 홀연히 붉은 용이 나타나 배를 호위하여 이곳에 이르렀습니다."

지략으로 거처를 정하다

말을 마친 아이는 지팡이를 들고 두 명의 노비를 거느리고 토함산으로 올라갔다. 석총을 쌓고 7일 동안 머무르며 도성을 굽어보고 살 만한 땅을 찾았다. 초승달처럼 생긴 언덕이 눈에 들어왔는데 지세가 오래 살 만한 곳이었다.

산을 내려와 찾으니 바로 호공瓠公의 집이었다. 일단 속일 계책으로 그 집 옆에 몰래 숫돌과 숯을 묻었다. 그리고 다음 날 아침 그 집 앞에 가서 말했다.

"이곳은 우리 조상이 살던 집이오."

호공이 그럴 리 없다며 서로 다투었으나 결판이 나지 않았다. 관청에 고하니 관원이 물었다.

"무엇으로 너의 집이라는 것을 증명하겠느냐?"

아이가 답했다.

"우리는 본래 대장장이였습니다. 잠깐 이웃 마을에 간 사이에 다른 사람이 차지해 살고 있으니 땅을 파헤쳐 보면 좋겠습니다."

그 말대로 땅을 파 보니 과연 숫돌과 숯이 나왔으므로 호공의 집을 빼앗아 살게 되었다. 이때 남해왕은 탈해가 지혜로운 사람임을 알아보고 왕의 맏공주를 아내로 삼게 했다. 그가 아니부인阿尼夫人이다.

탈해를 속이려던 하인 입술에 물 잔이 붙다

하루는 탈해가 동악東岳[1]에 올랐다가 돌아오는 길에 하인에게 마실 물을 구해 오라 했다. 하인이 물을 떠오다가 도중에서 먼저 마시고 올리려 했다. 그런데 물 잔에 입술이 붙어 떨어지지 않았다. 탈해가 하인을 꾸짖으니 하인이 맹세하며 말했다.

"이후에는 가깝든 멀든 감히 먼저 물을 마시지 않겠습니다."

그제야 비로소 물 잔이 입에서 떨어졌다. 이때부터 하인은 탈해를 두려워하여 감히 속이지 못했다. 지금(고려)도 동악에 있는 한 우물을 가리켜 사람들은 요내정遼乃井이라 하는데 바로 그 우물이다.

탈해가 왕이 되어 석씨를 성으로 삼다

노례왕이 세상을 떠나고 57년(후한 광무제光武帝 중원中元 2년, 정사) 6월에 탈해가 왕위에 올랐다. '옛날 우리 집이었다.'라고 하여 남의 집을 빼앗았기 때문에 성을 석昔(옛)이라 했다. 또는 까치(작鵲)로 인해 궤를 열었다 하여 작鵲에서 조鳥를 떼어 버리고 석昔씨를 성으로 삼았다는 이야기도 있다. 또 궤 안에서 알을 깨고 나왔으므로 이름은 탈해脫解라 했다 한다.

왕위에 있은 지 23년이 되는 79년(건초建初[2] 4년, 기묘)에 세상을 떠났다. 소천疏川 구릉에 장사지냈는데, 후에 혼령이 나타나 '내 뼈를 조심히 묻어라' 했다.

---

1 토함산을 말한다.
2 중국 후한 장제章帝의 연호, 76~84.

70

파내어 보니 왕의 두개골 둘레가 3자 2치, 몸의 뼈 길이는 9자 7치였다. 이[齒]는 엉키어 한 덩어리가 되어 있었고 뼈마디는 모두 연결되어 있어 그야말로 천하무적의 역사力士다운 골격이었다. 뼈대를 부수어 소상塑像을 만들어 대궐 안에 모시니 또 혼령이 나타나 '내 뼈를 동악東岳에 두어라.' 했다. 그래서 다시 그곳에 모셨다. 또 다른 일설에는 왕이 세상을 떠난 뒤 27대 문무왕 때인 680년(조로(調露)[3] 2년, 경진) 3월 15일 신유 밤에 왕의 꿈에 몹시 사나워 보이는 노인이 나타나 '나는 탈해인데 내 뼈를 소천구에서 파내 소상을 만들어 토함산에 안치하라.'고 하여 왕이 그 말대로 했다. 그런 까닭으로 지금까지 국사(國祀)가 끊이지 않았으니 이를 곧 동악신(東岳神)이라 한다.

한번 더 들여다보기

석탈해는 신라 제4대 왕(재위 57~80)이다. 석탈해 전까지 신라의 왕은 시조 박혁거세의 뒤를 이어 남해왕, 노례왕까지 박씨가 왕위를 이었다. 그러나 석탈해에 이르러 석씨로 왕권이 바뀌었다.

신화에서 탈해는 용성국 출신이며, 호공의 집을 빼앗은 대장장이이다. 즉 탈해 집단은 철기문화를 가진 이주민 집단으로 서라벌의 토착세력을 제압하고 왕위에까지 오른 특별한 인물이었던 것으로 보인다.

탈해가 어디 출신인지 또는 한반도가 아닌 다른 곳에서 신라로 건

---

3 중국 당 고종高宗의 연호, 679~680.

너왔다면 그곳은 어디인지에 대해 여러 이야기가 전해진다. 《삼국사기》에 따르면 왜의 동북쪽 1천리에 위치한 다파나국多婆那國 출신이라고 하며, 《삼국유사》에 말한 용성국은 왜국 동북쪽이라고 하여 오키나와라고도 한다. 또한 아버지의 이름 함달파가 고대 인도어라며 인도의 옛 왕국 출신이라고 말하는 사람들도 있다.

석탈해가 왕위에 오르면서 왕의 이름도 이사금尼師今이라 불렀다. 이것은 왕의 권력이 거서간 때보다 강화되었음을 보여준다. 즉 석탈해는 시림始林에서 김알지를 얻어 태자로 삼고 국호를 계림으로 정하는데, 이로써 경주 계림을 근거지로 한 김씨 세력과의 연합을 통해 자신의 왕권을 더욱 보호한 것으로 보인다.

김알지에 대한 이야기가 바로 다음 장에 소개된다.

김알지金閼智, 탈해왕 대脫解王代

신라 김씨의 시조

60년(영평永平[1] 3년, 경신)중원(中元)[2] 6년이라고 하나 잘못이다. 중원은 2년에 끝났다 8월 4일 밤에 호공瓠公이 월성月星 서쪽 마을을 지나가다 그곳 시림始林 또는 구림(鳩林) 숲속에서 큰 불빛이 비치는 것을 보았다. 자주색 구름이 하늘

---

1 중국 후한 명제明帝의 연호, 58~75.
2 중국 후한 광무제光武帝의 연호, 56~57.

로부터 나와 땅에 이르렀고 구름 속으로 황금궤가 나뭇가지에 걸려 있었다. 궤에서 그 빛이 나오고 있었다. 또 나무 아래에서는 흰 닭이 울고 있었다.

이것을 왕에게 알리자 왕이 곧바로 숲으로 달려가 궤를 열어 보았다. 궤 안에는 사내아이가 누워 있다가 곧 일어났다. 마치 혁거세의 고사와 같았으므로 알지閼智라 했다. 알지는 곧 우리말의 어린아이를 뜻한다. 왕이 아이를 안고 대궐로 돌아오는데 새와 짐승들이 뒤따르며 기뻐 날뛰며 춤추었다.

왕은 길일을 택하여 알지를 태자로 책봉했다. 훗날 알지는 파사婆娑에게 왕위를 양보하고 오르지 않았다.

금궤에서 나왔으므로 성을 김金씨라 했다. 알지는 열한熱漢을 낳고, 열한은 아도阿都를 낳고, 아도는 수류首留를 낳고, 수류는 욱부郁部를 낳고, 욱부는 구도俱道 또는 구도(仇刀)를 낳고, 구도는 미추未鄒를 낳았다. 미추가 왕위에 오르니 신라의 김씨는 알지에서 시작되었다.

한번 더 들여다보기

경주 김 씨 시조신화인 김알지 신화이다. 금궤에서 나와서 성을 김金씨라 한 것이다. 아버지 석탈해가 죽으면서 왕권을 넘겨주었으나, 무슨 이유에서인지 박씨인 파사에게 왕위가 돌아갔다. 이로써 김씨가 왕위에 오르지 못하고, 훗날 알지의 7대손 미추이사금(신라 제13대왕. 재위 261~284)에 이르러 비로소 신라 김 씨 왕의 시대가 열린다.

연오랑延烏郞과 세오녀細烏女

158년 제8대 아달라왕阿達羅王[1]이 즉위한 지 4년(정유)에 동해 바닷가에 연오랑과 세오녀 부부가 살고 있었다. 하루는 연오랑이 바다에 나가 해초를 따고 있는데 갑자기 바위 혹은 물고기 한 마리 하나가 나타나 연오랑을 싣고 일본으로 가 버렸다.

그 나라 사람들이 연오랑을 보고 말했다.

'신령한 사람이 틀림없다.'

이들은 연오랑을 받들어 그 나라의 왕으로 삼았다.《일본제기(日本帝記)》를 살펴보면 전후로 신라 사람으로서 (일본) 왕이 된 사람이 없다. 따라서 변방 작은 마을의 왕이고 참왕[眞王]은 아니다.

세오녀는 남편이 돌아오지 않는 것을 이상하게 여겨 찾아 나섰다. 바위 위에 남편이 벗어 놓은 신발이 보였다. 이에 세오녀가 그 위에 올라서자 또 다시 전처럼 바위가 싣고 갔다. 나라 사람들이 이를 보고 놀라 왕에게 알렸다. 이로써 부부가 다시 만나게 되었고 세오녀를 귀비貴妃로 삼았다.

이때 신라에서는 해와 달이 빛을 잃었다. 일관日官[2]이 점을 쳐보고 말했다.

"우리 해와 달의 정기가 지금 일본으로 가 버렸기 때문에 이런 괴변이 생긴 듯합니다."

왕은 사신을 보내 두 사람을 찾았다. 연오랑이 말했다.

---

1 신라 제8대 왕, 재위 154~183.
2 변괴, 길흉 따위를 점치는 관원. 곧 점성관.

"내가 이 나라에 이르게 된 것은 하늘의 뜻이니 어찌 돌아갈 수 있겠는가? 그러나 왕비가 손수 짠 비단이 있으니 이것으로 하늘에 제사를 올리면 좋아질 것이다."하며 비단을 내렸다.

사신이 돌아와 왕에게 그 사실을 알렸다. 그 말에 따라 하늘에 제사를 올렸더니 마침내 해와 달의 빛이 예전과 같아졌다. 그 비단을 어고御庫에 간직하여 국보로 삼고 창고를 귀비고貴妃庫라 했다. 하늘에 제사 지낸 곳은 영일현迎日縣 또는 도기야都祈野라 했다.

한번 더 들여다보기

지금도 영일만 근처에는 이 전설이 남아 있다. 연오랑과 세오녀 부부가 일본으로 건너가 부족의 왕이 되었다는 내용이다. 그러나 사료적으로 남아 있는 자료가 없다. 당시(2세기 무렵) 일본과 신라의 문물이 교류되고 있었음을 추측할 뿐이다. 《일본서기》에는 420년 신라에서 일본열도로 훌륭한 수공업자가 들어가고 또 443년에 건설, 건축 계통의 장인들이 들어왔다는 기록들이 있다.

석탈해와 같은 일부 세력이 신라의 외부에서 들어왔다고 가정하면, 한반도에서 외부로 건너간 세력도 있었을 것이라는 추측이 가능하다.

설화에 따르면, 아달라왕 때 연오랑과 세오녀가 일본으로 가버리자 신라에서는 해와 달이 빛을 잃어버렸다. 그러나 세오녀의 비단을 가져와 제사를 지내니 다시 빛을 회복하게 되었다. 이것은 당시 신라의 내부에 정치적 위기가 있었거나, 아니면 자연적 재해 같은 재앙이 있었음을 상징하는 것으로 보인다.

만약 정치적 권력 다툼이 있었다면, 아달라왕보다 훨씬 전 시대로 거슬러 올라가 살펴볼 수 있다. 신라 제4대왕 석탈해는 김알지를 태자로 삼아 왕위를 물려주고자 했다. 그러나 김알지는 무슨 이유에서인지 다시 박씨인 파사(신라 제5대 왕)에게 왕위를 양보했다. 파사는 형인 일성(박씨)을 제치고 신라 5대 국왕이 되었는데, 일성은 이후 제7대 신라 왕에 올랐으며 그가 바로 아달라왕의 아버지이다.

당시 신라는 아직 왕위세습제가 아니었다. 박씨, 석씨, 김씨에 의해 왕권이 교체되고 있었다. 따라서 연오랑과 세오녀 신화는 아달라왕 대에 정치권에 밀려난 일부 왕족 세력이 일본으로 망명한 것을 의미하는 것이 아닌가 추측된다.

연오랑과 세오녀의 설화는 《삼국유사》와 서거정의 《필원잡기》에 수록되어 전해졌다. 원전은 박인량의 《수이전》에 실려 있었으나, 《수이전》은 현재 전해지지 않고 있다.

미추왕未鄒王 죽엽군竹葉君

김알지의 7대손 미추가 왕에 오르다

제13대 미추니질금未雛尼叱今 또는 미조(未祖), 미고(未古)은 김알지의 7대손이다. 대대로 높은 귀족이었으며 성스러운 덕까지 갖췄다. 첨해왕(첨해이사금)으로부터 왕위를 물려받았다. 지금 세간에서 미추왕의 능을 시조당(始祖堂)이라 하는 것은 김씨로서 처음으로 왕위에 올랐기 때문이다. 따라서 후대의 여러 김씨 왕들이 미추왕을 시조를 삼는 것은 당연하다. 왕위에 오른 지 23년 만에 세상을 떠났으며 능은 흥륜사興輪寺 동쪽에 있다.

죽현릉 이름의 유래

제14대 유례왕儒禮王 때 이서국伊西國 사람들이 금성金星[1]으로 쳐들어왔다. 신라는 대대적으로 군사를 동원하여 막았으나 오랫동안 대적할 수 없었다. 그때 홀연히 대나무 잎을 귀에 꽂은 군사들이 나타나 신라 군사와 힘을 합하여 적군을 공격하여 물리쳤다.

적들이 물러간 후에는 어디로 갔는지 알 수 없었다. 다만 대나무 잎만 미추왕의 능 앞에 무수히 쌓여 있는 것을 보고 비로소 선왕의 음덕이 있었음을 알게 되었다. 그래서 그 능을 죽현릉竹現陵이라 불렀다.

김유신의 노여움을 달래 나라를 수호하다

779년 제37대[2] 혜공왕惠恭王 대력大曆[3] 14년(기미) 4월에는 갑자기 회오리바람이 김유신 공의 무덤에서 일어났다. 그 가운데에 한 사람이 날쌘 말을 타고 있었는데 장군과 같은 위엄으로 갑옷을 입고 병기를 든 40여 명의 군사를 거느리고 죽현릉으로 들어갔다.

---

1 금성은 신라 초기의 궁으로서, 혁거세거서간 21년(서기전 37)에 축조되었으며, 그에 관한 기록이 소지마립간 22년(500)까지 나온다.
2 혜공왕은 신라 제36대 왕이다.
3 중국 당 대종大宗의 연호, 766~779.

조금 후에 왕릉 안에서 진동하듯 울음소리가 나고 혹은 뭔가를 호소하는 듯한 소리도 들렸다. 그 말은 이러했다.

"신은 평생 어려운 시국을 구하는 데 힘쓰고 삼국을 통일한 공을 이루었습니다. 지금은 죽어 혼백이 되었지만 나라를 지키고 재앙을 물리쳐 환란을 구제하고자 하는 마음은 여전히 변함이 없습니다. 지난 경술년庚戌年에 신의 자손이 아무런 죄도 없이 죽음을 당했습니다. 그것은 왕과 신하들이 나의 공적을 생각하지 않는 처사입니다. 이제 신은 멀리 다른 곳으로 떠나 다시는 나라를 위해 애쓰지 않겠습니다. 그러니 왕께서 부디 허락해 주십시오."

미추왕의 혼령이 대답했다.

"나와 공이 이 나라를 지키지 않는다면 저 백성들은 어떻게 될 것인가? 공은 전과 다름없이 힘쓰도록 하시오."

유신 공이 세 번을 청했으나 미추왕의 혼령이 허락하지 않으니 회오리바람은 곧 돌아갔다.

혜공왕은 이 소식을 듣고 두려워서 곧 대신大臣 김경신金敬信을 보내 김유신 장군의 묘에 가서 사과하게 했다. 공덕보功德寶를 세우고 전田 30결을 취선사鷲仙寺[1]에 내려 장군의 명복을 빌게 했다. 이 절은 바로 김유신 장군이 평양을 토벌한 뒤에 복을 빌기 위해 세운 것이었기 때문이다.

미추왕의 혼령이 아니었다면 김유신 장군의 노여움을 막지 못했을 것이므로 왕이 나라를 수호한 공덕이 크다고 아니할 수 없다. 나라 사람들

---

1 경북 경주에 있는 절.

이 왕의 덕을 기려 삼산三山[2]과 함께 제사지내기를 게을리 하지 않고 그 서열을 오릉[3] 위에 두고 대묘大廟라 불렀다.

한번 더 들여다보기

신라 미추왕의 영혼이 이서국의 침입 때 나라를 위기에서 구했으며, 또한 신라의 삼국 통일에 공을 세운 김유신의 영혼을 달래었다는 설화이다.

미추왕은 김해 김씨의 시조인 김알지의 후손이다. 신라 왕실에서 김씨로서는 최초로 왕위에 오르며 이후 김씨 왕실이 세습되는 토대를 마련했다.

김씨로 대표되는 김유신의 영혼과 미추왕의 혼령은 신라를 지키는 호국신으로 추앙을 받았다. 김유신이 신라 삼국 통일의 영웅인 것은 모두가 다 아는 사실이지만, 미추왕은 어떤 이유로 사람들에게 추앙받았던 것일까? 미추왕으로부터 신라 통일의 근간을 마련한 김씨 왕권이 시작되었다는 것과 일연이 몇 번에 걸쳐 언급하고 있는 '이서국伊西國'과 어떤 연관성이 있는 것은 아닐까!

이서국은 삼한시대 진한辰韓의 부족국가 중 하나이다. 현재 경북 청도 일대에 자리를 잡고 있었던 것으로 보인다. 일연은 이들이 신라 3대 노례왕, 14대 유례왕 때 금성[4]을 공격한 것에 주목했다. 당시

---

2 신라의 제전 가운데 대사大祀에 속한 세 곳인 '나력, 골화, 혈례'를 일컫는다.
3 혁거세왕을 비롯하여, 알영, 남해왕, 유리왕, 파사왕 다섯 분의 묘를 말한다.
4 신라 초기 금성의 위치에 대해서는 여러 학설이 있다. 통일신라 시대는 경주를 가리킨다.

이서국은 상당히 세력이 강한 집단으로 신라를 위기에 처하게 할 정도로 위협적이었던 것 같다. 그러나 42년 유례왕이 죽기 바로 1년 전에 신라(사로국)에 점령당한다.

설화에서는 이때 미추왕의 혼령(죽엽군竹葉君)이 도와 적을 물리쳤다고 말한다. 즉 신라의 강한 정권이 시작되고 이로써 김씨 왕권에 의해 삼국통일의 기반을 마련한 왕으로서 미추왕이 영웅시되었음을 짐작케 하는 부분이다.

내물왕奈勿王 또는 나밀왕(那密王)과 김제상金堤上

왜의 볼모가 된 내물왕의 셋째 왕자 미해

제17대 내물왕이 즉위한 지 36년이 되는 390년(경인)[1]에 왜왕倭王이 사신을 보내 말했다.

"우리 임금이 대왕의 신성함을 듣고 신들로 하여금 백제의 죄를 대왕께 아뢰라 했습니다. 대왕께서는 왕자 한 명을 보내어 우리 임금께 성의를 보여주십시오." 내물왕은 셋째 아들 미해美海 또는 미토희(未吐喜)[2]를 왜국에 보냈다. 미해의 나이 겨우 열 살이었으므로 말이나 행동이 아직 미숙했다. 따라서 내신 박사람朴娑覽을 부사로 삼아 함께 보냈다. 왜왕이 억류

---

1 내물왕의 재위기간은 356~402년이다. 따라서 1년의 차이가 있다.
2 《삼국사기》에는 미사흔未斯欣이라 했고, 왜국으로 간 것이 18대 실성왕 원년의 일로 되어 있다.

하여 30년이 지나도 돌려보내지 않았다.

고구려의 볼모가 된 눌지왕의 아우 보해

눌지왕訥祗王[3] 즉위 3년 419년(기미)에 고구려 장수왕長壽王이 사신을 보내 왔다.

"우리 임금이 대왕의 아우 보해寶海가 지혜롭고 재주가 뛰어나다는 것을 듣고 가깝게 지내기를 원하여 특별히 소신을 보내 청합니다."

왕이 이 말을 듣고 이 일로 두 나라가 화친하면 매우 다행한 일이 될 것이라 여겼다. 이에 아우 보해에게 명하여 고구려에 가게 했다. 내신 김무알金武謁을 보좌로 삼아 함께 보냈다. 장수왕 역시 보해를 억류하고 돌려보내지 않았다.

김제상이 눌지왕의 명을 받들다

눌지왕 10년 425년(을축)에 왕은 조정의 신하들과 나라 안의 호걸, 협객들을 불러 모아 친히 연회를 베풀었다. 술이 세 번 돌고 음악이 연주되자 왕은 눈물을 흘리며 여러 신하들에게 말했다.

"지난날 아버님께서 진심으로 백성들을 위해 정치를 했기 때문에 사랑하는 아들을 동쪽 왜국으로 보내고 그 아들을 다시는 못 보고 돌아가셨다. 또 내가 왕위에 오른 이래 이웃 나라의 군사가 심히 강성하여 전쟁이 그치지 않았다. 고구려가 화친을 맺자는 말을 믿고 내 아우를 고구려에

---

3 신라 제19대 왕, 재위 417~458.

보냈는데 고구려 역시 보내주지 않고 있다. 내 비록 부귀를 누리고 있지만 어느 하루 한순간도 아우를 잊지 못해 눈물 흘리지 않는 날이 없다. 만약 두 아우를 만나 함께 선왕의 사당에 나아갈 수만 있다면 백성들에게 그 은혜를 갚겠는데 누가 이 계책을 이룰 수 있겠는가?"

백관이 다 함께 말했다.

"이 일은 진실로 쉽지 않으니 반드시 지혜와 용기가 있는 사람이라야 가능할 것입니다. 신들은 삽라군歃羅郡 태수 제상堤上이 적합하다 생각하옵니다."

왕이 제상을 불러들여 묻자, 제상이 왕에게 재배하며 대답했다.

"신이 듣기에 임금에게 근심이 있으면 신하는 욕을 당하고 임금이 욕을 당하면 신하는 죽어야 한다고 했습니다. 만약 일의 어렵고 쉬운 것을 헤아려 행한다면 충성되지 못하다 할 것이며 죽고 사는 것을 따져본 연후에 움직인다면 그것은 용기가 없다고 할 것입니다. 신이 비록 어리석지만 왕명을 받들어 행하겠습니다."

왕이 매우 가상하게 여겨 술을 나누어 마시고 손을 맞잡고 작별했다.

김제상이 고구려에서 보해를 구출해오다

제상은 왕의 명을 받들고 곧장 북쪽으로 뱃길을 잡고 변복을 하고 고구려로 들어갔다. 보해가 있는 곳을 찾아가 도망할 날짜를 약속했다. 먼저 5월 보름날로 정하고 제상은 고성高城의 수구에서 기다렸다.

약속한 시일이 가까워지자 보해는 병을 핑계로 며칠 동안 조회朝會에 나가지 않았다. 밤중에 몰래 도망쳐 나와 고성 바닷가에 이르렀다.

장수왕이 이 사실을 알고 군사 수십 명을 뒤쫓게 했다. 고성에 이르러 따라 미쳤으나 보해가 고구려에 억류당해 있을 때 시중들던 사람에게 항상 은혜를 베풀었으므로 군사들은 그를 불쌍히 여겨 모두 화살촉을 뽑고 화살을 쏘았다. 마침내 보해는 살아서 돌아왔다.

왜국에서 미해를 구해내고 죽음으로 절개를 지키다

눌지왕은 보해를 보자 더욱 미해 생각이 났다. 기쁘면서 한편으로는 슬퍼 눈물을 흘리며 좌우의 신하들에게 말했다.

"마치 한 몸에 한쪽 팔만 있고 얼굴에 한쪽 눈만 있는 것 같구나. 비록 하나를 얻었으나 다른 하나가 없으니 어찌 원통하지 않겠느냐?"

제상이 이 말을 듣고 다시 임금에게 하직 인사를 올렸다. 곧장 말을 타고 집에 들르지도 않은 채 율포栗浦 해변에 이르렀다. 그의 아내가 이 소식을 듣고 말을 달려 율포까지 뒤쫓았으나 남편은 이미 배 위에 있었다. 아내가 안타깝게 불렀으나 제상은 다만 손을 흔들고 배를 멈추지 않았다.

왜국에 도착한 제상은 (왜왕에게) 거짓말을 고했다.

"계림鷄林왕이 아무 죄도 없는 나의 아버지와 형을 죽였기에 도망쳐 왔습니다."

왜왕은 그 말을 믿고 집을 주고 편히 살게 했다. 제상은 항상 왕자 미해를 모시고 바닷가로 나가 새와 물고기를 잡아 왜왕에게 바쳤다. 왕이 무척 기뻐하여 의심하지 않았다.

때마침 새벽안개가 자욱하게 끼어 앞을 분간할 수 없는 어느 날, 제상이 미해에게 말했다.

"이제 떠나도 될 듯합니다."

"그렇다면 같이 가자."

제상이 말하였다.

"만약 신이 떠난 것을 왜인들이 알게 되면 쫓아올까 염려됩니다. 신은 이곳에 남아서 그들이 뒤쫓는 걸 막을 것입니다."

미해가 말하였다.

"지금 나는 그대를 아버지나 형과 다름없이 여기는데 어찌 그대를 버리고 나만 혼자 돌아가겠는가?"

제상이 말했다.

"신이 능히 공의 목숨을 구함으로써 대왕의 마음을 위로할 수 있다면 만족합니다. 어찌 살기까지 바라겠습니까?"

제상은 술을 따라 미해에게 건넸다.

그때 신라 사람 강구려康仇麗가 왜국에 와 있었다. 제상은 그를 딸려 보내 미해를 호송하게 한 후 자신은 미해의 방에 들어가 있었다. 이튿날 아침이 되자 측근들이 미해를 보고자 하니 제상이 나와 말했다.

"어제 사냥을 하며 쏘다녔기 때문에 몹시 고단하여 아직 일어나지 못하십니다."

저녁 무렵 측근자들이 이상하게 여겨 다시 물었다.

"미해공은 떠난 지 이미 오래되었다."

측근들이 왜왕에게 달려가 고했다. 왕이 기병으로 쫓게 했으나 붙잡지 못했다. 왜왕은 제상을 옥에 가두고 물었다.

"너는 어찌하여 네 나라 왕자를 몰래 돌려보냈느냐?"

제상이 답했다.

"나는 계림의 신하이지 왜국의 신하가 아니다. 이제 우리 임금의 뜻을 이룬 것뿐이니 그 외에 무엇을 말하겠는가."

왜왕이 노하여 말했다.

"너는 이미 나의 신하가 되었는데도 지금 계림의 신하라고 말하는 것이냐? 그렇다면 반드시 오형五刑[1]으로 벌할 것이나 만약 왜국의 신하라고 말한다면 후한 녹으로 상을 내릴 것이다."

제상이 대답했다.

"차라리 계림의 개, 돼지가 될지라도 왜국의 신하는 될 수 없으며 차라리 계림의 형장을 받을지언정 왜국의 작록은 받을 수 없다."

왜왕이 노하여 제상의 발바닥 가죽을 벗겨 내고 갈대를 베어 그 위를 걷게 했다. 지금도 갈대 위에 혈흔이 있는데 세간에서는 제상의 피라 한다.

왜왕이 제상에게 다시 물었다.

"너는 어느 나라 신하인가?"

제상이 답했다.

"계림의 신하다."

또 달군 쇠 위에 세우고 물었다.

"너는 어느 나라 신하인가?"

"나는 계림의 신하다."

---

1 중국의 다섯 가지 형벌. 먹물로 글자를 새기고, 코를 베고, 발뒤꿈치를 베고, 성기를 절단하고, 목을 베어 죽이는 것이다.

왜왕이 그를 굴복시킬 수 없음을 알고는 목도木島에서 불태워 죽였다.

미해는 바다를 건넌 다음 먼저 강구려에게 나라에 알리게 했다. 눌지왕은 놀라고 기뻐하며 백관에게 명하여 굴헐역屈歇驛에서 맞게 했다. 왕은 친아우 보해와 함께 남쪽 교외에서 맞이했다. 대궐에 들어 잔치를 베풀고 국내에 대사면령을 내렸다.

제상의 아내를 책봉하여 국대부인國大夫人으로 삼고 그 딸은 미해공의 부인으로 삼았다.

이 일에 대해 사람들은 이렇게 말했다.

'옛날 한漢나라의 신하 주가周苛가 형양 땅에서 초나라 군사의 포로가 되었다. 항우가 주가에게 네가 나의 신하가 되면 만호萬戶의 녹을 받는 제후로 삼겠다 했다. 주가는 오히려 항우를 꾸짖으며 끝내 굴복하지 않아 항우에게 죽임을 당했는데 제상의 충렬 또한 주가 못지 않다.'

망부석 설화

처음에 제상이 왜국으로 떠날 때 부인은 이 소식을 듣고 뒤쫓았다. 그러나 따라잡지 못한 채 망덕사望德寺 문 남쪽 모래사장에 이르러 오래도록 울부짖었다. 그래서 그곳을 장사長沙라 한다. 친척 두 사람이 부인을 부축하여 돌아오려 했으나 부인이 다리를 뻗고 주저앉아 일어나지 않았다. 그로 인해 그곳을 벌지지伐知旨라 했다.

오랜 시간이 흐른 후에도 부인은 남편에 대한 그리움을 이기지 못해 세 딸을 데리고 치술령鵄述嶺 위에 올라 왜국을 바라보고 통곡하다가 죽었다. 이에 부인은 치술령의 신모神母가 되었다. 지금(고려)도 사당이 남아 있다.

4세기 후반 제17대 내물마립간 때 신라는 활발한 정복활동으로 진한 12국의 중심세력으로 성장했으며, 중앙집권 국가로서의 기틀을 갖추기 시작했다.

그러나 399년 백제와 가야, 왜나라 연합군의 공격을 받게 되어 고구려 광개토왕에게 구원을 요청했고, 이에 광개토왕은 5만의 군사를 보내 연합군을 물리쳤다. 이후 신라는 고구려의 보호를 받게 되고 고구려와 왜에 볼모를 보냈다. 고구려에 대해 약세적인 이 같은 신라의 처지는 신라 제19대 눌지마립간 때에도 마찬가지였다.

박제상(363~418?)의 설화는 눌지왕 때 고구려와 일본에 볼모로 잡혀가 있는 왕자들을 구하고 자신은 죽임을 당함으로써 신라 최고의 충신으로 상징되는 인물의 이야기이다.

그는 끔찍한 형벌 앞에서 왜왕이 자신의 신하가 되면 살려 주겠다며 은근히 타이르는 말에도 '나는 계림의 신하다.'라고 당당히 외치며 죽음을 택한다.

또한 그의 부인은 남편의 죽음을 슬퍼하며 통곡하다 죽어 치술령의 신모가 되었으며, 망부석의 주인공이 되었다. '장사'와 '벌지지'는 그녀로부터 유래된 지명이다.

《삼국사기》에는 '김제상'이 '박제상'으로 되어 있다. 실존하는 인물인데도 일연과 김부식은 각각 다른 성씨로 기록하고 있어 의문을 갖게 하는 부분이다. 김부식의 입장에서라면 오히려 더 김씨로 생각했을 법한데, 박제상으로 기록했다. 여담이지만 혹시 제상의 어머니가 두 번 결혼했던 것은 아닐까? 그리고 이 때문에 망부석이 된 열녀의 이야기가 더욱 극적으로 덧붙여져 민간에 전해진 것은 아닐까 추측할 뿐이다.

제18대 실성왕實聖王

413년(의희義熙[1] 9년, 계축)에 평양주平壤州아마도 남평양(南平壤)일 것으로, 지금의 양주(楊洲)에 큰 다리가 세워졌다. 왕은 전왕[2]의 태자 눌지訥祗가 덕망이 있음을 꺼려 그를 죽이고자 고구려의 군사를 청해서 거짓으로 눌지를 맞이했다.

고구려 사람들은 눌지가 행실이 인자하다는 것을 알고 창을 반대로 돌려 실성을 죽이고 눌지를 왕으로 세우고 돌아갔다.

한번 더 들여다보기
- - - - - - - - - - 실성왕(재위 402~417)은 내물왕 37년(392) 때 고구려로 인질로 보내졌다가 9년 만인 내물왕 46년에 다시 고구려로 돌

---

1 중국 동진東晉 안제安帝의 연호, 405~418.
2 내물마립간.

아왔다. 다음 해에 내물왕이 죽었으나 그 아들 눌지가 어렸기 때문에 대신 왕으로 즉위했다. 16동안 재위하고 죽었는데, 일연은 실성왕이 눌지왕을 옹립한 고구려 군사들에 의해 살해된 것으로 이야기하고 있다.

실성니사금과 눌지마립간의 왕위 다툼에는 고구려가 깊이 개입되어 있었으며, 그것을 석씨(실성왕의 어머니)와 김씨(눌지왕의 어머니)의 대립으로 보는 학설도 있다. 즉 김씨 왕실의 승리로 눌지왕이 즉위했으며 이후 신라 왕실에서는 석씨를 아버지로 두었거나, 어머니를 둔 왕은 전혀 나타나지 않았다고 한다.

사금갑射琴匣

제21대 비처왕毗處王 또는 소지왕(炤知王) 즉위 10년 488년(무진)에 왕이 천천정天泉亭에 행차했다. 그때 까마귀와 쥐들이 몰려와 울더니 쥐가 사람처럼 말했다.

'이 까마귀가 날아가는 곳을 살피시오.' 혹은 신덕왕(神德王)이 흥륜사에서 행향(行香)하려 할 때 길에서 여러 마리의 쥐가 서로 꼬리를 물고 있는 것을 보고는 이상하게 여겨 돌아와 점을 쳐보니 다음 날 맨 처음 우는 까마귀를 찾으라 했다고 한다. 이는 잘못 전해진 설이다.

왕이 기사에게 명하여 뒤쫓게 했다. 기사가 남쪽 피촌避村 지금의 양피사촌(壤避寺村)이니 남산 동쪽 기슭에 있다에 이르렀을 때 돼지 두 마리가 싸우고 있었는데, 이것을 한참 동안 구경하느라 문득 까마귀가 날아간 곳을 잃어버리고 길가에서 헤매게 되었다.

이때 노인이 연못에서 나타나 글을 올리니 봉투의 겉면에 이런 글이 씌어 있었다.

'열어 보면 두 사람이 죽을 것이고 열어 보지 않으면 한 사람이 죽을 것이다.'

기사가 돌아와 왕에게 바치니 왕이 말했다.

"두 사람이 죽는 것보다 열어보지 않고 한 사람만 죽는 편이 낫겠다."

일관日官이 아뢰었다.

"두 사람은 서민이며 한 사람은 바로 왕인 듯합니다."

왕 또한 그렇게 생각되어 열어 보니 '거문고 갑을 쏘아라.'라고 쓰여 있었다. 왕은 즉시 궁에 들어가 거문고 갑을 향해 활을 쏘았는데, 내전에서 분향수도焚香修僧[1]하던 승려와 궁주宮主[2]가 은밀히 간통하고 있었다. 두 사람은 처형되었다.

이로부터 나라 풍속에 해마다 정월의 상해上亥, 상자上子, 상오일上午日에는 모든 일을 조심하고 함부로 움직이지 않으며 (정월) 보름날을 오기일烏忌日[3]로 삼아 찰밥으로 제사를 지내니 지금까지도 이를 행하고 있다.

항간에 떠도는 속된 말로 이것을 달도怛忉라고 하는데 슬퍼하고 근심하며 모든 일을 꺼려 금한다는 말이다. (노인이 나타난) 그 연못을 서출지書出池라 한다.

---

1 향을 피우며 불교의식을 수행하는 것.
2 왕비보다 격이 낮은 비빈을 이른다.
3 까마귀를 꺼리는 날.

한번 더 들여다보기 '소지'는 원래 이두문자이고, '비처'는 불경佛經에 맞추어 쓴 이두문자이다. 왕의 이름으로도 알 수 있듯이 비처왕 재위(479~500) 기간에는 신라에 이미 불교가 들어왔음을 알 수 있다. 비처왕은 즉위 9년째(487년)에 신궁神宮 건설을 시작했다고 한다. 즉 대궐 안에 승려를 두고, 신궁을 세우는 등 이미 불교를 수용하고 있었음을 알 수 있다. 그러나 신라에서 불교가 정식으로 공인된 것은 법흥왕(528년) 때이다.

사금갑 설화는 왕비와 승려 간의 사통을 고발함으로써 불교로 상징되는 승려를 타락한 존재로 부각시킨다.

설화에 따르면 연못에서 한 노인이 나타나 글을 주었는데, '열어보면 두 사람이 죽고, 열어보지 않으면 한 사람이 죽을 것'이라 했다. 왕은 일관日官에게 물어 거문고 갑을 화살로 쏘고 그 안에서 사통하고 있던 승려와 비빈을 찾아내 사형에 처한다.

이후 신라에서는 15일을 오기일烏忌日로 정해 모든 일을 특별히 조심하고 꺼린다는 의미로 찰밥을 지어 제사를 지냈다고 한다. 이것이 오늘날 정월 대보름의 유래가 되었다.

설화에는 수수께끼도 등장하고 노인의 계시, 까마귀 등 재미있는 소재가 많이 나온다. 이러한 모든 이야기는 당시 신라의 토속신앙과 왕실을 중심으로 수용되고 있던 불교와의 갈등을 상징적으로 보여주는 것이다. 또는 왕위 다툼에 개입되어 있는 귀족과 왕비 세력의 제거를 의미하는 것으로도 추측된다.(앞장 실성왕 대의 석씨와 김씨의 대립과

연계되어 읽히는 부분이다.)

지철로왕智哲老王

제22대 지철로왕의 성은 김씨金氏이며 이름은 지대로智大路 또는 지도로智度路이며 시호는 지증智證이다. 시호는 이때부터 시작되었다. 또 우리 말에 왕을 마립간이라 한 것도 이 왕 때부터 시작되었다.

왕은 500년(영원永元[1] 2년, 경진)에 즉위했다. 또는 신사년(501)이라고도 하는데 그렇다면 영원 3년이다.

왕은 음경의 길이가 무려 1척 5촌이나 되어 배필을 구하기 어려워 삼도三道에 사자들을 보내 구하도록 했다.

사자가 모량부牟梁部에 있는 동로수冬老樹 아래에 이르렀을 때 개 두 마리가 북만큼 큰 똥 덩어리 양쪽 끝을 물고 다투는 것을 보았다. 그 마을 사람들에게 수소문했더니 한 소녀가 고했다.

"이것은 모량부 상공相公의 딸이 여기에서 빨래를 하다가 숲속에 들어가 숨어서 눈 것입니다."

그 집을 찾아가 살펴보니 여자의 키가 7척 5촌이나 되었다. 왕에게 이 사실을 자세히 올리자 왕은 수레를 보내어 그 여자를 궁중으로 맞아들여 왕후로 삼았다. 신하들이 모두 축하했다.

---

1 중국 남조南朝 제齊나라 폐제廢帝의 연호, 499~501.

또 아슬라주阿瑟羅州지금의 명주 동쪽 바다 가운데에 순풍으로 이틀 걸리는 거리에 우릉도牛陵島지금은 우릉(羽陵)으로 쓴다[2]가 있다. 섬의 둘레가 2만 6천 7백 30보이다. 섬의 오랑캐들은 바닷물이 깊은 것을 믿고 몹시 교만하여 신라에 조공하지 않았다.

왕이 이찬 박이종朴伊宗에게 명하여 군사를 거느리고 가서 토벌하게 했다. 이종은 나무로 사자를 만들어 큰 배 위에 싣고 가서 위협했다.

"만일 항복하지 않으면 이 짐승을 풀어 놓겠다."

섬의 오랑캐들이 두려워 항복했다. 왕은 이종을 포상하여 그 주의 장관으로 삼았다.

한번 더 들여다보기

지철로왕은 신라 제22대 지증왕(재위500~514)을 말한다. 거서간, 차차웅, 이사금, 마립간으로 불리던 왕호를 버리고 중국과 동등한 왕王을 쓰기 시작했다. 또한 '사라', '사로', '신라'로 불리던 나라 이름을 신라新羅로 정했다. 지증智證이란, 불교식 이름으로 해석된다. 재위 기간 중 순장 등의 풍속을 법으로 금했다.

설화에 따르면 지철로왕은 음경이 너무 커서 왕비를 구하는 데 어려움이 있어 신라 국내를 수소문하여 박씨 연제부인을 맞았다고 한다. 왕의 기골이 상당히 컸음을 시사하거나 또는 왕비를 맞이하는 데 상당히 심사숙고한 것을 상징하는 이야기가 아닌가 한다.

---

2 《삼국사기》에 따르면 울릉도鬱陵島이다.

진흥왕眞興王

신라 제24대 진흥왕은 즉위할 때 나이가 15세[1]였으므로 태후가 섭정했다. 태후는 곧 법흥왕法興王의 딸 입종갈문왕立宗葛文王의 비이다. 왕은 죽을 때 머리를 깎고 법의法衣를 입고 세상을 떠났다.

554년(승성承聖[2] 3년) 9월에 백제 군사가 진성珍城을 쳐들어와 남녀 3만 9천 명과 말 8천 필을 빼앗아갔다. 이보다 앞서 백제가 신라와 군사를 합쳐 고구려를 치려고 하니 진흥왕이 말했다.

"나라가 흥하고 망하는 것은 하늘에 달려 있다. 만약 하늘이 고구려를 미워하지 않는다면 내가 어찌 감히 고구려가 망하기를 바라겠느냐?"

고구려는 이 말에 감복하여 신라와 화친했다. 그러자 백제가 원망하여 신라를 침범했다.

한번 더 들여다보기

진흥왕(재위 540~576)은 법흥왕(재위 514~540)이 죽었을 때 너무 어려 모후가 섭정을 했다. 법흥왕은 신라의 불교를 정식으로 공인하여 나라를 다스리는 이념으로 삼은 왕이다.

진흥왕과 법흥왕의 가계는 다소 복잡하다. 진흥왕의 모후 지소태후只召太后가 바로 법흥왕의 딸 식도부인息道夫人이며, 또한 아버지는

---

1 《삼국사기》에는 7세로 되어 있다.
2 중국 양梁 원제의 연호, 552~555.

법흥왕의 동생 지증왕의 아들인 입종갈문왕이다. 따라서 법흥왕은 진흥왕에게 큰아버지이면서, 외조부이다. 진흥왕이 어려서부터 불교를 신봉하는 법흥왕과 모후의 영향을 받았으리라 충분히 짐작되는 부분이다.

진흥왕은 활발한 정복 사업으로 신라 역사상 최대의 영토를 차지하는 등 신라의 전성기를 주도했다. 나라 안의 정치도 인재 양성과 화랑도 설치를 통해 이후 삼국의 경쟁 속에서 주도권을 장악한다.

그러나 무엇보다 진흥왕은 법흥왕이 마련한 불교정신을 토대로, 불교에 의한 사상적 통합을 이룰 수 있었다. 따라서 왕권과 나라의 기틀이 강화되었다. 고구려와 백제의 침략에 시달리던 신라는 진흥왕 이후 한강, 낙동강은 물론 가야까지 정벌하여 장차 삼국을 통일하는 기반을 마련했다.

법흥왕과 진흥왕 두 사람은 모두 머리를 깎고 법명을 받아 승려가 되었으며, 치세 동안 불교 사찰을 짓고, 불경을 들여오는 등 불교 양성을 위해 노력했다.

일연은 진흥왕 때의 수많은 치적보다는 세상을 떠날 때 불교에 귀의한 사실만 간단하게 전한다. 게다가 신라 불교의 공인에 가장 큰 업적을 남긴 법흥왕에 대해서는 언급하지 않고 지증왕에서 진흥왕에 대한 이야기로 바로 넘어갔다.

하지만 일연은 결코 법흥왕의 업적을 소홀히하지 않았다. 법흥왕과 불교에 대한 이야기는 제3 흥법興法 편에 자세히 소개된다.

도화녀桃花女와 비형랑鼻荊郞

진지대왕 폐위되다

사륜왕舍輪王은 신라 제25대 임금으로 시호는 진지대왕眞智大王이며 성은 김金씨다. 왕비는 기오공起烏公의 딸 지도부인知刀夫人이다.

576년(대건大建[1] 8년, 병신)에 즉위했다. 고본에는 선제 11년, 기해(579)라고 되어 있으나 잘못이다. 나라를 다스린 지 4년 만에 정치는 어지러워지고 왕은 음란함에 빠져들었다. 나라 사람들이 왕을 폐위시켰다.

진지대왕 혼령이 도화랑과 사통하다

이보다 앞서 사량부沙梁部 어느 민가에 자색이 곱고 용모가 아름다운 여인이 있었다. 사람들은 그녀를 도화랑桃花娘이라 불렀다. 사륜왕은 그녀를 궁중으로 불러들이고 관계하고자 하니 도화랑이 말했다.

"여자가 지켜야 할 것은 두 남편을 섬기지 않는 것입니다. 남편을 두고 어찌 다른 남자에게 가겠습니까? 만승萬乘의 위엄으로도 결코 얻지 못할 일입니다."

왕이 말했다.

"너를 죽인다면 어찌하겠는가?"

여인이 대답했다.

"차라리 죽임을 당할지라도 다른 마음을 따르지 않을 것입니다."

---

1 중국 진陳 선제宣帝의 연호, 569~582.

왕이 희롱하며 말했다.

"네 남편이 없으면 되겠느냐?"

"그것은 될 수 있습니다."

왕은 그녀를 놓아 보내주었다. 그런데 바로 그해에 사륜왕은 왕위에서 쫓겨나 세상을 떠났다. 그 후 2년 만에 도화랑의 남편도 또한 죽었다. 남편이 죽은 지 열흘 후 밤에 사륜왕이 생시와 똑같은 모습으로 여인의 방에 왔다.

"네가 예전에 허락했듯이 이제 네 남편이 없으니 되겠느냐?"

도화랑은 쉽게 응낙하지 않고 부모에게 고했는데, 부모가 말했다.

"임금의 말을 어찌 피할 수 있겠느냐?"

부모는 왕이 있는 방으로 딸을 들여보냈다.

왕은 7일 동안을 머물렀는데 늘 오색구름이 지붕을 덮고 향기가 방안에 가득했다. 7일 후 홀연히 왕의 자취가 사라졌다.

이로 인해 도화랑은 임신을 했다. 달이 차서 해산하려 할 때 천지가 진동했다. 사내아이를 낳았는데 이름을 비형鼻荊이라 했다.

비형랑이 귀신들을 거느리다

당시 진평대왕眞平大王이 특이한 사연을 듣고 비형을 궁중에 데려다 길렀다. 비형이 나이 15세가 되자 집사執事의 벼슬을 주었다.

비형은 밤마다 도망가 먼 곳에서 놀다 돌아왔다. 왕은 용감한 군졸 50명을 시켜 그를 감시하게 했다. 비형은 번번이 월성을 넘어가 서쪽 황천荒天 서울(경주) 서쪽에 있다 언덕 위에서 귀신들과 놀았다. 용사들이 수풀 속에 숨어 몰래 엿보니 귀신들이 여러 절에서 울리는 새벽 종소리를 듣고 각각 흩어지면 비형도 돌아왔다. 군사들이 이 사실을 왕에게 고했다.

왕은 비형을 불러 물었다.

"네가 귀신들을 거느리고 논다는 것이 사실이냐?"

낭이 시인했다. 이에 왕이 말했다.

"그렇다면 네가 귀신들을 불러 신원사神元寺신중사(新衆寺)라 하지만 잘못이다. 또 일설에는 황천의 동쪽 깊은 개울이라고도 한다 북쪽 개울에 다리를 놓아라."

비형은 진평왕의 명을 받들어 그 무리들을 시켜 돌을 다듬어 하룻밤 사이에 큰 다리를 놓았다. 이 다리를 귀교鬼橋라 했다.

진평왕은 비형에게 또 물었다.

"귀신들 가운데 사람으로 현신하여 조정 일을 도울 만한 자가 있느냐?"

"길달吉達이란 자가 있습니다. 정사를 도울 만합니다."

진평왕이 데리고 오라 하니 다음 날 비형랑은 길달과 함께 왕을 뵈었다. 길달에게 집사의 직책을 내렸는데 과연 충성스럽고 정직하기가 비할 데가 없었다.

이때 각간[1] 임종林宗이 아들이 없었으므로 왕은 임종에게 길달을 양자로 삼게 했다. 임종은 길달을 시켜 흥륜사興輪寺[2] 남쪽에 문루를 세우게 했다. 밤마다 그 문 위에 올라가 잠을 잤으므로 길달문吉達門이라 한다.

어느 날 길달이 여우로 변하여 달아났다. 비형은 귀신들을 시켜 길달을

---

1 신라 관등의 제1위인 이벌찬의 별칭.
2 신라에서 불교를 공인하면서 세운 최초의 사찰이다. 544년 진흥왕 5년에 창건되었다.

붙잡아 죽여 버렸다. 이로 인해 귀신들은 비형의 이름만 들어도 무서워 달아났다. 당시 사람들이 이 일을 두고 글을 지었다.

성제聖帝의 혼이 아들을 낳았으니
이곳이 비형랑의 집이다
날고뛰는 온갖 귀신들은
이곳에 머물지 말라

향속鄕俗에서는 이 글을 써 붙여서 귀신을 물리쳤다.

한번 더 들여다보기
도화녀와 비형랑의 설화는 진지왕 대의 이야기이다. 설화에 따르면 비형랑은 진지왕의 혼백이 사량부 도화녀와 사통하여 낳은 자식이다.

왕위에 오른 지 3년째인 579년 진지왕은 미인으로 소문난 도화녀를 불러 범하려 했다. 그러나 그녀의 지조를 꺾지 못했다.

바로 그해 진지왕은 4년 만에 폐위되어 죽고, 2년 뒤 도화녀의 남편도 죽는다. 그런데 10여일 뒤 왕의 혼백이 도화녀에게 나타났다. 혼백이 7여 일 동안 머물고 갔는데 그 후 도화녀는 임신을 했다. 이렇게 해서 태어난 아들이 비형랑이다. 비형랑은 귀신을 부리는 신묘한 재주를 가지고 있었다.

당시 신라는 불교를 나라를 다스리는 최고의 이념으로 삼았으며,

정치제도 역시 불교의 이념 아래 정비되고 있었다. 그러나 설화에 따르면 여전히 무속의 전통이 남아 있었음을 알 수 있다. 왕은 도깨비를 부리는 사람을 불러 벼슬을 주고 국정을 돕게 했다. 또 민간에서는 비형랑을 기린 글을 써 붙여 잡귀를 물리치는 풍속이 전해지고 있었다.

진지왕은 불교를 토대로 신라의 전성기를 마련한 진흥왕의 둘째 아들이다. 진흥왕의 태자 동륜이 죽었기 때문에 형 대신 왕위에 올랐다. 그러나 신라는 당시 이미 부자상속제가 확립되어 있었으므로, 동륜 태자의 아들(훗날 진평왕)이 왕위 계승을 하는 것이 마땅했다. 그러나 실제로 진지왕이 왕위에 올랐다.

결국 진지왕은 왕위에 오른 지 4년 만에 국정을 문란시켰다는 죄로 폐위되기에 이른다. 도화녀와의 사건이 이러한 정황을 암시한다.

이 설화가 상징하는 것은, 위대한 진흥왕의 아들이 비록 폐위는 되었으나 그의 신령스러운 영혼에 의해 아들이 태어났으며, 사람들이 신비한 능력을 가진 그 아들을 칭송하는 노래를 만들어 잡귀를 물리치는 믿음의 대상으로 삼았다는 것이다.

김부식의《삼국사기》는 왕의 치적을 중심으로 서술되었기 때문에 이러한 기록들은 거의 찾아볼 수가 없다. 진지왕이 정란황음政亂荒淫 죄로 4년 만에 폐위되어 죽었다는 기록만 있을 뿐이다.

태종무열왕은 폐위된 진지왕의 후손으로, 훗날 신라 삼국통일의 영웅이 된다. 진지왕의 아들 김용춘의 아들이 태종무열왕이다. 참으로 아이러니하면서 흥미진진한 역사가 아닌가. 일연의《삼국유사》는 정사에는 없는 이러한 설화들을 기록한 독특한 사료이다.

비형랑은 《화랑세기》에는 실재했던 인물로 나온다. 진지왕의 서자였으며 화랑이었다. 사촌이었던 진평왕이 비형랑을 거두어 벼슬을 주었다고 한다.

다음 장의 이야기는 비형랑을 거두어 기른 진평왕에 대한 것이다. 일연이 소개하는 설화들이 어떤 일정한 맥락 아래 서술되고 있음을 알 수 있다.

천사옥대天賜玉帶[1]

937년[청태(淸泰)[2] 4년, 정유] 5월에 정승 김부(金傅)가 금으로 새기고 옥으로 장식한 허리띠 하나를 바치니 길이가 10위(圍)[3], 과(銙)[4]가 62개였다. 이것을 진평왕(眞平王)의 천사대라 한다. 고려 태조가 이것을 받아서 내고(內庫)에 간수했다.

천제가 내린 허리띠

제26대 백정왕白淨王의 시호는 진평대왕眞平大王이고 성은 김씨이다. 579년(대건大建[5] 11년, 기해) 8월에 즉위했는데 키가 11척이었다. 내제석궁

---

1 하늘이 내려준 옥대.
2 중국 후당後唐 폐제의 연호, 934~936.
3 1위는 한 아름을 말한다. 따라서 10위란 왕의 몸이 상당히 넓었음을 알려준다.
4 장식으로 늘어뜨린 고리.
5 중국 진陳 선제宣帝의 연호, 569~582.

內帝釋宮 또는 천주사(天柱寺)라고 하는데 왕이 세운 것이다에 행차하여 돌계단을 밟으니 돌 세 개가 한꺼번에 부러졌다. 왕이 좌우를 둘러보며 말했다.

"이 돌을 옮기지 말고 후세 사람에게 보여라."

이것이 바로 성 안에 있는 다섯 개의 부동석不動石 중 하나이다.

즉위한 원년(579)에 천사天使가 대궐 마당에 내려와 왕에게 말했다.

"상제[1]께서 나에게 명하여 옥대를 전해주라 했습니다."

왕이 친히 꿇어앉아 받으니 사자는 하늘로 올라갔다. 무릇 교사나 종묘의 큰 제사 때에는 항상 이 옥대를 착용했다.

신라의 세 가지 보물

훗날 고구려왕이 신라를 치려고 하면서 말했다.

"신라에는 세 가지 보물이 있어 침범할 수 없다고 하는데 무엇을 두고 하는 말인가?"

"첫째는 황룡사皇龍寺의 장륙존상丈六尊像이요, 둘째로는 그 절에 있는 9층탑이요, 셋째는 하늘이 내린 진평왕의 옥대입니다."

이에 왕은 그 계획을 중지했다. 이를 찬한다.

구름 위의 하늘이 옥대를 내리니

임금의 곤룡포에 아름답게 어울리네

우리 임금 이로부터 더욱 위중해지니

---

1 제석천제帝釋天祭를 말한다.

앞으로는 쇠로 섬돌을 만들어야 마땅하네

한번 더 들여다보기
진흥왕의 장손 진평왕(재위 579~623)은 진지왕이 폐위된 후 왕위에 올라 54년이라는 상당히 오랜 기간 왕위에 있었다. 왕의 이름 백정은, 석가모니의 아버지 이름이다. 왕비의 이름도 석가모니의 어머니 이름인 마야부인이었다. 당시 신라 왕족 대부분이 불교를 신봉했음을 알 수 있다. 따라서 진흥왕 대부터 불교와 관련된 훌륭한 예술품이 만들어졌는데, 바로 황룡사와 장륙삼존불상이다.

왕에게 하늘에서 아름다운 옥으로 된 허리띠를 내렸으며, 진평왕의 체격이 아주 강대하여 섬돌이 깨졌다는 내용의 이 설화는 왕권이 그만큼 강력했다는 것을 시사하는 것으로 본다.

신라의 옛 무덤에서 발굴된 유물 중에는 화려한 금관과 허리띠가 많았다. 그중에서 허리띠는 종교 지도자가 가지는 상징적인 물건이다. 진평왕에게 내려진 옥대는 정통성이 확보된 신성한 왕이라는 것을 강조하기 위한 의도로 보여진다.

천사옥대는 신라가 멸망할 때 마지막 임금 경순왕이 고려 태조에게 선물로 주었다. 고려는 이것을 보고에 보관했으나 이후 사라져 버렸다고 한다.

선덕왕善德王 지기삼사知機三事

여왕이 세 가지 앞일을 내다보다

제27대 덕만德蔓 또는 만(萬)의 시호는 선덕여왕이며 성은 김씨다. 아버지는 진평왕이다. 632년(정관貞觀[1] 6년, 임진)에 즉위했다. 여왕은 나라를 다스리는 16년 동안 앞일을 세 번이나 예견했다.

첫째, 당나라 태종이 홍색, 자색, 백색의 세 가지 빛깔로 그린 모란꽃 그림과 꽃씨 석 되를 보내왔다. 여왕은 모란꽃 그림을 보고 말했다.

"이 꽃은 틀림없이 향기가 없을 것이다."

씨앗을 뜰에 심도록 명하고 꽃이 피고 지는 것을 기다려 보았다. 과연 향기라곤 없어 여왕의 말과 같았다.

둘째, 겨울철인데도 영묘사靈廟寺의 옥문지玉門池에 개구리 떼가 모여들어 3, 4일을 울었다. 나라 사람들이 해괴한 일이라 여겨 왕에게 물었다. 여왕은 급히 각간角干 알천關川과 필탄弼呑 등에게 날쌘 군사 2천 명을 뽑아 서쪽 교외로 달려가도록 했다. 여근곡女根谷[2]을 탐문해보면 틀림없이 적병이 숨어 있을 것이니 습격하여 죽이라 명했다.

두 각간이 명을 받고 각각 1천 명의 군사들을 거느리고 서쪽 교외로 달려가 물었다. 부산富山 아래에 과연 여근곡이 있고, 백제 군사 5백여 명이 잠복해 있었으므로 모두 잡아 죽였다. 또한 남산령南山嶺 바위에 숨어 있

---

1 중국 당唐 태종의 연호, 627~649.
2 지형이 마치 여자의 생식기 모양을 닮은 골짜기.

는 백제의 장군 울소得召를 포위하여 쏘아 죽였다. 후속 부대 1천 3백여 명도 공격하여 한 명도 남기지 않았다.

셋째, 여왕이 아무 병이 없을 때인데도 여러 신하들에게 일렀다.

"나는 아무 해, 아무 달, 아무 날에 죽게 될 것이니 도리천忉利天[3] 한가운데에 장사지내라."

신하들은 그곳이 어느 곳인지를 알 수 없어 여왕에게 물었다.

"낭산狼山 남쪽이다."

과연 그달 그날에 이르러 왕이 죽었다. 신하들은 낭산 남쪽에 왕을 장사지냈다. 그로부터 10여 년 후 문무대왕이 선덕여왕의 무덤 아래에 사천왕사四天王寺[4]를 창건했다. 불경에 '사천왕천 위에 도리천이 있다.'는 말이 있으니 그제야 여왕의 신령하고 성스러움을 알게 되었다.

당시 여러 신하들이 어떻게 모란꽃과 개구리가 우는 두 가지 사실을 예언할 수 있었는지를 물었다. 왕이 설명했다.

"꽃을 그렸으나 나비가 없었으므로 그 꽃에 향기가 없음을 알았다. 그것은 당나라 황제가 내게 짝이 없음을 놀린 것이다. 개구리는 눈이 불거져 나와 성난 형상을 하고 있으니, 그것은 병사의 상징이다. 옥문이란 곧 여근이다. 여자는 음陰이니 음에 속하는 빛깔은 백색이다. 백색은 서쪽을 가리킨다. 그래서 적의 군사가 서쪽에 있음을 알았다. 남근男根이 여근 속에 들어가면 반드시 죽는 법이다. 이로써 그들을 쉽게 잡을 수 있음을 알

---

3 불교적 세계관에서 세상의 중심인 수미산 꼭대기.
4 문무왕 때 당나라의 침입을 물리치기 위해 창건된 호국사찰이다.

았다."

여러 신하들은 모두 그 뛰어난 지혜에 감복했다.

당나라 황제가 세 가지 빛깔의 모란꽃을 보낸 것은 신라에 세 여왕이 있을 것을 예측하고 그렇게 한 것일까? 세 여왕은 선덕善德, 진덕眞德, 진성眞聖이다. 당나라 황제에게도 헤아려 알아맞히는 명석함이 있었다.

선덕여왕이 영묘사를 창건한 일에 관해서는 《양지사전良志師傳》에 자세히 기록되어 있으니 이를 살펴볼 것이다. 또한 별기別記에는 '선덕여왕 때에 돌을 다듬어 첨성대瞻星臺를 쌓았다.'라고 되어 있다.

한번 더 들여다보기

하늘에서 내린 천사옥대를 받은 진평왕의 맏딸이 바로 선덕여왕(재위 632~647)이다. 이름은 덕만, 어머니는 마야부인이었다.

진평왕이 아들을 두지 못하고 세상을 떠나자 화백회의에서 그녀를 왕으로 추대했다. 당시 신라는 골품제에 의하여 성골만이 왕위에 오르게 되어 있었다. 덕만은 여성이었으나 성골이었던 이유로 왕위에 오르게 된다.

신라 창건 이래 최초로 여왕이 왕위에 올랐으니 왕위계승 과정에서 신라 왕실의 내분도 심상치 않았을 것이나 상세한 다른 기록들은 남아 있지 않다. 다만 진평왕의 왕권이 그만큼 강력했기 때문에 가능했던 것으로도 보인다.

설화에서 알 수 있듯이 당시 신라는 고구려, 백제와 치열한 전쟁을 치르고 있는 시기였다. 또한 당태종의 태도도 신라의 여왕을 인정하지 않는 예민한 상황이었다. 여왕이 이러한 난국을 해결하기 위해 불교의 힘을 빌려 나라를 평안히 하고자 했던 흔적이 많이 보인다.

분황사와 영묘사 등등 불사가 세워졌으며, 자장법사를 당나라에 보내 불교를 연구하게 했다. 호국불교의 이미지를 담은 거대한 황룡사 9층탑을 세운 것으로도 당시의 정황을 살펴볼 수 있다.

제4 탑상편에 보면 고구려의 왕이 신라를 치려고 하다가 신라에 삼보(황룡사의 장륙존상, 9층탑, 천사옥대)가 있어 신라를 보호하니 정벌 계획을 철회하기도 한다.

당 태종의 모란꽃, 여근곡의 백제군, 도리천에 담긴 설화는 선덕여왕이 앞일을 예견하는 능력을 갖춘 지혜로운 사람이었음을 묘사하는 것이다. 특히 '도리천에 자신을 묻어달라고 한 것은' 부처의 이상세계가 신라에 있다는 여왕의 종교적 믿음을 보여주는 것이다.

일연은 당 태종이 보낸 세 가지 색의 모란꽃은 태종이 신라에 3대의 여왕이 나타날 것을 미리 예견한 것이라는 찬사를 보내는 재미있는 해석도 덧붙여 두었다.

진덕왕眞德王

진덕여왕의 태평가

제28대 진덕여왕은 왕위에 올라 스스로 태평가를 짓고 비단을 짜 무늬를 놓아 사신을 시켜 당나라에 바쳤다. 어떤 책에는 "춘추공을 사신으로 보내 당나라에 군사를 청하니 태종(太宗)이 좋아하여 소정방(蘇定方)을 보내기로 허락했다"고 되어 있으나 잘못된 기록이다. 현경(現慶)[1] 전에 춘추공은 이미 왕위에 올랐고[2], 현경 경신년(660)은 태종이 아니라 고종 때이고 소정방이 온 것은 현경 경신년이다. 비단을 짜서 무늬를 놓아 보낸 것은 청병(請兵) 때가 아님을 알 수 있다. 진덕여왕 재위 때인 것만은 분명하니 대개 김흠순(金欽純)의 석방을 청하던 때였을 것이다. 당나라 황제는 이를 아름답게 여겨 칭찬하고 진덕여왕을 계림국왕鷄林國王으로 고쳐 봉했다.

태평가의 가사는 다음과 같다.

> 당唐나라가 왕업을 개창하니
> 높고 높은 제왕의 업적이 창성하구나
> 전쟁이 끝나 천하가 안정되고
> 문치를 닦아 모든 왕이 뒤를 잇고
> 하늘을 다스려 고귀한 비가 내리고
> 만물을 적셔 광채가 나네

---

1 중국 당唐 고종의 연호, 656~660.
2 당 고종高宗 함형咸亨 5년(654).

깊은 인덕은 해와 달과 같고

돌아오는 국운은 우당虞唐[3]보다 앞서네

번幡과 깃발은 어찌 그리 빛나며

징소리와 북소리는 어찌 그리 웅장한가

외이外夷로서 황제의 명을 어긴 자는

칼날에 엎어져 천벌을 받을 것이다

순후한 덕풍이 곳곳에 퍼지니

원근에서 다투어 상서를 바치네

사철이 옥촉玉燭처럼 고르고

칠요七曜의 광명이 만방에 비쳐든다

산악의 정기는 재상을 낳고

황제는 어진 신하에게 일을 맡기니

삼황三皇 오제五帝의 덕이 하나로 이룩되어

우리 당나라 황제를 밝게 비추리라

알천과 유신

왕의 시대에 알천공, 임종공, 술종공, 무림공자장(慈藏)의 아버지, 염장공, 유신공이 있었는데 이들은 남산 오지암에 모여 나라의 일을 의논했다.

이때 큰 호랑이가 나타나 좌중으로 뛰어들어 여러 공이 놀라 일어났으나 알천공은 조금도 움직이지 않았다. 태연히 담소하면서 호랑이의 꼬리

---

3 중국의 요순시대.

를 붙잡아 땅에 메어쳐 죽였다. 알천공의 완력이 이와 같아 수석에 앉았으나 여러 공들은 모두 유신공의 위엄에 복종했다.

네 곳의 신령한 땅

신라에는 네 곳의 신령한 땅이 있다. 나라의 큰일을 의논할 때에 대신들이 반드시 그곳에 모여서 의논하면 그 일이 꼭 이루어졌다. 네 곳의 땅은, 첫째는 동쪽의 청송산青松山이요, 둘째는 남쪽의 오지산亏知山이요, 셋째는 서쪽의 피전皮田이고, 넷째는 북쪽의 금강산金剛山이다.

진덕여왕 때 비로소 설날 아침의 조례를 행했고 시랑侍郞이란 칭호를 처음으로 쓰기 시작했다.

한번 더 들여다보기

진덕여왕(재위 647~654)은 선덕여왕의 유언에 의해 즉위했다. 즉위하던 해에 선덕여왕 말년에 반란을 일으켰던 비담의 무리들을 처형하고 알천을 상대등에 임명함으로써 정치적 안정을 꾀했다.

또한 당나라에는 사신을 보내어 외교관계를 지속시켰다. 당나라의 힘을 빌려 고구려와 백제를 견제하기 위한 정책이었다. 당나라와의 외교에서 활약한 사람이 바로 김춘추이다. 그의 외교활동으로 이전까지 신라 문제에 소극적이었던 당 태종으로부터 군사적 지원을 약속을 받았다.

일연은 주석에 진덕여왕이 당에 태평가를 바칠 때에는 병사를 청하려던 것이 아니었다고 밝혔다. 즉 진덕여왕 즉위 초에는 청병을 할 시기는 아니었지만, 당나라와의 관계를 개선하기 위해 노력을 해야 했음을 알 수 있다. 태평가에는 당 고종의 위업이 중국의 태평시대인 요순시대보다 더 빛나는 것으로 찬양하고 있다.

《삼국사기》에도 진덕여왕 4년에 왕이 5언시의 태평가를 지어 김춘추의 아들 법민을 보내 당 고종에게 바쳤다는 기록이 있다.

진덕여왕은 상대등 알천을 비롯하여 김유신과 김춘추의 보좌를 받으며 왕권을 유지하여 훗날 삼국 통일의 기틀을 마련한다. 시랑侍郎이란 관직은 시위부侍衛附를 의미하는 것으로 보이는데, 이는 여왕의 친위세력으로서 군사적 힘을 지닌 김유신, 김춘추의 세력이 등장하고 있음을 시사한 것은 아닐까? 일연은 항상 글의 말미에 다음 장에서 이야기할 상징적인 내용을 한번 짚어보고 있다는 생각이 든다.

김유신金庾信

김무력의 손자 김유신

김유신은 이간伊干[1] 무력武力의 아들인 각간角干[2] 서현舒玄의 장자다. 그의 아우는 흠순欽純이다. 맏누이는 보희寶姬이며 아명은 아해阿海이다. 누

이동생은 문희文姬이며 아명은 아지阿之이다.

유신공은 595년(진평왕 17, 을묘)에 태어났다. 칠요七曜의 정기를 받아 태어났으므로 등에 칠성七星의 무늬가 있고 또 신기하고 이상한 일들이 많았다.

백석의 꾐에 빠진 유신을 세 신령이 구하다

18세가 되던 임신년에 검술을 익혀 국선國仙[1]이 되었다. 당시 백석白石이란 자가 있었는데 어디서 왔는지 근본은 알 수 없었으나 여러 해 동안 화랑의 무리에 속해 있었다. 낭(유신)이 고구려와 백제를 치려고 밤낮으로 깊이 궁리를 하고 있을 때였다. 백석이 그 계획을 알고 낭에게 말했다.

"청컨대 공이 저와 함께 은밀히 적국을 먼저 정탐한 후에 일을 도모하는 것이 어떻겠습니까?"

낭이 기뻐하여 직접 백석을 데리고 밤길을 떠났다. 고개에 이르러 잠시 쉬고 있는데 두 여인이 나타나 그들 뒤를 따라왔다. 골화천骨火川에 이르러 밤이 되어 자려 하는데 또 한 여인이 홀연히 나타났다.

낭은 세 낭자와 함께 즐겁게 이야기를 나누었다. 여인들이 그에게 맛있는 과일을 주었다. 낭이 과일을 받아먹으니 마음이 통했다. 여인들이 말했다.

"공이 말씀하신 바는 이미 들어 알고 있습니다만, 공께서 백석이란 자를 떼어 두고 우리와 함께 같이 숲으로 들어가신다면 다른 실정을 말씀드

---

1 화랑 중에서 최고의 지도자이다. 그러나 이곳에서는 화랑의 별칭으로 짐작된다.

112

리겠습니다."

숲 속으로 들어가자 여인들이 신령으로 변신하여 말했다.

"우리들은 내림奈林, 혈례穴禮, 골화骨火 등 세 곳의 호국신입니다. 지금 적국의 사람이 공을 유인하고 있는데 그것도 모르고 따르고 있으므로 우리가 공을 만류하기 위해 여기 온 것입니다."

말을 마치자 세 신령은 자취를 감추었다. 낭은 이 말에 놀라 엎드려 두 번 절하고 숲을 나왔다.

골화관으로 돌아가 하룻밤 자고 나서 낭이 백석에게 말했다.

"지금 타국으로 가면서 중요한 문서를 잊고 왔다. 함께 집으로 되돌아가 문서를 가지고 와야겠다."

집으로 되돌아오자 낭은 백석을 결박하고 문초했다. 백석이 고백했다.

"나는 본래 고구려 사람고본에는 백제 사람이라고 했으나 잘못이다. 추남(楸南)은 고구려 사람이며 음양을 역행한 것도 보장왕(寶藏王) 때의 일이다이다. 우리나라 대신들이 말했다.

신라의 유신은 본래 우리 고구려에서 점을 치던 추남고본에는 춘남(春南)이라고 했으나 이것 역시 잘못이다이다. 국경에서 물이 역류혹은 암컷과 숫컷이 자주 뒤바뀌는 일이라고도 한다하는 일이 있었으므로 왕이 그에게 점을 쳐보게 했다. 추남이 왕에게 이렇게 말했다. '왕후께서 음양의 도를 거꾸로 행한 것으로 인해 표징이 그와 같이 나타난 것입니다.'

대왕은 놀라 괴이하게 여겼으며 왕비는 대노하여 요망한 여우의 말이라고 왕에게 고했다. 이에 추남을 다른 일로 시험해 보아 그의 말이 틀리면 중형에 처하기로 했다. 쥐 한 마리를 함 속에 감추고 추남에게 이것이

무엇이냐고 물었다. 추남이 대답했다. '이것은 틀림없이 쥐이며 그 수는 여덟 마리입니다.'

말이 틀렸으므로 추남을 죽이기로 했다. 추남이 맹세하며 말했다. '내가 죽은 뒤에 다른 나라의 대장으로 태어나 반드시 고구려를 멸망시킬 것입니다.'

추남의 목을 베어 죽였다. 그 후 쥐를 꺼내 배를 갈라 보았는데 새끼가 일곱 마리가 들어 있었으므로 그제야 추남의 말이 맞았음을 알게 되었다. 그날 밤 왕이 꿈을 꾸었는데 추남이 신라 서현공 부인의 품속으로 들어가는 꿈이었다. 신하들에게 이야기하니 모두 '추남이 마음속으로 맹세하고 죽더니 과연 그 맹세대로 실현되나 봅니다.' 했다. 그 때문에 나를 이곳에 보내 이런 계략을 쓰게 했던 것이다."

낭은 백석을 처형하고 온갖 제물을 갖추어 세 신령에게 제사를 지냈다. 신령들이 모두 현신하여 제물을 흠향했다.

재매곡과 송화방

김씨 집안의 재매부인財買夫人이 죽으니 청연靑淵 상류의 골짜기에 장사지냈다. 이로 인해 그 골짜기를 재매곡財買谷이라 불렀다. 해마다 봄이 되면 온 집안의 남녀가 이 골짜기 남쪽 시냇가에 모여 잔치를 벌였다. 그때가 되면 온갖 꽃이 피고 골짜기 안 숲속에 송화가 가득했다. 골짜기 어

귀에 암자를 지어 송화방松花房이라 부르고 원찰願刹[1]로 삼았다.

제54대 경명왕景明王 때에 이르러 유신공을 흥무대왕[興虎大王]으로 추봉했다.[2] 유신공의 능은 서산西山 모지사毛只寺 북쪽의 동편으로 뻗은 봉우리에 있다.

한번 더 들여다보기
- - - - - - - - - - - 김유신(595~673)의 아버지 김서현은 가락국(금관가야)의 후손이며 그의 어머니 만명부인은 신라의 왕족이다. 그들 사이에서 태어난 김유신은 금관가야계의 진골 출신이다.

진평왕(제26대)에서부터 문무왕(제30대)에 이르기까지 다섯 왕을 모시며 신라 왕실에서 중추적인 역할을 했다. 삼국통일을 위한 수많은 전쟁에서 공적을 쌓아 죽은 후에는 왕족이 아님에도 흥무대왕으로 추존되었다.

《삼국사기》 김유신 열전이 3권에 걸쳐 소개될 정도로 김유신에 관한 수많은 이야기들이 전해지고 있다. 따라서 신라에서뿐만 아니라 후대 고려와 조선시대에 이르기까지 추앙받는 인물이 되었다. 《삼국유사》에서 일연은 《삼국사기》에는 없는 김유신의 일화를 전해준다.

고구려의 백석이라는 사람이 화랑으로 위장하여 김유신을 죽이려 했으나 골화천 세 여신의 도움으로 목숨을 건졌다는 내용이다. 고구

---

1 소원을 빌기 위해 세운 절.
2 《삼국사기》 김유신 열전에는 제42대 흥덕왕 10년(835)의 일로 되어 있다.

려 보장왕 시절에 점쟁이 추남이 억울하게 죽으면서 적국의 대장으로 다시 태어나 고구려를 멸망시키리라 맹세했는데, 고구려왕의 꿈에 추남이 신라 서현의 부인(김유신의 어머니)의 품으로 들어가는 것을 보고 김유신을 없애기 위해 자객을 보낸 것이다.

이 일화는 화랑 출신이었던 김유신에 의해 고구려의 멸망을 예견하고 있으며, 김유신의 신이한 출생은 전생의 업이 후생에 나타난다는 불교 윤리의 기본사상을 보여준다.

그러나 더 인상적인 것은 김유신이 칠요七曜의 정기를 받고 태어나, 등에 칠성七星의 무늬가 있다는 내용이다. 이는 바로 진덕여왕이 당나라 황제를 칭송하는 태평가의 한 구절에도 등장하는 것이다. 당나라 황제에게 내려진 '칠요七曜의 정기'가 신라 김유신에게도 내려져 있었다는 의미이다. 중국과의 동등한 자주의식을 보여주기 위한 일연의 의도라 생각된다.

말미에 덧붙여진 재매부인에 대해서는 김유신의 부인이거나 아니면 종녀宗女일 것으로 추측된다. 김유신 본가의 택호인 재매정댁財買井宅에서 유래된 것으로 보이는 이곳이 골화천의 세 여신의 도움을 기리며 제를 지내는 원찰로 삼은 곳이 아닌가 한다.

태종太宗 춘추공春秋公

제29대 태종대왕의 이름은 춘추이며 성은 김씨이다. 문흥대왕文興大王

으로 추봉된 각간 용수龍樹 혹은 용춘(龍春)의 아들이며 어머니는 진평대왕의 딸인 천명부인天明夫人이다. 왕의 비는 문명왕후文明王后 문희이니 바로 김유신의 여동생이다.

보희의 꿈을 사 춘추와 연을 맺은 문희

처음에 문희의 언니 보희가 꿈을 꾸었다. 서악西岳에 올라 방뇨를 했는데 서울(경주)에 오줌이 가득 차올랐다. 다음 날 아침 동생 문희에게 꿈 이야기를 했더니 문희가 듣고 나서 말했다.

"내가 그 꿈을 사겠어요."

언니가 물었다.

"무엇으로 사겠니?"

문희가 말했다.

"비단치마를 주면 팔겠어요?"

언니가 좋다고 하며 동생의 꿈을 받으려 옷깃을 벌렸다.

언니가 말했다.

"어젯밤의 꿈을 너에게 줄께."

동생 문희는 비단치마로 꿈 값을 치렀다.

그 후 10여 일 지난 정월 상오上午 기일忌日제1권의 '거문고 갑을 쏘아라'에 나오는 최치원의 설이다에 유신은 집 앞에서 춘추와 공을 찼는데신라 사람들은 공차기를 축국이라 했다 짐짓 춘추의 옷을 밟아 옷고름이 떨어졌다.

"우리 집에 들어가 꿰매도록 합시다."

춘추는 유신의 말에 따랐다. 유신은 아해[1]에게 옷고름을 꿰매라고 시켰는데 아해가 답했다. 고본에서는 보희가 병으로 나오지 않았다고 했다.

"어찌 그런 사소한 일로써 귀공자를 가까이 할 수 있습니까?"

한사코 사양하므로 아지[2]에게 시켰다. 춘추가 유신의 의도를 알아채고 마침내 문희와 가깝게 지내며 자주 내왕했다.

유신은 문희가 아이를 가진 것을 알고 꾸짖었다.

"네가 부모님께 알리지도 않고 아이를 가졌으니 어찌된 일이냐?"

그러고는 누이동생을 불태워 죽이겠다고 온 나라에 소문을 냈다.

어느 날 유신은 선덕여왕이 남산으로 산책 나가는 것을 기다렸다가 집 뜰에 장작을 쌓고 불을 질러 연기가 치솟게 했다. 왕이 이를 보고 무슨 연기냐고 물었다. 신하들이 답했다.

"아마 유신이 누이를 태워 죽이려는 것 같습니다."

왕이 그 까닭을 물으니 신하가 답했다.

"누이가 남편도 없이 몰래 임신했기 때문이라고 합니다."

왕이 다시 물었다.

"그것이 누구의 짓이냐?"

때마침 가까이에서 왕을 모시고 있던 춘추의 얼굴빛이 크게 변했다.

왕이 춘추에게 명했다.

"네가 한 짓이라면 빨리 가서 구하도록 하라."

---

1 보희의 아명.
2 문희의 아명.

춘추는 왕의 영을 받들고 달려가 왕명을 전하고 죽이지 못하게 했다. 그 후 혼례를 치렀다.

삼국통일의 기틀을 다진 태종무열왕

진덕여왕이 승하하자 654년(영휘永徽[3] 5년, 갑인) 춘추공은 왕위에 올랐다. 나라를 다스린 지 8년째인 661년(용삭龍朔[4] 원년, 신유)에 세상을 떠나니 그의 나이 59세였다. 애공사哀公寺 동쪽에 장사지내고 비를 세웠다.

왕은 유신과 함께 신통한 재주와 힘을 다하여 삼국을 하나로 통합했다. 사직에 큰 공을 세웠으므로 묘호를 '태종太宗'이라 했다. 태자 법민法敏과 각간 인문仁問, 문왕文王, 노차老且, 지경智鏡, 개원愷元 등은 모두 문희의 소생이다. 당시 언니에게서 꿈을 산 징험이 이렇게 나타났다.

서출庶出로는 급간級干[5] 개지문皆知文과 영공令公[6] 차득車得과 아간阿干[7] 마득馬得 그리고 딸을 포함해서 모두 다섯이 있다.

왕의 하루 식사는 쌀 3말과 꿩 9마리였다. 660년(경신) 백제를 멸망시킨 후에는 점심은 거르고 오직 아침과 저녁만 들었다. 이것을 계산해보면 하루에 쌀 6말, 술 6말, 꿩 10마리이다.[8] 당시 성 안의 물가는 베 한 필이면

---

3 중국 당 고종의 연호, 650~655.
4 중국 당 고종의 연호, 661~663.
5 신라 관등 제9위인 급벌찬의 별칭.
6 국상國相에 대한 존칭.
7 신라 관등 제6위인 아찬의 별칭.
8 한 끼 식사가 아니라 한 달간의 식사량이라고도 하고, 아니면 태종이 엄청난 대식가였을 것이라고 한다.

벼가 30석 또는 50석이나 되어 백성들은 모두 성대聖代라고 했다.

왕이 태자로 있을 때[1] 고구려를 정벌하기 위해 당나라에 군사를 청하러 들어갔다. 당나라 황제가 그의 풍채를 보고 신성한 사람이라 칭찬하여 굳이 곁에 두고 시위侍衛로 삼으려 했으나 사양하고 본국으로 돌아왔다.

백제의 마지막 왕 의자

이때 백제의 마지막 왕 의자義子[2]는 무왕의 맏아들로서 용맹스럽고 담력이 있을 뿐 아니라 부모에게 효도하고 형제들 간에 우애가 있어 당시 사람들이 그를 해동증자海東曾子라 불렀다.

641년(정관貞觀 15, 신축)에 무왕의 뒤를 이어 백제의 왕위에 올랐으나 주색에 빠져 정사가 거칠어지고 나라가 위태로워졌다. 좌평佐平백제의 관직 성충成忠이 충간을 다했으나 의자왕은 듣지 아니하고 그를 옥에다 가두어 버렸다.

성충은 몸이 여위고 병으로 죽기에 이르러 왕에게 글을 올렸다.

"충신은 죽어도 임금을 잊지 못한다 합니다. 한 말씀드리고 죽고자 합니다. 신이 일찍이 시세의 변화를 살펴보니 반드시 전쟁이 있겠습니다. 대체로 군사를 다스림에 있어서는 지세를 잘 살펴야 합니다. 상류에 머물며 적병을 맞이하면 능히 보존할 수 있습니다. 만약 외적이 쳐들어오면 육로로는 탄현炭峴 혹은 침현(沈峴)이라고도 하는데 백제의 요새을 넘어서지 못하

---

1 선덕왕과 진덕왕 때를 말한다.
2 백제의 제30대 왕, 재위 641~660.

게 하고 수군은 기벌포伎伐浦[3]장암(長岩)으로 손량(孫梁) 또는 지화포(只火捕) 또는 백강 (白江)이라 한다로 들어오지 못하게 하여 험한 곳에 숨어서 막아야 될 것입니 다."

그러나 의자왕은 그의 말을 살피지 않았다.

백제를 뒤덮은 괴이한 기운

659년(현경現慶[4] 4년, 기미)에 백제의 오회사烏會寺혹은 오합사(烏合寺)에 빛 깔이 붉은 큰 말이 나타나 밤낮으로 절을 돌아다녔다. 2월에는 한 무리의 여우가 의자왕의 궁 안에 들어왔는데 흰 여우 한 마리는 좌평의 책상 위에 올라앉았다.

4월에는 태자의 궁에서 암탉이 작은 참새와 교미한 일이 있었다. 5월에 는 사비泗沘부여의 강 이름 기슭에 큰 고기가 나와 죽었는데 길이가 30자나 되었다. 그 고기를 먹은 사람들은 모두 죽었다.

9월에는 궁의 괴목이 마치 사람이 우는 것처럼 울었다. 밤에는 귀신이 대궐 남쪽 길 위에서 울어댔다. 660년(현경 5년, 경신) 봄 2월에는 서울의 우물물이 핏빛으로 변했다. 또 서해 바닷가에 작은 고기들이 나와 죽었는 데 백성들이 다 먹을 수 없었다. 또 사비의 강물이 핏빛이 되었다.

같은 해 4월에는 수만 마리의 개구리들이 나무 위에 모여들었고, 서울 거리의 사람들이 공연히 놀라 달아나다가 마치 무엇이 잡으러 오는 것처

---

3 백강은 일반적으로 금강으로 보고, 금강의 하구를 이른다. 현재의 충남 서천 장항.
4 중국 당 고종의 연호, 656~660.

럼 놀라 넘어져 죽은 자가 백여 명이나 되었고 재물을 잃은 사람은 수를
셀 수 없었다.

6월에는 왕흥사王興寺[1]의 승려들 모두 큰 물결을 따라 배 한 척이 절 문
으로 들어오는 것 같은 광경을 보았다. 들 사슴만큼이나 커다란 개가 서
쪽에서 사비수 언덕으로 와서 왕궁을 향해 짖더니 별안간 어디론가 사라
졌다. 또 성 안의 여러 개들이 길 위에 모여서 짖고 울다가 한참 만에 흩
어졌다. 귀신이 궁중에 들어와 큰소리로 외치기도 했다.

"백제는 망한다! 백제는 망한다!"

그리곤 곧바로 땅 속으로 들어가 버렸다. 왕은 이상하게 여겨 사람을
시켜 땅을 파보게 했다. 3자 정도 깊이에서 거북이 한 마리가 나타났다.
거북의 등에는 글이 쓰여 있었다.

'백제는 보름달이요 신라는 초승달과 같다.'

왕이 무당에게 물었더니 말했다.

"보름달은 이미 다 찬 것입니다. 차면 이지러지는 법입니다. 초승달은
아직 차지 않은 것이니 점점 차오르게 되는 것입니다."

왕은 노하여 그를 죽여버렸다. 이에 다른 무당이 다음과 같이 말했다.

"보름달이면 융성한 것이며 초승달은 미약한 것입니다. 생각해보니 우
리는 융성해지고 신라는 미약해진다는 것 아니겠습니까?"

의자왕이 듣고 기뻐했다.

---

1 충남 부여군에 있는 백제 무왕이 세운 절.

122

나당 연합군의 백제 공격

신라의 태종은 백제국에 변괴가 많다는 것을 듣고 660년(현경 5년, 경신)에 아들 인문仁問을 당나라에 사신으로 보내 군사를 청했다.

당나라 고종은 좌무위대장군 형국공荊國公 소정방蘇定方²을 신구도행군 총관神丘道行軍摠管으로 삼아 좌위장군 인원 유백영劉伯英과 좌무위장군 풍사귀馮士貴와 좌효위장군 방효공龐孝公 등과 함께 13만 군사를 거느리고 백제를 치라 했다. 〈향기(鄕記)〉에는 군졸이 12만 2천 7백 11명이요 병선이 1천 9백 척이라고 했으나 《당사(唐史)》에는 이것을 자세히 말하지 않았다. 또한 신라 왕 춘추를 우이도 행군총관으로 삼아 신라군을 거느리고 그들과 합세하게 했다.

소정방이 군사를 이끌고 성산城山에서 바다를 건너 신라국의 서쪽 덕물도德勿島³에 이르렀다. 신라 왕은 장군 김유신으로 하여금 정병 5만을 거느리고 진격케 했다.

충신 흥수의 말을 저버린 의자왕

백제의 의자왕은 이 소식을 듣고 여러 신하들을 모아 막아낼 계책을 물었다. 좌평 의직義直이 말했다.

"당나라 군사들은 멀리 바다를 건너와 이곳 물에 익숙지 못하고 신라군은 큰 나라의 원조를 믿고 상대를 가벼이 여기는 마음이 있습니다. 만약 당군이 불리해지면 반드시 겁을 내어 감히 날카롭게 달려들지 못할 것입

---

2 중국 당 고종 때의 무장.
3 현재 옹진군 덕적도.

니다. 때문에 먼저 당군과 결전하는 것이 옳을 것입니다."

그러나 달솔達率[1] 상영常永 등이 반대했다.

"그렇지 않습니다. 당나라 군사들은 멀리서 왔기 때문에 속히 싸우려 할 것이니 그 예봉을 당할 수 없을 것입니다. 신라군은 이미 여러 번 우리에게 패했으므로 지금 우리의 군세를 바라보기만 해도 두려워할 것입니다. 지금의 계책은 마땅히 당군의 진로를 막아서 그들의 기세가 꺾이기를 기다리는 것입니다. 그리고 먼저 일부 군사로 신라군을 공격하여 그 예기를 꺾고 난 다음에 형편을 엿보아 접전하면 군사들을 온전히 살리고 또한 나라를 보존할 수 있을 것입니다."

왕은 어느 의견을 좇아야 할지를 망설였다. 이때 자평 흥수興首가 죄를 지어 고마미지현古馬彌知縣[2]에 유배 보내져 있었다. 왕은 사자를 보내 흥수에게 물었다.

"사세가 위급한데 어쩌면 좋겠소?"

흥수가 대답했다.

"대개 좌평 성충의 말이 옳은 것 같습니다."

그러나 대신들은 흥수의 말을 믿을 수 없다며 아뢰었다.

"흥수는 지금 죄를 지어 귀양 중이니 임금을 원망하며 나라를 위하지 않을 것입니다. 그의 의견을 따를 수 없습니다. 당군으로 하여금 백강白江 기벌포(伎伐浦)으로 들어오게 하여 강을 따라 내려오게 하되 두 척의 배가 나

---

1 백제의 관직.
2 전남 장흥.

란히 오지 못하도록 하고 신라군으로 하여금 탄현으로 올라와 지름길을 통할 때 말을 나란히 하지 못하도록 함이 좋을 듯합니다. 이때 군사를 놓아 공격한다면 마치 우리 속에 갇힌 닭과 그물에 걸린 고기처럼 될 것입니다."

왕은 그 말이 맞는 것 같다고 했다. 그러나 곧 당나라 군사와 신라 군사가 백강과 탄현을 넘었다는 소식이 전해졌다.

계백의 황산벌 전투와 백제의 항복

왕은 장군 계백階伯을 보내 죽기를 각오한 5천 명을 거느리고 황산黃山으로 나가 싸우게 했다. 계백은 네 번 접전하여 모두 이겼다. 그러나 신라군에 비해 군사가 적었고 또 힘이 다하여 마침내 패전하여 계백은 전사했다.

신라군과 당군이 합세하여 나루 어구³에 닥쳐서 강가에 군사를 주둔했다. 그때 새 한 마리가 소정방의 진영 위를 빙빙 돌았다. 정방은 사람을 시켜 점을 치게 했다.

"필시 원수께서 부상을 당할 징조입니다."

정방이 두려워하여 군사를 불러들이고 공격을 그만두려고 했다. 이때 유신이 말했다.

"어찌 새 한 마리의 요괴스러운 일로 천시天時를 어길 수 있습니까? 천명에 따르고 인심에 순종하여 지극히 불인不仁한 자를 치는데 무슨 상서

---

3 금강 하구로 추정된다.

롭지 못한 일이 있습니까?"

곧바로 신검을 뽑아 그 새를 겨누었다. 새가 찢겨 그들 앞으로 떨어졌다. 이에 정방은 백강왼편 기슭으로 나아가 산을 등지고 진을 치고 함께 싸우니 백제군은 대패했다.

당나라 군사들은 조수를 이용하여 병선이 꼬리에 꼬리를 물고 잇달아 북을 울리며 진격해 올라갔다. 소정방은 보병과 기병을 거느리고 곧바로 도성 30리 지점까지 쳐들어갔다. 도성 안의 백제 군사는 전군을 동원하여 막았으나 다시 패배하여 죽은 자가 1만여 명이나 되었다. 당나라 군사는 이 기세를 타고 성으로 들이닥쳤다. 의자왕은 비로소 죽음을 면할 수 없음을 알고 탄식하며 말했다.

"성충의 말을 듣지 않아 이 지경에 이르렀구나. 정말 후회스럽다."

마침내 태자 융隆효(孝)라고도 하는데 이는 잘못이다과 함께 북쪽 변읍[北鄙]¹으로 달아나니 소정방은 도성을 포위했다.

의자왕의 둘째아들 태泰가 스스로 왕이 되어 성안의 무리를 거느리고 왕성을 굳건히 지켰다. 태자 융의 아들 문사文思가 숙부인 태에게 말했다.

"왕이 태자와 함께 이미 이 왕성을 떠나고 안 계신데 숙부께서 마음대로 왕이 되셨으니 만약 당나라 군사가 포위를 풀고 물러가는 날엔 우리들이 어찌 무사할 수 있겠습니까?"

문사가 측근들을 데리고 성을 넘어 나가니 백성들이 모두 그의 뒤를 따랐다. 태는 그들을 막을 수 없었다. 정방이 군사를 시켜 성채를 넘어 당나

---

1 웅진성으로, 지금의 공주를 말한다.

라의 깃발을 세웠다. 태는 즉시 성문을 열고 목숨을 빌었다.

의자왕과 태자 융, 왕자 태, 대신 정복貞福이 여러 성들과 더불어 모두 항복했다. 정방은 의자왕, 태자 융, 왕자 태, 왕자 연演과 대신들 그리고 장수 88명과 백성 1만 2천 807명을 당나라 서울로 호송했다.

백제의 멸망

백제는 본래 5부 37군 200성 76만 호가 있었다. 당나라는 이곳에 웅진 熊津, 마한馬韓, 동명東明, 금련金蓮, 덕안德安 등의 5도독부를 나누어 두고 우두머리를 뽑아 도독都督과 자사刺史를 삼아 다스리게 했다. 낭장 유인원 劉仁願을 시켜 백제의 도성(사비성)을 지키게 하고 또 좌위낭장 왕문도王文 度를 웅진 도독으로 삼아 백제의 유민들을 회유했다.

소정방은 포로들을 끌고 황제에게 알현했다. 황제는 포로들을 일단 꾸 짖고 용서했다. 의자왕은 그곳에 병들어 죽으니 당나라에서 금자광록대부 위위경金紫光祿大夫衛尉卿을 내리고 그의 옛 신하들이 가서 조상하는 것을 허락했다. 손호孫皓[2]와 진숙보陳叔寶[3]의 무덤 곁에 장사지내게 하고 비석 을 세워주었다.

당 고종은 662년(현경 7년, 임술)에 소정방을 요동도 행군대총관으로 삼 았으며, 이어서 평양도 행군대총관으로 개칭하여 고구려군을 패강[4]에서 격파하고 마읍산馬邑山을 점령하여 진영으로 세우고 마침내 평양성을 포

---

2 중국 삼국시대 오吳의 마지막 왕이다. 손권의 손자.
3 중국 남조 진陳의 후주後主로서 마지막 왕. 수隋에 멸망.
4 대동강.

위했다. 그러나 마침 큰 눈이 내려 포위를 풀고 돌아갔다. 소정방은 돌아가 양주涼州 안집대사安集大使로 임명되어 토번吐藩을 평정했다. 667년(건봉乾封[1] 2년)에 정방이 죽으니 황제가 그의 죽음을 애도하여 좌효기대장군 유주도독左驍騎大將軍幽州都督의 벼슬을 증직하고 시호를 장莊이라 했다.이상은 《당사(唐史)》의 기록이다.

문무왕과 웅진도독 부여 융의 회맹

《신라별기新羅別記》의 기록은 다음과 같다.

665년(문무왕 즉위 5, 을축) 가을 8월 경자更子에 왕이 친히 대군을 거느리고 웅진성으로 행차하여 가왕假王 부여 융夫餘隆[2]을 만나 단壇을 만들고 흰말을 희생하여 맹세했다. 먼저 천신 및 산천의 신령에게 제사지낸 후 백마의 피를 입에 바르고 글을 지어 맹세했다.

"지난날 백제의 선왕(의자왕)이 반역과 순종의 도리에 어두워 이웃과의 우호를 두텁게 하지 않고 인척과 화목하지 않으며 고구려와 결탁하고 왜국과 내통하여 함께 잔인한 짓을 일삼았다. 신라를 침략하여 성읍을 파괴하고 백성들을 죽여 조금도 편안할 때가 없었다.

천자는 한 사람이라도 제 살 곳을 잃음을 민망히 여기고 백성들이 해 입는 것을 불쌍히 여겨 자주 사신을 보내 화친할 것을 타일렀다. 그러나 백제는 지세가 험하고 거리가 먼 것을 믿고 하늘이 내린 인륜의 법칙[天

---

1 중국 당 고종의 연호, 661~668.
2 당나라가 백제 의자왕의 아들 융을 웅진도독으로 삼아 고국으로 돌아와 남은 백성을 다스리게 했기 때문에 가왕이라 했다. '부여'는 백제왕의 성씨이다.

經]을 업신여겼다.

이에 황제가 크게 노하여 엄숙히 정벌을 행하니 깃발이 향하는 곳마다 한 번에 백제를 평정했다. 진실로 그 궁궐을 없애 연못으로 만들어 후손을 경계하고 근원을 뿌리 뽑아 교훈을 보일 것이다. 귀순한 자는 포용하고 반역한 자를 없앰은 선왕이 남긴 훌륭한 전범이다. 망한 나라를 흥하게 하고 끊어진 것을 잇게 함은 옛 현철賢哲들이 세운 통규通規이니 일은 반드시 전적典籍에 전해 오는 옛것을 본받아야 할 것이다. 전 백제왕 사가 정경司稼正卿 부여 융을 웅진도독으로 삼아 선조의 제사를 받들게 하고 옛 땅을 보전하게 할 것이다. 신라에 의지하여 길이 우방이 되어 각각 지난 날의 묵은 감정을 풀고 우호를 맺어 화친할 것이며 공경히 조명詔命을 받들어 영원이 번국이 될 것이다.

이에 사자 우위위장군 노성현공魯城縣公 유인원을 보내어 친히 권유해 내 취지를 자세히 알린다. 혼인으로써 이를 약속하고 맹세로써 이를 펼치며 희생의 피를 바르고 함께 시작과 끝을 돈독하게 할 것이며, 재앙은 서로 나누어 환란을 구제해서 서로 은의恩誼를 형제처럼 할 일이다.

이에 조칙을 받들어 감히 소홀히 하지 말 것이며 이미 맹세한 후에는 함께 변하지 않는 지조를 지킬 일이다. 만일 어기고 배반하여 그 덕이 변하여 군사를 일으키고 변경을 침범하는 일이 있으면 신명이 이를 살펴 온갖 재앙을 내려 자손이 없어지고 사직을 지키지 못할 것이며 제사도 끊겨 없어질 것이다.

금서철권金書鐵券[1]을 종묘에 보관해 두니 자손들은 만대에도 감히 어기거나 범하지 말아야 한다. 신은 이를 들으시고 흠향하고 복을 주소서!"

맹세가 끝난 후 폐백을 제단의 북쪽에 묻고 맹세문은 신라의 대묘大廟에 간수했다. 이 맹세의 글은 대방도독帶方都督 유인궤鎦仁軌가 지은 것이다. 앞의《당사》기록을 보면 소정방이 의자왕과 태자 융을 당나라 서울로 보냈다 했는데 여기에는 부여 왕 융과 회합했다 하니 당나라 황제가 융의 죄를 용서하고 웅진도독으로 삼은 것을 알 수 있다. 맹세의 글에서 명백히 말했으니 이것으로써 증거가 된다.

신라가 당나라 군에 군량을 전하다

또《고기古記》의 기록을 보면 다음과 같다.

668년(총장總章[2] 원년, 무진) 만약 총장 원년 무진이면 이적(李勣)[3]의 일이므로 아래의 글에서 소정방이라 함은 잘못이다. 만약 소정방의 일이라면 연호는 마땅히 662년 용삭(龍朔)[4] 2년, 임술의 일이니 소정방이 평양성을 포위했을 때의 일이다에 나라(신라) 사람들이 청한 당나라의 원군이 평양의 교외에 주둔해 있으며 '급히 군량을 보내 달라.'는 글을 보냈다.

왕은 여러 신하 신하들을 모아 놓고 물었다.

"적국 고구려로 들어가 당나라 군대의 진영에까지 이르기에는 그 형세

---

1 철판에 글자를 새기고 금으로 입힌 것. 중국 한漢 고조가 천하를 평정하고 공신을 봉할 때 사용한 것이 그 시초이다.
2 중국 당 고종의 연호, 668~669.
3 중국 당 태종과 고종 때의 무장. 666년 신라군과 연합하여 평양성을 포위하고 고구려를 멸망시켰다.
4 중국 당 고종의 연호, 661~663.

가 위험하오. 그러나 우리가 청해서 온 당나라 군사들의 군량이 떨어졌는데 이를 보내주지 않는 것도 옳지 못하니 어떻게 하면 좋겠소?"

김유신이 말했다.

"신들이 능히 그 군량을 수송하겠으니 대왕께선 염려 마십시오."

김유신, 김인문 등이 군사 수만을 이끌고 고구려 국경을 넘어가 군량미 2만 곡을 수송해 주고 돌아왔다. 왕은 크게 기뻐했다.

다시 군사를 일으켜 당군과 연합하기 위해 김유신이 먼저 연기然起와 병천兵川 두 사람을 보내 만날 시기를 물었다. 당나라 장수 소정방이 종이에 난새와 송아지 두 동물을 그려 보냈다. 나라 사람들이 그림의 뜻을 풀지 못했으므로 원효법사에게 보내어 물었다. 원효법사가 그림의 뜻을 풀이해 말했다.

"빨리 군사를 돌리라는 뜻이다. 송아지[犢]와 난새[鸞]를 그린 것은 반절로 표현[5]한 것이다."

유신이 군사를 돌려 패강을 건너며 군령을 내렸다.

"늦게 건너는 자는 목을 벨 것이다."

군사들이 앞을 다투어 강을 건넜다. 절반쯤 건넜을 때 고구려 군사가 공격해 미처 건너지 못한 자들을 죽였다. 다음 날 유신은 고구려 군을 다시 추격하여 수만 명을 잡아 죽였다.

---

5 한자의 음을 표시하는 방법의 한 가지이다. 그림이 의미하는 두 글자의 발음을 합쳐서 하나의 음절을 표현한다.

낙화암 전설

백제《고기古記》의 기록이다.

부여성 북쪽 모퉁이에 아래로 강물에 잇닿아 있는 큰 바위가 있다. 전해오는 말에 따르면 의자왕이 그의 후궁들과 더불어 죽음을 면할 수 없음을 알게 되자 '차라리 자결을 하지 남의 손에 죽지는 않으리라.'하며 서로 이끌고 이곳에 와서 강물에 몸을 던져 죽었다 한다. 그래서 세상에서는 이 바위를 타사암墮死岩[1]이라 한다.

허나 이것은 잘못된 속설이다. 단지 궁녀들만 여기에서 떨어져 죽었으며 의자왕이 당나라에서 죽었다는 것은《당사唐史》에 명백하게 기록되어 있다.

김유신의 신술로 위기를 모면하다

또 신라《고전古傳》의 기록이다.

소정방이 고구려와 백제 두 나라를 이미 치고 난 다음 다시 신라를 치려고 머물러 있었다. 유신이 그 책략을 알아채고서 당나라 군사들을 초대하여 독약을 먹여 모두 죽게 하고구덩이에 묻어버렸다.

지금(고려) 상주尙州 지경에 있는 당교唐橋가 바로 그들을 묻은 곳이라 한다.《당사》를 살펴보면 그 죽은 까닭은 말하지 않고 다만 죽었다 했으니 무슨 까닭일까? 감추기 위한 것일까? 혹은 향언(鄕諺)[2]이 근거가 없는 것일까? 만약 662년(임술) 고구려를 치는 싸움

---

1 낙화암.
2 신라의 말.

132

에서 신라 사람이 소정방의 군사를 죽였다면 그 뒤 668년(총장, 무진)에 어찌 당나라 군사를 청하여 고구려를 멸망시킨 일이 있을 수 있겠는가? 이로써 신라의 향전이 근거가 없음을 알 수 있다. 다만 무진(戊辰)에 고구려를 멸망시킨 후 신라가 당나라의 명을 어기고 마음대로 고구려 땅을 차지했을 뿐 소정방과 이적 두 사람을 죽이는 것까지는 하지 못했을 것이다.

당나라 군사가 백제를 평정하고 돌아간 후 신라 왕은 여러 장수들에게 명하여 백제의 남은 적들을 쫓아 잡도록 했다. 한산성[3]에 이르러 진을 치니 고구려와 말갈 두 나라 군사가 와서 포위했다. 서로의 싸움이 결말이 나지 않고 5월 11일에서 6월 22일에 이르니 신라군은 매우 위급해졌다.

왕이 이 소식을 듣고서 여러 신하들을 모아 의논했다.

"무슨 계책이 없겠는가?"

모두 망설이고 해결책을 내놓지 못하고 있는데 유신이 궁으로 달려와 말했다.

"사세가 위급하여 인력으로 미칠 수 없는 일이니 오직 신술神術로 구원할 수 있을 뿐입니다."

곧 성부산星浮山에 제단을 놓고 신술을 베풀었다. 그러자 갑자기 큰 돌만한 광채가 제단 위로 나타나더니 별처럼 날아 북쪽으로 갔다. 이로 인해 성부산이라 했는데, 산 이름에 대해서는 다른 설도 있다. 이 산은 도림(都林)의 남쪽에 있으며 솟아난 한 봉우리가 이것이다. 서울에 사는 어떤 사람이 벼슬을 얻으려고 아들을 시켜 큰 횃불을 만들고 밤에 이 산에 올라가 들게 했다. 그날 밤 서울 사람들이 큰 불을 보고는 모두 괴이한 별이 나타

---

3 북한산성.

났다고 했다. 왕은 이 말을 듣고 두려워하여 사람을 모아 기도하려 했다. 그 아비가 모집에 응하려 하는데, 일관이 아뢰기를 '이것은 큰 괴변이 아니고 다만 한 집에서 아들이 죽고 아버지가 울 징조입니다.'라고 해 결국 기도를 올리지 않았다. 이날 밤에 아들이 산에서 내려오다 범에게 물려 죽었다.

한산성 안의 신라 병사들은 구원병이 오지 않음을 원망하면서 서로 바라보며 울고 있었다. 별안간 적들이 공격해 왔는데, 갑자기 남쪽 하늘 끝에서 광채가 날아와 벼락이 되어 적의 포석砲石 30여 개를 내리쳤다. 적군의 활과 화살, 창이 모두 부서지고 군사들은 땅에 쓰러졌다. 한참 뒤에 깨어난 적군들은 흩어져 도망갔다. 우리 군사들도 무사히 돌아왔다.

통일 이후 강력해진 신라의 위세

태종이 처음 왕위에 올랐을 때 어떤 사람이 머리는 하나이고, 몸이 둘, 그리고 다리가 여덟 개나 달린 돼지 한 마리를 바쳤다. 어떤 사람이 말하기를 '반드시 천하를 통일할 징조입니다.'라고 했다.

비로소 이 임금 때부터 중국의 의관과 아홀牙笏을 사용하기 시작했다. 그것은 자장법사가 당나라 황제에게 청하여 가져온 것이다.

신문왕 때에 당 고종이 신라에 사신을 보내 말했다.

"나의 아버님[1]께서는 어진 신하 위징魏徵, 이순풍李淳風 등을 얻어 마음을 합하고 덕을 같이하여 천하를 통일했으므로 태종황제太宗皇帝라 했지만 너의 신라는 나라 밖의 작은 나라인데 태종이란 칭호를 사용하여 천자

---

1 중국 당 태종.

의 이름을 함부로 범함은 그 뜻이 불충하니 속히 그 칭호를 고치도록 하라."

신문왕은 글을 올려 답변했다.

"신라가 비록 작은 나라이지만 성신 김유신을 얻어 삼국을 하나로 통합했기에 태종이라 한 것입니다."

황제가 그 글을 보고 자신이 아직 태자였을 때 어느 날 하늘에서 이르기를 '33천天**의 한 사람이 신라에 태어나 유신이 되었다.'라고 하여 기록해 둔 것이 생각났다. 그 글을 다시 꺼내어 보고 놀라고 두렵지 않을 수 없었다. 그래서 다시 사신을 보내어 '태종'이란 칭호를 고치지 않아도 좋다고 했다.

한번 더 들여다보기

신라 제29대 태종무열왕(재위 654~661)의 이름은 김춘추이다. 일연이 전하는 김춘추의 이야기는 분량이 상당하며 그 내용도 다양하다. 몇 가지를 간략하게 요약하면 다음과 같다.

첫째, 김춘추가 김유신의 여동생 문희와 결혼하는 이야기이다. 문희는 결혼 전에 언니 보희의 꿈을 비단치마를 주고 샀다. 그것이 무열왕의 왕비가 되는 꿈이었다는 설화이다. 이 일화는 김춘추와 김유신의 정치적 결합을 상징하는 것으로 본다.

앞에서도 이야기했지만 김춘추의 할아버지 진지왕은 재위 4년 만

---

2 불교의 세상을 가리키는 수미산 꼭대기.

에 폐위되었다. 따라서 왕실 내에서 김춘추의 입지는 미약했다. 당시 신라의 권력구도 안에서 김춘추와 김유신은 서로를 필요로 하는 상대였다. 이들은 결혼을 통해 관계를 더욱 확고히 하는데, 김춘추가 김유신의 동생과 결혼하고, 훗날 김유신도 김춘추의 딸 지조를 아내로 맞이한다. 이렇게 두 사람은 정치적, 군사적 동맹 위에 혈연관계까지 맺음으로써 선덕, 진덕여왕 시절 왕실 내에서 중추적 역할을 할 수 있었다.

진덕여왕이 죽었을 때 당대 왕위에 오를 서열 1위는 상대등 알천이었다. 그러나 알천은 김유신의 군사적 권력을 배후로 가지고 있는 김춘추에게 왕위를 양보한다.

654년 마침내 무열왕은 왕위에 오른다. 무열왕 시절 신라는 베 한 필에 벼가 30석 또는 50석이었으며 백성들이 태평성대로 여겼다고 전한다. 하지만 그 다음의 이야기들은 당나라가 개입된 삼국 간의 전쟁 이야기이다.

두 번째 일화는 김춘추가 왕위에 오르기 전인 641년 선덕여왕 시절에 이미 당나라에 청병 사절로 활약한 것과 그 당시 백제의 상황이다.

641년 백제는 의자왕이 왕위에 올랐으나 나라가 어지러워지기 시작했다. 좌평 성충이 '만약 적국이 쳐들어오면 육로로는 탄현을 넘지 못하게 하고, 수군은 기벌포 연안에 들어오지 못하게 해야 한다.'고 간했으나 왕은 이 말을 듣지 않는다.

탄현과 기벌포는 백제를 지키는 관문이었다. 659년경 백제 멸망

바로 전해에 백제에는 이미 나라가 망할 여러 가지 징후들이 있었음을 보여준다.

왕위에 오른 무열왕이 660년 당나라에 청병을 구함으로써 나당연합군(소정방의 군대 13만과 김유신의 군대 5만)이 형성된다. 이들이 백제를 침공하자 의자왕은 이를 물리칠 계책을 신하들과 논의한다. 이때 의자왕은 성충의 말을 듣지 않았는데, 김유신의 신라군이 황산벌에서 백제군을 물리치자 그제서야 백제왕은 후회한다.

당군이 기벌포로 상륙하여 사비성을 함락하고, 웅진성으로 도망쳤던 의자왕이 항복함으로써 백제는 멸망한다. 소정방은 백제왕과 태자, 신하, 백성들 1만 2천여 명을 포로로 삼아 당나라로 돌아간다.

당은 백제 땅에 5도독을 두어 다스렸다. 의자왕의 아들 부여 융을 도독으로 임명하여 백제 땅에 대한 영향력을 행사했다. 《신라별기》에 기록되어 있는 신라와 백제의 회맹에 대한 이야기가 그것이다.(태종무열왕이 죽은 다음 문무왕 때의 일이다.)

나당연합군이 백제를 멸망시킨 그 이듬해 6월 태종무열왕은 갑자기 세상을 떠난다. 그의 나이 58세였다. 왕의 맏아들 법민이 왕에 오르는데, 바로 문무왕(661~681)이다.

백제를 멸망시킨 당은 마음속에 품고 있던 야욕을 드러낸다. 신라와 합의 없이 신라를 계림대독부로 삼고 문무왕을 도독에 임명한 뒤 백제와 맹약을 맺으라는 당 고조의 칙령을 보낸다.

문무왕은 665년 8월 웅진 취리산에서 옛 백제의 왕자 부여 융을 만난다. 백마를 잡아 그 피를 나누어 마시는 회맹의 제의를 행하고

맹약의 글을 제단에 묻는다. 이때의 맹약문은 대방도독 유인궤가 쓴
것이라 한다. 이것은 당나라에서 백제의 유민을 회유하려는 목적뿐
만 아니라 백제에 대한 신라의 지배를 저지하려는 의도였다.

668년 《고기》의 기록은 당군과 함께 신라가 고구려를 정벌할 때의
일이다. 고구려에 당도해 있는 당군의 식량이 떨어지자, 김유신과
김인문이 위험을 감수하고 군량을 보낸다. 결국 그해 9월 신라와 당
군은 평양을 에워쌌고 고구려의 보장왕이 항복함으로써 평양은 함락
되고 고구려도 멸망한다.

송아지와 난새의 일화는 당시의 긴박했던 상황을 보여주는 것이
다. 일연은 연도의 차이로 보아 소정방의 일이 아니거나 아니면 연
도가 틀렸다고 했다.

그 외에 의자왕의 낙화암 전설, 고구려 한산성 전투에서 김유신의
신궁 설치, 원효대사와 자장법사, 신문왕(재위 681~692) 때의 일 등등
은 당시 오랜 전쟁으로 시달리고 있던 백성들 사이에 전해지던 일화
들이다.

삼국 통일의 위업을 달성하는 데에 태종무열왕뿐만 아니라 김유신
의 비중이 그만큼 컸으며, 신령스러운 천신의 도움이 있었기에 가능
했다는 신라인들의 의식세계를 드러낸 것이라 할 수 있다.

태종이란 칭호도 신라에 33천의 한 사람인 김유신이 있기에 가능
했다는 마지막 일화 또한 중국과 동등한 연호를 사용함으로써 통일
신라의 위세가 중국의 이민족이 아닌, 독자적인 국가가 되고 있었음
을 강조하는 일연의 의도로 보인다.

태종무열왕은 오랫동안 고구려와 백제의 위협에 시달리던 신라의 정세를 당과의 적극적인 외교활동을 토대로 전환시켰다. 그러나 자신의 치세 동안은 통일의 위업을 달성하지 못했다. 그 뒤를 이은 문무왕(재위 661~681) 대에 이르러 비로소 한반도에서 당나라의 세력이 축출되고 통일신라 시대로 접어든다.

장춘랑長春郎과 파랑罷郎또는 비랑(羆郎)

지난번 백제 군사와 싸우던 황산黃山 전투에서 장춘랑과 파랑이 진중에서 죽었다. 그 후 백제를 칠 때 태종의 꿈에 그들이 나타나 말했다.

"우리들은 지난 날 나라를 위해 몸을 바쳤고, 지금은 비록 백골이 되었으나 나라를 지키고자 종군하기를 게을리 하지 않았습니다. 그런데 당나라 장수 소정방의 위엄에 눌려 남의 뒤만 쫓겨 다닙니다. 부디 임금께서는 저희에게 작은 힘을 보태주소서."

대왕이 놀랍고 괴이하게 여겨 두 혼령을 위해 하루 동안 모산정牟山亭에서 불경을 설하고 한산주漢山州에 장의사壯義寺를 세워 그들의 명복을 빌게 했다.

한번 더 들여다보기

장춘랑과 파랑은 백제와의 전쟁에서 죽은 화랑이다. 죽어서도 나라를 지키려 한다는 이 설화는 화랑도란 미륵보살이 환생한 것이며, 다시 태어날 수 있다는 미륵신앙을 가지고 있었음을 보여주는 것이다. 평화와 자비를 상징하는 미륵사상은 통일 삼국 시대에 널리 퍼졌는데, 끊임없이 지속되는 전쟁이 끝나기를 바라는 염원이 담겨 있는 것으로 보인다.

일연은 제1 기이편(상) 마지막을 삼국통일 과정에서 사라져간 화랑의 이야기로 끝맺는다. 죽은 후에도 소정방을 두려워하는 화랑의 모습에서 신라와 당나라의 싸움이 예견되고 있음을 알 수 있다.

제 2 권

제2 기이(하)

문무왕 이후의 통일신라와 백제,
가야의 기록이 실려 있다.
주로 신라에 초점을 맞추어 고려 건국 이전까지
신라의 왕과 기이한 사건들을
연대기적으로 다루고 있다.
특히 김부식에 의해 철저하게 외면당한 가야의 역사는
아주 소중한 사료이다.

제2 기이紀異(하)

문무왕[文虎王]**¹** 법민法敏

바다에서 시신이 나오다

왕이 즉위한 661년(용삭龍朔**²**, 신유)에 사비**³** 남쪽 바다에서 여자의 시체가 나왔다. 신장이 73척, 발의 길이가 6척, 음부의 길이가 3척이었다. 어떤 사람은 신장이 18척이며 667년(건봉乾封**⁴** 2년, 정묘)의 일이라고도 한다.

신라 · 당나라 연합군에 의한 고구려의 멸망

668년(총장 원년, 무진)에 왕이 군사를 거느리고 인문仁問, 흠순欽純 등과 함께 평양平壤에 이르러 당나라 군사와 합세하여 고구려를 멸망시켰다.

---

1 신라 제30대왕, 재위 661~681. 고려 혜종의 이름 '무武'를 피해 문무왕文武王을 문호왕文虎王으로 표기했다. 이와 같은 것을 피휘라고 한다.
2 중국 당 고종의 연호, 661~663.
3 현재의 부여로, 백제 성왕 때의 도읍.
4 중국 당 고종의 연호, 666~667.

당나라 장수 이적李勣이 고장왕高臧王[5]을 사로잡아 당나라로 돌아갔다. 왕의 성이 고(高)씨이므로 고장(高臧)이라 했다. 이 일은 《당서(唐書)》 고종기[高紀]에 이렇게 쓰여 있다. '660년(현경(現慶) 5년, 경신)에 소정방 등이 백제를 평정하고 그 후 12월에 대장군 계여하(契如何)를 패강도 행군대총관으로 삼고, 소정방은 요동도(遼東道) 대총관으로, 유백영은 평양도 대총관으로 삼아 고구려를 쳤다. 또 이듬해 661년(신유) 정월에는 소사업(蕭嗣業)을 부여도 총관으로 삼고, 임아상(任雅相)을 패강도 총관으로 삼아서 35만 명의 군사를 거느리고 고구려를 쳤다. 8월 갑술에 소정방 등은 고구려 패강에서 싸우다가 패해서 도망했다. 666년[건봉(乾封) 원년, 병인] 6월에 방동선(龐同善), 고간(高侃), 설인귀(薛仁貴), 이근행(李謹行) 등으로 하여금 후원하게 했다. 9월에 방동선이 고구려와 싸워 이겼다. 12월 기유에 이적을 요동도 행군대총관으로 삼아 6총관의 군사를 거느리고 고구려를 치게 했다. 668년(총장(總章) 원년, 무진) 9월 계사에 이적이 고장왕을 사로잡아 12월 정사에 황제[6]에게 포로로 바쳤다. 674년[상원(上元) 원년, 갑술] 2월에 유인궤(劉仁軌)를 계림도(鷄林道) 총관으로 삼아서 신라를 치게 하였다.' 그런데 우리의 옛 기록에는 당나라에서 육로장군 공공(孔恭)과 수로장군 유상(有相)을 보내어 신라의 김유신 등과 함께 고구려를 쳤다고 했는데 여기[《당서》]에는 인문과 흠순 등에 대해서는 말하고 있으나 유신이 없으니, 자세히 알 수 없다.[7]

당나라의 침략과 사천왕사 건립

이때 당나라의 유병遊兵과 여러 장병들이 잠시 머무는 동안 장차 신라를 습격하려고 계획하고 있었다. 왕이 이것을 알고 군사를 일으켰다. 이

---

5 고구려의 마지막 왕인 제28대 보장왕寶藏王, 재위 642~668.
6 중국 당의 고종.
7 김유신은 이때 병으로 출병하지 못했다.

듬해 당나라 고종高宗이 인문 등을 불러 꾸짖었다.

"너희들이 우리 군사를 청해 고구려를 멸하고도 우리를 해치려는 까닭이 무엇이냐?"

곧바로 김인문을 옥에 가두고 군사 50만 명을 훈련시켜 설방薛邦을 장수로 삼아 신라를 치려 했다.

이때 의상법사¹가 서쪽 당나라에 유학을 가 있었는데, 김인문을 찾아갔더니 그동안의 사정을 털어놓았다.

의상은 곧 신라로 돌아와 왕에게 알렸다. 왕이 매우 염려하여 여러 신하들을 모아 놓고 당나라 군사를 막을 방책을 물었다. 각간 김천존金天尊이 말했다.

"근래에 명랑법사²가 용궁에 들어가 비법을 전수받았다고 하니 그를 불러 물어보십시오."

명랑이 답했다.

"낭산狼山³ 남쪽에 신유림神遊林이 있는데 그곳에 사천왕사⁴를 세우고 도량을 열면 좋겠습니다."

이때 정주貞州에서 사자가 달려와서 왕에게 보고했다.

"수많은 당나라 군사들이 우리 국경에 이르러 바다 위를 순회하고 있습니다."

---

1 의상義相(625∼702), 원효와 함께 통일신라를 대표하는 고승으로 화엄종의 개조이다.
2 신라 문무왕 때의 고승. 왕족 출신으로 당나라에 유학했다.
3 현재의 경주시 보문동, 구황동, 배반동 일대의 산.
4 문무왕 때 설립된 신라의 최대 호국 사찰. 사천왕은 불교에서 호법신이다.

왕이 명랑을 불러서 말했다.

"일이 이렇게 급박하게 되었으니 어찌하면 좋겠소?"

명랑이 답했다.

"채색 비단으로 임시로 절을 지으십시오."

이에 비단으로 절을 짓고 풀잎으로 오방신상五方神象을 세웠다. 유가명
승瑜珈明僧[5] 12명이 명랑을 우두머리로 하여 문두루비법文豆婁秘法[6]을 행
했다. 그때 당나라와 신라의 군사가 전쟁을 시작하기도 전에 풍랑이 크게
일어 당나라의 배가 모두 물에 침몰하였다.

그 후 절을 고쳐 짓고 사천왕사라 하였다. 지금까지 단석壇席[7]이 끊어지
지 않았다. 《국사(國史)》에는 이 절이 679년[조로(調露)[8] 원년, 기묘]에 다시 지어졌다고 되어
있다.

박문준의 기지와 망덕사

그 후 671년(신미)에 당나라가 다시 조헌趙憲을 장수로 삼아 군사 5만
을 이끌고 쳐들어왔는데 다시 그 비법을 썼더니 배들이 전과 마찬가지로
침몰했다. 이때 한림랑翰林郎 박문준이 김인문을 따라 당나라에 왔다가
함께 옥에 갇혀 있었는데 고종이 박문준을 불러 물었다.

"너희 나라에는 무슨 비법이 있기에 대군을 두 번이나 보냈는데도 살아

---

5 유가는 요가yoga를 가르키는 범어로서 명상을 통해 수행하는 승려를 뜻한다.
6 불교의 교리 중 밀교에서 행하는 비법. 제단을 설치하고 방위에 따라 주문을 외운다.
7 불교의 도량을 뜻한다.
8 중국 당 고종의 연호, 679~680.

서 돌아온 사람이 없느냐?"

박문준이 답했다.

"배신培臣[1] 등은 상국에서 온 지가 10여 년이나 되어 본국의 일을 알지 못합니다. 다만 멀리서 한 가지 들은 것이 있습니다. 상국의 두터운 은혜를 입어 삼국을 통일했으므로 그 은덕을 갚기 위해 낭산 남쪽에 천왕사라는 절을 새로 짓고 황제의 만년 수명을 축원하는 법석法席을 오래 열고 있다 합니다."

고종은 이 말을 듣고 크게 기뻐하여 곧 예부시랑 악붕구樂鵬龜를 신라에 보내 그 절을 살펴보게 했다.

왕은 당나라의 사신이 올 것이라는 소식을 미리 듣고 이 절을 보여주는 것이 마땅하지 않다고 생각했다. 이에 그 남쪽에 따로 새 절을 짓고 기다렸다. 사신이 와서 말했다.

"먼저 황제를 축수하는 곳인 천왕사에 분향하겠습니다."

그를 새 절로 인도해 보였더니 사신은 문 앞에 서서 이것은 사천왕사가 아니고 망덕요산望德遙山의 절이라 하면서 끝내 들어가지 않았다. 나라 사람들이 금 1천 냥을 주니 본국에 돌아가 보고했다.

"신라에서는 천왕사를 짓고 황제의 만수무강을 새 절에서 축원하고 있었습니다."

(신라에서는) 당나라 사신의 말에 따라 새 절을 망덕사望德寺라 했다. 혹은 효소왕(孝昭王) 때의 일이라고 하나 이것은 잘못된 것이다.

---

1 중국에서 천자의 신하인 제후에게서 벼슬을 받은 자신을 낮추어 이르는 말.

왕은 문준이 잘 고하여 황제가 너그럽게 사면해줄 뜻이 있음을 들었다. 강수強首[2] 선생에게 명하여 김인문을 놓아달라는 표문을 지어서 사인舍人 원우遠禹를 시켜 당나라에 전하게 했다. 표문을 읽은 황제는 눈물을 흘렸고 인문을 놓아주며 위로하여 돌려보냈다.

김인문이 옥에 갇혀 있을 때 신라 사람들은 그를 위해 절을 지어 인용사仁容寺라 하고 관음도량觀音道場을 개설했다. 그러나 인문은 돌아오는 길에 바다에서 죽었다. 따라서 그 도량을 미타도량彌陁道場으로 고쳐 불렀으며 지금까지 전한다.

문무대왕암 전설

대왕은 21년 동안 나라를 다스렸고 681년(영륭永隆[3] 2년, 신사)에 죽었다. 유조에 따라 동해의 큰 바위 위에 장사지냈다. 왕은 평소에 늘 지의법사智義法師에게 이렇게 말했다.

"나는 죽은 뒤에 호국대룡護國大龍이 되어 불법을 받들고 나라를 수호할 것이다."

법사가 대답했다.

"용이란 짐승의 업보로 태어나는 것인데 어떻게 그럴 수 있습니까?"

왕이 이렇게 말했다.

"나는 예전부터 세상의 영화를 바라지 않았다. 만약 나쁜 업보로 인해

---

2 신라의 학자. 당나라에 유학했다.
3 중국 당 고종의 연호, 680~681.

축생으로 환생한다면 그것이 바로 나의 뜻이다."

문무왕 대의 여러 일들

왕이 처음 즉위했을 때 남산에 장창長倉을 설치했다. 길이가 50보, 넓이
가 15보였다. 쌀과 병기를 저장했으므로 우창右倉이고 천은사 서북쪽 산
위에 있는 것은 좌창左倉이다.

다른 기록에는 591년(건복建福 8년[1], 신해)에 남산성南山城을 쌓았는데 둘
레가 2천8백50보라 했다. 곧 이 성은 진평왕 때 처음 쌓기 시작한 것을 이
때 중수한 것이다. 또 처음으로 부산성을 쌓기 시작하여 3년 만에 완성했
다. 안북하安北河 가에 철성鐵城을 쌓았다.

또한 서울에 성곽을 쌓으려고 이미 임원을 갖추라 관리에게 명했는데,
그때 의상법사가 이 소식을 듣고 글을 보내왔다.

"왕의 정교政敎가 밝으면 비록 풀 언덕에 땅을 그어 성으로 삼아도 백성
이 감히 넘지 못하고 가히 재앙을 씻어서 복이 될 것입니다. 그러나 정교
가 밝지 못하면 비록 장성이 있다 해도 재해를 없앨 수 없을 것입니다."

왕이 역사를 중지시켰다.

666년(인덕麟德[2] 3년, 병인) 3월 10일에 한 민가에서 길이吉伊라는 여종
이 한 번에 아들 셋을 낳았다. 670년(총장 3년, 경오) 정월 7일에는 한기부
의 급간級干 일산一山(또는 아간(阿干) 성산(成山))의 여종이 한 번에 아이 넷을 낳

---

1 신라 진평왕 13년에 해당한다.
2 중국 당 고종의 연호, 664~666.

앞는데 딸 하나에 아들 셋이었다. 나라에서 상으로 곡식 2백석을 주었다.

또 고구려를 정벌했을 때에는 그 나라의 왕손을 데려다 진골眞骨의 지위를 내려주었다.

재상 거득공 설화

왕이 하루는 서제庶弟 거득공車得公을 불러 말했다.

"그대를 재상으로 삼으니 백관을 고루 다스리고 사해四海를 태평하게 하라."

공이 답했다.

"폐하께서 만약 소신을 재상으로 삼고자 하신다면 원컨대 신은 국내를 은밀히 다니면서 민간 부역이 평탄한지, 조세가 무거운지, 가벼운지 그리고 관리들의 청렴과 탐오함을 살펴본 뒤에 벼슬에 오르고자 합니다."

왕은 그 말을 쫓았다. 공은 치의緇衣를 입고 비파를 든 거사居士의 차림으로 서울을 떠났다. 아슬라주阿瑟羅州지금의 명주(溟洲), 우수주牛首州지금의 춘주(春州), 북원경北原京지금의 충주(忠州)을 거쳐 무진주武珍州지금의 해양(海陽)에 이르러 마을을 순행하니 무진주의 관리 안길安吉이 그를 이인異人으로 여겨 자기 집으로 맞아들여 정성껏 대접했다.

밤이 되자 안길이 처첩 세 사람을 불러 말했다.

"오늘 밤에 거사를 모시고 자는 사람은 죽을 때까지 나와 해로할 수 있을 것이다."

두 처가 말했다.

"차라리 함께 살지 못할지언정 어떻게 다른 사람과 함께 잔단 말이요."

그중의 한 처가 말했다.

"공이 만약 죽을 때까지 같이 살겠다고 약속해 주신다면 명을 따르겠습니다."

그 말대로 쫓았다.[1] 이튿날 아침 거사가 떠나면서 말했다.

"나는 서울 사람으로 내 집은 황룡皇龍과 황성皇聖의 두 절 사이에 있으며 내 이름은 단오端午속세에서는 단오를 거의(車衣)라고 한다입니다. 주인이 만약 서울에 오면 내 집을 찾아주면 좋겠소."

그리고 서울로 돌아와 재상이 되었다.

나라의 제도에 해마다 외주外州의 향리 한 사람을 서울에 있는 여러 관청에 올려 보내 지키게 하는 것이 있었다.지금의 기인(其人)[2]이다. 안길이 마침 상수上守할 차례가 되었다. 서울에 오게 되자 두 절 사이에 있는 단오거사의 집을 물었으나 아는 사람이 없었다. 안길이 한동안 길가에 서 있었는데 어떤 노인이 지나다 그의 말을 듣고 한참 생각하더니 말했다.

"두 절 사이에 있는 집은 대궐이고 단오란 바로 거득영공車得令公인 듯한데 외군外郡에 잠행 다닐 때 그대와 무슨 사연이 있었던가요?"

안길이 사실대로 말하자 노인이 말했다.

"그대는 궁성의 서쪽 귀정문歸正門으로 가서 출입하는 궁녀를 기다렸다가 사실을 말하시오."

그의 말대로 궁녀에게 무진주의 안길이 문밖에 왔다고 알리게 했다. 기

---

1 귀한 손님에게 자신의 첩으로 하여금 동침하게 했다는 풍속이라고 추측되지만, 다소 황당한 이야기이다.
2 고려 시대 지방의 호족 자제를 서울로 데려와 볼모로 삼은 제도이다.

득공이 듣고 달려 나와 환대했다. 함께 궁으로 들어가서 공의 부인을 불러내어 잔치를 베풀었는데 음식이 50여 가지나 되었다.

이 사실을 임금께 고하니, 성부산星浮山또는 성손호산(星損乎山) 아래의 지역을 무진주 상수리의 소목전燒木田으로 삼아 벌채를 금했다. 또 사람들이 감히 가까이 하지 못하게 하니 궁 주변의 사람들이 모두 부러워했다. 성부산 아래에는 밭 30묘가 있어 씨앗 세 섬을 뿌렸다. 이 밭이 풍작이면 무진주도 풍작이 되고 흉년이면 무진주 역시 흉년이 들었다.

한번 더 들여다보기

신라 제30대 문무왕(재위 661~681)의 이름은 법민이며, 태종무열왕의 큰아들이다. 진덕여왕 때 당나라에 사신으로 파견되었고 태종무열왕 때는 나당연합군이 백제를 칠 때 김유신의 5만 군사와 함께 백제를 멸망시켰다.

일연의 이야기는 문무왕이 당과 함께 고구려를 멸망시킨 후(668년), 당나라를 치려고 군사를 일으키는 때부터 시작된다. 서두에 사비 바닷가에서 나온 시신의 이야기는 아마도 백제를 상징하는 사비를 중심으로 한 당과의 치열한 전쟁을 예고하는 것으로 보인다.

고구려를 멸망시킨 당나라는 대동강 이남의 땅을 신라에게 준다는 약속을 어기고 한반도 전체를 지배하려는 야욕을 드러냈다. 이에 문무왕이 군사를 일으키자 당나라 고종(재위 649~683)은 신라의 사신 김인문 등을 옥에 가두며 신라를 협박했다.

문무왕 12년(672)에 당나라는 대군을 이끌고 신라를 쳐들어왔다.

674년에는 인질로 삼은 김인문을 신라왕으로 봉하는 등 675년에 이르면 신라에 대한 공격이 절정에 달한다. 당나라의 이근행과 설인귀가 이끄는 군사 20만 명이 신라에 쳐들어온 것이다.

당과 신라의 전투는 끊임없이 계속되었다. 신라는 모든 군사력을 동원해 당에 대항했다. 그러다 마침내 문무왕 16년(676년)에 사찬 시득이 기벌포에서 당군을 크게 물리쳤고 이로써 당나라 세력은 한반도에서 완전히 물러났다.

결국 당은 안동도호부를 평양에서 요동으로 옮기게 된다. 이후 신라는 대동강과 원산만 이남의 땅을 차지하여 삼국 통일의 대업을 이룬다.

일연은 신라와 당나라와의 싸움에서 채색 비단으로 절을 짓고, 명랑법사가 행한 문두루 비법이 신통력을 발휘하여 위기에서 벗어날 수 있었으며, 또 신라 사람들이 당나라 황제를 위해 천왕사를 짓고 황제의 만수무강을 빌고 있다는 소식에 감동하여 인질로 잡혀 있던 김인문을 돌려보냈다는 설화를 전해주고 있다.

명랑법사는 당나라에 유학하여 밀교의 신인비법神印秘法을 배워온 승려이다. 신인이란 범어로 '문두루'이다. 이 비법으로 당나라 군사를 물리친 명랑은 우리나라 신인종의 시조가 되었다. 주술로써 방위方位(오방五方)를 보호하는 호국신앙이라 할 수 있다. 고려 왕조 때까지도 호국 불교의 상징적 주술로 전해졌다. 명랑에 대한 이야기는 제6 신주편에 자세하게 나온다.

문무왕은 나라를 다스린 지 21년 만에 죽었다. 신하들은 '죽은 다음에 나라를 지키는 용으로 환생하고 싶다.'는 유지를 받들어 동해 한가운데 장사지냈다. 이것이 대왕암의 전설이다.

문무왕조 말미는 태종무열왕의 서자로 문무왕 때 재상에 오른 거득공에 대한 이야기이다. 거득공은 재상에 오르기 전 승복을 입고 나라 곳곳을 비밀리에 돌며 민심을 살폈다. 이 이야기에서 신라가 삼국의 여러 지방을 하나로 통합하는 과정에서 상수리 제도를 실시했음을 알 수 있다.

신라 때의 상수리上守吏는 중앙의 권력 집중을 위해 지방 향리세력을 회유하면서 한편으로 억제하기 위한 관직이었다. 지방 향리의 자제를 서울로 불러들여 볼모로 삼는 한편 그 지방의 사정을 파악하기 위함이었다. 고려 시대의 기인제其人制가 이로부터 연유된 것이다.

성부산星浮山이란 지명은 태종무열왕조에서 고구려와 말갈족이 침입하자 김유신의 청으로 제단을 설치하여 신술로 적을 물리쳤던 곳이다.

일연은 사비 바닷가의 징조로 시작해 성부산 아래 밭이 풍작이 되면 그 부근 무진주도 풍작이 되고, 흉작이 되면 무진도 흉작이 된다는 말로 문무왕조를 끝내고 있다.

이러한 내용들의 행간 속에서 어떤 의미를 읽어내야 하는지 정확하게는 알 수 없다. 그러나 꼬리에 꼬리를 무는 상징과 은유들이 압축되어 있다고 추측되는 부분이다.

만파식적萬波息笛

신문왕의 즉위와 감은사

제31대 신문대왕의 이름은 정명政明이며 성은 김씨이다. 681년(개요開

耀[1] 원년, 신사) 7월 7일에 즉위했다. 부왕인 문무대왕을 위해 동해 바닷가

에 감은사感恩寺를 세웠다. 절의 기록에는 이렇게 되어 있다. 문무왕이 왜병을 진압하려고

이 절을 지었으나 다 끝마치지 못하고 죽어 바다의 용이 되었다. 그 아들 신문왕이 왕위에 올라

682년(개요 2년)에 절의 공사를 끝마쳤다. 금당 섬돌 아래에 동쪽을 향해 구멍 하나를 뚫어 두었

는데 용이 들어와 돌아다니게 하려고 마련한 것이다. 왕의 유언으로 유골을 보관한 곳을 대왕암

이라 했으며 절 이름은 감은사로 했다. 뒤에 용이 모습을 나타낸 곳을 이견대(利見臺)라고 했다.

용으로부터 검은 옥대를 얻은 신문왕

다음해 682년(임오) 다른 기록에는 690년[천수(天授)[2] 원년]이라 했으나 잘못된 것이다

5월 초하룻날에 해관海官 파진찬派珍飡[3] 박숙청이 말했다.

"동해에 작은 산이 하나 나타나 감은사 쪽으로 떠내려 오며 물결을 따

라 오락가락합니다."

왕이 이를 이상하게 여겨 일관 김춘질金春質 혹은 춘일(春日)에게 점을 쳐보

게 했다.

일관이 말했다.

---

1 중국 당 고종의 연호, 681~682.
2 중국 당 측천무후의 연호, 690~692.
3 신라 관등의 제4위.

"돌아가신 선왕께서 지금 바다의 용이 되어 삼한三韓을 지키고 계십니다. 또한 김유신 공은 본래 33천天의 아들인데 지금 내려와 대신이 되었습니다. 두 성인이 덕을 같이하여 나라를 지킬 보기寶器를 내려 주시려는 것입니다. 만일 폐하께서 바닷가로 나아가면 반드시 값으로 따질 수 없는 큰 보물을 얻을 것입니다."

왕이 기뻐하며 그달 7일에 이견대利見臺로 행차했다. 바다의 그 작은 산을 바라보고 사신을 보내 살펴보게 했다. 산의 모습은 마치 거북의 머리와 같았다. 그 위에는 한 그루의 대나무가 있었는데 낮에는 둘이 되었다가 밤이 되면 하나로 합해졌다.일설에는 산도 또한 대나무처럼 밤낮에 따라 개합(開合)한다고 했다.

사신이 돌아와 이 사실을 고하니 왕은 그날 감은사에서 묵었다. 다음 날 오시午時에 대나무가 합해져서 하나가 되자 천지가 진동하고 비바람이 일어 천지가 어두워졌다. 7일 동안 어둠이 계속되었다.

그달 16일에 이르러서야 비바람이 걷히고 물결이 평온해졌다. 왕이 배를 타고 그 산으로 들어가니 용이 왕에게 검은 옥대를 바쳤다. 왕이 용을 맞이하고 함께 앉아서 물었다.

"이 산의 대나무가 갈라지기도 하고 또는 합해지기도 하는 것은 어찌해서인가?"

용이 대답했다.

"비유해서 말하자면 한 손으로 치면 소리가 나지 않고 두 손을 마주 쳐야 소리가 나는 것과 같습니다. 이 대나무는 본래 합해진 연후에 소리가 납니다. 이것은 훌륭하신 대왕께서 소리로 천하를 다스릴 상서로운 징조입니다. 대왕께서 이 대나무로 피리를 만들어 불면 천하가 화평해질 것입니다. 이제 선왕께서 바다의 큰 용이 되셨고 또한 유신 장군은 다시 천신이 되었습니다. 두 성인이 마음을 같이하여 이처럼 값으로 따질 수 없는 큰 보물을 저로 하여금 왕께 바치게 한 것입니다."

왕은 놀라운 한편 기뻐하며 오색 비단과 금과 옥으로 용에게 보답하고 사자를 시켜 대나무를 베게 했다. 왕 일행이 바다에서 나올 때 산과 용이 홀연히 사라져 보이지 않았다.

왕이 그날 밤 감은사에서 묵고 17일 기림사祇林寺 서쪽 시냇가에 이르러 수레를 멈추고 점심을 먹고 있었다. 태자 이공理恭효소대왕이 대궐을 지키고 있다가 이 소식을 듣고 말을 달려와 축하했다. 그리고 찬찬히 옥대를 살펴보고 왕에게 말했다.

"이 옥대의 장식들이 모두 진짜 용입니다."

왕이 그것을 어찌 아느냐고 묻자 태자가 답했다.

"하나를 떼서 물에 넣어 보십시오."

왼편 두 번째 것을 떼어 시냇물에 넣으니 곧 용이 되어 하늘로 올라가고 그 자리는 연못이 되었다. 그래서 그 못을 용연龍淵이라 한다.

태평성대를 부르는 신비한 피리

왕은 돌아와 그 대나무로 피리를 만들어 월성月城¹ 천존고天尊庫에 보관했다. 이 피리를 불면 적군이 물러가고 병든 사람이 나았다. 가물 때는 비

---

1 신라의 왕성王城.

를 내리고 장마에는 날이 개고 바람을 가라앉히고 물결은 평온해졌다. 그 피리를 만파식적萬波息笛이라 부르고 국보로 삼았다.

효소왕孝昭王 때인 693년(천수 4년, 계사)에 부례랑夫禮郎이 살아 돌아온 기이한 일이 있어 그 피리에 다시 만만파파식적萬萬波波息笛이란 칭호를 내렸다. 자세한 내용은 그의 전기에 실려 있다.

한번 더 들여다보기
- - - - - - - - - - - 만파식적은 신라 제31대 신문왕(재위 681~692)이 얻었다는 신비한 피리이다.

설화에 따르면 죽어서 바다의 용이 되어 삼한을 지키는 부왕 문무왕과 김유신이 나라를 지킬 보배로 내려준 피리라 한다. 그 피리를 불면 적병이 물러가고 병이 낫고, 가뭄에는 비가 오고, 비가 오면 개였다. '바람은 가라앉고 물결은 평온해진다.'하여 만파식적이라 했다. 이 설화는《삼국유사》중에서 가장 널리 알려진 이야기이다.《삼국사기》에도 이 피리에 대한 기록이 있다. 그러나 김부식은 '괴이하여 믿을 수 없다.'라고 했다.

신문왕은 삼국을 통일한 문무왕의 뒤를 이었다. 삼국으로 흩어져 있던 나라를 하나의 세력으로 규합하기 위해서는 더욱 강력한 왕권이 필요했다. 설화 속 만파식적에 담긴 신이한 능력은 당시의 정치적 혼란을 잠재우고 평화를 이루고자 하는 염원으로 보인다.

한편 일연의 이야기 속에 지속적으로 등장하는 사람이 있다. 바로 김유신이다. 태종무열왕 때는 신술로, 문무왕 때는 문두루 비법으로 그리고 죽은 후에는 문무왕과 함께 만파식적을 내린다. 그 외에도 앞서 제1 기이(상) '미추왕과 죽엽군' 편에서는 김유신의 영혼과 미추왕의 혼령이 신라를 지키는 호국신으로 추앙받았음을 보여주었다.

일연은 신라 왕조에서 항상 김유신이 왕권의 확립과 화합의 상징으로 등장했으며, 그로 인해 삼국 통일의 영원한 전설이 되었음을 말하고 있는 것으로 보인다.

이야기의 말미에는 효소왕 대의 부례랑에 관한 이야기가 등장한다. 이것 역시 뒤에 이어질 이야기에 대한 암시로 읽힌다.

효소왕孝昭王 대의 죽지랑竹旨郎

모량리의 익선이 죽지랑의 낭도를 부역시키다

제32대 효소왕 때에 죽지랑죽지(竹旨)는 죽만(竹曼) 또는 지관(智官)의 무리 중에 급간級干[1] 득오실得烏失또는 득오곡(得烏谷)이라는 낭도가 있었다. 화랑의 명부에 이름이 올려놓고 날마다 나왔는데, 한번은 열흘 동안 보이지 않았다. 죽지랑의 어머니를 불러 아들이 어디 있는지를 물었다. 어머니가 말했다.

"당전幢典[2]인 모량부의 아간阿干[3] 익선益宣이 제 아들을 부산성富山城의

---

1 신라의 관등 중 제9위.
2 신라의 군대 직위를 가리키는 부대장, 또는 지방관.
3 신라 관등 중 제6위.

창고지기로 보냈습니다. 서둘러 가느라 미처 낭에게 하직할 틈도 없었습니다."

죽지랑이 말했다.

"그대의 아들이 만약 사적인 일로 갔다면 찾아볼 필요가 없지만 공적인 일로 갔다니 마땅히 찾아가 대접해야겠소."

설병(떡) 한 합과 술 한 항아리를 가지고 좌인左人 우리말로는 개질지(皆叱知) 즉, 노복을 거느리고 나섰다. 낭도 137명이 위의를 갖추고 따랐다.

부산성에 이르러 문지기에게 득오실得烏失의 행방을 물으니 문지기가 답했다.

"지금 익선의 밭에서 관례에 따라 부역을 하고 있습니다."

죽지랑은 밭으로 가서 가져온 술과 떡으로 그를 배불리 먹였다. 익선에게 득오실의 휴가를 청해 함께 돌아가려 했으나 익선이 허락하지 않았다.

그때 사리使吏 간진侃珍이 추화군推火郡[4] 능절能節의 벼 30석을 거두어 성으로 나르는 중이었다. 간진은 낭도를 위하는 죽지랑의 품성을 아름답게 여기며 익선의 융통성 없음을 비루하게 여겼다. 가지고 가던 30석의 벼를 익선에게 주며 죽지랑의 청을 거들었으나 그래도 허락하지 않았다. 다시 사지舍知[5] 진절珍節의 말안장을 주니 그제야 허락했다.

조정의 화주花主[6]가 이 소식을 듣고 사신을 보내 익선을 잡아 그의 더러움과 추함을 척결하려 했다. 익선이 달아나 숨자 그의 큰아들을 잡아갔

---

4 현재 경남 밀양.
5 신라 제17관등 중 제13관등.
6 화랑 집단을 주관하는 직위.

다. 마침 11월 몹시 추운 날이었다. 성 안 연못에서 목욕을 시켜 얼어 죽게 했다.

효소왕이 듣고 모량리 사람으로 벼슬에 있는 자들을 모두 쫓아내 다시는 관서에 발도 들이지 못하게 하고 승려가 되는 것도 금했다. 혹 승려가 된 자는 종과 북이 있는 큰 절에는 들어가지 못하게 했다.

왕의 명령으로 간진의 자손을 평정호손枰定戶孫으로 삼아 표창했다. 이때 원측법사圓測法師는 해동의 고승이었으나 모량리 사람인 까닭에 승직僧職을 받지 못했다.

죽지랑의 탄생

과거에 죽지랑의 아버지 술종공述宗公이 삭주도독사[1]가 되어 장차 임지로 가려 하는데 그때 삼한에 병란이 있어 기병 3천 명으로 그를 호송하게 했다. 일행이 죽지령竹旨嶺에 이르렀을 때 한 거사가 고갯길을 닦고 있었다. 술종공이 그것을 보고 찬탄하자 거사 또한 술종공의 위세가 대단하다고 생각하며 마음속으로 감응을 받았다.

술종공이 삭주에 부임한 지 한 달쯤 되었을 때 어느 날 거사가 방으로 들어오는 꿈을 꾸었다. 그런데 술종공의 아내도 같은 꿈을 꾸었다고 하여 더욱 놀라고 괴이하게 여겼다. 이튿날 사람을 보내어 거사의 안부를 물었더니 며칠 전에 죽었다고 했다. 사자가 돌아와 보고하니 바로 술종공 부부가 꿈을 꾼 그날이었다. 술종공이 중얼거렸다.

---

1 삭주는 지금의 춘천.

160

"아마 거사가 우리 집에 태어날 것 같습니다."

다시 군사를 보내어 죽지령 고개 북쪽 봉우리에 거사의 장사를 지내게 하고 돌로 미륵을 만들어 무덤 앞에 세웠다.

술종공의 아내는 꿈을 꾼 날로부터 태기가 있더니 사내아이를 낳았다. 따라서 이름을 죽지竹늘라 했다. 아이는 커서 벼슬을 하게 되니 김유신과 더불어 부수副帥가 되어 삼한을 통일하고 진덕여왕, 태종무열왕, 문무왕, 신문왕 4대에 걸쳐 재상이 되어 나라를 안정시켰다.

처음에 득오곡이 죽지랑을 사모하여 읊은 노래[2]가 있다.

> 지나간 봄 그리워하며
> 모든 것이 서러워 시름하는구나
> 아름다운 얼굴은 해 거듭하는 사이에 시들어가네
> 눈 돌이킬 사이에나마
> 만나 보기를 어찌 마다하겠는가
> 낭이여 그리워하는 마음 다니는 길에
> 쑥 우거진 마을에 잘 밤인들 있으리까

한번 더 들여다보기
신라가 삼국을 통일하는 데 주도적 역할을 한 것으로 화랑을 빼놓을 수 없다. 김유신을 비롯한 많은 장수들이 화랑

---

2 지금은 〈모죽지랑가慕竹旨郎歌〉라고 불린다.

출신이었으며, 죽지랑 역시 화랑 출신으로 진덕여왕, 태종무열왕, 문무왕 대에 수많은 전투에서 공을 세운 장군이다.

화랑은 기록에 따르면 24대 진흥왕 때인 576년부터 51대 진성여왕 시절까지 있었던 신라의 인재 양성제도이다. 진골 출신의 자제, 즉 왕과 귀족의 자제를 수련했던 조직이다. 우두머리를 풍월주 또는 국선이라 불렀다. 화랑 한 명이 수십 명, 수백 명의 낭도를 거느렸으며 이들은 세속오계를 지침으로 나라를 위해 목숨을 바치는 것을 최고의 덕으로 삼았다.

일연은 효소왕(재위 692~702) 대의 이야기를 하면서 죽지랑을 소개한다. 효소왕 시절은 화랑 죽지랑이 삼국 통일 전쟁에서 활약한 때로부터 20여 년의 세월이 지난 때이다. 수많은 전쟁에서 혁혁한 공을 세웠던 노장 죽지랑과 그의 낭도 득오가 효소왕 때에 이르러 품계 6급의 익선에게 수모를 당한다. 즉 화랑의 세력이 전성기를 지나 약화되고 있음을 알 수 있다.

한편 후반부의 이야기는 죽지랑이 사실 죽지령이라는 험한 고개를 닦고 있던 거사가 환생하여 태어났다는 신비한 탄생 설화이다. 죽지랑의 전생이 길을 닦던 거사, 즉 미륵불이었다고 한다. 미륵불의 환생을 상징하는 이 설화는 미륵신앙이 화랑도의 배경 사상이었음을 시사해 주는 부분이다.

앞장에서 예시했던 효소왕이 화랑의 우두머리 국선으로 삼은 부례랑에 대한 이야기는 제4 탑상편에 소개된다. 그 대신 여기서 일연이 주목한 점은 역시 김유신과 죽지랑이다. 미륵보살이 환생하여 태어난 죽지랑이 김유신의 부원수로 활약하며 함께 삼국 통일의 공을 세운 화랑임을 강조하는 것으로 보인다.

말미에 실린 모죽지랑가는 죽지랑의 낭도 득오실이 죽지랑을 추모하여 지은 것으로 8구체 형식의 향가이다.

성덕왕聖德王

제33대 성덕왕 706년(신룡[1] 2년, 병오)에 흉년이 들어 백성들의 굶주림이 심했다. 이듬해 707년(정미) 정월 초하루부터 7월 30일까지 조정에서 백성을 구제하기 위해 곡식을 나누어 주었다. 한 사람에 하루 3승升으로 나누어 주고 계산해 보니 모두 30만 5백석이었다.

왕이 태종대왕太宗大王[2]을 위해 봉덕사奉德寺를 세우고 인왕도량仁王道場을 7일 동안 열고 대사면을 실시했다. 이때부터 비로소 시중侍中이라는 관직을 두었다. 어떤 기록에는 효성왕(孝成王) 때의 일이라고 한다.

---

1 중국 당 중종中宗의 연호, 705~706.
2 신라 제29대 태종무열왕을 말한다.

수로부인水路夫人

노인이 꽃을 따서 수로부인에게 바치다

성덕왕聖德王 때 순정공純貞公이 강릉지금의 명주(溟洲) 태수로 부임하는 길에 바닷가에 머물며 점심을 먹었다. 곁에는 기암절벽이 병풍처럼 바다를 둘렀는데 높이가 천 길이나 되었다. 그 꼭대기에는 철쭉꽃이 활짝 피어 있었다. 공의 부인 수로水路가 그것을 보고 좌우 사람들에게 말했다.

"누가 저 꽃을 꺾어다 주지 않겠느냐?"

시종들이 대답했다.

"사람의 발길이 닿기 어려운 곳입니다."

모두 못하겠다 했다. 그 옆으로 암소를 끌고 가던 노인이 있었는데 그 꽃을 꺾어 노래와 함께 바쳤다. 그 노인이 누구인지는 알 수 없었다.

용에게 잡혀 바닷속에 다녀온 수로부인

다시 이틀째 길을 가다 임해정에 이르러 점심을 먹고 있었다. 그때 바다의 용이 갑자기 부인을 끌고 바닷속으로 들어가버렸다. 공이 땅에 넘어지며 막아 보려 했으나 어쩔 도리가 없었다. 한 노인이 나타나 말했다.

"옛사람이 말하기를 여러 사람의 말은 쇠도 녹인다고 했으니 그까짓 바닷속의 미물[傍生]이 어찌 여러 사람의 입을 안 두려워하겠습니까? 경내의 백성을 모아 노래를 지어 부르고 막대기로 언덕을 두드리면 부인을 다시 볼 수 있을 것입니다."

공이 그 말대로 하였더니 용이 부인을 받들고 바다에서 나와 바쳤다.

공이 바닷속의 일을 묻자 부인이 답했다.

"칠보로 꾸민 궁전에 음식은 달고 부드럽고 향기롭고 또한 깨끗하여 인간 세상의 음식이 아니었습니다."

부인의 옷에서도 이상한 향기가 풍겼는데 이 세상에서는 맡아 보지 못한 것이었다. 수로부인은 용모와 자색이 세상에서 누구보다 뛰어났으므로 깊은 산이나 큰 연못을 지날 때마다 번번히 신물神物에게 붙들려갔다. 그래서 여러 사람이 〈해가海歌〉를 불렀는데 가사는 이렇다.

거북아 거북아, 수로를 내놓아라
남의 여인을 빼앗아 간 죄가 얼마나 큰가
네가 만약 거역하고 내놓지 않으면
그물로 잡아 구워 먹으리라

노인의 〈헌화가獻花歌〉는 이렇다.

붉은 바위 가에
암소 잡은 손 놓게 하시고
나를 아니 부끄러워하면
꽃을 꺾어 바치겠나이다

한번 더 들여다보기
- - - - - - - - -
성덕왕(재위 702~737) 때 순정공이 강릉 태수로 부임하기 위해 강릉으로 가던 길에 그의 부인 수로에게 암소를 몰고 가던 노인이 헌화가를 바쳤으며 또 수로부인이 갑자기 바다의 용에게 납치당하여 백성들이 해가를 불러 구해냈다는 설화이다.

먼저 해가海歌는 내용과 주제가 《삼국유사》 가락국기에 나오는 구지가龜旨歌와 비슷하다. 수로왕首露王, 수로부인水路夫人을 내려달라는 영신迎神을 비는 주술적 노래라는 점에서 구지가가 오랫동안 전승되어왔음을 확인할 수 있다.

노인이 바친 헌화가는 표면적으로는 여성에게 바치는 구애의 노래인 듯하지만, 종교적 제의와 관련된 것으로 보는 경향도 있다. 즉 꽃과 바위는 제물과 제단, 절세미인은 무녀, 노옹은 신관, 용은 신적인 존재 등을 상징한다고 본다.

성덕왕 때는 앞장에서도 알 수 있듯이 백성들이 굶주림에 시달리고 있어서 나라에서 곡식을 내려 주었다. 그러나 당나라에 사신을 파견할 때마다 금과 은, 비단을 비롯한 신라의 토산물은 물론 여자를 바쳤다는 기록도 있다. 또한 발해와 왜국의 군사적 압력도 심해지고 있는 상황이었다.

이러한 정황으로 미루어 보았을 때 수로부인의 설화는 나라의 혼란과 외적 침입을 막아달라는 기원으로 동해 바다의 용에게 올리는 제의를 구현한 것으로 보인다.

효성왕孝成王

722년(개원開元[1] 10년, 임술) 10월에 처음으로 모화군毛火郡에 관문關門을 쌓았다. 지금(고려)의 모화촌으로 경주慶州의 동남지역에 속하니 바로 일본을 방어하는 요새였다.

둘레는 6천 7백 92보 5자인데 군역에 동원된 사람은 3만 9천 2백 62명이며 감독한 사람은 각간角干[2] 원진元眞이었다.

733년(개원 21, 계유)[3]에 당나라 사람들이 북쪽 오랑캐[4]를 치려고 신라에 군사를 청하여 사신 6백 4명이 왔다가 본국(당나라)으로 돌아갔다.

한번 더 들여다보기

일본을 방어하기 위해 효성왕 때에 모화군성을 쌓았다는 기록인데 《삼국사기》와 차이가 있다. 《삼국사기》에는 성덕왕 21년(722년)으로 되어 있다. 따라서 효성왕(재위 737~742) 이전의 일이다. 아마도 성덕왕 때부터 관문을 쌓기 시작하여 효성왕 때 완성된 것이 아닌가 한다. 당시 신라가 당과는 밀접한 외교관계를 유지하며 발해와 일본에 대해서는 경계했다는 것을 알 수 있다. 또한 발해와 대립하던 당나라는 신라를 끌어들여 발해를 견제하려 했다.

---

1 중국 당 현종玄宗의 연호, 712~741.
2 신라의 17관등 중 최상위 이벌찬.
3 성덕왕聖德王 32년이다.
4 발해와 말갈.

경덕왕景德王, 충담사忠談師, 표훈대덕表訓大德

충담 스님이 경덕왕에게 노래를 바치다

당나라에서 도덕경道德經[1] 등을 보내오자 대왕이 예를 갖추어 받았다.

왕이 나라를 다스린 지 24년이 되던 해에 오악五岳과 삼산三山의 신들이 간혹 대궐 뜰에 나타나 대왕을 모셨다.

3월 3일에 경덕왕은 귀정문歸正門 누각 위로 나아가 좌우의 신하에게 말했다.

"길에서 위의威儀 있는 스님 한 사람을 찾아 데려올 수 있겠느냐?"

이때 마침 위의가 깨끗한 스님 한 사람이 거리를 둘러보며 거닐고 있었다. 신하들이 그를 발견하고 데려왔다. 왕이 말했다.

"내가 찾는 위엄이 대단한 스님이 아니다."

그를 돌려보내고 나자 또 다른 스님이 납의衲衣[2]를 걸치고 앵통櫻筒을 지고 혹은 삼태기를 졌다고도 한다 남쪽에서 왔다. 왕이 기뻐하며 누각 위로 그를 맞아들였다. 앵통 속을 살펴보니 다구茶具가 가득 있었다. 왕이 물었다.

"그대는 누구요?"

스님이 대답했다.

"충담忠談[3]이라 합니다."

---

1 노자의 도덕경이다. 《삼국사기》에는 효성왕 2년으로 되어 있다. 따라서 이 구절은 효성왕 조의 이야기인 듯하다.
2 승려들이 입는 가사.
3 신라 말에서 고려 초까지의 승려, 869~940.

왕이 물었다.

"어디서 오시는 길입니까?"

스님이 대답했다.

"소승은 3월 3일[重三]과 9월 9일[重九]에는 남산南山 삼화령三化嶺의 미륵세존彌勒世尊[4]에게 차를 올립니다. 오늘도 차를 올리고 돌아오는 길입니다."

왕이 말했다.

"나에게도 차 한 잔을 줄 수 있겠습니까?"

스님이 곧 차를 다려 왕에게 올렸다. 차 맛이 풍미가 있고 찻잔에서 향기가 풍겼다. 왕이 말했다.

"들으니 대사가 기파랑耆婆郎을 찬양한 사뇌가詞腦歌의 뜻이 매우 높다고 하던데 정말입니까?"

스님이 대답했다.

"그렇습니다."

왕이 말했다.

"이번에는 나를 위해 백성을 편안히 다스릴 노래를 지어주십시오."

스님은 곧 칙명을 받들어 노래를 지어 바쳤다. 왕은 그를 훌륭하게 여겨 왕사王師로 봉했으나 대사는 재배하며 굳이 사양하여 받지 않았다.

〈안민가安民歌〉는 이렇다.

---

4 미륵불. 인도에서 탄생하여 석가모니의 가르침과 인도를 받았으며, 미래에 부처가 된다고 한다. 현재 도솔천에 있으면서 모든 중생을 지도한다는 보살.

임금은 아버지요

신하는 자애로운 어머니요

백성을 어리석은 아이라 하면

모든 백성이 그 사랑을 알리라

꾸물거리며 사는 중생에게

이를 먹여 다스리고

이 땅을 버리고 어디로 가랴 할 것인가

나라 안이 보전되려면

아아! 임금답게, 신하답게, 백성답게 할지면

나라 안이 태평하리다

기파랑을 찬미한 노래[1]는 이렇다.

열치고 나타난 달이

흰 구름을 쫓아 떠가는 것 아닌가

새파란 물가에 기파랑의 모습 보이네

일오천逸烏川 조약돌에서

낭이 지니신 마음을 좇으려 하네

아아! 잣나무 가지 드높아

---

1 〈찬기파랑가讚耆婆郎歌〉라고 전해진다.

서리 모를 화랑이여

경덕왕이 하늘의 경고를 듣지 않고 아들을 얻다

경덕왕은 음경의 길이가 8치나 되었다. 자식이 없어 왕비를 폐하고 사
량부인²으로 봉했다. 후비 만월부인滿月夫人의 시호는 경수태후이며 각간
의충依忠의 딸이다.

왕이 하루는 표훈대덕表訓大德³을 불러 말했다.

"내가 복이 없어 후사가 없으니 부디 대사께서 상제에게 청하여 아들을
내려주게 해주시오."

표훈이 천제에게 고하고 돌아와서 말했다.

"상제께서 딸은 가능하나 아들은 얻지 못한다고 했습니다."

왕이 말했다.

"부디 딸을 아들로 바꿔주시오."

표훈이 다시 하늘로 올라가 청하니 상제가 말하였다.

"될 수는 있지만 아들이면 나라가 위태롭게 될 것이다."

표훈이 내려오려 할 때 상제가 다시 불러 말했다.

"하늘과 사람 사이를 어지럽히면 안 되는데 지금 대사가 마치 이웃 마
을처럼 왕래하여 천기天機를 누설했으니 이후에는 다시 오는 것을 금할
것이다."

---

2 왕비에서 폐위되어 출궁하였다. 경덕왕 13년 황룡사종을 주성할 때 시주였다.
3 의상의 제자. 8세기 중반에 활동한 화엄학승. 불국사와 석굴암을 창건한 김대성에게 영향
  을 끼쳤다.

표훈이 돌아와 천제의 말을 전하며 왕의 생각을 깨우쳐주려 했다.

왕이 말했다.

"나라가 비록 위태롭게 되더라도 아들을 얻어 뒤를 잇게 되면 좋겠소."

마침내 왕후가 태자를 낳으니 왕이 매우 기뻐하였다.

혜공왕의 실정과 반란

태자는 8세 때 부왕(경덕왕)이 세상을 떠났으므로 왕위에 올랐다. 혜공대왕惠恭大王이다. 나이가 어렸으므로 태후가 조정에 나섰으나 정사가 다스려지지 않았다. 도적이 벌떼처럼 일어나도 미처 막아내지 못했다. 표훈의 말대로 된 것이다.

왕은 본래 여자였는데 남자로 태어났으므로 돌날부터 왕위에 오를 때까지 항상 여자들 놀이를 좋아했다. 비단주머니 차기를 좋아하고 도사들과 어울려 희롱했다. 그러므로 나라에 큰 난리[1]가 있어 마침내 왕은 선덕왕宣德王 김양상金良相[2]에게 살해되었다. 표훈 이후로 신라에 성인이 나지 않았다고 한다.

한번 더 들여다보기

경덕왕(재위 742~765) 때는 통일신라의 전성시대가 정점에 이른 시기였다. 그러나 한편으로는 새로운 귀족세력들로

---

1 혜공왕 16년에 일어난 이찬 김지정의 반란.
2 김양상은 선덕왕의 이름이다. 다른 기록에서는 '선덕왕과 김경신'을 잘못 표기한 것이라고도 한다.

인해 왕권이 흔들리기 시작한 시기이기도 하다. 왕은 제도와 관직을 개편하는 등 정치개혁을 실시하여 강력한 왕권을 세우고자 했다.

국학을 설치하여 유학교육을 강화하는 한편 불교 중흥에 힘썼다. 성덕대왕신종과 불국사를 세우고 충담, 월명, 채현, 원표 같은 여러 종파의 고승들을 만나 종교적 합일을 통해 나라를 안정시키려 했다.

경덕왕은 위엄과 풍모를 갖춘 고승을 찾다가 충담과 마주했다. 왕은 남산 삼화령의 미륵세존에게 차를 공양하고 오는 충담에게 그가 지은 〈찬기파랑가〉를 칭찬한다. 그리고 백성을 편안하게 하는 노래 〈안민가〉를 짓게 했다. 표훈은 왕과 신하, 백성이 각자 본문을 다하면 나라가 태평해진다는 내용을 담아 왕에게 바쳤다.

경덕왕 때 〈안민가〉가 지어졌다는 것은 그만큼 국정이 불안했다는 뜻이기도 하다. 성덕왕 때 동해 바다의 용에게 국가적인 제례를 실시했던 것과 같은 양상이다.

경덕왕은 늦게까지 왕위를 이을 아들이 없었다. 설화에 따르면 경덕왕은 첫째 왕비 삼모부인에게서 자식을 얻지 못해 폐위하고 만월부인을 후비로 들였으나 역시 자식이 생기지 않았다. 이에 표훈대사로 하여금 천제에게 청하여 마침내 아들 혜공왕을 얻었다. 그런데 이 왕이 본래는 여자였는데, 남자로 바뀌어 태어났다는 내용이다.

경덕왕이 죽고 혜공왕이 어린 나이에 왕위에 오르니 만월부인이 섭정했다. 이때 신라에 수많은 반란이 일어난다. 780년에 일어난 김지정의 난을 상대등 김양상과 김경신이 진압하지만, 혜공왕은 결국 이들에게 살해된다. 김양상이 무열왕계의 왕을 세우지 않고 스스로

왕이 되었으니 바로 선덕왕이다. 선덕왕은 내물마립간의 10대손이다. 이로써 혜공왕을 끝으로 신라는 무열왕계의 왕이 사라진다.

《삼국사기》에는 혜공왕이 김지정의 난에서 살해되었다고 되어 있는데, 이를 두고 이후에 왕권을 잡은 김양상과 김경신에 의해 사실이 은폐되었을 것이라고 주장하는 견해들이 있다.

충담이 지은 것으로 알려진 또 다른 작품 〈찬기파랑가〉는 '사뇌가詞腦歌'라고 하는 10구체 향가이다. 화랑 기파랑에 대한 흠모의 정을 표현한 것이다. 향가 가운데 서정적인 표현이 뛰어난 작품이다. 고결한 마음을 시냇물에 비친 달의 모습으로, 서리에 굽히지 않는 잣나무에 비유하는 등 은유와 상징의 기교가 돋보인다. 다만 기파랑이 실제 인물인지에 대해서는 다양한 견해들이 있다.

다음 장에서는 혜공왕 대에 있었던 불길한 징후들을 소개한다.

혜공왕惠恭王

혜공왕 대의 천재지변과 반란

대력大曆[1] 초년에 강주康州 관청의 대당大堂 동쪽 땅이 서서히 가라앉아 연못이 되었다. 어떤 기록에는 큰 절의 동쪽 작은 연못이라 했다. 세로가 13척, 가로는 7척이었다. 갑자기 잉어 5, 6마리가 나타나 커지기 시작하더니 연못도 함

---

1 중국 당 대종代宗의 연호, 766~779.

께 커졌다.

767년(대력 2년, 정미)에는 또 천구성天狗星이 동루 남쪽에 떨어졌다. 머리가 항아리만 하고 꼬리는 3척가량이었다. 빛은 활활 타오르는 불과 같았고 하늘과 땅이 진동했다.

또 같은 해에 금포현 5경 정도의 논에서 새 이삭이 났고 7월에는 북궁 뜰 안으로 별 2개가 떨어졌다. 다시 별 1개가 더 떨어지더니 별 3개가 모두 땅 속으로 꺼졌다.

이보다 전에는 대궐 북쪽 변소에서 두 줄기 연꽃이 피고 또 봉성사 밭 한가운데에도 연꽃이 피었다. 호랑이가 대궐 안으로 뛰어든 것을 쫓아가 잡으려 했으나 놓쳤다.

각간 대공의 집 배나무 위에 참새가 수없이 모여들었다. 《안국병법安國兵法》하권에 따르면 이러한 변괴가 있으면 천하에 큰 변란이 일어날 징조라 했으므로 임금은 대사면령을 내리고 몸을 닦고 바르게 했다.

7월 3일에 각간 대공의 반란이 일어나고 서울과 5도 주군州郡 총 96명의 각간들이 서로 싸워 나라가 크게 어지러웠다. 각간 대공의 집이 망하자 그 집의 재산과 보물, 비단 등을 모두 왕궁으로 옮겼다.

신성新城 장창[2]이 불에 타자 사량沙梁과 모량牟梁의 역적들이 보에 보관한 곡식을 대궐로 실어 들였다.

난리가 3개월 만에 그쳤다. 상을 받은 사람도 많았으나 죽음을 당한 자도 헤아릴 수 없이 많았다. 앞서 표훈이 '나라가 위태롭게 될 것이다.'라고

---

2 경주 남산의 신성에 설치되어 있던 곡물창고.

말한 것이 이것이었다.

경덕왕의 뒤를 이은 신라 혜공왕(재위 765~780) 대
에는 귀족세력이 왕권을 약화시켜 사회가 불안했다. 경덕왕 4년(745
년)에 일길찬 김대공과 그의 동생 아찬 김대렴의 반란을 시작으로 난
끊이지 않았다. 780년 김지정의 난이 일어났을 때, 김양상과 김경신
이 반란을 진압하지만 이들에 의해 혜공왕과 왕비가 살해되었다.

일연이 말하는 '96각간의 싸움', '사량과 모량에 있던 역적'이란 반
란과 관련된 진골 귀족을 가리키는 것으로 보인다.

신라는 세 시기로 나누는데, 건국에서 진덕여왕까지를 상대, 무
열왕에서 혜공왕까지를 중대, 선덕왕부터 멸망까지를 하대라고 한
다. 즉 혜공왕 이후부터는 왕위계승을 둘러싼 치열한 투쟁과 지방
귀족들이 난립하는 시대가 됨으로써 극심한 혼란의 시대로 접어든
다. 이로써 신라의 중대가 끝이 나고 하대로 들어서게 되었다고 보
는 것이다.

원성대왕元聖大王

김경신의 꿈과 여삼의 해몽

이찬 김주원金周元[1]이 처음에 상재上宰가 되었을 때 원성왕은 각간으로 상재의 다음 자리에 있었다.

어느 날 꿈에 왕[2]은 복두幞頭[3]를 벗고 소립素笠[4]을 쓰고 12현금絃琴을 들고 천관사天官寺 우물로 들어갔다. 꿈에서 깨어난 왕은 사람을 시켜 해몽을 하게 했다.

"복두를 벗은 것은 관직을 잃을 징조이며 가야금을 든 것은 목에 칼이 씌워질 징조입니다. 우물에 들어간 것은 옥에 갇힐 징조입니다."

왕은 이 해몽을 듣고 매우 근심하여 두문불출했다. 그때 아찬 여삼餘三 또는 여산(餘山)이 찾아와 만나기를 청했다. 왕은 병 때문에 만나기를 거절하고 나가지 않았다. 아찬이 다시 만나고 싶다고 청하니 그제야 허락했다.

아찬이 물었다.

"공께서 두려워하는 것이 무엇입니까?"

왕은 꿈 해몽을 자세히 들려주었다. 여삼이 일어나 절을 하며 말했다.

"이것은 매우 좋은 꿈입니다. 공이 만일 대위(왕위)에 올라 나를 버리지 않는다면 공을 위해 해몽을 해 보겠습니다."

---

1 신라 제37대 선덕왕인 김양상의 조카.
2 원성왕의 이름은 김경신이다. 여기서는 왕에 오르기 전의 김경신을 가리킨다.
3 통일신라 시대에 귀족의 신분에 따라 썼던 모자.
4 흰 갓.

왕은 좌우 사람들을 물리치고 해몽을 청했다.

"복두를 벗은 것은 위에 아무도 없다는 뜻입니다. 소립을 쓴 것은 면류관을 쓸 징조입니다. 12현금을 든 것은 12대손[1]이 왕위를 이을 징조입니다. 천관정天官井에 들어간 것은 대궐로 들어갈 상서로운 징조입니다."

왕이 말했다.

"내 위에 주원이 있는데 어떻게 왕위에 오를 수 있단 말인가?"

여삼이 말했다.

"청컨대 비밀리에 북천신北川神에게 제사를 지내는 것이 좋겠습니다."

왕은 그의 말을 따랐다.

북천 물이 불어 주원 대신 경신이 왕에 오르다

얼마 후 선덕왕이 세상을 떠났다. 나라 사람들은 상재의 자리에 있는 김주원을 왕으로 받들어 왕궁으로 맞아들이려 했다. 그의 집이 북천에 있었는데 갑자기 비가 와서 냇물이 불어 건너올 수가 없었다. 그 틈에 왕(김경신)이 먼저 대궐에 들어가 왕위에 올랐다. 상재를 따르던 무리들도 모두 와서 새 임금에게 하례를 올렸다. 곧 원성대왕이다. 이름은 경신敬信이며 성은 김씨이다. 길몽의 영험이 맞았다.

주원은 명주溟洲[2]로 물러나 살았다. 경신이 왕위에 올랐을 때는 아찬 여삼은 이미 죽고 없었으므로 그의 자손을 불러 벼슬을 내렸다.

---

1 원성왕이 내물왕의 12세손이라는 의미.
2 현재의 강릉.

원성왕의 후손은 다섯 사람이다. 혜충태자惠忠太子, 헌평태자憲平太子, 예영禮英 잡간匝干, 대룡부인大龍夫人, 소룡부인小龍夫人이다.

원성대왕은 진실로 삶에 대한 곤궁함과 영화로움의 이치를 알았기 때문에 〈신공사뇌가身空詞腦歌〉노래는 없어져 자세히 알 수 없다를 지었다.

일본 왕 문경의 침략 계획과 만파식적

왕의 아버지 대각간 효양孝讓이 조종祖宗의 만파식적을 전해 받아 왕에게 전해주었다. 왕은 이를 얻었기 때문에 천은을 크게 입어 그 덕이 멀리 빛났다.

786년(정원貞元[3] 2년, 병인) 10월 11일 일본 왕 문경文慶《일본제기》에 따르면 제55대 왕이 문덕왕이다. 그 밖에 문경이란 왕은 없다. 어떤 기록에서는 문덕왕의 태자라는 말도 있다이 군사를 일으켜 신라에 쳐들어오려 했으나 신라에 만파식적이 있다는 말을 듣고 군사를 돌렸다. 그리고 사신을 보내 금 50냥으로 그 피리를 보고자 청했다. 왕이 일본 사신에게 말했다.

"내가 알기로 선대 진평왕 때에 그것이 있었다고 들었을 뿐 지금은 어디 있는지 알 수 없다."

이듬해 7월 7일 일본 왕이 다시 사자와 함께 금 1천 냥을 보내며 말했다.

"내가 그 신물神物을 보기만 하고 돌려보내겠습니다."

왕은 역시 전과 같은 답변으로 거절하고 은 3천 냥을 사신에게 주었다.

---

3 중국 당 덕종德宗의 연호, 785~804.

금은 받지도 않고 돌려보냈다. 8월에 사신이 돌아가자 피리를 내황전內黃殿에 보관했다.

호국 삼룡을 지키다

왕이 즉위한 지 11년 795년(을해)에 당나라 사신이 서울에 와서 한 달을 머물다 돌아갔다. 사신이 떠난 다음 날 두 여인이 내정內庭에 나와 말했다.

"우리는 동지東池와 청지靑池 청지는 동천사의 우물. 그 절의 기록에 따르면 이 우물은 동해의 용이 오가며 설법을 듣던 곳이라고 한다. 절은 진평왕이 세운 것으로 5백 성중(五百 聖衆)과 5층탑 및 전민(田民)을 아울러 헌납했다고 한다에 사는 두 마리 용의 아내입니다. 당나라 사신이 하서국河西國 사람 둘을 데리고 와서 우리 남편인 두 용과 분황사 우물의 용 모두에게 저주를 내렸습니다. 용을 작은 물고기로 변하게 하여 통 속에 넣어가지고 돌아갔습니다. 부디 폐하께서는 하서국 두 사람에게 명하여 우리들의 호국룡을 이 땅에 머물게 해 주시오."

왕은 곧 뒤쫓아 하양관河陽館에 이르러 친히 연회를 열어 주고 하서국 사람들에게 명했다.

"너희들은 어찌하여 우리의 용 셋을 데리고 가려 하는 것이냐? 만일 사실대로 고하지 않으면 사형에 처할 것이다."

하서국 사람들이 그제야 세 마리의 물고기를 꺼내어 왕에게 바쳤다. 이들을 세 곳에 놓아주었더니 각각 물이 한 길이나 솟구치도록 뛰어 오르며 기뻐하더니 사라졌다. 당나라 사자는 원성왕의 고결한 지혜에 감복했다.

사미승 묘정과 여의주

어느 날 원성왕이 황룡사어떤 책에는 화엄사 또는 금강사라고 하는데 아마도 절 이름을 혼동한 듯하다의 승려 지해智海를 대궐로 청하여 50일 동안 《화엄경華嚴經》을 강론하게 했다. 지해를 따라온 사미 묘정妙正은 늘 금광정金光井대현 법사로 인해 이름 붙여진 우물 곁에서 바리때[1]를 씻었다. 그 우물에는 자라가 한 마리 있어 떠올랐다가 가라앉았다 했다. 사미는 그때마다 먹다 남은 밥을 자라에게 주며 장난하곤 했다.

법석法席이 끝날 때쯤 사미가 자라에게 말했다.

"내가 오랫동안 너에게 은덕을 베풀어 주었는데 너는 무엇으로 갚으려느냐?"

며칠 후에 자라는 작은 구슬 한 개를 토해냈다. 묘정은 구슬을 받아 허리 끝에다 매달았다. 그 후부터 왕은 묘정을 보면 귀하게 여겨 내전으로 불러들이고 곁을 떠나지 못하게 했다.

그때 잡간匝干[2] 한 사람이 당나라에 사신으로 가게 되었는데 역시 묘정을 몹시 아껴 함께 가기를 청했다. 왕이 허락해 함께 당나라에 들어갔다.

당나라의 황제 역시 묘정을 보고 총애하기 시작했다. 나라의 정승과 좌우의 신하들도 묘정을 귀하게 여기지 않는 이가 없었다. 관상을 보는 어떤 사람이 황제에게 말했다.

"이 사미를 자세히 보니 길한 상이라곤 한구석에도 없는데 다른 사람의

---

1 절에서 쓰는 승려들의 공양 그릇.
2 신라 제3위 관등 잡찬의 별칭.

존경과 신뢰를 받고 있으니 필경 몸에 신기한 물건을 지니고 있을 것입니다."

황제는 사람을 시켜 묘정의 몸을 뒤져보게 했다. 허리띠 끝에서 작은 구슬이 발견되었다.

황제가 말했다.

"나에게 여의주 네 개가 있었는데 지난해에 한 개를 잃어버렸다. 지금 이 구슬을 살펴보니 바로 내가 잃어버렸던 것이다."

황제가 구슬을 가지게 된 연유를 물으니 사미는 사실을 자세히 말했다. 황제가 생각해 보니 여의주를 잃었던 날이 사미가 구슬은 얻은 날과 같았다. 황제가 그 구슬을 빼앗고 묘정을 돌려보냈다. 그 후에는 사미를 귀하게 여기는 사람이 없었다.

조상을 추봉하다

원성왕의 능은 토함산 서쪽 동곡사洞鵠寺지금의 숭복사에 있는데 최치원이 지은 비문이 있다.[1]

왕은 또 보은사報恩寺와 망덕루望德樓를 세웠다. 왕의 조부 훈입 잡간을 흥평대왕興平大王으로 추봉했다. 증조 의관 잡간은 신영대왕神英大王으로, 고조부 법선 대아간은 현성대왕玄聖大王으로 각각 추봉했다. 현성의 아버지는 바로 마질차摩叱次 잡간이다.

---

1 경주시 외동면 미방리에 있는 사찰. 최치원의 비문에 따르면 왕의 유언에 따라 이곳에 능을 만들었다고 한다.

신라 제38대 원성왕(재위 785~798)의 이름은 김경신이다. 전왕 선덕왕과 함께 혜공왕을 축출할 때 함께했다. 선덕왕은 스스로 즉위하여 왕위에 올랐으나 즉위 6년 만에 세상을 떠나게 되었으며 당시 왕위를 이을 아들이 없었다.

일연의 이야기는 선덕왕 사후 원성왕이 어떻게 왕위를 잇게 되었는지에 대한 것이다. 당시 재상의 자리에는 선덕왕의 조카 김주원이 있었다. 김경신은 그 다음 자리에 있었다.

어느 날 김경신은 두건을 벗고, 흰 갓을 쓰고, 12현금을 들고 천관정 우물에 들어가는 꿈을 꾸었다. 아찬 여삼이 해몽을 하니 궁궐로 들어가는 상서로운 내용이라 했다.

얼마 후 선덕왕이 세상을 떠났다. 사람들은 주원을 왕으로 삼아 궁으로 맞아들이려 했다. 그의 집이 북천 북쪽에 있었는데 갑자기 비가 많이 내려 건너올 수 없었다. 이때 김경신이 먼저 궁으로 들어가 왕위에 올랐다.

이 설화는 원성왕이 신비로운 꿈을 꾸어 왕이 되었으며, 또한 아버지가 전해준 만파식적이 있어 그 덕이 멀리까지 빛났다고 말한다.

김주원에게 돌아갈 왕위를 빼앗아 김경신이 왕위에 오른 것은 신라 하대의 혼란해진 정치적 양상을 대변하는 것이라 할 수 있다. 신비로운 꿈과 신이한 능력을 지닌 만파식적, 나라를 지키는 용은 자신의 왕권에 정통성을 부여하고 합리화하기 위한 신이사관神異史官의 유형으로 볼 수 있다. 실질적으로 이때부터 신라는 원성왕의 후손이 왕위를 이어가는 시대가 되었다.

사미승 묘정의 여의주는 가지고 있을 때는 주변 사람들로부터 신뢰와 존경을 받을 수 있었으나 잃었을 때는 모든 것을 잃게 된다는, 즉 권력과 같은 현세적 욕망의 덧없음을 상징하는 불교적 설화이다.

조설早雪

제40대 애장왕[1] 말년 808년(무자) 8월 15일에 눈이 내렸다.

제41대 헌덕왕[2] 818년(원화元和[3] 13년, 무술) 3월 14일에 많은 눈이 내렸다. 어떤 기록에는 병인이라 하지만 원화는 15년으로 끝났으므로 병인은 잘못된 것이다.

제46대 문성왕[4] 839년(기미) 5월 19일에 많은 눈이 내렸고, 8월 1일에는 천지가 어두웠다.

한번 더 들여다보기
- - - - - - - - - - 헌덕왕(제41대)은 조카 애장왕(제40대)을 살해하고 왕위에 올랐으며, 문성왕(제46대)은 민애왕(제44대)을 살해하고 왕위에 오른 신무왕(제45대)의 아들이다. 일연은 이처럼 정치적 변란이 잦은

---

1 재위 800~809.
2 재위 809~826.
3 중국 당 헌종憲宗의 연호, 806~820.
4 재위 839~857.

시기에 때 아닌 눈이 내린 것을 이상 징후로 여겨 이 일들을 따로 기록한 것으로 보인다.

흥덕왕興德王과 앵무새[鸚鵡]

제42대 흥덕대왕은 826년(보력寶曆[5] 2년, 병오)에 즉위했다. 왕위에 오른 지 얼마 되지 않아 당나라에 사신으로 갔다가 돌아온 사람이 앵무새 한 쌍을 가지고 왔다. 그런데 오래지 않아 암컷이 죽었다. 홀로 남은 수컷이 구슬프게 울기를 그치지 않았다. 왕이 사람을 시켜 그 앞에 거울을 놓아 주었다. 앵무새는 거울 속의 모습을 자신의 짝으로 여겨 거울을 쪼았다. 그러나 제 그림자임을 알고 슬피 울다 죽었다. 왕이 이를 노래로 지었다고 하는데 지금 그 내용은 알 수 없다.

한번 더 들여다보기

흥덕왕에 대해서는 별다른 내용 없이 짝을 잃은 앵무새 이야기만 있다. 《삼국사기》에도 이 이야기가 실려 있다. 이를 두고 흥덕왕이 즉위한 해에 장화부인이 죽었는데 왕이 왕비를 잊지 못하고 슬퍼한 것을 앵무새에 빗대어 표현한 것이라 해석하기도 한다. 그러나 당대의 정치적 변란에 주목하고 있는 일연의 저술 태도

---

5 중국 당 경종敬宗의 연호, 825~826.

로 보아 왕비에 대한 슬픔이라기보다는 오히려 형인 헌덕왕과 함께 조카인 애장왕을 살해하는 데 가담했던 것에 대한 암시가 아닐까 생각한다.

신라 하대는 왕권을 둘러싼 변란이 끊임없이 지속되었다. 흥덕왕 이후에 왕위에 오른 희강왕은 스스로 목숨을 끊었으며 그 후 왕에 오른 민애왕을 죽이고 왕위에 오른 신무왕의 이야기가 다음 장에 이어진다.

신무대왕神武大王과 염장閻長과 궁파弓巴

궁파와 신무대왕의 약속

제45대 신무대왕이 왕위에 오르기 전에 협사俠士 궁파[1]에게 말했다.

"나에게는 같은 하늘 아래에서 살 수 없는 원수[2]가 있다. 그대가 나를 위해 그를 제거해 준다면 내가 왕위에 올랐을 때 그대의 딸을 맞아 왕비로 삼겠다."

궁파는 이것을 믿고 마음과 힘을 다해 군사를 일으켜 서울(경주)로 쳐들어가서 그 일을 해냈다. 왕은 왕위에 오르자 궁파의 딸을 왕비로 삼으려 했다. 그러나 여러 신하들이 극력으로 반대했다.

---

1 장보고.
2 제44대 민애왕을 뜻한다. 민애왕은 신무왕의 아버지 김균정金均貞을 죽였고, 난을 일으켜 왕이 되었다.

"궁파는 미천한 신분입니다. 임금께서 그의 딸을 왕비로 삼는 것은 불가합니다."

왕은 신하들의 말을 따랐다.

염장의 계략과 궁파의 죽음

그때 궁파는 청해진淸海鎭에서 진을 지키고 있었다. 왕이 약속을 어긴 것을 원망하여 반란을 일으키려 했다. 이때 장군 염장閻長[3]이 이 소식을 듣고 왕에게 고했다.

"궁파가 장차 불충을 저지르려고 하니 소신이 막아내겠습니다."

왕이 기꺼이 허락했다. 염장은 왕의 뜻을 받들고 청해진으로 가서 연락하는 사람을 통해 궁파에게 다음과 같은 뜻을 전했다.

"난 임금을 원망하고 있습니다. 그래서 현명하신 공에게 의탁하여 목숨을 보전하려고 합니다."

궁파는 이 말을 듣고 크게 화를 내며 말했다.

"너희들이 왕에게 간하여 내 딸을 왕비로 삼지 못하게 했는데 어찌 나를 볼 수 있겠는가?"

염장이 다시 말했다.

"그것은 다른 신하들이 간한 것이고 나는 관여하지 않았습니다. 그러니 현명하신 공께서는 내게 혐의를 두지 마십시오."

궁파가 그 말을 듣고 청사로 불러들여 말했다.

---

3 무주의 용장으로 민애왕을 시해하고 우징祐徵(신무왕)을 옹립하는 데 가담했다.

"그렇다면 그대는 무슨 일로 이곳에 왔는가?"

염장이 답했다.

"왕의 뜻을 거스른 일이 있어 공의 수하가 되어 해를 모면하고자 할 뿐입니다."

궁파는 그렇다면 다행이라고 말했다.

술자리을 나누며 매우 환대하는 자리에서 염장은 궁파의 장검을 빼앗아 그를 베어 버렸다. 휘하의 군사들은 놀라 모두 땅에 엎드렸다. 염장은 군사를 이끌고 서울로 돌아와 왕에게 사실을 고했다.

"이미 궁파를 베어 죽었습니다."

왕은 기뻐하며 그에게 상을 내리고, 아간阿刊 벼슬을 내렸다.

한번 더 들여다보기

신라 제45대 신무왕(재위 839)의 이름은 우징이다. 흥덕왕 사후 아버지 김균정과 조카 김제륭 사이에 왕위 계승을 두고 분쟁이 일어났다. 아버지 균정이 죽고 제륭이 희강왕으로 즉위했다. 그러나 김명과 이홍이 반란을 일으켜 측근들을 살해하자 희강왕이 자살을 하고 이어 민애왕이 왕위에 오른다.

이때 김우징은 청해진에 있는 장보고에게 피신해 있었다. 김우징의 청으로 장보고는 군사를 일으켜 민애왕을 죽였다. 그리고 김우징이 왕위에 오르니 바로 신무왕이다. 그러나 신무왕도 즉위한 지 1년도 안 되어 병으로 쓰러졌다. 그 다음에 왕위에 오른 문성왕 8년에 장보고는 살해되었다.

궁파란 장보고張保皐를 말한다. 《신라본기》에는 신무왕을 왕위에 올렸으나 청해진을 근거로 반란을 꾀해 염장에게 살해되었다고 한다. 그러나 《삼국사기》 열전에는 신무왕이 장보고를 재상으로 임명해 청해진을 지키게 했다고 되어 있다. 일연은 《신라본기》에 근거하여 글을 쓴 것으로 보인다. 즉 장보고가 반란을 일으켜 제거되었다는 것이다.

제48대 경문대왕景文大王

헌안왕과 응렴공

왕의 이름은 응렴이며 나이 18세에 국선國仙[1]이 되었다. 나이 20세가 되었을 때 헌안대왕[2]이 낭을 불러 대궐에서 연회를 베풀고 물었다.

"낭은 화랑이 되어 사방을 두루 돌아다녔는데 특별한 점은 없었는가?"

낭이 대답했다.

"신은 행실이 아름다운 사람 세 명을 만나 보았습니다."

왕이 말했다.

"그 이야기를 해 보아라."

낭이 말했다.

<hr>

1 화랑.
2 신라 제47대 왕, 재위 857~861.

"다른 사람의 윗자리에 있을 만한 사람이면서 겸손하여 다른 사람 아래에 있는 사람이 그 첫째이며, 큰 부자이면서 옷차림이 검소한 사람이 그 둘째이며, 본래 부귀와 세력이 있는 데도 위세를 부리지 않는 사람이 그 세번째입니다."

왕이 이 말을 듣고 낭의 지혜로움을 알게 되어 자기도 모르게 눈물을 흘리며 말했다.

"나에게 두 딸이 있는데 낭의 시중을 들게 하겠다."

낭은 자리에서 일어나 절을 올리고 물러나왔다. 이 사실을 부모에게 고하니 부모는 놀라고 기뻐하여 자식들을 모아 놓고 의논했다.

"왕의 첫째 공주는 얼굴이 초라하고 둘째 공주는 매우 아름다우니 그녀에게 장가드는 것이 좋겠다."

범교사의 충고를 들어 왕위에 오르다

낭의 무리(화랑도) 중 우두머리였던 범교사範敎師가 이 소문을 듣고 낭의 집으로 찾아와 물었다.

"대왕께서 공주를 공의 아내로 주려 한다는 것이 사실입니까?"

낭이 그렇다고 대답하자 그가 다시 물었다.

"어느 공주에게 장가들려고 합니까?"

낭이 말했다.

"양친께서 나에게 둘째 공주를 택하라고 하셨습니다."

범교사가 말했다.

"낭께서 만약 둘째 공주에게 장가를 들면 난 반드시 낭의 눈앞에서 죽을 것입니다. 그러나 첫째 공주에게 장가를 들면 반드시 세 가지 좋은 일이 있을 것이니 경계하십시오."

낭은 시키는 대로 하겠다고 했다.

얼마 후 왕이 날을 택하여 낭에게 사신을 보내 말했다.

"공의 뜻대로 두 딸을 맡기겠다."

사신이 돌아와서 낭의 뜻을 전했다.

"첫째 공주를 맞이하겠다고 합니다."

그 후 석 달이 지났을 때 왕의 병이 위독해져 여러 신하를 불러 말했다.

"나에게 남손南孫이 없으니 죽은 후의 일은 마땅히 맏사위인 응렴이 이어 받들도록 하라."

이튿날 왕이 세상을 떠나자 낭이 유조를 받들어 즉위했다.

세 가지 좋은 일

범교사가 왕에게 나아가 말했다.

"신이 말씀드린 세 가지 좋은 일이 지금 모두 이루어졌습니다. 첫째 공주에게 장가를 들어 지금 왕위에 오른 것이 그 첫 번째이며, 과거에 흠모하던 둘째 공주를 이제 쉽게 취할 수 있는 것이 그 두 번째이며, 첫째공주에게 장가를 들어 왕과 부인이 매우 기뻐하시는 것이 그 세 번째입니다."

왕은 그 말을 고맙게 여겨 대덕大德 벼슬을 내리고 금 1백 30냥을 하사했다.

왕이 세상을 떠나니 시호를 경문景文이라 했다.

뱀과 함께 자는 경문왕

일찍이 왕위에 있을 때 경문왕의 침전에는 매일 저녁 수많은 뱀이 모여들었다. 궁인들이 놀라고 두려워하여 쫓아내려 하니 왕이 말했다.

"나는 뱀이 없으면 편안히 잠잘 수 없으니 금하지 말라."

왕은 잠을 잘 때면 언제나 뱀처럼 혀를 내밀어 온 가슴에 펴고 있었다.

임금님 귀는 당나귀 귀

왕위에 오르자 왕의 귀가 갑자기 당나귀의 귀처럼 길어졌다. 왕후와 궁인들은 모두 알아채지 못했으나 오직 복두장幞頭匠[1] 한 사람만은 그 사실을 알고 있었다. 그러나 평생 다른 사람에게 말하지 않았다. 그리고 죽을 때가 되자 도림사[2]옛날 서울(경주)로 들어가는 숲 근처에 있었다의 대나무숲 속에 들어가 사람이 없는 곳에서 대나무를 향해 외쳤다.

"우리 임금님 귀는 당나귀 귀다."

그 후 바람이 불기만 하면 대나무숲에서 소리가 났다.

"우리 임금님 귀는 당나귀 귀다."

왕이 이것을 싫어하여 대나무를 모두 베어내고 산수유를 심었다. 그런데도 바람만 불면 또 소리가 들렸다.

"우리 임금님 귀는 길다."

---

1 머리에 쓰는 관을 만드는 장인.
2 경주에 있던 신라시대의 사찰.

화랑들이 노래를 짓다

국선 요원랑邀元郎, 예흔랑譽昕郎, 계원桂元, 숙종랑淑宗郎 등이 금란金
蘭³을 유람하면서 소문 없이 임금을 도와 나라를 다스릴 뜻을 품었다. 이
에 가사 세 수를 지어 사지舍知⁴ 심필心弼을 시켜 침권針卷⁵을 주어 대구화
상大炬(炬)和尙⁶에게 보내 세 가지 노래를 짓게 했다. 첫째가 〈현금포곡玄
琴抱曲〉, 둘째는 〈대도곡大道曲〉, 셋째는 〈문군곡問群曲〉이다.

돌아와 왕에게 올리니 아주 기뻐하여 칭찬했다. 노래는 전해지지 않아
알 수 없다.

한번 더 들여다보기

경문왕(신라 제48대 왕. 재위 861~875)은 '임금님 귀
는 당나귀 귀' 설화의 주인공이다. 자살한 제43대 희강왕의 손자이
다. 전왕 헌안왕 때 공주와 결혼했으며, 왕이 죽었을 때 아들이 없었
으므로 왕위에 올랐다.

설화의 전반부는 헌안왕의 세 딸 중 첫째 공주를 맞이하여 왕위에
오른 내용이다. 경문왕의 아버지는 바로 자살한 희강왕의 아들 계명
이다. 장보고에 의해 왕위에 오른 신문왕의 보호 아래 살아남아 헌
안왕 때 재상의 자리에 있었다.

---

3 강원도 통천.
4 신라의 품계 중 하나. 제13관등.
5 두루마리에 쓴 글.
6 진성왕 때 신라 향가를 수집해 《삼대목三代目》을 편찬한 승려.

일연의 《삼국유사》는 이처럼 내용의 전개상 앞장의 설화나 사건과 관련하여 다음 장으로 이어진다. 즉 장보고의 반란과 경문왕 대의 내용 사이에 어떤 연결 고리가 있음을 보여준다.

응렴공(경문왕)의 아버지는 왕의 딸 중 어느 공주와 결혼하면 좋겠느냐는 아들의 물음에 둘째 공주를 택하라고 했다. 그러나 화랑의 우두머리 범교사가 첫째 공주를 추천하여 그의 말에 따랐고 결국 왕위를 이어받게 되었다.

경문왕은 즉위 중반부터 호족의 반란과 왜구의 침입에 시달렸다. 재위 기간 중 반역사건이 세 번이나 일어났다. 또한 지진, 홍수, 역병 등 재난도 유난히 많았다. 왕은 국학을 설치하여 인재 등용에 힘썼으며, 정치적 반역을 시도할 가능성이 있는 진골귀족들을 경계하는 데에도 힘썼다.

화랑과 육두품 세력을 많이 배출하여 왕권을 강화시켰기 때문에 세 차례의 반역을 제압할 수 있었다. 왕이 죽은 후에는 3대(헌강왕, 정강왕, 진성여왕)에 걸쳐 경문왕의 후손들이 왕위를 이었다.

왕이 침전에서 뱀과 함께 잤으며, 귀가 무척 길어 그것을 아무도 몰랐다는 것, 국선 3명이 왕을 사모하여 노래를 바쳤다는 것은 경문왕 주변에 왕권을 보호하는 친위세력들이 존재했으며 그것이 화랑세력이었을 것으로 추측되는 부분이다.

경문왕이 자신을 보호해줄 귀족세력이 없어 자살한 희강왕의 영향을 받았거나 또한 그만큼 왕과 진골 귀족들 사이의 세력다툼이 격렬했음을 알 수 있다.

처용랑處容郎과 망해사望海寺

용을 위해 절을 짓다

제49대 헌강대왕[1] 때에 서울[2]에서 시골에 이르기까지 가옥이 즐비하고 담장이 이어져 있었으며 초가집은 한 채도 없었다. 길에는 노래소리가 끊이지 않았고 바람과 비는 사철 순조로웠다.

왕이 개운포開雲浦학성 서남쪽에 있으니 지금의 울주 바닷가로 놀이를 나갔다가 마침내 환궁하던 길에 잠시 물가에서 쉬었다. 갑자기 구름과 안개가 자욱이 끼어 길을 분간할 수 없었다.

왕이 이상하게 여겨 좌우의 신하들에게 물으니 일관이 말했다.

"이것은 동해 용의 조화입니다. 마땅히 좋은 일을 행해 이를 풀어 주어야 할 것입니다."

왕은 담당 관리에게 명하여 용을 위해 그 근처에 절을 짓게 했다. 왕의 명령이 내려지자 구름이 걷히고 안개가 사라졌다. 이 일로 인해 이곳을 개운포開雲浦[3]라 했다.

역신을 탄복시킨 용의 아들 처용

동해의 용이 기뻐하여 일곱 아들을 데리고 임금 앞에 나타나 왕의 덕을 찬양하여 춤추고 노래했다. 그중의 한 아들이 왕을 따라 서울까지 왔다.

---

1 재위 875~886.
2 지금의 경주.
3 구름이 걷힌 포구.

왕의 정사를 보좌했는데 이름이 처용處容이라 했다.

왕은 아름다운 여인을 아내로 내려 주고 그의 마음을 잡아 두려고 했다. 급간의 벼슬도 내렸다. 그런데 처용의 아내가 매우 아름다웠으므로 역신疫神[1]이 흠모했다. 역신은 밤이면 사람으로 화하여 처용의 집으로 찾아와 남 몰래 그의 아내와 자곤 했다. 처용이 밖에서 집으로 돌아와 보니 잠자리에 두 사람이 누워 있었다. 처용은 노래를 지어 부르고 춤을 추면서 그 자리에서 물러 나왔다. 그 노래는 이렇다.[2]

동경東京 밝은 달에 밤들도록 노닐다가
집에 돌아와 자리를 보니 다리가 넷이구나
둘은 내 해인데 둘은 누구 해인가
본디 내 해이지만 빼앗음을 어찌하리

이때 역신이 본모습을 드러내고 처용 앞에 무릎을 꿇고 말했다.

"제가 공의 아내를 흠모하다가 범하고 말았습니다. 그런데 공이 노여워하지 않으니 참으로 감탄하고 존경스럽습니다. 맹세코 이제부터는 공의 형상만 보아도 그 문으로 들어가지 않겠습니다."

이 일로 인해 나라 사람들이 문 앞에 처용의 얼굴을 그려 붙여 사귀를 피하고 복을 맞아들이게 되었다.

---

1 사람에게 역병을 옮기는 귀신. 타락한 화랑의 후예라는 해석도 있다.
2 〈처용가處容歌〉라고 한다.

망해사

헌강왕은 서울로 돌아오자 곧 영취산 동쪽 기슭에 좋은 터를 잡아 절을 세우고 이름을 망해사望海寺라 했다. 또는 신방사神房寺라고도 했는데 바로 용을 위해 세운 것이다.

산신들이 나타나 춤을 추다

헌강왕이 포석정鮑石亭[3]에 행차했을 때에는 남산의 신이 나타나 어전에서 춤을 추었다. 그런데 좌우의 신하들에게는 보이질 않고 오직 왕에게만 보였다. 왕은 친히 신의 춤을 추어 보여 주었다. 신의 이름은 상심祥審이라 했으므로 지금까지도 나라 사람들은 이 춤을 전하여 어무상심御舞祥審 또는 어무산신御舞山神이라 한다.

혹은 어떤 사람은 이렇게 말한다.

'신이 나와 먼저 춤을 추었으므로 그 모습을 살펴[審]어 형상[象]을 본떠 장인에게 명하여 모각摹刻시켜 후세에 보여 주었으므로 상심象審이라 하며 또는 상염무霜髥舞라고도 하는데 이것은 곧 그 귀신의 형상에 따라 이름한 것이다.'

왕이 또 금강령金剛嶺에 행차했을 때에 북악北岳의 신이 나타나 춤을 추었는데 이것은 옥도금玉刀鈐이라 했다. 또 동례전同禮殿에서의 연회 때 지신地神이 나와 춤을 추었는데 그 춤은 지백급간地伯級干이라 했다.

---

3 경주 남산 서쪽에 있는 임금의 별궁. 지금은 흐르는 물에 술잔을 띄웠다는 석구가 남아 있다.

《어법집語法集》에는 다음과 같은 기록이 있다.

"그때 산신이 춤을 추고 노래를 불렀는데 '지리다도파도파智理多都波都波'라고 했다. 그것은 지혜[智]로써 나라를 다스리던[理] 사람들이 미리 알아채고 모두[多] 도망하여[逃] 그로 인해 도읍[都]이 장차 깨어질[破] 것임을 말한 것이다."

이 말은 곧, 지신과 산신이 나라가 장차 망할 것을 알았으므로 춤을 추어 경계한 것이다. 그런데 나라 사람들이 이를 깨닫지 못하고 오히려 길조라 여겨 환락을 즐겼기 때문에 나라는 마침내 망하고 말았다.

한번 더 들여다보기

신라 제49대 헌강왕(재위 875~886) 때 처용이 지었다는 《처용가》에 대한 이야기이다. 전해내려 오는 신라의 향가 중 가장 흥미로운 것이다. 그것은 처용에 대한 수많은 추측 때문이기도 하다.

설화에 따르면 처용은 동해 용왕의 아들이다. 헌강왕이 용왕을 위해 기도하니 용의 아들 7명이 나타났다. 그중 한 명을 데리고 서울로 와 벼슬을 내리고 왕의 정치를 보좌하게 했다. 그가 처용이다.

왕은 처용에게 미모가 뛰어난 여인을 주어 아내로 삼게 했다. 어느 날 처용이 외출하고 돌아왔는데, 역신이 아내를 취하고 있는 것을 보았다. 처용은 못 본 척 돌아 나와 그 대신 노래를 부르고 춤을 추었다.

역신이 노래를 듣고 달려 나와 처용에게 용서를 빌었다. 역신이

'공의 화상만 보아도 다시는 그 문으로 들어가지 않겠다.'했다. 처용의 형상을 문에 붙여 악귀를 물리친 신라의 풍속이 이때부터 시작되었다고 한다. 이 노래와 춤은 고려시대까지도 전승되었는데 열병 귀신을 물리치려는 주술이 덧붙여졌다.

처용이 실제로 어떤 인물인지에 대해서는 지방 호족 출신으로 왕을 보좌한 사람, 또는 동해 용왕의 아들로 귀신을 쫓는 무속의 신, 또는 제사를 주관하거나 병을 고치는 무당 등 다양한 이야기가 있으며, 또는 처용의 용모로 추측하여 신라를 오가던 이슬람 상인이라 여겨지기도 한다.

헌강왕이 동해의 용을 위해 절을 짓고, 경주의 남산에서 신들의 춤을 직접 추어 보였다는 것은 당시 불교가 공인된 신라가 제정일치 사회로 들어서고 있음을 보여주는 단면이라 할 수 있다.

일연은 헌강왕 대에 초가집이 없고 노래와 피리소리가 이어지는 태평성대였다고 전한다. 하지만 이 장의 말미에는 나라가 망할 때 보이는 징후들이 있었는데도 알아채지 못했다고 나온다. 그 징후란 다음 장에 이어질 진성여왕 대의 일이다.

진성여대왕眞聖女大王과 거타지居陀知

문란해진 정사

제51대 진성여왕[1]이 왕위에 오른 지 몇 년 되지 않아 유모 부호부인鳧好
夫人과 그의 남편 잡간 위홍魏弘 등 서너 명의 총신寵臣이 권세를 잡고 정
사를 마음대로 휘둘렀다. 그래서 반란의 무리들이 벌떼처럼 일어났다. 나
라 사람이 이를 근심하여 '다라니陀羅尼'[2]의 은어隱語를 만들어 길 위에 던
져 놓았다. 왕과 권신들이 이것을 살펴보고 말했다.

"왕거인王居仁이 아니면 누가 이런 글을 지었겠느냐?"

곧 왕거인을 옥에 가두었다. 왕거인이 시를 지어 하늘에 호소하니 하늘
이 그 옥에 벼락을 내려 벗어나게 되었다.

그 시는 이렇다.

연단燕丹[3]의 피울음에 무지개가 해를 뚫었고
추연鄒衍[4]이 품은 원한 여름에도 서리 내린다
지금의 내 형국이 그들과 비슷한데
아, 황천은 어이하여 아무 조짐 없는가?

---

1 재위 887~897.
2 석가의 가르침으로 신비한 힘을 가진 것으로 믿는 주문.
3 중국 연燕나라 태자였다. 진秦나라 왕을 죽이기 위해 형가를 자객으로 보냈다가 아버지
   왕희에 의해 목이 베어져 진秦에 바쳐졌다.
4 전국시대 제齊나라 혜왕 때 무고하게 하옥당하여 하늘을 우러러 곡하니 5월에 서리가 내
   렸다고 한다.

다라니에는 이렇게 쓰여 있었다.

'나무망국南無亡國 찰니나제刹尼那帝 판니판니소판니判尼判尼蘇判尼 우우삼아간于于三阿干 부이사파사鳧伊娑婆詞'

어떤 사람이 이렇게 해석했다.

'찰니나제는 여왕을 말한 것이며 판니판니소판니는 소판蘇判[5] 두 사람을 말한 것이며 우아삼아간은 서너 사람의 아간을 말한 것이며 부이는 부호부인을 말한다.'

섬에 홀로 남겨진 거타지

이때 여왕의 막내 아들 아찬 양패良貝가 당나라에 사신으로 가게 되었다. 백제의 해적이 진도津島를 막고 있다는 소식을 듣고 궁사 50명을 뽑아 데리고 갔다. 배가 곡도우리말로 곧섬(골대도)이라고 한다[6]에 이르렀을 때, 풍랑이 크게 일어 열흘 넘게 갇혀 있었다. 공이 근심하여 사람을 시켜 점을 쳐보았다.

"섬에 신령한 연못이 있으니 제사를 지내야 합니다."

연못 위에 제전을 갖추니 연못의 물이 한 길 넘게 솟구쳤다. 그날 밤 꿈에 노인이 나타나 공에게 말했다.

"활 잘 쏘는 사람 하나를 이 섬 안에 머물게 하면 순풍이 불 것입니다."

공이 꿈에서 깨어나 좌우 사람들에게 이 일을 물었다.

---

5 신라 17관등 중 제3위 잡찬의 별칭.
6 백령도 부근의 섬.

"누구를 머물게 하면 좋겠느냐?"

사람들이 말했다.

"나무를 50쪽으로 조각내어 이름을 쓰고 물에 띄워 가라앉는 자를 남겨 두면 좋을 듯합니다."

공이 이 말을 따랐다. 군사 중 한 사람인 거타지의 이름이 물에 가라앉 았으므로 그를 남겨 두었다. 그러자 곧 순풍이 불면서 배가 거침없이 나 아갔다.

활을 쏘아 늙은 여우를 잡다

거타지가 수심에 쌓여 섬에 서 있었는데 갑자기 연못에서 노인이 나타 나 말했다.

"나는 서해의 약若[1]인데 해가 뜨면 승려 한 명이 하늘에서 내려올 것입 니다. 그가 다라니를 외우며 이 연못을 세 바퀴 돌면 우리 부부와 자식들 이 모두 물 위에 떠오릅니다. 그러면 승려가 내 자식들의 간과 창자를 먹 어 치웁니다. 이제 우리 부부와 딸 하나만 남았을 뿐입니다. 내일 아침에 도 반드시 그 승려가 내려올 것이니 제발 그대가 화살을 쏘아 주십시오."

거타지가 말했다.

"활 쏘는 일은 내가 가장 잘하는 일이니 해 보겠습니다."

노인은 그에게 고맙다 하고 물속으로 사라졌다. 거타지는 숨어서 기 다렸다. 다음 날 동쪽에서 해가 뜨니 과연 승려가 나타나 주문을 외우며

---

1 서해의 신을 이른다.

늙은 용의 간을 취하려고 했다. 거타지가 활을 쏘아 맞추니 승려는 곧 늙은 여우로 변해 땅에 떨어져 죽었다. 이때 노인이 나타나 고마워하며 말했다.

"공의 은혜로 생명을 보전할 수 있었습니다. 부디 내 딸을 아내로 삼아 주십시오."

거타지가 말했다.

"따님을 주겠다는데 어찌 저버리겠습니까. 원하던 일입니다."

노인은 자신의 딸을 꽃으로 바꿔 거타지의 품속에 넣어 주었다. 두 용에게 명하여 거타지를 받들고 사신이 탄 배를 호위하여 당나라까지 가게 했다. 당나라 사람들은 두 마리의 용이 신라의 배를 호위해 오는 것을 보고 이 사실을 황제에게 알렸다. 황제가 말했다.

"신라의 사신은 반드시 비범한 사람일 것이다."

연회를 베풀어 그를 맞이하고 여러 신하들보다 윗자리에 앉히고 금과 비단도 후하게 주었다. 신라에 돌아온 거타지가 꽃가지를 꺼내자 꽃이 여자로 변했으므로 함께 살았다.

한번 더 들여다보기

신라 제51대 진성여왕은 신라시대의 세 여왕 중 마지막 여왕이다. 즉위 초부터 양길의 반란, 견훤의 후백제 건국, 완주를 중심으로 한 궁예의 세력 집결 등 후삼국시대로 접어드는 신라 말기의 정황이 나타난다.

위의 설화는 신라 멸망의 증후가 진성여왕 대부터 나타나기 시작했다는 시각을 보여주는 내용이다. 각간 위홍과 여왕이 정을 통하여 나라가 흉흉해졌으며 여왕의 음란함을 묘사하는 내용은《삼국사기》에도 나온다. 그러나 진성여왕에 대한 이러한 견해는 김부식의 지나친 여성폄하 의식 때문이라는 주장도 있다.

여왕의 재위 10여 년 동안 흉년과 도적떼, 대규모의 농민 반란이 일어나는 등 정세가 어지러웠다. 왕은 당나라 유학파 출신 최치원을 등용하여 약화되는 신라의 세력을 회복하려 했다. 최치원은 '시무책 11조'를 만들어 왕에게 바쳤다. 골품이 아니라 능력에 따라 인재를 등용하는 제도 개혁으로 중앙집권 체제를 강화시키려 한 것인데, 이는 진골 귀족들의 반발로 성공하지 못한다.

결국 여왕은 나라와 백성이 곤궁해지는 것이 자신의 부덕 때문이라며 스스로 오빠 헌강왕의 서자(효공왕)에게 왕의 자리를 물려준다.

거타지 설화는 서남해의 신, 용의 간을 빼먹는 승려를 거타지가 활을 쏘아 물리쳐 용의 신을 구하고, 죽은 승려는 알고 보니 여우에 불과했다는 내용이다. 이 설화 역시 다양한 해석이 가능한데, 무기력해지고 있는 신라의 왕실을 구해줄 새로운 지도자를 원하는 민심과 승려(또는 불교)에 대한 거부감을 대변한 것으로 보인다.

거타지가 가슴에 품고 온 꽃가지가 아름다운 여인으로 변하여 결혼했다는 줄거리는 이후《심청전》의 모태가 되었다. 동양의 설화에 종종 등장하는 용은 수호신이면서 동시에 왕을 상징하기도 한다. 용을 구한 거타지가 꽃으로 변한 여인과 결혼하게 된다는 이 이야기는 자신의 왕위를 스스로 내어주고 물러나는 여왕에 대한 안타까운 염원이 담긴 것인지도 모른다.

효공왕孝恭王

제52대 효공왕¹ 때인 912년(광화光化² 15년, 임신) 실제로는 주량(朱梁)³의 건화 (乾化) 2년이다에 봉성사 바깥문 동서쪽 21칸에 까치가 집을 지었다. 또 신덕 왕⁴ 즉위 4년 915년(을해) 고본에는 천우(天祐)⁵ 12년이라고 했으나 마땅히 정명(貞明)⁶ 원 년이라 해야 한다에 영묘사 안 행랑에 까치집이 34개나 되고, 까마귀집이 40개 나 되었다. 또 3월에는 서리가 두 번이나 내렸고, 6월에는 참포의 물이 바 닷물과 사흘 동안이나 서로 싸웠다.

경명왕景明王

제54대 경명왕⁷ 때인 918년(정명貞明 4년, 무인)에 사천왕사 벽화 속에

---

1 재위 897~912.
2 중국 당 소종昭宗의 연호, 898~901.
3 중국 5대의 최초의 왕조. 당의 소종을 죽이고 주온이 세운 후량後梁이다.
4 신라 제53대 왕, 재위 912~917.
5 당의 소종이 죽고 즉위한 마지막 황제 애제哀帝의 연호. 907년에 당은 멸망했다.
6 후량 말제末帝의 연호, 915~921.
7 재위 917~920.

있는 개가 3일 동안 짖어댔다. 경을 읽어 물리쳤으나 반나절도 안 되어 또 짖었다. 920년(정명 7년, 경진) 2월에는 황룡사 탑의 그림자가 사지숨知[1] 금모의 집 마당에 한 달 동안이나 거꾸로 비쳤다. 또 10월에 사천왕사 오방신五方神[2]의 활줄이 모두 끊어졌으며 벽화 속의 개가 마당으로 쫓아 나왔다가 다시 벽 속으로 들어갔다.

경애왕景哀王

제55대 경애왕[3]이 즉위한 924년(동광同光[4] 2년, 갑신) 2월 19일에 황룡사에서 백좌百座[5]를 열어 불경을 풀이했다. 아울러 선승 3백 명에게 음식을 대접하고 대왕이 친히 향을 피워 불공을 올렸다. 이것이 백좌에서 선禪과 교敎를 함께 설한 시초였다.

---

1 신라 관직 중 제13관등.
2 서방 정토 각각의 방위에 부처가 거주한다는 개념이다. 사방과 중앙을 수호하여 오방신이다.
3 재위 924~927.
4 중국 후당 장종莊宗의 연호, 923~926.
5 백고좌강법회百高座講法會의 준말이며 백고좌회百高座會, 백좌도량百座道場, 인왕도량仁王道場이라고도 한다. 100명의 법사들이 모여 경을 읽는 법회이다.

김부대왕金傅大王

견훤에 의해 왕위에 오르다

제56대 김부대왕[6]의 시호는 경순敬順이다.

927년(천성天成[7] 2년, 정해) 9월에 후백제 견훤[8]이 신라를 침범하여 고울
부高鬱府에 이르니 경애왕이 우리(고려) 태조[9]에게 구원을 청했다. 태조는
장수에게 명령해 날랜 군사 1만 명을 거느리고 구하게 했으나 구원병이
미처 도착하기도 전에 견훤이 그해 11월에 서울[10]로 쳐들어갔다.

이때 왕은 비빈과 종실 그리고 외척들과 포석정에서 연회를 열고 있었
기 때문에 적이 쳐들어오는 것을 알지 못했다. 순식간에 벌어진 일에 어
찌할 줄을 몰랐다. 왕과 비는 달아나 후궁으로 도망가고 종실과 공경대부
그리고 사녀士女들은 사방으로 흩어져 달아나다가 적에게 사로잡혔다. 귀
천을 막론하고 모두 땅에 엎드려 노비가 되기를 빌었다.

견훤은 군사를 풀어 나라와 백성들의 재물을 약탈하고 왕궁으로 들어
갔다. 좌우 신하들에게 신라 왕을 찾게 했다. 왕은 왕비와 첩들과 함께 후
궁에 숨어 있었다. 견훤은 왕을 백성들 앞으로 끌어내 스스로 자결하게
하고 왕비를 욕보였다. 부하들은 왕의 빈첩들을 욕보였다.

---

6 경순왕(재위 927~935). 935년에 고려에 항복했다.
7 중국 후당 명종明宗의 연호, 926~933.
8 신라 말기의 농민 출신의 장군. 900년 완산주를 도읍으로 후백제를 세웠다.
9 후삼국을 통일하여 고려를 세운 왕건.
10 신라의 도성, 즉 경주.

경애왕의 족제族弟인 김부金傅를 왕으로 삼았으니 왕은 견훤에 의해 즉위한 것이다. 왕은 전 왕의 시신을 서당西堂에 안치하고 여러 신하들과 함께 통곡했다. 이때 태조는 사신을 보내 조문했다.

고려 태조와 만나다

다음해 928년(무자) 봄 3월에 태조가 50여 기병을 거느리고 신라의 서울[京畿]로 들어왔다. 신라 왕은 백관과 함께 교외로 나가 맞이하여 대궐로 모셨다. 서로 예를 다해 인사를 나누고 임해전에서 잔치를 열었다. 술이 오르자 왕이 말했다.

"내가 덕이 없어 환란을 초래했고 견훤의 불의한 짓으로 인해 나라를 망쳤습니다. 정말 원통합니다."

눈물을 흘리며 울었으므로 주변 신하들 모두 울지 않는 사람이 없었다. 태조도 또한 눈물을 흘렸다. 태조는 수십 일 머물다가 돌아갔는데 부하 군사들은 경건한 태도로 조금도 법을 어기는 일을 하지 않았다. 신라 도성의 백성들과 사녀들이 모두 칭송했다.

"지난 날 견훤이 왔을 때는 마치 늑대와 호랑이를 만난 듯했는데 이제 왕공을 만나니 마치 부모를 대한 것 같다."

8월에 태조는 사신을 보내 왕에게 금삼錦衫과 안장을 갖춘 말을 내려주고 또 여러 관료와 장군들에게도 직급에 따라 선물을 내렸다.

신라가 고려에 항복의 뜻을 전하다

935년(청태淸泰[1] 2년, 을미) 10월에 경순왕은 사방 땅을 모두 다른 나라에게 빼앗겨 국력은 쇠약해지고 고립되어 스스로 버틸 수가 없다고 판단했다. 신하들과 함께 국토를 고려 태조에게 바치고 항복할 것을 의논했다. 여러 신하들의 의논이 분분하여 결정을 내리지 못했다.

왕태자[2]가 말했다.

"나라의 존망에는 반드시 천명이 있습니다. 마땅히 충신, 의사義士와 함께 민심을 수습해서 힘을 다해야 합니다. 어찌 천년의 사직을 가볍게 남에게 내줄 수 있단 말입니까?"

왕이 답했다.

"나라가 고립되고 위태로워 형세를 보전하기 어렵다. 이제는 강해질 수도 없고 더 약해질 수도 없으니 죄 없는 백성들을 간뇌도지肝腦塗地[3]에 이르게 하는 일을 나로서는 차마 할 수 없는 일이다."

마침내 시랑 김봉휴金封休를 시켜 국서를 보내 태조에게 항복할 뜻을 알렸다. 태자는 울면서 왕에게 하직하고 바로 개골산皆骨山[4]으로 들어갔다. 바위를 집으로 삼고 마의馬衣를 입고 풀뿌리를 먹으며 일생을 마쳤다.

왕의 막내아들은 머리를 깎고 화엄종華嚴宗에 들어가 승려가 되었다. 승명은 범공梵空이라 했으며 훗날 법수사와 해인사에 머물렀다고 한다.

---

1 중국 후당 폐제廢帝의 연호, 934~936.
2 경순왕의 태자.
3 간과 뇌가 땅 위를 뒤덮는 참혹한 죽음.
4 금강산.

경순왕이 고려에 귀순하다

(고려) 태조는 신라의 항서를 받고 대상大相 왕철을 보내 맞이했다. 경순왕은 백관을 거느리고 귀순했다. 향거보마香車寶馬[1]가 30여 리에 이르고 길은 사람으로 가득했다. 구경꾼들이 담장처럼 늘어섰다.

태조가 교외로 나가 영접하고 위로했다. 대궐 동쪽의 한 구역지금의 정승원을 주고 태조의 장녀 낙랑공주를 아내로 삼게 했다. '왕이 자기 나라를 떠나 다른 나라에 와서 살았으니, 난鸞새[2]에 비유해 낙랑공주의 칭호를 신란공주神鸞公主라 고쳤다. 시호는 효목孝穆이라 한다.

(경순)왕을 고려의 정승에 봉하니 지위는 태자 위에 있었으며 녹봉 1천 석을 주었다. 시종과 관원, 장수들에게도 모두 관직을 주었다. 신라를 고쳐 경주慶州라 하여 경순왕의 식읍[3]으로 삼았다.

고려와 신라가 혼인관계를 맺다

처음에 경순왕이 국토를 바치고 항복해 오니 태조는 무척 기뻐하여 후한 예로 대접했다. 사신을 보내 말했다.

"이제 왕이 내게 나라를 주시니 그 은혜가 큽니다. 부디 왕의 종실과 혼인의 연을 맺어 인척의 의誼를 오래 간직하고 싶습니다."

(경순)왕이 답을 보냈다.

---

1 훌륭한 수레와 말.
2 중국 전설에 나오는 상상의 새로, 모양은 닭과 비슷하나 깃은 붉은빛에 다섯 가지 색채가 섞여 있으며, 소리는 오음五音과 같다고 한다.
3 나라에 공이 있는 사람에게 조세 수입원으로 삼을 수 있게 내려주는 고을.

"백부 억렴(경순)왕의 아버지 효종(孝宗) 각간은 추봉된 신흥대왕의 아우이다에게 딸이 있는데 덕행과 용모가 훌륭합니다. 내정을 맡을 사람으로 더 나은 여인은 없습니다."

태조가 그녀에게 장가드니 신성왕후神聖王后 김씨이다.우리 왕조(고려) 등사랑(仝仕郎) 김관의가 엮은 《왕대종록(王代宗錄)》에는 '신성왕후 이씨의 본은 경주다. 경주 대위(大尉) 이정언이 협주(俠州)의 관으로 있을 때 태조가 그 고을에 들렀다가 왕비로 삼았다. 그래서 이곳을 협주군이라 한다. 왕후의 원당(願堂)은 현화사(玄化寺)이며 3월 25일이 기일이다. 정릉에 장사지냈다. 아들 하나를 낳았는데 곧 안종(安宗)[4]이다.'라고 했다. 이 밖에 25명의 왕비 중에 김씨의 일은 기록되지 않았으므로 자세히 알 수 없다. 그러나 사신(史臣) 김부식의 말에 따르면 안종을 신라의 외손이라 했으니 마땅히 사전(史傳)을 옳다고 해야 할 것이다.

태조의 손자 경종景宗 主伷는 정승공[5]의 딸을 맞아 왕비로 삼았다. 바로 헌승황후憲承皇后이다. 이에 정승공(김부)을 봉하여 상보[尙父]로 삼았다. 978년(태평흥국[6] 3년, 무인)에 죽었으며 시호를 경순敬順이라 했다. 상보로 책봉하는 고명誥命[7]은 다음과 같다.

'조칙을 내린다. 희주姬周[8]가 나라를 세울 때 처음에는 먼저 여상[9]을 봉했고 유한劉漢[10]이 나라를 세울 때는 먼저 소하를 봉했다. 이로부터 온 천

---

4 고려 태조의 여덟 번째 아들.
5 경순왕을 가리킨다.
6 중국 송 태종太宗의 연호, 976~983.
7 사위인 경종이 김부에게 내린 칙서이다.
8 주나라 왕실.
9 강태공을 말한다.
10 중국 한漢 고조 유방.

하가 평정되었고 널리 나라의 기틀이 열렸다. 용도龍圖[1]는 30대를 계승하고 인지麟趾는 4백년을 이었으며[2] 해와 달이 빛나고 천지가 평안했다. 무위無爲의 군주로 시작되었으나 역시 보필하는 신하로써 도리를 다했다.

관광순화위국공신 상주국 낙랑왕 정승, 식읍 8천호인 김부는 대대로 계림鷄林에 살았으며 관직은 왕의 직위를 받았다. 특별한 기상은 하늘을 업신여길 만했으며 문장은 땅을 흔들 만한 재능이 있었다. 부富는 오래 계속되었고 부귀함은 봉토에 이르렀다. 《육도삼략 六韜三略[3]》은 가슴에 품고 있었고 칠종오신[4]을 손바닥으로 쥐고 흔들었다.

우리 태조는 이웃 나라와 우호를 맺고 일찍부터 선대로부터 받은 그의 풍모를 알아보아 마침내 부마의 인연을 맺어 안으로 큰 절의에 보답했다. 나라가 통일되고 군신이 완전히 삼한으로 합쳤으니 이름은 널리 퍼지고 올바른 규범은 높게 빛났다. 상보 도성령都省令의 칭호를 다시 또 내리고 이어 추충신의숭덕수절공신의 호를 내린다.

훈봉은 예전과 다름없고 식읍은 모두 1만호로 한다. 유사有司는 날을 택하여 예를 갖추어 책명하고 일을 맡은 자는 시행하도록 하라.

975년(개보開寶[5] 8년) 10월 모 일'

'대광내의령 겸 총한림 신 핵선翮宣은 칙령을 받들어 통첩이 이르는 즉

---

1 용마가 가지고 나온 그림으로 제왕의 출현을 알리는 것이다. 즉 제왕의 역년을 뜻한다.
2 전, 후한 시대의 4백 년을 이었다는 뜻이다.
3 병서를 이르는 말.
4 병기를 말한다.
5 중국 송 태조의 연호, 968~975.

시 행하라. 개보 8년 10월 모일[6]'

'시중 서명, 내봉령 서명, 군부령 서명, 군부령 무서[7], 병부령 무서, 병부령 서명, 광명시랑 서명, 광평시랑 무서, 내봉시랑 무서, 내봉시랑 서명, 군부경 무서, 군부경 서명, 병부경 무서, 병부경 서명

추충신의숭덕수절공신 상보 도성령 상주국 낙랑국왕 식읍 1만호 김부에게 고한다.

위와 같이 칙령을 받들고 부신이 도착하는 대로 받들어 행하라.

주사主事, 낭중郎中, 서령사書令史, 공목孔目 서명 없음.

개보 8년 10월 모일에 내림'

삼국사기에서 말하는 신라

《사론史論》[8]의 기록은 다음과 같다.

신라의 박씨와 석씨는 모두 알에서 태어났다. 김씨는 황금궤에 담겨 하늘로부터 내려왔다고 한다. 또는 금수레를 타고 왔다고 하는데 허황한 이야기라 믿을 수 없다. 그러나 세속에서는 사실이라며 전해 내려온다.

다만 그 시초를 살펴본다. 나라 처음에는 지위가 높은 자들은 그 자신을 위해서는 검소했고 백성에게는 관대했다. 관직의 설치는 간략히 했고 일을 행함은 번거롭지 않았다.

성의를 다해 중국을 섬겨 산 넘고 바다 건너 조공하는 사신이 끊이지

---

6 아래는 관료들의 서명.
7 서명이 없음.
8 김부식의 《삼국사기》.

않았다. 항상 자제들을 당나라의 조정에 보내 숙위宿衛하고 국학國學에서 공부시켰다. 성현들의 가르침을 교화하여 오랑캐의 풍속을 없애고 예의 있는 나라로 만들었다. 또 당나라 군사의 힘을 빌려 백제와 고구려를 평정하고 그 땅을 취해 군현을 삼았으니 태평성대였다고 할 수 있다.

그러나 불교를 숭상하고 그 폐단을 알지 못하여 마을마다 탑과 절이 즐비하게 세워지고 백성들은 모두 중이 되어 군사와 농민의 수가 점점 줄어들었다. 나라가 날로 쇠퇴해가니 어떻게 어지러워지지 않을 것이며 멸망하지 않겠는가?

이때 경애왕은 더욱 함부로 음란함에 빠져 궁인과 좌우 신하들과 더불어 포석정에서 술자리를 즐기느라 견훤이 오는 것도 몰랐다. 문 밖의 한금호韓擒虎[1]와 누각 위의 장려화張麗華[2]와 다름이 없었다.

경순왕이 태조에게 항복한 것은 비록 어쩔 수 없는 것이었지만 또한 아름다운 일이라 하겠다. 만일 힘껏 싸워 죽을 각오로 고려 군사에게 항거했다면 힘이 다하고 형세는 곤궁해져서 반드시 종족을 멸망시키고 죄 없는 백성들에게까지 화가 미쳤을 것이다.

고명을 기다리지 않고 나라의 창고를 봉쇄하고 군현의 문서를 모두 가지고 귀순했으니 고려 조정에 공로가 있고 백성에게 큰 덕을 베푼 것이라 하겠다.

---

1 수나라 문제 때의 인물. 5백 명의 군사를 거느리고 금릉(남경)으로 들어가 진陳의 후주를 사로잡았다.
2 진陳의 마지막 왕 후주後主의 비. 한금호가 쳐들어오자 후주와 함께 숨어 있다가 붙잡혔다.

옛날 전씨錢氏[3]가 오월吳越의 땅을 송나라에 바친 일에 대해 소자첨[4]이 그를 충신이라 했다. 이제 신라의 공덕은 그보다 훨씬 크다.

우리 태조는 비빈이 많고 자손들 또한 번성했다. 현종顯宗[5]은 신라의 외손으로서 왕위에 올랐으며, 그 뒤에 왕통을 계승한 이는 모두 그의 자손이었다. 이것이 어찌 그(경순왕)의 음덕이 아니겠는가?

신라가 국토를 바쳐 나라가 망하니 아간 신회神會는 외직을 끝내고 돌아왔는데 도성이 황폐해진 것을 보고 탄식을 하며 노래를 지었으나 그 노래는 없어져서 알 수 없다.

한번 더 들여다보기

후백제 견훤에 의해 신라의 왕위에 오른 신라 제56대 경순왕의 이름은 김부다. 그는 이찬 효종의 아들로 신라 제46대 문성왕(재위 839~857)의 후예이다. 927년부터 935년까지 왕위에 있었던 경순왕은 935년 고려에 항복한다. 이로써 천년 역사를 자랑하는 신라는 멸망하게 되었다.

고려의 태조(왕건)는 그를 후대하여 대궐 동쪽의 식읍을 주고 정승의 지위를 주었다. 또한 신라를 고쳐 경주라고 이름하고 김부의 식읍으로 주어 다스리게 했다.

---

3 중국 5대 때 오월의 왕.
4 소동파를 말한다.
5 재위 1009~1031. 고려 태조의 여덟 번째 아들 안종安宗의 아들. (고려) 목종이 폐위되자 왕위에 올랐다.

일연은 김부대왕에 대해서는 《삼국사기》의 것을 취한다고 말한다. 즉 고려와 관련된 역사라고 생각되었기 때문인지 신라를 바친 경순왕에 대해 '아름다운 일'이라며 호의적인 시각을 그대로 내보인다. 즉 신라와 고려의 혈연관계가 이어지고 있음을 시사하는 듯하다.

그러나 신라의 시조 혁거세나 김알지 신화에 대해 '기괴하여 믿을 수 없다'라고 밝히는 김부식의 견해에는 동의하지 않았다.

남부여南扶餘, 전백제前百濟, 북부여北扶餘

백제에 관한 기록들

부여군扶餘郡은 전 백제의 도읍이다. 또는 소부리군所夫里郡이라 한다. 《삼국사기》를 살펴보면 '백제 성왕聖王 26년(538, 무오)[1] 봄에 도읍을 사비泗沘로 옮기고 국호를 남부여라 했다.'고 되어 있다. 주석에 그 지명은 소부리이니 사비는 지금의 고성진(古省津)이며 소부리란 부여의 별칭이다고 했다.

또 《양전장적量田帳籍》[2]에는 '소부리군 전정주첩田丁柱貼'이라 했으니 오늘날(고려) 부여군이란 옛날 이름을 되찾은 것이다. 백제 왕족의 성이 부씨扶氏였으므로 그렇게 불려진 것이다.

또는 여주餘州라고도 한다. 부여군 서쪽 자복사資福寺의 고좌高座[3]에 수

---

1 《삼국사기》에 따르면 16년이다.
2 고려 시대의 토지 측량대장.
3 고승이 설법할 때 앉는 대좌.

놓은 휘장이 있는데 새겨진 무늬에 '997년(통화統和[4] 15년 정유) 5월 여주 공덕대사功德大寺 수장'이라고 되어 있다. 또 옛적에 하남에 임주자사林州刺史를 두었는데 그때의 서책에 여주라는 두 글자가 있었으니 임주는 지금(고려)의 가림군佳林郡이고 여주는 지금(고려)의 부여군이다.

또 백제의 《지리지地理志》는 《후한서後漢書》를 인용해 '삼한은 모두 78개의 나라인데 백제는 그중의 한 나라다.'라고 했다.

또 《북사北史》[5]에는 '백제는 동쪽으로 신라에 잇닿아 있고, 서남쪽으로는 큰 바다에 막혀 있으며 북쪽의 끝은 한강이다. 도읍은 거발성居拔城 혹은 고마성固麻城[6]이라 한다. 그 밖에 오방성五方城이 있다.'고 했다.

《통전通典》[7]에서는 '백제는 남쪽으로는 신라와 접하고 북쪽으로는 고구려에 이르며 서쪽으로는 큰 바다에 닿아 있다.'고 했다.

《구당서舊唐書》[8]에는 '백제는 부여의 별칭으로 동북쪽에는 신라가 있고, 서쪽으로는 바다 건너에 월주越州, 남쪽은 바다를 건너 왜에 이르며, 북쪽에는 고구려가 있다. 왕이 거주하는 곳에 동과 서의 두 성이 있다.'고 되어 있다.

《신당서新唐書》는 '백제는 서쪽으로는 월주와 경계하고, 남쪽으로는 왜와 경계했는데 모두 바다 건너에 있으며, 북쪽은 고구려와 경계한다.'고

---

4 중국 요遼 성종聖宗의 연호, 983~1011.
5 중국 북조北朝 242년 동안의 역사책.
6 웅진성의 별칭.
7 중국 당의 두우杜佑가 편찬한 역사책.
8 중국 당나라의 정사로 모두 200권이다.

했다.

온조가 백제를 세우다

《삼국사三國史 본기本記》에는 다음과 같이 되어 있다.

백제의 시조는 온조溫祚이다. 그의 아버지는 추모왕雛牟王 또는 주몽이라고 한다. 주몽은 북부여에서 화를 피해 도망하여 졸본부여에 이르렀다. 졸본주의 왕에게 아들은 없고 딸만 셋 있었다. 주몽이 범상한 사람이 아닌 것을 알아보고 둘째딸을 시집보냈다.

그 후 졸본주의 왕이 죽으니 주몽이 왕위를 계승했다. 두 아들을 낳았는데 맏아들이 비류沸流, 둘째 아들이 온조였다.

비류와 온조는 나중에 태자[1]에게 견제 받을 것을 우려해 끝내는 오간烏干과 마려馬藜 등 10명의 부하들과 함께 남쪽으로 떠나니 많은 백성들이 뒤따랐다.

일행은 한산漢山에 이르러 부아악負兒岳으로 올라가 살 만한 땅이 있는지 찾아보았다. 비류가 바닷가 근처에 자리를 잡으니 10명의 부하들이 비류에게 간했다.

"하남의 땅은 북쪽으로는 한수漢水를 끼고 동쪽으로는 높은 산봉우리에 의지하며 남쪽으로 기름진 들판이 펼쳐져 있으며 서쪽은 큰 바다로 막혀 있어 천연의 요새로 보기 드문 지세입니다. 이곳을 도읍으로 삼는 것이

---

1 주몽이 동부여에 있을 때 예씨부인과 결혼하여 낳은 아들이다. 훗날 고구려 2대 왕위에 오른 유리왕을 이른다.

좋겠습니다."

그러나 비류는 부하들의 의견을 듣지 않았다. 백성들을 온조와 나누어 자신은 미추홀彌雛忽[2]로 가서 자리를 잡았다.

온조는 한강 남쪽 위례성河南慰禮城[3]에 도읍을 정하고 10명의 신하들을 보익輔翼으로 삼아 국호를 십제十濟라 했다. 이때가 기원전 18년 한나라 성제成帝 홍가鴻嘉 3년이다.

비류는 미추홀의 땅이 습하고 물이 짜서 순조롭게 자리 잡을 수 없어 위례성으로 되돌아왔다. 위례의 도읍이 안정되고 백성들이 편안한 것을 보고 부끄러워 여겨 죽고 말았다. 그의 신하와 백성들도 모두 위례성으로 돌아왔다. 이때 백성들이 기쁘게 따랐다 하여 국호를 '백제百濟'[4]로 고쳤다.

백제의 계보는 고구려와 함께 부여에서 이어져 온 것이므로 '부여扶餘'를 성씨로 삼았다. 훗날 성왕聖王 연대에 이르러 도읍을 사비로 옮기니 지금(고려)의 부여군이다. 미추홀은 인주(仁州)이고 위례성은 지금의 직산(稷山)이다.

도읍을 옮기다

《고전기古典記》의 기록이다.

동명왕의 셋째 아들 온조는 기원전 18년(전한 홍가 3년, 계유)에 졸본부여에서 위례성으로 와 도읍을 세우고 왕이라 칭하였다.

온조 14년(기원전 5, 병진)에는 도읍을 한산韓山지금의 광주(廣州)으로 옮겼

---

2 현재의 인천 부근.
3 현재의 경기도 광주廣州 지역.
4 백제百濟는 그 이전의 백제伯濟의 명칭을 그대로 이어 받은 것이다.

다. 여기에서 389년을 보내고, 제13대 근초고왕近肖古王**¹** 371년(함안咸安**²** 원년)에 이르러 고구려의 남평양南平壤을 점령했다. 그리고 도읍을 북한성 北漢城지금의 양주(楊州)으로 옮겨 105년을 지냈다.

제22대 문주왕文周王 즉위 475년(원휘元徽**³** 3년, 을묘)에 도읍을 웅천熊川 지금의 공주(公州)으로 옮겼다. 이곳에서 63년이 지난 제26대 성왕聖王 연대에 이르러 소부리로 도읍을 옮기고 국호를 '남부여'라 했다. 이곳에서 제31대 의자왕**⁴**에 이르기까지 120년을 지냈다.

백제의 멸망

660년(현경顯慶**⁵** 5년), 즉 의자왕 재위 20년에 신라의 김유신과 소정방이 백제를 토벌하여 평정했다.

백제국에는 본래 5부가 있어 37군, 2백 성, 76만 호로 나누어 다스렸 다. 당나라에서 그 땅에 웅진熊津, 마한馬韓, 동명東明, 금련金蓮, 덕안德安 등의 5도독부를 설치하고 추장으로 도독부 자사를 삼았다. 얼마 후 신라 가 그 땅을 모두 병합하여 웅천熊川, 전주全州, 무주武州의 3주와 그 밖에 여러 군현郡縣을 두었다.

---

1 재위 346~375. 비류왕의 아들.
2 중국 동진東晉의 간문제簡文帝의 연호, 371~372.
3 중국 남조 송宋 후폐제後廢帝의 연호, 473~476.
4 재위 641~660. 백제 무왕의 장자. 해동승자라 불리기도 했다. 나당 연합군에 의해 백제
   가 멸망하자 당나라에 끌려가 병사했다.
5 당唐 고종高宗의 연호, 656~660.

정사암과 용암의 유래

호암사虎嵒寺[6]에는 정사암政事巖[7]이란 바위가 있었다. 국가에서 재상을 뽑을 때 적합한 인물 서너 명의 이름을 함 속에 넣고 봉해서 바위 위에 두었다. 얼마 후 열어 보고 이름 위에 도장이 찍힌 사람을 재상으로 삼았다. 그로 인해 정사암이라 했다.

또 사비泗沘수[8] 부근에 바위 한 개가 있다. 소정방이 일찍이 이 바위 위에 앉아 고기와 용을 낚았다. 바위 위에는 용이 꿇어앉은 자취가 있다 하여 용암龍嵒이라 했다.

부여군 안에 세 개의 산이 있는데, 일산日山, 오산吳山, 부산浮山이다. 백제 전성기에는 산 위에 각각 신인神人이 살고 있어 서로 날아다니며 왕래가 조석으로 끊이지 않았다 한다.

돌석과 대왕포

사비수 언덕에는 10여 명이 앉을 수 있는 바위 하나가 있다. 백제왕이 예불하기 위해 왕흥사王興寺로 갈 때면 먼저 이 바위에서 부처를 바라보며 절을 했다. 그때마다 바위가 저절로 따뜻해졌으므로 돌석이라 한다.

또 사비수 양쪽 언덕은 마치 병풍바위로 둘러싸인 듯해 백제의 왕이 항상 그곳에서 연회를 열고 노래하고 춤추며 놀았다. 그래서 지금도 그곳을 대왕포大王浦라 부른다.

---

6 충남 부여군 백마강변에 있던 백제의 사찰.
7 속칭 천정대天政臺라고 한다.
8 자沘는 비沘의 오기일 것으로, 사비수는 부여 백마강白馬江의 백제 때 이름.

백제의 왕들

시조 온조는 동명왕의 셋째 아들이다. 몸집이 크고 성품은 효성스럽고 우애가 돈독했다. 말 타기와 활쏘기를 잘 했다.

다루왕多婁王[1]은 인자하고 위엄과 명망이 있었다. 사비왕沙沸王[2] 또는 사이왕(沙伊王)은 구수왕仇首王[3]이 세상을 떠난 후 왕위를 계승했다. 그러나 너무 어려 정사를 처리할 수 없어 곧 폐위되고 고이왕古爾王[4]을 세웠다. 어떤 사람은 239년(낙초樂初[5] 2년, 기미)에 사비왕이 죽자 고이왕이 곧 왕위에 올랐다고도 한다.

한번 더 들여다보기

백제의 시조 온조왕에 대한 설화와 함께 백제의 흥망성쇠 그리고 멸망까지의 이야기이다.

온조는 고구려의 시조 동명성왕의 셋째 아들이다. 동명성왕의 적자 유리가 태자에 오를 것을 두려워하여 어머니 소서노와 형 비류와 함께 남하하여 위례성에 자리를 잡고 백제를 건국했다. 이때 본래의 성은 해解씨였으나, 고구려와 더불어 부여에서 나왔으므로 부여扶餘를 성으로 삼았다. '남부여'라는 국호는 훗날 백제의 26대 성왕이 수

---

1 백제의 제2대 왕. 재위 28~76. 온조왕의 아들.
2 백제의 제7대 왕. 재위 234.
3 백제의 제6대 왕. 재위 214~234.
4 백제의 제8대 왕. 재위 234~286. 고대 국가체제를 정비했다.
5 중국 위魏 명제明帝의 237~239.

도를 사비로 옮기고 바꾼 것이다.

일연은 견훤이 세운 후백제(892~936) 이전의 시대를 전백제라 말한다. 또한 북부여에 대해서는 제1 기이편(상)에 먼저 소개했다. 일연은 부여의 시작을 북부여와 동부여로 밝히고 북부여에서 고구려, 백제로 이어졌으며, 남부여란 옛 부여의 명칭을 회복한 것이라고 했다.

지금까지 일연은 단군신화와 고조선에서부터 고구려, 백제, 신라, 가락국을 비롯한 고대 역사의 시작을 밝히고 신라를 중심으로 한 삼국통일의 시대와 멸망까지를 정리했다. 즉 고려에 멸망한 김부대왕의 이야기를 마지막으로 통일신라 시대의 역사를 끝냈다. 그리고 다시 백제를 조망했다.

백제를 비롯하여 삼국이 통일되는 과정에서 멸망한 나라들, 가락국과 후백제의 역사를 다시 간략하게 정리한 것이라 생각된다.(고구려와 발해의 멸망을 다루지 않은 것은 아마도 고려가 이들을 계승한 것이라고 생각했기 때문인 듯하다.)

무왕武王 고본에는 무강武康이라 했으나 잘못이다. 백제에는 무강왕이 없다.

서동요를 지어 선화공주를 얻다

백제 제30대 무왕의 이름은 장璋이다. 그의 어머니는 혼자가 되어 도성 남쪽 연못가에 집을 짓고 살았다. 그녀는 연못의 용과 정을 통해 장을 낳았다. 아이 때 이름은 서동薯童이다. 재기와 도량이 얼마나 큰지 헤아릴 수 없을 정도였다. 항상 마[薯]를 캐어 생활을 꾸렸으므로 나라 사람들이 서동이라 불렀다.

서동은 신라 진평왕의 셋째 공주 선화善花또는 선화(善化)가 매우 아름답다는 소문을 듣고 머리를 깎고 신라의 도읍으로 갔다. 아이들에게 마를 나누어 먹이니 아이들이 친숙하게 여겨 그를 따랐다. 노래[1] 한 곡을 지어 들려주고 아이들을 꾀어서 노래하게 했다.

선화공주님은 남 몰래 사귀어 두고
서동을 밤에 몰래 안고 간다

노래가 신라의 도읍에 널리 퍼져 대궐까지 알려졌다. 백관들이 극력 간하여 공주를 먼 곳으로 귀양을 보내게 했다. 유배를 떠날 때 왕후는 순금한 말을 여비로 주었다.

공주가 곧 유배지에 이르려 하는데 서동이 도중에 나타나 공주를 맞았다. 공주에게 절을 하고 호위해 주겠다고 했다. 공주는 비록 그가 어디서 온 사람인지 알지 못했으나 우연한 만남을 좋아했다.

마침내 공주는 서동을 따라가 남 몰래 통했다. 그 후 공주는 서동의 이름을 알고 노래의 영험을 알게 되었다.

---

1 〈서동요薯童謠〉라고 한다.

왕위에 오른 서동

선화공주는 서동과 함께 백제로 와 어머니가 준 금으로 생활을 꾸리려 했다. 서동은 크게 웃으며 물었다.

"대체 이것이 다 무엇입니까?"

공주가 말했다.

"이것은 황금입니다. 평생 동안 부유하게 살 만합니다."

서동이 말했다.

"이런 것들이라면 어려서부터 마를 캐던 곳에 흙처럼 쌓여 있습니다."

공주는 이 말을 듣고 깜짝 놀라며 말했다.

"그것은 천하의 고귀한 재물입니다. 당신이 지금 금이 있는 곳을 알면 그 보물을 부모님의 궁전으로 옮기는 것이 어떻겠습니까?"

서동이 좋다고 했다. 금을 캐어 산만큼이나 높게 쌓았다. 서동과 공주는 용화산龍華山² 사자사師子寺에 있는 지명법사知命法師에게 가서 금을 운반할 계책을 물었다.

지명법사가 말했다.

"내가 신통력으로 보낼 수 있으니 금을 가져오십시오."

선화공주는 금과 함께 편지를 써서 사자사에 옮겨 놓았다. 법사는 신통력으로 하룻밤 사이에 신라의 궁궐에 옮겨다 놓았다. 진평왕은 그 신통력이 놀랍고 이상하여 서동에게 존경을 표하고 자주 글을 보내 안부를 물었다. 이 일로 인해 서동은 인심을 얻어 왕위에 올랐다.

---

2 익산의 미륵산.

미륵사 창건

어느 날 무왕이 왕비와 함께 사자사로 행차했다. 용화산 아래의 큰 못 가에 이르니 미륵삼존이 못 가운데 나타났다. 수레를 멈추고 절을 하고 왕비가 왕에게 말했다.

"이곳에 큰 절을 세워 주세요. 제 소원입니다."

왕이 허락하니 지명법사에게 가서 연못을 메울 방법을 물었다. 법사가 신통력으로 하룻밤 사이에 산을 무너뜨리고 못을 메워 평지로 만들었다. 그곳에 미륵 삼회三會를 법상法像으로 삼고, 전殿, 탑塔, 낭무廊廡를 각각 세 곳에 세우고 미륵사彌勒寺《국사(國史)》에는 왕흥사라 했다라 했다. 진평왕은 여러 장인들을 보내어 역사를 돕게 했다. 지금도 그 절이 남아 있다.《삼국 사》에는 이(서동)를 법왕(法王)의 아들이라 말하는데 여기에서는 홀어미의 아들이라 하니 정확히 는 알 수 없다.

한번 더 들여다보기
무왕(재위 600~641)은 백제 제30대 왕이며, 백제 의 마지막 왕 의자왕의 아버지이다. 일연은 서동요 설화의 주인공 서동이 백제의 무왕이라고 밝히고 있으나 역사적 실제 인물인 무왕 과 일치하지 않는다.

무강無康은 무령無寧을 잘못 쓴 것으로, 제25대 무령왕武寧王(재위 501~523)으로 보는 학자도 있다. 또는 제24대 동성왕(재위 479~501) 15년에 신라와 통혼한 사실이 있어 백제의 동성왕이라고 보기도 한 다. 그러나 앞에서도 말했듯이 일연은 백제의 멸망사에 주목했다.

따라서 이 장에서도 의자왕의 아버지, 무왕에 대한 설화를 소개한 것이라고 보는 것이 옳다.

이 설화는 서자로 태어난 백제의 서동이 신라의 선화공주를 아내로 맞이하기 위해 서동요를 지어 불러 마침내 공주를 아내로 맞이하고, 수많은 금을 얻고 백제의 왕까지 되었다는 내용이다. 극적이며 신비로운 소재로 가득한 설화이다.

그러나 당시 신라와 백제의 정치적 관계를 유추해 보면 무왕과 진평왕의 딸이 결혼하는 것은 있을 수 없는 일이다. 무엇보다 진평왕에게는 셋째 딸 선화공주가 없었다.(《삼국유사》에만 선화공주가 진평왕의 딸이라는 기록이 있다.) 또한 무왕과 진평왕 시대에는 신라와 백제 사이에 수많은 전쟁이 있었다.

서동 설화는 실제에 근거한 이야기라기보다는 백제가 멸망하고, 신라에 의해 삼국이 통일되었을 때 백제와 신라가 혈연관계라는 것을 상징하는 의미로서 서동요와 함께 널리 전해졌던 것으로 보인다.

후백제後百濟의 견훤甄萱

견훤의 출생

《삼국사》 본전本傳[1]의 기록이다.

---

1 《삼국사기》 열전列傳.

견훤은 상주尙州 가은현加恩縣 사람으로 867년(함통咸通[1] 8년, 정해)에 태어났다. 본래의 성은 이씨였는데 나중에 견甄이라 했다.

아버지 아자개는 농사를 짓고 살았으며 광계光啓[2] 연간에 사불성沙佛城지금의 상주에 웅거하여 스스로 장군이라 일컬었다. 아들 넷이 있었는데 모두 세상에 이름이 알려졌다. 그중 견훤은 가장 뛰어났고 지략이 많았다.

《이비가기李碑家記》[3]에는 이렇게 되어 있다.

진흥대왕의 비 사도思刀의 시호는 백융부인이다. 그의 셋째 아들 구륜공의 아들이 파진간波珍干 선품이며, 그의 아들 각간 작진이 왕교파리를 아내로 맞아 각간 원선을 낳으니 바로 아자개다.

아자개의 첫째 아내는 상원부인, 둘째 아내는 남원부인이며, 아들 다섯과 딸 하나를 낳았다. 큰아들이 상보尙父 견훤甄萱이고, 둘째는 장군 능애能哀, 셋째는 장군 용개龍蓋, 넷째는 보개寶蓋, 다섯째는 장군 소개小蓋, 딸은 대주도금大主刀金이다.

또 《고기》에는 이렇게 되어 있다.

옛날에 광주[4] 북촌에 부자가 살고 있었다. 딸이 하나 있었는데 용모가 아주 단정했다. 딸이 아버지에게 말했다.

"매일 자주색 옷을 걸친 남자가 방으로 들어와 저와 관계를 맺고 갑니다."

---

1 중국 당 의종懿宗의 연호, 860~873.
2 중국 당 희종僖宗의 연호, 885~888.
3 견훤의 가계도인 《이제가기李磾家記》.
4 현재의 전라남도 광주.

아버지가 말했다.

"긴 실을 바늘에 꿰어 그 남자의 옷에 꽂아 두어라."

딸이 그 말대로 했다. 날이 밝자 실을 따라가 보니 북쪽 담장 밑에 이르러 큰 지렁이의 허리에 바늘이 꽂혀 있었다. 그 후 딸은 임신을 하여 사내아이를 낳았다. 아이는 자라 15세가 되자 스스로를 견훤이라 일컬었다.

892년(경복景福[5] 원년, 임자)에 견훤은 스스로 왕이라 하고 완산군完山郡[6]에 도읍을 정했다. 재위한 지 43년인 934년(청태淸泰[7] 원년, 갑오)에 견훤의 세 아들[8]이 반역을 일으켰으므로 견훤은 고려 태조에게 가서 항복했다.

그의 아들 금강金剛[9]이 왕으로 즉위했다. 936년(천복天福[10] 원년, 병신)에 고려 군사와 일선군[11]에서 싸워 패하여 후백제는 멸망했다.

견훤이 후백제를 건국하다

처음에 견훤이 태어나 강보에 싸여 있을 때였다. 그의 아버지는 들에서 밭을 갈고 있었고 어머니가 밥을 가져다 주려고 아이를 숲속에 놓아두었는데 호랑이가 와서 젖을 먹였다. 마을 사람들은 이 말을 듣고 이상하게 여겼다. 아이가 장성하자 몸집이 웅장하고 기이했으며 기품이 뛰어나고

---

5 중국 당 소종昭宗의 연호, 982~893.
6 현재의 전북 전주.
7 중국 5대 후당 폐제廢帝의 연호. 934~936.
8 신검, 양검, 용검.
9 신검이다. 금강은 신검에게 살해되었다.
10 중국 오대, 후진後晉 고조高祖와 출제出帝의 연호. 936~943.
11 현재의 경북 선산군.

범상치 않았다.

군대에 들어가 도성을 지키다가 서남쪽 바닷가에서 변경을 지켰다. 창을 베개 삼아 적을 대비했으므로 그의 기상은 항상 사졸을 앞섰다. 마침내 공을 세워 비장裨將이 되었다.

당나라 소종昭宗 경복景福 원년은 신라 진성여왕 재위 6년이다. 이때 왕의 총애를 받던 신하들이 국권을 농간하여 기강이 문란하고 해이해졌다. 게다가 기근까지 덮쳐 백성들은 떠돌아다니고 도둑이 벌떼처럼 일어났다.

견훤은 남몰래 반역의 마음을 품고 무리를 불러 모아 도성의 서남쪽 주현을 공격했다. 이르는 곳마다 백성들이 호응하여 한 달 사이에 무리가 5천 명에 이르렀다.

마침내 무진주武珍州[1]를 습격하여 스스로 왕이 되었다. 그러나 감히 왕이라 일컫지는 못하고 스스로 신라 서남도통 행전주자사 겸 어사중승 상주국 한남국개국공新羅西南都統行全州刺史兼御史中丞上柱國漢南國開國公이라 했다. 889년(용기龍紀[2] 원년, 기유)이었다. 또는 892년(경복景福 원년, 임자)이라고도 한다.

이때 북원北原의 도적 양길의 세력이 몹시 강성하여 궁예弓裔[3]는 스스로 그의 부하가 되었다. 견훤은 이 소식을 듣고 멀리서 양길에게 직책을 내려 비장으로 삼았다. 견훤은 서쪽으로 순행하여 완산주에 이르니 주의 백성들이 영접하고 위로했다. 견훤은 백성들의 마음을 얻은 것을 기뻐하며

---

1 현재의 광주.
2 중국 당 소종昭宗의 연호, 889.
3 훗날 후고구려를 건국한다. 재위 901~918.

좌우 사람들에게 말했다.

"백제가 개국한 지 6백여 년 만에 당나라 고종은 신라의 요청으로 소정방을 보내어 수군 13만 명을 거느리고 바다를 건너고, 신라의 김유신은 군사를 몰아 황산을 지나 당나라 군사와 합세하여 백제를 공격하여 멸망시켰다. 그러니 내가 이제 어찌 이곳에 도읍을 세워 옛날의 원한을 씻지 않을 수 있겠는가?"

마침내 스스로 후백제後百濟 왕이라 일컫고 관직을 설치했다. 이때가 900년(광화光化[4] 3년)으로 신라 효공왕 4년이다.

후백제가 고려와 조물성에서 대립하다

918년(정명貞明[5] 4년, 무인)에 철원경鐵原京[6]의 민심이 갑자기 변하여 우리 태조를 추대하여 왕위에 오르게 했다.[7] 견훤은 이 소식을 듣고 사신을 보내 경하하고 공작선과 지리산의 대나무 화살 등을 바쳤다.

견훤은 겉으로는 태조와 화친하면서 속으로는 다른 마음을 품었다. 태조에게 총마를 바치기도 했으나 925년(동광同光[8] 3년) 10월에 기병 3천을 거느리고 조물성曹物城(지금은 알 수 없다)에 이르렀다. 이에 태조 역시 정병을 거느리고 와서 대치했다.

---

4 중국 당 소종의 연호, 898~901.
5 중국 5대의 후량後梁 말제末帝의 연호, 915~921.
6 현재의 강원도 철원군 일대.
7 태봉(철원)에서 궁예가 쫓겨나고 왕건王建이 즉위하여 국호를 고려라 했다.
8 중국 후당後唐 장종莊宗의 연호, 923~926.

견훤의 군사가 날래어 승부를 낼 수가 없었다. 태조는 잠시 화해를 청해 시일을 끌며 견훤의 군사가 피로해지기를 기다리기 위해 글을 보내 화친을 청했다. 종제從弟 왕신王信을 볼모로 보내니 견훤도 외조카 진호眞虎를 볼모로 보내 교환했다.

12월에 견훤은 거서居西지금은 자세히 알 수 없다 등 20여 성을 공략하고 사신을 후당後唐으로 보내 번신藩臣이라 자청했다. 후당에서 그에게 검교태위 겸 시중 판 백제군사檢校太尉 兼侍中 判百濟軍事의 벼슬을 내리고, 예전대로 도독 행 전주자사 해동사면도통 지휘병마판치등사 백제왕都督行全州刺史 海東四面都統指揮兵馬判置等事 百濟王으로 봉하고 식읍을 2천 5백호로 했다.

견훤이 신라를 침범해 경순왕을 세우다

926년(동광 4년)에 진호가 갑자기 죽어버리자 견훤은 태조가 고의로 죽였다고 의심하여 즉시 왕신을 가두었다. 사신을 보내 지난해에 보냈던 총마를 돌려보내라 했다. 태조는 흔쾌히 그 말을 돌려보냈다.

927년(천성天成[1] 2년, 정해) 9월에 견훤은 근품성勤品城지금의 산양현을 공격하여 빼앗고 불을 지르자 신라 왕은 태조에게 구원을 청했다. 태조가 즉시 군사를 동원하니 견훤은 고울부高鬱府지금의 울주를 습격하여 빼앗고 시림혹는 계림의 서쪽 교외으로 진군하여 순식간에 신라의 도성으로 진입했다.

신라 경애왕은 왕비와 함께 포석정에서 놀고 있다가 쉽사리 패하고 말

---

1 중국 후당 명종明宗의 연호, 926~929.

았다. 견훤은 왕비를 강제로 끌어내 욕보이고 왕의 족제族弟 김부金傅를 왕으로 삼았다. 왕의 동생 효렴과 재상 영경을 포로로 삼고 신라 국고에 있는 보물과 병기, 왕실 자녀들과 여러 장인들을 친히 끌고 돌아갔다.

견훤에게 패배한 태조

태조는 정예기병 5천을 거느리고 공산公山[2] 아래에서 견훤을 맞아 크게 싸웠으나 장수 김락과 신숭겸[3]이 죽고 모든 군사가 패했다. 태조는 겨우 죽음만 면했다. 더 이상 견훤에게 저항할 수 없었고 악행을 저질러도 막지 못했다.

견훤은 여세를 몰아 대목성代木城지금의 약목현과 경산부, 강주를 약탈하고 부곡성을 공격했다. 또 의성부의 태수 홍술은 끝까지 싸우다 죽었다. 태조는 이 소식을 듣고 '내 오른팔을 잃었구나!'라고 했다.

930년(42년[4], 경인)에 견훤은 고창군古昌郡지금의 안동부을 공격하려고 군사를 일으켜 석산에 진을 쳤다. 태조는 1백보가량 떨어진 마을 북쪽 병산에 진을 쳤다. 여러 차례 전투 끝에 마침내 견훤이 패하며 시랑 김악을 사로잡았다.

다음 날 견훤이 군사를 다시 정비하여 순주성을 습격했다. 성주 원봉이 이를 막아내지 못하고 성을 버리고 밤에 도망했다. 태조는 몹시 노하여 순주성을 강등시켜 하지현지금의 풍산현이다. 원봉이 본래 순주성 사람이었기 때문이다

---

2 현재의 팔공산.
3 고려 태조 때의 무장이며, 개국공신이다.
4 견훤 42년으로 경순왕 7년으로 보는 견해가 있다.

으로 삼았다.

태조에게 견훤이 서신을 보내다

신라의 왕과 신하들은 나라가 위험에 처해 다시 일어서기 어려워지자 우리 태조를 찾아와 우호를 맺고 후원해 주기를 청했다. 견훤은 이 소식을 듣고 다시 왕도를 공략할 계획을 세우고 태조가 선수칠 것을 염려하여 편지를 보냈다.

"지난번에 신라 재상 김웅렴 등이 그대를 신라로 불러들이려 한 것은 작은 자라가 큰 자라의 소리에 호응한 것과 같다. 이것은 종달새(태조)가 매(견훤)의 날개를 찢으려는 것이니 반드시 백성들을 도탄에 빠뜨리고 종묘사직을 폐허로 만들었을 일이다. 나는 이 때문에 조적祖狄의 채찍[1]을 잡고 혼자서 한금호韓擒虎[2]의 도끼를 휘둘러 백관들과 굳게 맹세했으며 6부 백성들은 옳은 교화로써 타일렀다.

뜻밖에 간신은 도망하고 임금(경애왕)이 세상을 떠나는 변고가 생겼다. 마침내 경명왕의 외사촌, 헌강왕의 외손을 받들어 왕위에 오르게 했다. 이로써 위태로운 나라를 다시 세우니 없어진 임금이 있게 되었다.

그대는 나의 충고를 자세히 살피지 않고 유언비어만을 살펴 여러 계책으로 왕위를 노리고 이곳저곳을 침략했으나 결국 내가 탄 말 머리는 보지도 못했고 내 털끝 하나 뽑지 못했다.

---

1 진晉나라 사람 조적의 말채찍. 먼저 일을 착수한다는 의미이다.
2 수隋나라의 장수. 진陳을 공격했을 때 후왕後王을 사로잡았다.

초겨울에는 도都의 우두머리 색상이 성산星山의 진지 아래에서 손을 묶고 항복했다. 또 한 달도 채 못 되어 좌장 김락은 미리사 앞에서 해골이 되었다. 그 밖에 죽은 자도 많고 사로잡힌 자도 적지 않았다.

양편 군사가 강하고 약한 것이 이러하니 승패는 이미 정해진 것이다. 내가 바라는 것은 활을 평양성 문루에 걸고 말에게 패강浿江³의 물을 먹이는 일이다. 그러나 지난달 7일에 오월국吳越國의 사신 반상서가 와서 국왕의 조서를 전했다. 다음과 같다.

'경은 고려와 오랫동안 화친하여 우호의 맹약을 맺은 것으로 알았는데 근래에 양쪽의 볼모가 죽은 일로 말미암아 화친하던 옛날의 뜻을 저버리고 서로 국경을 침범하여 전쟁이 끊이지 않고 있다. 내가 친히 사신을 경의 나라에 보내고 또 고려에도 글을 보냈으니 서로 친목하여 길이 평화롭게 지내도록 함이 마땅하다.'

나는 의를 다하여 왕실을 높이고 마음을 다하여 대국을 섬기고 있으니 이제 오월왕이 조칙을 내어 타이르니 즉시 받들고자 한다. 다만 그대가 싸움을 그만두고 싶어도 그만둘 수 없는 곤경에 처해 오히려 싸우고자 할까 걱정이다.

이제 조서를 베껴 보내니 부디 유의하여 자세히 살피기 바란다. 토끼와 사냥개가 함께 지쳐버리면 반드시 조롱거리가 되며⁴ 조개와 황새가 서로

---

3 대동강.
4 견토지쟁犬兎之爭. 날쌘 토끼를 잡으려고 산을 오르내리다가 모두 다 지쳐서 죽자 나무꾼이 개와 토끼를 모두 얻었다는 고사.

버티면[1] 그것 또한 비웃음을 사는 것이다. 마땅히 미혹됨을 경계하여 후회하는 일을 초래하지 말라."

태조가 답서를 보내다

927년(천성天成 2년) 정월에 태조가 답서를 보냈다.

"삼가 오월국의 통화사 반상서가 전한 조서 한 통을 받았다. 또한 그대가 보낸 장문의 편지도 받아 보았다. 사신이 조서를 가지고 왔고 그대의 편지 모두에서 아울러 가르침을 받았다. 조서를 받들고 보니 비록 감격스러웠으나 그대의 편지를 펴 보고는 의혹을 떨쳐내지 못했다. 다시 돌아가는 사신에게 나의 심정을 피력하려 한다.

'나는 위로 천명을 받들고 아래로 백성들의 추대를 받아 감히 장수의 권한을 받아 천하를 경영할 기회를 얻었다.

지난번에 삼한이 액운을 당하고 모든 국토가 흉년으로 황폐해져서 백성들은 모두 황건적의 무리가 되고 논과 밭은 작물을 거둘 수 없는 땅이 되었다. 혼란스러운 전란을 그치고 나라의 재앙을 구하고자 스스로 선린의 우호를 맺으니 과연 수천리 국토가 농사와 누에치기로 활발해졌고 병사들은 7, 8년 동안 한가롭게 쉴 수 있었다. 그러나 913년(계유)년 10월에 이르러 문득 일이 터져 싸움에까지 이르렀다.

그대가 처음에는 적을 가볍고 보고 곧장 진격하여 마치 당랑螳螂이 수

---

1 방휼상지蚌鷸相持. 조개와 황새(도요새)가 서로 다투다가 어부만 이득을 본다는 고사.

236

레를 막는 것 같더니,[2] 마침내 어려움을 알고 과감히 물러선 것은 마치 모기가 산을 짊어진 것과 같았다.[3]

손을 모아 공손히 말을 하고 하늘을 향해 맹세하기를, 오늘 이후로는 길이 화목하며 혹시라도 이 맹세를 어긴다면 신이 벌을 줄 것이라 했다.

이에 나 역시 창칼을 쓰지 않는 무를 숭상하고 살생을 하지 않는 인을 약속하여 마침내 여러 겹의 포위를 풀고 피로해진 군사들을 쉬게 했다. 볼모를 보내는 것 또한 거절하지 않고 오로지 백성을 편안케 하려 했다.

이것은 내가 남방[4] 사람들에게 큰 덕을 베푼 것인데 맹약의 피가 마르기도 전에 흉악한 세력이 다시 일어나고 벌과 전갈의 독기로 백성들을 해치고 이리와 호랑이 같은 무자비한 행동은 서울 땅을 가로막았다. 금성金城[5]의 경계가 위급해졌고 왕실을 몹시 놀라게 할 줄 어찌 알았겠는가?

대의에 의거하여 주周나라를 떠받들었던 환공과 문공[6] 같은 이가 나타날 수 있었겠는가? 오히려 틈을 타서 한漢나라를 도모했던 왕망과 동탁의 간악함만이 있었을 뿐이다.

지극히 귀한 신라의 왕으로 하여금 몸을 굽혀 그대의 신하로 만들어 높고 낮은 질서를 폐하였으니 상하가 모두 근심하여 '임금을 보필하겠다는

---

2 당랑거철螳螂拒轍. '사마귀가 수레바퀴를 막는다'는 뜻으로, 자신의 힘은 헤아리지 않고 강한 자에게 함부로 덤빈다는 뜻.
3 문자부산蚊子負山. '모기가 산을 짊어진다'는 뜻으로, 힘이 부치는데도 막중한 임무를 짊어지려 한다는 뜻.
4 후백제를 말한다.
5 신라의 수도, 경주.
6 중국 춘추전국 시대 제齊의 환공과 진晉의 문공.

순수한 충성심이 아니면 어찌 다시 사직을 편안케 할 수 있을 것인가'라고
한다.

내 마음에는 악한 뜻은 없고 오직 왕실을 높이고자 하는 마음 간절하여
장차 조정을 구해서 나라의 위기를 붙들고자 했다. 그대는 사소한 작은
이익을 보려고 천지 같은 두터운 은혜를 저버리고 임금을 목 베어 죽였으
며 궁궐을 불태우고 대신들을 학살하고 백성을 무참히 죽였다. 궁녀들은
끌어다 수레에 싣고 보물은 빼앗아 너 나 할 것 없이 날랐으니 그 흉악함
이 걸왕, 주왕[1]보다 더하고 어질지 못함은 경경梟獍과 올빼미[2]보다 더 심했다.

나는 하늘이 무너진 듯한 원통함과 해를 되돌리고 싶은 심정으로 매가
참새를 쫓듯 있는 힘을 다해 견마犬馬의 수고로움을 다하려 했다. 다시 군
사를 일으켜 이미 두 해가 지났는데 육지에서 싸울 때는 천둥과 번개처럼
빨리 달렸고 바다에서 싸울 때는 범과 용처럼 용맹스럽게 달려가 군사를
움직이면 반드시 승리했고 거사에서 실패란 없었다.

윤경尹卿을 해안에서 쫓으니 갑옷이 산처럼 쌓였고, 추조皺造를 성 밖
에서 사로잡았을 때는 죽어 넘어진 시체가 들을 덮었다. 연산군燕山郡에
서는 길환의 목을 진지 앞에서 베었고, 마리성馬利城이산군(伊山郡)인 듯하다에
서는 수오를 깃발 아래서 죽였다. 임존성任存城지금의 대흥군(大興郡)을 함락
하던 날에는 형적 등 수백 명이 목숨을 잃었고, 청천현淸川縣상주(尙州) 영내
의 현 이름을 격파했을 때에는 직심 등 4, 5명의 무리가 머리를 바쳤다.

---

1 중국 하夏나라의 걸왕과 은殷 나라의 주왕.
2 자신의 어미를 잡아먹는다는 맹수와 새. 불효를 상징한다.

동수桐藪지금의 동화사(桐華寺)는 깃발만 보고도 흩어져 달아났고 경산京山은 구슬을 머금고 항복했다.[3] 강주康州는 남쪽에서 와 항복했고 나부羅府는 서쪽에서 와서 복속되었다. 공략한 지역이 이와 같으니 수복될 날이 어찌 멀다 하겠는가?

반드시 저수泜水의 군영에서 장이張耳[4]의 천년 원한을 씻고 오강烏江[5] 기슭에서 한 차례의 승리를 얻어낸 한왕漢王의 소원을 성취하여 반드시 풍파를 그치게 하고 영원히 천하를 맑게 할 것이다.

하늘이 도울 것이니 천명이 어디로 돌아가겠는가? 하물며 오월왕 전하의 덕이 먼 변방까지를 미치고 인자함은 약한 자들을 불쌍히 여기고 있으니 특별히 조서를 내려 동방[靑丘][6]에서 병란을 끝내라는 가르침을 받았는데 어찌 감히 받들지 않겠는가?

만약 그대도 이 조서를 받들어 전쟁을 그친다면 상국의 어진 은혜에 부응하는 것일 뿐만 아니라 나아가 우리의 끊어진 대도 이을 수 있을 것이다. 그러나 만약 허물을 마땅히 고치지 않는다면 나중에 후회해도 소용없을 것이다.' 이 글은 바로 최치원[7]이 지어 왕에게 바친 것이다"

---

3 항복하는 예식을 뜻한다.
4 초한楚漢 때의 사람. 한신과 함께 조나라를 공격하고 진여를 저수에서 참수했다.
5 한나라 고조 유방과 천하를 다투던 항우가 기원전 202년에 해하 진투에서 패해 오강에서 자살했다.
6 중국에서 우리나라를 일컫던 말이다.
7 이에 대해서는 논란이 있는데, 최치원이 아니라 최승로가 지었다는 주장도 있다.

후백제와 고려의 계속되는 전투

932년(장흥長興[1] 3년)에 견훤의 신하로서 용맹한 지략가였던 공직이 태조에게 와서 항복했다. 이에 견훤은 공직의 두 아들과 딸을 잡아 다리 힘줄을 불에 지져 끊었다. 가을 9월에 견훤은 일길을 보내어 수군을 이끌고 고려 예성강을 침입하게 했다. 3일 동안 머물면서 염주, 백주, 진주 등 세 주의 배 1백여 척을 빼앗아 불사르고 돌아갔다.

934년(청태淸泰[2] 원년, 갑오)에 견훤은 태조가 운주어느 곳인지 자세히 알 수 없다에 주둔해 있다는 말을 듣고 군사를 뽑아 황급히 쳐들어갔다. 미처 진영을 설치하기도 전에 태조의 장군 유금필이 날랜 기병으로 이들을 막아내고 3천 명의 목을 베었다. 이후 웅진 이북 30여 성이 이 소문을 듣고 자진해서 항복했다. 견훤의 부하인 술사 종훈과 의원 지겸, 용장 상봉, 작필[3] 등도 태조에게 항복했다.

후백제에 반역이 일어나 견훤이 고려에 투항하다

936년(병신) 정월에 견훤이 아들에게 말했다.

"내가 신라 말년에 후백제를 세운 지 여러 해가 되었다. 병사는 북군(고려)보다 배나 되는데도 오히려 불리하니 아마도 하늘이 고려를 돕는 것 같다. 그러니 북쪽 고려왕(왕건)에게 귀순하여 목숨을 보전해야 하지 않겠느냐?"

---

1 중국 후당 명종의 연호, 930~933.
2 중국 후당 폐제廢帝의 연호, 934~936.
3 《삼국사기》에는 상달과 최필.

아들 신검, 양검, 용검 등 세 사람은 모두 응하지 않았다.

《이제가기李磾家記》에서는 "견훤에게 아홉 명의 자식이 있었다. 큰아들이 신검혹은 견성이며, 둘째가 태사 겸뇌, 셋째가 좌승 용술, 넷째가 태사 총지, 다섯째는 대아간 종우, 여섯째는 이름이 알려지지 않았고, 일곱째는 좌승 위흥, 여덟째는 태사 청구이다. 딸 하나는 국대부인이다. 모두 상원부인의 소생이다."라 했다.

견훤은 아내와 첩이 많아 아들을 10명이나 두었는데 넷째 아들 금강이 키가 크고 지혜가 뛰어났으므로 견훤이 특히 그를 사랑하여 왕위를 물려주려 했다. 그의 형 신검, 양검, 용검 등이 이 사실을 알고 근심하고 번민했다. 이때 양검은 강주 도독으로 있었고 용검은 무주 도독으로 있어서 오직 신검만이 견훤 곁에 있었다.

이찬伊湌 능환이 사람을 강주와 무주에 보내 양검 등과 반역을 모의했다. 935년(청태淸泰 2년, 을미) 봄 3월에 이들은 영순 등과 함께 신검에게 권하여 견훤을 금산의 불당⁴에 가두고 사람을 보내 금강을 죽였다. 그후 신검은 스스로 대왕이라 칭하고 나라 안의 모든 죄수들을 사면해 주었다.

처음에 견훤은 아직 잠자리에서 일어나기 전이었는데 멀리 궁정의 뜰에서 고함소리가 들리자 무슨 소리냐고 물었다. 신검이 아버지에게 고했다.

"왕께서 연로하셔서 정사를 돌보기에 힘이 드니 장자 신검이 부왕의 자리를 대신하게 되어 여러 장수들이 기뻐서 축하하는 소리입니다."

그리고 아버지를 금산의 불당으로 옮기고 파달 등 30여 명의 장사를 시

---

4 전북 김제군 모악산의 금산사.

켜 지키게 했다. 당시 이런 노래가 떠돌았다.[1]

> 가엾은 완산의 아이
> 아비를 잃고 울고 있네

견훤은 후궁과 나이 어린 남녀 2명, 시비 고비녀, 나인 능예남 등과 함께 갇혀 있다가 4월에 이르러 술을 빚어서 수비하는 장사 30명을 먹여 취하게 하고 고려로 도망쳤다.

태조는 소원보小元甫 향예, 오염, 충질 등을 보내 바다로 나가 맞게 했다. 고려에 이르니 견훤의 나이가 10년 위였으므로 상보[上父]라 존칭하게 하고 남궁에 편히 머물게 했다. 양주楊州의 식읍, 전장, 노비 40명, 말 9필을 내리고 후백제에서 먼저 항복해 와 있던 신강을 아전으로 삼게 했다.

견훤의 사위 영규가 내응하다

견훤의 사위 장군 영규가 비밀리에 아내에게 말했다.

"대왕께서 나라를 위해 애쓰신 지 40여 년 만에 공적을 거의 이루었는데 하루아침에 부자간의 불화로 나라를 잃고 고려로 가셨습니다. 정숙한 여인은 두 남편을 모시지 않고 충신은 두 임금을 섬기지 않는 법입니다. 만약 내 임금을 버리고 반역한 아들을 섬긴다면 무슨 낯으로 천하의 의로운 신하들의 얼굴을 볼 수 있겠습니까? 하물며 고려의 왕공은 어질고 후

---

1 〈완산요完山謠〉라고 한다.

덕하며 부지런하고 검소하여 민심을 얻었다 하니 아마도 하늘의 계시인 듯 합니다. 필시 삼한의 임금이 될 것이니 어찌 글을 올려 우리 임금을 위안하고 또한 왕공에게 은근히 하여 후일의 안전을 도모하지 않을 수 있겠습니까?"

그의 아내가 말했다.

"당신의 말씀이 바로 저의 뜻입니다."

936년(천복天福² 원년, 병신) 2월에 사람을 보내 태조에게 자기의 뜻을 전했다.

"왕께서 의로운 깃발을 드시면 성안에서 내응하여 왕사(고려군)를 맞이하겠습니다."

태조는 기뻐하며 사신에게 예물을 후하게 주어 보내면서 영규에게 감사의 뜻을 전하게 했다.

"만약 그대의 공으로 하나로 합하여 길이 막히는 일이 없게 된다면 제일 먼저 장군을 뵙고 다음에 당에 올라 부인께 절하여 형과 누님으로 받들어 반드시 보답하겠습니다. 천지신명 모두 이 말을 들었을 것입니다."

후백제의 멸망

6월에 견훤이 태조에게 말했다.

"노신老臣이 전하께 항복해 온 것은 전하의 위엄으로써 반역한 자식을 없애주기를 바란 것입니다. 엎드려 바라건대 대왕께서는 신병을 빌리시

---

2 후진後晉 고조高祖의 연호. 936~943.

어 적자와 난신을 죽이게 해 주시면 신은 비록 죽어도 여한이 없을 것입니다."

태조가 이에 답했다.

"그들을 토벌하지 않으려는 것이 아니라 때를 기다리는 것이다."

먼저 태자 무와 장군 술희를 보내 보병과 기병 10만 명을 거느리고 천안부로 가게 했다. 가을 9월에 태조는 삼군을 거느리고 천안에 이르러 군사를 합하여 일선군一善郡으로 진격하니 신검이 군사를 거느리고 막았다. 갑오일에 일리천一利川을 사이에 두고 서로 대치하니 고려 군사는 동북방을 등지고 서남쪽을 향해 진을 쳤다.

태조는 견훤과 함께 군대를 사열했는데 갑자기 창과 칼 같은 흰 구름이 아군 쪽에서 일어나 적군을 향해갔다. 이에 북을 치면서 나아가니 후백제의 장군 효봉, 덕술, 애술, 명길 등이 고려 병사의 형세를 크고 정돈된 것으로 보고 갑옷을 벗고 진 앞에 나와 항복했다.

태조는 이들을 위로하고 장수가 있는 곳을 물으니 효봉 등이 말했다.

"원수 신검은 중군中軍에 있습니다."

태조는 장군 공훤 등에게 명하여 삼군을 일시에 진군시켜 협격하니 후백제 군은 무너져 달아났다. 황산黃山 탄현炭峴에 이르러 신검이 두 아우와 장군 부달, 능환 등 40여 명과 함께 항복했다. 태조는 항복을 받고 나머지 군사들은 모두 회유해 처자와 함께 서울로 돌아가는 것을 허락했다.

태조는 능환에게 물었다.

"처음에 양검 등과 비밀리 모의하여 대왕을 가두고 그 아들을 왕위에 올린 것은 너의 계략이었다. 어찌 신하된 도리로 그럴 수가 있었느냐?"

능환은 고개를 숙이고 말을 하지 못했다. 마침내 그를 목 베어 죽였다. 신검이 왕위를 찬탈한 것은 주변의 협박 때문이며 그의 본심이 아니었다. 또 항복하여 죄를 빌었으므로 태조는 특별히 용서하여 죽이지 않았다. 견훤은 이 사실을 알고 분하게 여겨 등창이 나더니 며칠 만에 황산의 불당에서 죽었다. 때는 9월 8일이고 나이는 70세였다.

태조의 군령이 엄하고 분명해서 병사들은 조금도 법에서 어긋나지 않았으므로 모든 마을이 안정되고 어른 아이 할 것 없이 만세를 불렀다.

태조는 영규에게 말했다.

"전왕前王이 나라를 잃은 후에 신하 중에 왕을 위로해 주는 사람이 한 명도 없었는데 오직 경의 부부만이 천 리 밖에서 글을 보내 성의를 보이고 또한 나에게 아름다움을 보였으니 그 의리를 잊을 수 없다."

영규에게 좌승 벼슬과 밭 1천 경을 내리고 역마 35필을 빌려주어 가족들을 데려 오게 하고 그 두 아들에게도 벼슬을 주었다.

견훤은 892년(당唐나라 경복景福 원년)에 나라를 세워 936년(진晉나라 천복 원년)까지 45년 만인 병신년에 멸망했다.

《사론》에서 다음과 같이 논한다.

"신라는 운이 다하고 도를 잃어 하늘이 돕지 않았고, 백성들이 따르지 않았다. 여러 곳에서 도적들이 틈을 타 마치 고슴도치의 털처럼 일어났다. 그중에서도 강한 무리는 궁예와 견훤 두 사람이었다.

궁예는 본래 신라의 왕자였으나 오히려 제 나라를 원수로 삼아 심지어 선조의 화상을 칼로 베기까지 했으니 천성이 매우 어질지 못했다. 견훤은 신라의 백성으로 나라의 국록을 먹으면서도 나쁜 마음을 품고 나라의 위태로움을 기회로 삼아 신라의 도읍을 침략하여 임금과 신하를 짐승처럼 도륙하였으니 천하의 원흉이다. 궁예는 자신의 신하에게 버림을 당했고, 견훤은 그 아들에게서 화근이 발생했는데 모두 자초한 것이니 누구를 원망하겠는가?

항우[1], 이밀[2]의 뛰어난 재주로도 한과 당나라가 일어나는 것을 대덕하지 못했는데, 하물며 궁예와 견훤처럼 흉한 자들이 어찌 우리 태조에게 대항할 수 있었겠는가?"

한번 더 들여다보기

견훤(867~935)은 본래 농민 출신이었으나 군대에 들어가 서남 해안의 해적들을 물리치는 공을 세워 비장이 되었다.

신라 제51대 진성여왕(887~897) 시절 신라의 중앙세력은 약화되고 있었다. 그 틈을 타 지방의 여러 호족들은 각각 사병을 키워 독자적인 세력을 형성했다. 견훤을 비롯한 원종, 양길, 궁예 등이 그 대표적인 집단이다. 그중에서 견훤은 의자왕의 원한을 갚는다는 뜻을 내세우며 무진주(광주)와 완산주(전주)를 점령하고 국호를 후백제라 했다(900년). 신라에 대항하는 새로운 세력들이 독자적인 나라를 세움으로써 통일신라시대는 막을 내리고 후삼국 시대로 접어들게 되었다.

---

1 중국의 초楚나라의 영웅.
2 중국 수隋나라 말기의 군웅의 한 사람.

막강한 군사력으로 신라의 금성錦城(나주 일대)을 **빼앗은** 견훤은 마침내 서라벌을 습격했다. 포석정에서 신라의 경애왕(재위 924~927)을 잡아 자살하게 하고, 왕의 동생과 재상 그리고 여러 장인들을 잡아갔다. 후백제는 궁예나 왕건 같은 적대세력이 없었다면 후삼국 중에서 가장 먼저 신라를 타도할 정도로 세력이 컸다. 그러나 신라를 놓고 고려의 왕건과 대결하면서 상황이 달라졌다.

처음에는 후백제군이 월등하여 왕건은 몇 차례 죽을 고비를 넘기기도 한다. 그러나 후백제 왕실에 내분이 일어나 아들 신검이 견훤을 금산사에 유폐시키고 결국 견훤은 고려에 망명을 했다.

후백제는 936년 왕건의 군사들에 의해 멸망한다. 이때 견훤도 왕건과 함께 후백제의 군사들을 공격했는데 자신이 세운 나라를 스스로 멸망시킨 것이나 다름없다.

위의 이야기는 《삼국사기》 열전의 견훤편과 거의 동일하다. 다만 일연은 여기에 견훤의 출생 설화를 덧붙였다. 또 아들들에 의해 금산사에 유폐되었을 때 민간에서 떠돌던 노래도 전해준다. 이 유폐 사건은 후백제와 고려의 전투에 전환점이 되었으며 후백제 멸망을 좌초한 견훤의 비극적 삶을 상징적으로 보여준다.

그 외에 견훤과 왕건의 군사적 대결 또는 화친, 중국 오월과의 관계, 주고받은 친서 등은 한편의 드라마를 보는 듯한 서사적 광경이다. 《삼국유사》의 다른 이야기들과는 전혀 다른 매력을 보여준다. 과연 일연의 작품인지 의문이 들 정도이다.

견훤과 함께 후삼국 시대를 열었던 후고구려의 궁예는 918년 이미 왕건에 의해 몰락했기에 936년 후백제의 멸망으로 고려에 의한 통일 국가 시대가 열리게 되었다.

가락국기 駕洛國記 문종조[1] 대강(大康)[2] 연간에 금관(金官)[3]의 지주사(知州事)였던 문인(文人)이 지은 것을 여기에 축약해서 정리했다.

하늘에서 6개의 황금알이 내려오다

천지가 열린 이래 이 땅에는 아직 나라 이름도 없었고 또한 군신의 칭호도 없었다. 다만 아도간我刀干, 여도간汝刀干, 피도간彼刀干, 오도간五刀干, 유수간留水干, 유천간留天干, 신천간神天干, 오천간五天干, 신귀간神鬼干 등의 9간이 있었다. 이들 부족장이 백성들을 다스렸는데 모두 1만 호戶 7만 5천 명이었다. 사람들은 산과 들에 제각기 모여 살며 우물을 파서 마시고 밭을 갈아 생활했다.

42년(건무建武[4] 18년, 임인)[5] 3월 계욕일禊浴日[6]에 그곳 북쪽의 구지龜旨이 것은 산봉우리의 이름인데 여러 마리의 거북이 엎드린 형상과 같아서 구지라 불렸다에서 이상한 소리가 났다. 무리 2, 3백여 명이 구지봉에 모여들었다. 그때 사람소리

---

1 고려 제11대 왕. 재위 1047~1083.
2 중국 요遼 도종道宗의 연호. 1075~1084.
3 현재의 김해 지방으로, 본래는 가락국이었다.
4 중국 후한 광무제光武帝의 연호. 25~56.
5 신라 유리왕儒理王 즉위 19년.
6 이날 제액의 의미로 목욕하고 물가에 모여 술을 마시는 풍습이 있었다.

같았으나 형체는 보이지 않고 소리만 들렸다. "이곳에 사람이 있느냐?"

9간이 응답했다.

"우리들이 있습니다."

다시 묻는 소리가 들렸다.

"내가 있는 이곳이 어디인가?"

그들이 응답했다.

"구지봉입니다."

다시 묻는 소리가 났다.

"황천皇天께서 나에게 명하기를 이곳에 와서 나라를 세워 임금이 되라 하셨다. 그래서 내려왔다. 너희들은 반드시 이 봉우리의 흙을 파면서 노래하라.[7]

> 거북아 거북아 머리를 내밀어라
> 내놓지 않으면 구워 먹겠다

노래를 부르며 춤을 추어라. 그러면 곧 대왕을 맞아 너희들은 기뻐 날 뛰게 될 것이다."

9간이 그 말을 따라 모두 기쁘게 노래하고 춤추었다. 얼마 후 하늘을 우러러 바라보니 자색 줄이 하늘에서 내려와 땅에 닿았다. 줄 끝에 붉은 보자기에 싸인 금합金合이 있었다.

---

7 〈구지가龜旨歌〉.

열어 보니 해처럼 둥근 황금 알 6개가 들어 있었다. 사람들은 모두 놀라고 기뻐서 알을 향해 허리 굽혀 절을 했다. 다시 보자기에 싸서 아도간의 집으로 가져와 탑상榻上에 놓아두고 무리들은 각기 흩어졌다.

수로왕과 6가야의 탄생

12일이 지난 다음 날 아침에 무리들이 다시 모여 금합을 열어 보니 6개의 황금 알이 아이들로 변해 있었다. 용모가 매우 뛰어나니 상좌에 앉혀 절을 올리며 공경했다.

아이들은 나날이 자라 10여 일이 지나자 신장이 9척이나 되어 마치 은殷나라의 천을天乙[1]과 같았고, 얼굴은 용과 같아 한漢나라 고조高祖[2]와 같았다. 눈썹은 여덟 가지 색채를 띠어 당唐의 요堯임금[3]과 같았고, 눈이 겹동자인 것은 우虞나라 순舜임금과 같았다.

그달 보름날에 즉위했는데 처음 세상에 나타났으므로 이름을 수로首露라 했다. 또는 수릉首陵수릉은 붕어한 뒤의 시호이다이라고도 했다.

나라를 대가락大駕洛 혹은 가야국伽倻國이라 불렀다. 곧 6가야 중의 하나이다. 나머지 다섯 사람도 각각 5가야의 임금이 되었다.

동쪽은 황산강黃山江, 서남쪽은 창해滄海, 서북쪽은 지리산地理山, 동북쪽은 가야산伽倻山을 경계로 하여 나라 남쪽의 끝부분이 영토다.

왕은 가궁假宮을 짓게 해 거처했다. 질박하고 검소하여 풀로 이은 지붕

---

1 중국 은나라의 탕왕湯王.
2 중국 한나라를 세운 유방劉邦.
3 당나라 고조와 혼동되는 듯하나, 도당씨陶唐氏라 부른 요 임금을 가리킨다.

250

에 처마는 잘라내지도 않았고 흙으로 쌓은 계단은 석 자를 넘지 않았다.

가락국의 도읍을 정하다

수로왕 즉위 2년 계묘년(43년) 봄 정월에 왕은 말했다.

"도읍을 정하려고 한다."

왕이 수레를 타고 가궁의 남쪽 신답평新畓坪이 땅은 옛날부터 한전(閑田)이었다. 새로 경작했기 때문에 그렇게 불렸다. '답(畓)'은 속자이다으로 행차했다. 사방의 산악을 둘러보고 나서 신하들을 돌아보며 말했다.

"이곳은 여귀 잎사귀처럼 협소하나 지세는 뛰어나게 아름답다. 가히 16나한羅漢이 머무를 만한 땅이다. 또한 하나에서 셋을 이루고 셋에서 일곱을 이루니 칠성七聖이 살 만한 정말 좋은 곳이다. 이 땅에 의탁하여 개척하면 가히 훌륭하지 않겠는가?"

이에 둘레 1천 5백 보의 외성外城과 궁궐, 전당殿堂, 여러 관청의 청사와 무기고 및 창고를 지을 터를 정한 다음 환궁했다.

나라 곳곳의 장성, 인부와 장인들을 불러 모아 그달 정월 20일부터 성곽을 쌓기 시작하여 3월 10일에 이르러 역사를 마쳤다. 궁궐과 옥사屋舍는 농한기를 기다려 그해 10월에 시작하여 다음해 44년(갑진) 2월에 이르러 완성했다. 길일을 택하여 새 궁궐로 옮겨 모든 국정을 살피고 부지런히 도모했다.

수로왕이 탈해와 겨루다

이때 완하국玩夏國 함달왕含達王의 왕비가 임신하여 달이 차서 알을 낳앉는데 알이 변하여 사람이 되니 이름을 탈해脫解라 했다. 탈해가 홀연히 바닷길을 따라 가락국으로 왔는데 키가 3척이고, 머리둘레가 1척이었다. 탈해는 기꺼이 왕의 궁궐로 들어가 수로왕에게 말했다.

"나는 왕의 자리를 빼앗으러 왔다."

왕이 답했다.

"하늘이 나를 명하여 왕위에 오르게 하여 나라 안을 태평하게 하고 백성을 편안하게 하도록 명했다. 그러니 감히 천명을 어기고 왕위를 내줄 수 없으며 또 감히 내 나라와 백성을 너에게 맡길 수도 없다."

탈해가 말했다.

"그렇다면 서로의 재주로 겨루어 보자."

왕이 승낙했다. 순식간에 탈해가 변해 한 마리의 매가 되었다. 이에 왕은 독수리로 변했다. 탈해가 다시 참새로 변하니 왕은 변해서 새매가 되었다. 매우 짧은 시간 동안의 일이었다.

탈해가 본래의 모습으로 되돌아오니 왕 또한 본모습으로 돌아왔다. 마침내 탈해가 굴복하고 말했다.

"저와 술법을 다투는 자리에서 매가 독수리에게, 참새가 새매에게 잡히기를 면했는데 이것은 대개 성인께서 살생을 싫어하는 어진 마음을 가지고 있었기 때문입니다. 제가 왕과 왕위를 다투는 것은 진실로 어려운 일인 듯합니다."

탈해는 곧 하직하고 궁을 나와 가까운 나루터로 향했다. 중국 배들이 오가는 바닷길로 떠나려고 했다. 왕은 혹시 탈해가 머물며 난을 일으킬까 염려하여 급히 수군 50척을 내어 탈해를 쫓았다. 탈해는 급히 달아나 계림 땅으로 들어가니 수군은 모두 되돌아왔다.

이 기록은 신라의 것과는 많이 다르다.

수로왕이 아유타국의 공주를 왕후로 맞이하다

48년(건무建無[1] 24년 무신) 7월 27일에 9간이 조회 때 왕에게 말했다.

"대왕께서 내려오신 이후 좋은 배필을 아직 만나지 못하고 있습니다. 신들의 딸 중에서 가장 좋은 사람을 뽑아 왕비로 삼으면 좋겠습니다."

왕이 답했다.

"내가 이곳에 내려온 것이 천명이니 왕후를 얻는 것 또한 하늘이 명할 것이다. 그대들은 염려하지 마라."

그리고 유천간에게 가벼운 배와 빠른 말을 이끌고 망산도望山島에 가서 기다리라 명했다. 또 신귀간에게는 승점乘岾망산도는 가락국 서울 남쪽의 섬이며, 승점은 가락국의 중심이다으로 가도록 했다.

그때 과연 바다 서남쪽에서 붉은 돛을 달고 붉은 깃발을 휘날리며 북쪽으로 향해 오는 배가 있었다. 유천간 등이 망산도에서 먼저 햇불을 올리니 배 안의 사람들이 앞 다투어 육지로 올라서려 했다.

승점에 있던 신귀간은 이 광경을 바라보고 대궐로 달려가 왕에게 알렸다. 왕이 듣고 아주 기뻐했다. 곧바로 9간을 보내어 목련으로 만든 키를 정돈하고 계수나무로 만든 노를 저어[2] 영접하여 대궐로 모셔오게 했다.

---

1 중국 후한 광무제의 연호. 25~56.
2 좋은 배를 마련한다는 뜻이다.

왕후가 입을 열었다.

"나는 그대들을 처음 보는데 어떻게 경솔히 따라가겠느냐?"

유천간 등이 돌아가서 왕후의 말을 전했다. 왕 또한 그 말이 옳다 여겨 여러 신하들을 거느리고 행차했다. 대궐 아래 서남쪽 60보가량 되는 산기슭에 만전幔殿를 치고 왕후를 기다렸다.

왕후는 산 아래 별포別浦 나루터에 배를 매어두고 육지로 올라와 높은 언덕에서 잠시 멈추었다. 그리고 입었던 비단바지를 벗어 폐백 삼아 산신령에게 바쳤다.

왕후를 모시고 온 잉신勝臣[1] 두 사람이 있었는데 신보申輔와 조광趙匡이라 했으며, 그들의 아내 모정慕貞과 모량慕良, 노비들까지 모두 20여 명이 있었다. 가져온 금수錦繡, 능라綾羅, 의상衣裳, 금은보화 장신구 등은 이루 다 헤아릴 수 없었다.

왕후가 차츰 행궁行宮[2]에 가까워지자 왕이 나가 맞이하고 함께 장막으로 들어섰다. 잉신 이하 여러 사람들은 계단 아래로 나아가 왕에게 인사하고 곧 물러났다. 왕은 유사에게 잉신의 부부를 들게 하고 명을 내렸다.

"각각 한 방에 들게 하고 나머지 노비들은 한 방에 5, 6명씩 들게 하라."

왕은 그들에게 난초로 만든 음료와 좋은 술을 내렸다. 무늬와 채색이 있는 자리에서 재웠다. 가져온 옷과 비단, 보물들은 군사를 보내 지키게

---

1 결혼할 때 따라가는 신하.
2 임금이 순행할 때 잠시 머무는 곳.

했다. 그리고 왕과 왕후는 함께 침전에 들었다.

왕후가 조용히 왕에게 말했다.

"저는 아유타阿踰陁[3]국의 공주입니다. 성은 허許이며 이름은 황옥黃玉이며 나이는 열여섯입니다. 본국에 있을 때, 5월 어느 날 부왕과 황후께서 말씀하셨습니다. '아비와 어미가 어젯밤 꿈에 황천상제皇天上帝를 뵈었다. 상제께서 말씀하시길 가락국의 왕 수로는 하늘이 내려 보내 왕위에 오른 신성한 사람이다. 이제 새로 나라를 세웠으나 아직 배필을 정하지 못했다. 그대들은 반드시 공주를 보내어 배필이 되게 하라고 했다. 말을 끝내고 상제는 다시 하늘로 올라가셨다. 꿈에서 깨어난 후에도 상제의 말이 귀에 남아 있으니 너는 즉시 부모에게 작별을 고하고 그곳으로 가도록 해라.'

그래서 저는 바다로 나와 멀리 증조蒸棗를 찾고, 하늘을 멀리 날아 반도蟠桃를 좇아[4] 이제 아름다운 모습으로 감히 용안을 가까이 하게 되었습니다."

왕이 대답했다.

"나는 태어날 때부터 신성이 있어 공주가 멀리에서 오는 것을 미리 알고 있었다. 그래서 신하들이 왕비를 들이라 간청했을 때도 함부로 따르지 않았다. 이제 현숙한 그대가 스스로 왔으니 나로서는 무척 다행할 따름이다."

---

3 인도 중부에 있었던 고대왕국.
4 증조는 곧 화조火棗로 선인들이 먹는 과실. 반도는 선인들이 먹는 복숭아. 증조를 찾아 반도를 좇아왔다는 것은 선계의 신선을 찾아왔다는 의미이다.

왕과 왕후는 마침내 혼인하여 이틀 밤과 하루 낮을 보냈다. 왕후가 타고 온 배는 아유타국으로 돌려보냈다. 뱃사공 15명 모두에게 각각 쌀 10섬과 베 30필을 주었다.

8월 1일에 대궐로 돌아오면서 왕은 왕후와 함께 수레를 타고 잉신의 부부들도 수레를 나란히 했다. 그 나라의 여러 금은보화도 모두 싣고 천천히 돌아오니 거의 정오가 되었다.

왕후는 중궁中宮에 거처하게 했다. 잉신 부부와 사속私屬들에게는 빈 방 두 개를 주어 나누어 들게 하고 나머지 노비들에게는 20여 칸짜리 빈 관賓館 한 채를 주어 사람 수에 따라 배정했다. 날마다 쓸 물건은 넉넉하게 주고 가져온 귀한 물건들은 내고內庫에 보관하여 왕후가 사철 쓰도록 했다.

관제를 정비하다

어느 날 왕이 신하들에게 말했다.

"9간은 백관의 우두머리이다. 그런데 직위와 명칭이 소인배와 농부의 호칭인즉 결코 고관의 것이 아니다. 만일 다른 나라에 전해지면 분명 웃음거리가 될 것이다."

마침내 아도我刀를 아궁我躬으로, 여도汝刀는 여해汝諧로, 피도彼刀는 피장彼藏으로, 오도五刀는 오상五常으로 고치고, 유수留水와 유천留天의 이름은 위 글자는 그대로 두고 아래 글자만 고쳐 유공留功과 유덕留德으로 했다. 신천神天은 신도神道로 고치고, 오천五天은 오능五能으로 고치고, 신귀神鬼는 음은 본래대로 두고 의미만 바꾸어 신귀申貴로 했다.

신라의 관제를 취하여 각간, 아질간, 급간의 품계를 두고 그 이하 관료
는 주나라의 규례와 한나라의 직제에 따라 정했다. 이것은 곧 옛것을 버
리고 새것을 취하여 관직을 설치하고 배정하는 방도였다.

이에 나라와 집안을 잘 다스리고 백성을 자식과 같이 사랑했다. 교화
는 엄하지 않아도 저절로 위엄이 서고, 정사는 엄격하지 않아도 잘 다스
려졌다.

수로왕과 왕후의 죽음

또한 왕이 왕후와 더불어 있음을 비유하면 마치 하늘과 땅이, 해와 달
이, 양陽과 음陰이 함께 있는 것과 같았다. 그 내조의 공은 도산塗山[1]이 하
夏나라를 도운 것과 같았고, 요 임금의 딸[2]이 순임금을 도와 요嬌씨[3]를 일
으킨 것과 같았다. 그해 왕후는 곰을 얻는 길몽을 꾸어 태자 거등공居登
公[4]을 낳았다.

189년(중국 후한後漢 영제 중평中平 6년, 기사) 3월 1일에 왕후가 세상을
떠났다. 나이 157세였다. 나라 사람들은 마치 땅이 무너진 것처럼 슬퍼했
다. 구지봉 동북쪽에 있는 언덕에 장사지냈다.

생전에 백성들을 자식처럼 사랑했던 왕후의 은혜를 기리기 위해 가락

---

1 중국 하나라 우왕이 도산씨를 아내로 맞이한 곳.
2 순舜의 아내가 된 오제의 두 딸 아황과 여영.
3 순임금이 요허姚墟에서 태어났기 때문에 원래 성은 요姚인데, 교嬌는 이의 오기일 것으로
  추정된다.
4 가락국의 제2대 왕.

국으로 와서 처음 닻을 내린 나루터의 마을을 주포촌主蒲村이라 했다. 또한 비단바지를 벗은 높은 언덕을 능현綾峴이라 하고, 붉은 깃발이 들어왔던 바닷가는 기출변旗出邊이라 했다.

왕후를 따라온 신하 천부경泉府卿 신보와 종정감宗正監 조광은 이 나라에 온 지 30년 만에 각각 딸 둘을 낳았다. 이들 부부는 그 후 1, 2년을 더 살고 모두 세상을 떠났다. 그 밖의 노비들은 7, 8년이 지나도록 자녀들을 낳지 못했고 오직 고향을 그리워하다 모두 죽었다. 그들이 살던 빈관은 텅 비어버렸다.

수로왕은 왕후가 죽은 후 늘 외로운 베개에 의지하며 슬퍼하다가 10년을 지내고 199년(후한 헌제獻帝 건안建安 4년, 기묘) 3월 23일 세상을 떠났다. 나이 158세였다.

나라 사람들은 부모를 잃은 듯 왕후가 죽었을 때보다 더욱 비통해 했다. 마침내 대궐의 동북방 평지에 높이는 한 발, 둘레는 3백보되는 빈궁을 세워 장사지내고 수릉왕묘首陵王廟라 했다.

대를 이은 아들 거등왕居登王에서부터 9대 손 구형仇衡[1]에 이르기까지 이 묘廟에 제향을 올렸다. 매년 음력 정월 3일과 7일, 5월 5일, 8월 5일과 15일에 풍성하고 정결한 제전祭奠을 지내 대대로 이어져 끊이지 않았다.

---

1 가락국의 마지막 왕.

신라에서 가야왕들의 제사를 지내다

신라 30대 법민왕法敏王[2]은 661년(용삭龍朔[3] 원년, 신유) 3월에 조서를 내렸다.

"가야국 시조의 9대손 구형왕이 이 나라(신라)에 항복해 올 때 데리고 온 아들 세종世宗의 아들이 솔우공率友公이며, 그의 아들 서운庶云 잡간의 딸인 문명왕후文明王后[4]가 바로 나를 낳으셨다. 때문에 가야국의 시조 수로왕은 나에게 곧 15대 시조다. 그 나라는 이미 망했으나 묘廟는 지금도 남아 있으니 종묘에 합설合設하여 제사를 계속 지내도록 하라."

이에 사자를 보내어 묘 가까이에 있는 가장 기름진 밭 30경을 위토位土[5]로 정하고 왕위전王位田이라 했다. 그리고 신라의 위토에 귀속시켰다.

수로왕의 17대손 급간 갱세賡世는 조정의 뜻을 받들어 그 제전을 주관하여 매년 세시歲時에 술과 감주를 빚고 떡, 밥, 차, 과일 등의 제물을 차려 제사 지냈으며 한 해도 거르지 않았다. 제일祭日은 거등왕이 정한 연중 5일을 어김없이 지켜 이 향사享祀는 이제 우리(고려)가 맡게 되었다.

거등왕이 즉위한 199년(기묘)에 편방便房[6]을 설치한 이래로 구형왕 말년까지 330년 동안 묘의 제사는 오래도록 어김이 없었다. 그러나 구형왕이 왕위를 잃고 나라를 떠난 후부터 661년(용삭 원년, 신유)까지 60년[7] 동안에

---

2 신라 제30대 문무왕의 이름.
3 중국 당 고종의 연호, 661~663.
4 김유신의 누이동생, 김춘추의 부인.
5 이 땅에서 거둔 수확은 제사 비용으로 쓰인다.
6 능묘 앞이나 옆에 설치한 작은 방으로 제사를 지내는 곳.
7 실제로는 120여 년이다.

는 간혹 이 묘의 제사가 걸러지기도 했다.

아름답구나! 문무왕이 먼저 조상을 받들어 모시니 효성스럽구나! 끊어진 제향을 다시 이어 시행하였도다!

제사와 관련해 생긴 기이한 일들

신라 말기에 잡간 충지忠志란 자가 있었는데 금관고성金官高城을 공략하여 성주장군城主將軍[1]이 되었다. 부하 아간 영규英規란 자가 장군의 위세를 업고 묘의 제향을 빼앗아 함부로 제사를 행했다. 단오날 사당에 제사를 지내는데 까닭 없이 대들보가 무너져 압사하고 말았다. 장군이 혼잣말을 했다.

"다행히 전세의 인연으로 분에 넘치게 성왕(수로왕)이 계시던 국성國城에서 제사를 맡게 되었으니 마땅히 그 영정影幀을 그려 모시고 향과 등을 바쳐 신하된 은혜에 보답해야겠다."

이에 교견鮫絹[2] 3척에 왕의 진영을 그려 벽 위에 모시고 아침저녁으로 촛불을 켜 경건하게 기도했다. 불과 3일도 안 되어 진영의 두 눈에서 피눈물이 흘러 땅 위에 한 말가량 고였다. 장군은 너무 두려워 그 진영을 받들고 묘 앞으로 나아가 불살랐다. 그리고 즉시 왕의 직계후손 규림圭林을 불러 말했다.

"어제 변고가 있었다. 어떻게 같은 변고가 거듭 일어나는가? 이것은 아

---

1 신라 말기에 지방의 호족들은 성주와 장군을 겸하였다.
2 남해 지방에 나는 비단.

마 묘의 위령威靈이 내가 화상을 그려 공양한 것을 불손하게 여겨 노한 것이다. 영규는 이미 죽었고 나 역시 이상하게 생각되고 두려워 영정을 불태웠으니 반드시 신의 벌을 받게 될 것이다. 왕의 진손인 그대가 예전대로 제사를 받드는 것이 옳겠다."

규림이 대를 이어 제사를 받들었다. 규림이 나이 88세에 죽으니 아들 간원경間元卿이 이어 받들었다.

단오날 알묘제謁廟祭에 영규의 아들 준필俊必이 또 미친 증세가 일어나 묘에 와서 간원이 차린 제물을 치우게 하고, 자기가 가져온 제물을 놓고 제사를 지냈다. 세 차례의 헌작獻爵이 끝나기도 전에 갑자기 병이 나서 집으로 돌아가 죽고 말았다.

옛사람의 말에 '함부로 제사를 지내면 복이 없고 오히려 재앙을 받는다.'고 했는데, 전에 영규에게 그런 일이 있었고, 그 뒤에 준필이 그러했으니 이들 부자를 두고 한 말이 아니겠는가!

또 사당 안에 금옥金玉이 많다고 믿어 훔치러 온 도적들이 있었다. 처음에 도적들이 왔을 땐 몸에 갑옷을 걸치고 활과 화살을 든 맹사猛士 한 사람이 사당 안에서 나타나 사방으로 비 오듯 활을 쏘았다. 7, 8명의 도적들을 맞추어 죽이니 도적들은 달아났다. 며칠 후에 다시 오니 이번에는 길이가 30여 자나 되고 안광이 번개처럼 번득이는 커다란 뱀 한 마리가 나타나 도적 8, 9명을 물어 죽였다. 겨우 죽음을 면한 자들도 모두 엎어지고 넘어지며 달아났다. 따라서 능원陵園의 안팎에는 필시 신물神物이 있어 보호하고 있음을 알게 되었다.

199년[1](건안建安[2] 4년, 기묘)에 처음 사당이 세워진 때로부터 지금 임금[3]
이 즉위한 31년인 1076년(대강大康[4] 2년, 병진)에 이르기까지 878년이 되었
으나 제단의 봉토는 허물지지도 않았고, 심어 놓은 나무도 시들거나 죽지
않았다. 또한 늘어놓은 옥 조각도 부서지지 않았다.

신체부辛替否[5]는 '예로부터 지금까지 어찌 망하지 않은 나라가 있으며,
허물어지지 않은 무덤이 있겠느냐?'고 했다. 가락국이 일찍이 망한 것은
그의 말이 맞지만, 수로왕의 사당이 지금까지 허물어지지 않은 것을 보면
곧 체부의 말도 믿을 수 없다.

수로왕을 기리는 놀이

또한 수로왕을 기리며 하는 놀이가 있다. 매년 7월 29일에 이곳 지방
백성들과 이속吏屬들은 승점乘岾[6]에 올라가 장막을 설치하고 술과 음식을
먹고 즐기며 동서편으로 눈길을 보내고 건장한 청장년들은 좌우로 나뉘어
망산도望山島[7]로부터 급히 말을 몰아 뭍으로 달린다. 바다에서는 배를 띄
워 서로 밀면서 북쪽 고포古浦를 향해 다투어 내닫는다. 대개 이것은 옛날
에 유천간과 신귀간이 허황후가 오는 것을 바라보고 수로왕에게 급히 아

---

1 수로왕이 돌아간 해.
2 중국 후한 헌제獻帝의 연호, 196~220.
3 고려의 문종文宗 때를 말한다.
4 중국 요 도종道宗의 연호, 1075~1084.
5 중국 당 중종과 예종 때의 사람으로 지나친 토목 공사에 대해 상소했다.
6 신귀간이 허황후가 오는 것을 바라보던 곳.
7 유천간이 허황후의 도래를 기다리던 곳.

뢰었던 옛 자취이다.

가락국 멸망 이후 지명의 변천

나라(가락국)가 망한 후 대대로 이곳에 대한 칭호는 하나가 아니었다. 신라 제31대 신문왕이 즉위한 681년(개요開耀[8] 원년, 신사)에는 금관경金官京이라 하고 태수를 두었다. 259년 후 우리 태조가 후삼국을 통합한 뒤로는 대대로 임해현臨海縣이라 하여 배안사排岸使를 두어 48년이 지났다. 다음에는 임해군臨海郡 또는 김해부金海府라고도 하여 도호부를 두어 27년간을 지냈다. 또 방어사防禦使를 둔 것이 64년 동안이었다.

수로왕 능묘 전답 문제

991년(순화淳化[9] 2년), 김해부의 양전사量田使[10] 중대부中大夫 조문선趙文善의 조사보고에 따르면, '수로왕 묘에 속한 전답의 결수結數[11]가 너무 많으니 15결로 하여 옛 관례를 따르고 그 나머지는 김해부의 역정役丁들에게 나누어 주는 것이 좋겠다.'고 했다.

관할하는 관서에서 장계를 임금에게 올렸더니 조정에서 다시 왕의 칙지를 내렸다. '하늘이 내려주신 알이 변하여 성군聖君이 되고, 왕위에 계

---

8 중국 당 고종의 연호, 681~682.
9 중국 송 태종太宗의 연호, 990~994.
10 전답 측량의 사명을 띤 관리.
11 결은 토지의 면적을 표시하는 것이다. 1결은 100부, 1부는 100속.

시어 향수享壽 158세에 이르렀으니, 저 삼황[1] 이후로 능히 이에 견줄 사람이 없다. 왕이 돌아가신 후 선대로부터 묘에 속한 전답을 지금 줄이는 것은 진실로 두려운 일이다.'

왕이 허락하지 않으니 양전사가 거듭 고했다. 이에 조정에서도 받아들여 전답의 반은 능묘에 두어 옮기지 않고 반은 지방 역정에게 나누어 주도록 지시했다.

양전사는 조정의 뜻을 받들어 반을 수로왕의 묘에 소속시켜 두고, 절반은 김해부의 부역하는 호정戶丁들에게 지급했다. 이 일이 거의 끝날 무렵 양전사는 몹시 피곤함을 느끼더니 문득 어느 날 저녁 꿈에 7, 8명의 귀신이 포승과 칼을 들고 나타나 외쳤다.

"너는 큰 죄를 지었다. 그래서 베어 죽일 것이다."

양전사는 형을 받고 아픈 비명을 지르다 놀라 깨어났는데 병이 들고 말았다. 다른 사람에게 알리지도 않고 도망갔으나 병이 낫지 않았으므로 관문을 지나다 죽고 말았다. 이 때문에 양전도장量田都帳[2]에는 그의 도장이 찍히지 않았다.

그 뒤에 조정의 명을 받은 사자가 와서 전토를 조사해 보니 11결 12부 9속뿐으로 3결 87부 1속이 부족했다. 이에 없어진 밭을 조사하여 관아에 보고하고 왕명으로 다시 부족분을 주게 했다. 고금에 탄식할 일이었다.

---

1 중국 고대의 천자. 즉 복희씨, 신농씨, 황제씨.
2 토지 측량대장.

왕후사 창건

시조(수로왕)의 8대손 김질왕金銍王[3]은 부지런히 정사를 살피고 정성스럽게 도를 숭상했다. 시조모始祖母 허황후의 명복을 빌기 위해 452년(원가元嘉[4] 29년, 임진)에 수로왕과 황후가 만나 혼인했던 곳에 절을 세우고 왕후사王后寺라 했다. 사자를 보내 근처의 평전平田 10결을 측량하여 삼보三寶[5]를 위한 공양의 경비에 쓰도록 했다.

이 절이 세워진 지 500년 후에 장유사長遊寺가 세워졌는데 절에 귀속된 전토가 3백결이나 되었다. 이 일로 인해 장유사의 삼강三綱[6]은 왕후사가 이 절 숲의 동남쪽 경계 안에 있다고 하여 왕후사를 폐하고 장사莊舍로 하여 곡간과 마소를 기르는 마구간으로 만들어버렸으니 실로 슬픈 일이다.

가락국 사적

시조 이하 9대손의 연대는 아래에 자세히 기록했다. 사적을 새긴 글은 이러하다.

천지가 비로소 열리고 해와 달이 밝게 빛났다
인륜이 비록 생겨났으나 임금의 지위는 아직 이루어지지 않았다

---

3 가야국의 제8대 왕. 재위 451~492.
4 중국 남송南宋 문제文帝의 연호, 424~453.
5 불가에서 말하는 불佛, 법法, 승僧. 일체의 부처를 불, 부처의 설법을 보, 수행하는 이들을 승려라 한다.
6 사찰을 관리하는 승직. 상좌上座, 사주寺主, 유나維那.

중국의 왕조는 벌써 여러 세대를 지냈으나 동국東國에서는 아직
서울이 나뉘어 있었다
신라가 먼저 정해지고 가락은 뒤에 경영되었다
스스로 나타나 다스릴 사람이 없으면 누가 백성들을 보살필 것인가
마침내 상제께서 저 백성을 돌보셨다
부명符命[1]을 주어 정령精靈을 내려 보내셨다
산중으로 알이 내려 안개 속에 형체를 감추었다
안은 밝지 않았으며 밖도 역시 어두웠다
바라보면 형상은 없는 듯 했으나 들으면 곧 소리가 있었다
무리들이 노래를 불러 아뢰고 춤을 추어 바쳤다
7일이 지나니 잠시 안정되었다
바람이 불어 구름이 걷히니 하늘이 푸르렀다
6개의 둥근 알이 한 줄기 자줏빛 끈에 매여 내려왔다
낯선 땅에 집과 집이 지어졌다
보는 사람은 담처럼 늘어섰고 쳐다보는 사람 들끓었다
다섯 분은 각 읍으로 돌아가고 한 분만 이 성에 남았다
같은 때에 같이 한 흔적이 형제와 같았다
진실로 하늘이 덕 있는 이를 내어 세상을 위해 질서를 만들었다
왕위에 처음 오르니 천하가 맑고 밝아지려 했다
궁전은 옛 제도를 따랐고 흙 계단은 오히려 평평했다

---

1 천자가 제후를 임명할 때 주는 것.

천하를 다스림에 힘쓰고 서정庶政을 보살폈다

치우침과 구차함이 없으니 순일純一하고 정수精粹할 뿐이었다

길손은 서로 양보하고 농사짓는 사람은 경작을 양보했다

사방은 안정되고 만민이 태평했다

갑자기 풀잎의 이슬처럼 마르니 수명을 보전하지 못했다

하늘과 땅의 기운이 바뀌고 조야가 모두 슬퍼했다

황금 같은 발자취이며 옥과 같은 명성을 떨쳤다

후손이 끊어지지 않으니 영묘靈廟의 제사가 향기로웠다

세월은 비록 흘렀으나 규범은 기울지 않았다

거등왕居쯒王

아버지는 수로왕이고 어머니는 허許왕후다. 199년(건안建安 4년, 기묘)
3월 13일 왕위에 올라 39년 동안 다스렸다. 253년(가평嘉平 5년, 계유) 9월
17일에 세상을 떠났다. 왕비는 천부경 신보의 딸 모정이며, 태자 마품麻品
을 낳았다. 《개황력開皇曆》에 '성은 김씨이고 무릇 세조(시조)가 금알에서
난 까닭에 금金을 성으로 삼았다.'고 했다.

마품왕麻品王

마품馬品이라고도 한다. 성은 김씨다. 가평 5년 계유에 왕위에 올라 나
라를 다스리기 39년, 291년(영평永平 원년, 신해) 1월 29일에 세상을 떠났
다. 왕비는 종정감宗正監 조광의 손녀 호구好仇이며 태자 거질미居叱彌를
낳았다.

거질미왕居叱彌王

금물今勿이라고도 한다. 성은 김씨다. 영평 원년에 왕위에 올라 나라를 다스리기 56년, 346년(영화永和 2년, 병오) 7월 8일에 세상을 떠났다. 왕비는 아간阿干 아궁阿躬의 손녀 아지阿志이며, 왕자 이시품伊尸品을 낳았다.

이시품왕伊尸品王

성은 김씨다. 영화 2년에 왕위에 올라 나라를 다스리기 62년, 407년(의희義熙 3년, 정미) 4월 10일에 세상을 떠났다. 왕비는 사농경司農卿 극충克忠의 딸 정신貞信이며, 왕자 좌지坐知를 낳았다.

좌지왕坐知王

김질金叱이라고도 한다. 의회 3년에 왕위에 올랐다. 용녀傭女[1]에게 장가들어 그 여자의 무리를 관리로 삼았으므로 나라가 시끄러웠다. 신라에서 계략으로 가락국을 치려고 했다. 이때 가락국에 박원도朴元道라는 신하가 있었는데 그가 왕에게 간하였다.

"유초遺草를 깎고 깎아도 풀이 나는데 하물며 사람도 다르지 않습니다. 하늘이 망하고 땅이 꺼지면 사람이 어느 곳인들 보전되겠습니까. 또 점성사가 점을 쳐서 풀이했는데 그 점괘에 따르면 '소인을 제거하면[2] 군자인 벗이 와서 도울 것이다.'라고 했으니 임금께서는 주역의 괘를 살피시기 바

---

1 아랫사람으로 부리던 여자.
2 용녀와의 관계를 말한다.

랍니다."

왕이 말했다.

"너의 말이 옳다."

왕은 용녀를 물리쳐 하산도荷山島로 귀양을 보내고 정치를 고쳐 행하여 백성을 편안하게 다스렸다. 나라를 다스리기 15년, 421년(영초永初 2년, 신유) 5월 12일에 세상을 떠났다. 왕비는 대아간大阿干 도령道寧의 딸 복수福壽이며, 아들 취희吹希를 낳았다.

취희왕吹希王

질가叱嘉라고도 한다. 김씨이며 영초 2년에 왕위에 올라 나라를 다스리기 31년, 451년(원가元嘉 28년, 신묘) 2월 3일에 세상을 떠났다. 왕비는 각간角干 진사進思의 딸 인덕仁德이며 왕자 질지銍知를 낳았다.

질지왕銍知王

김질왕金銍王이라고도 한다. 원가 28년에 왕위에 올랐다. 이듬해 시조의 비 허황옥許黃玉의 명복을 빌기 위해 왕후가 처음 시조와 결혼했던 곳에 절을 세워 왕후사王后寺라 하고 밭 10결을 바쳐 비용을 충당하게 했다. 나라를 다스리기 42년, 492년(영명永明 10년, 임신) 10월 4일에 세상을 떠났다. 왕비는 사간沙干 김상金相의 딸 방원邦媛이며 왕자 겸지鉗知를 낳았다.

겸지왕鉗知王

김겸왕金鉗王이라고도 한다. 영명 10년에 왕위에 올라 나라를 다스리기

30년, 521년(정광正光 2년, 신축) 4월 7일에 세상을 떠났다. 왕비는 각간角 干 출충出忠의 딸 숙淑이며 왕자 구형仇衡을 낳았다.

구형왕仇衡王

성은 김씨다. 정광 2년에 왕위에 올라 나라를 다스리기 42년, 562년(보 정保定 2년, 임오) 9월에 신라 제24대 진흥왕이 군사를 일으켜 가락국을 쳐 들어오니 왕은 친히 군졸을 지휘했으나 저편은 군사가 많고 이편은 적어 서 대전할 수 없었다. 이내 왕은 탈지이질금脫知爾叱今을 보내어 본국에 머물러 있게 하고, 왕자와 장손 졸지공卒支公 등과 항복하여 신라로 들어 갔다.

왕비는 분질수이질分叱水爾叱의 딸 계화桂花이며, 세 아들을 낳았는데, 첫째는 각간角干 세종世宗이고, 둘째는 각간 무도武刀이며, 셋째는 각간 무 득茂得이다. 《개황록開皇錄》에는 '532년(양梁의 무제武帝 중대통中大通[1] 4년, 임자)에 구형왕仇衡王이 신라에 항복했다.'고 했다.

일연의 논평

논평해서 말한다.

《삼국사기三國史記》를 살펴보면, 구형왕은 양나라 무제 중대통 4년, 임 자에 국토를 바치고 신라에 항복했다고 한다. 그렇다면 수로왕이 처음 왕 위에 오른 42년(동한東漢 건무建武 18년, 임인)으로부터 구형왕의 말년인 임

---

1 중국 양 무제武帝의 연호, 529~535.

자(532)까지 490년이 된다. 그러나 이 기록(가락국기)에서 살펴본다면 국토를 바친 것이 562년(원위元魏² 보정保定 2년, 임오)에 해당하므로 30년을 더 하면 총 520년이다. 그래서 이 두 가지 기록을 다 적어 둔다.

한번 더 들여다보기

가야는 6세기 신라에 의해 멸망될 때까지 약 500여 년간 존속했다. 그러나 《삼국사기》에는 가야의 역사가 기록되어 있지 않다. 일연의 《삼국유사》에 실린 '가락국기'가 유일하게 신비에 쌓인 가야의 역사를 이해하는 데 참고가 된다.

신화에 따르면 나라가 없던 때에 백성들이 구지봉에 올라 구지가를 부르며 제사를 지내자 하늘에서 황금 알 6개가 내려왔다. 12일이 지난 후 첫 번째 알에서 태어난 수로왕을 시조로 한 나라가 가락국 즉 금관가야이며, 나머지 다섯 알에서 각각 5가야의 왕이 태어났다. 5가야는 바로 대가야, 성산가야, 아라가야, 고령가야, 소가야다. 그러나 6가야에 대해서는 다른 학설도 존재한다. (제1 기이(상) '5가야'편 참조)

가야 연맹의 맹주국 금관가야가 자리 잡고 있던 김해 지방은 낙동강 유역으로 벼농사가 잘 되었으며, 바다를 끼고 해상교통이 발달하여 낙랑군 등 한나라를 비롯하여 왜국과의 무역활동이 활발했던 곳이다. 또한 철이 많이 생산되었다.

---

2 북주北周, 북위의 후신.

신화에 나오는 황금빛 상자는 바로 철기문화를 뜻하는 것으로 6개의 알은 외부에서 철기문화를 가져온 사람을 상징하는 것으로 본다. 옛 가야의 유적에서 발굴되는 철제갑옷 등 각종 유물이 철기문화를 바탕으로 한 가야의 국력과 왕권이 상당했음을 알 수 있다.

그러나 가야는 지리적으로 백제와 신라의 사이에 있었기 때문에 두 나라의 압력으로 큰 발전을 이루지 못했다. 기원전 4세기경에는 백제와 우호적 관계를 유지하며 신라에 맞설 정도로 강한 세력이었다. 그러나 4세기말~5세기에 걸친 고구려의 남하 정책은 이들 세력 간의 균열을 낳았다. 백제와 신라가 동맹관계를 맺자 위협을 느낀 가야 연맹은 고령의 대가야를 중심으로 새로이 연맹을 형성한다.

그러나 6세기 이후 신라의 영토 확장 정책은 가야를 압박했다. 결국 532년 금관가야가 신라에 복속되고 562년 대가야가 신라에 항복함으로써 가야의 역사는 막을 내리게 된다.

일연은 제1 기이편(상)에 '5가야'에 대해 간략하게 소개해 놓았다. 그리고 다시 가야의 역사를 조망했다. 앞장에서도 말했지만 삼국이 통일되는 과정에서 후백제와 함께 사라진 역사에 주목한 것으로 보인다.

수로왕의 탄생설화, 허황후와 결혼, 석탈해와 왕위 다툼, 수로왕의 능묘와 제사에 얽힌 이야기를 비롯하여 9명의 가야왕들에 대한 사적도 정리해 놓았다.

수로왕과 왕위를 다툰 신라의 왕 탈해는 신라에 가기 전 먼저 가락국에 도착했던 것으로 보인다. 왕과 기예를 다투어 보았으나 승복하고 신라로 건너가 왕위에 올랐다.

이 설화는 철기문화를 가진 이주민 집단과 토착세력인 가락국 사이에 세력 다툼이 있었을 것으로 추측되는 부분이다. 그러나 가락국은 천명天命에 의해 탄생된 나라이니 신라의 침입에도 굳건했음을 상징하는 것이다.

일연은 위의 이야기 등이 신라의 기록과는 많이 다르다고 밝혔다. 즉 신라와 가야 초창기에는 가야의 세력이 더 강력했었으나 통일신라 중심의 역사로 인해 왜곡되거나 누락되어 거의 사라진 역사가 되었다는 것이다. 또한 신라 문무왕이 수로왕의 제사를 종묘에 모시며 자신이 가야(태종무열왕의 비, 문명왕후 김해 김씨)의 후손임을 밝히는 것이라든지, 수로왕릉과 사당의 신령스러운 기운으로 수로왕 제사가 지금까지 이어지는 일화에서는 가야와 통일신라의 혈통이 이어지고 있음도 시사하고 있다.

구지가는 일명 영신군가迎新君歌라고 한다. 즉 왕을 맞이하는 의식과 절차를 노래한 것이라는 의미이다. 수로부인의 설화에 나오는 '해가'는 바로 이 구지가가 전승된 것으로 본다.

거북은 예로부터 신과 인간을 이어주는 매개 역할을 한다고 생각했다. 나라의 중대사나 자연재해가 있을 때 거북의 등껍질을 태워 갈라진 금을 보고 길조吉兆를 판단하기도 했다. 따라서 구지가에 대해서도 잡귀雜鬼를 좇는 주문呪文, 영신제迎新祭의 노래, 또는 노동요, 성적 행위의 표시 등 다양하게 해석되고 있다.

제 3 권

제3 흥법, 제4 탑상

삼국에서 불교가 공인되기까지의
불교 전래에 대한 기술과
불교신앙의 대상인 석탑, 범종, 불상,
사찰에 대한 기록이 담겨 있다.
일연의 불교적 세계관을
짐작할 수 있다.

제3 흥법興法

순도조려順道肇麗

순도[道公] 이후에는 또한 법심(法深), 의연(義淵), 담엄(曇嚴) 등이 각각 불교를 일으켰으나 고전(古傳)에는 기록이 없다. 따라서 이곳에 분별없이 순서에 넣어 편하지 않는다. 자세한 것은 승전(僧傳)[1]에 있다.

순도가 고구려에 불교를 전하다

《고구려본기》의 기록이다.

372년 소수림왕小獸林王[2] 즉위 2년(임신), 즉 동진東晉의 함안咸安[3] 2년, 효무제孝武帝가 즉위한 해이다. 전진前秦의 왕 부견符堅이 사신과 승려 순도順道를 시켜 불상과 경문을 보내왔다. 당시 부견은 관중(關中), 즉 장안(長安)에 도읍했다.

---

1 《해동고승전海東高僧傳》. 고려 고종 2년(1215)에 승려 각훈이 지은 책으로 삼국시대 고승들의 전기이다.
2 고구려 제17대 왕, 재위 371~384.
3 중국 동진 간문제簡文帝의 연호, 371~372.

또 374년 동왕 즉위 4년(갑술)에 아도阿道⁴가 동진에서 왔다. 이듬해(375년, 을해) 2월에 초문사肖門寺를 지어 순도를 머물게 했다. 또 이불란사伊弗蘭寺를 지어 아도를 머물게 했다. 이것이 고구려 불교의 시작이다.

《승전》에는 '순도와 아도가 위魏나라에서 왔다'고 하는데 잘못이다. 전진前晉에서 온 것이 확실하다. 또 초문사는 지금(고려)의 흥국사興國寺⁵이고, 이불란사는 지금(고려)의 흥복사興福寺⁶라 한 것도 잘못된 것이다.

살펴보니 고구려 때의 도읍은 안시성安市城⁷, 일명 안정홀安丁忽이니 요수遼水의 북쪽에 위치했고 요수는 일명 압록鴨淥으로 지금은 안민강安民江이라 한다. 송경松京의 흥국사의 이름이 어찌 이곳에 있을 수 있겠는가? 다음과 같이 찬한다.

> 압록강에 봄 깊어 풀빛 고운데
> 갈매기 한가롭게 졸다가
> 문득 노 젓는 소리에 놀라네
> 어느 곳 고깃배가 손님 싣고 오는가

---

4. 순도와 더불어 고구려 불교의 시초이다.
5 지금의 개성 북부 병부교 근처에 절터만 남아 있다. 고려 태조 7년에 창건된 것으로 고려 시대 가장 중요한 사찰이다.
6 개성 부근이라고 하나 정확히 알 수 없다.
7 고구려의 첫 도읍인 졸본卒本(홀본忽本)을 가리킨 것이 아닌가 한다.

난타벽제難陁闢濟

마라난타가 백제의 불교를 열다

《백제본기》의 기록이다.

384년 제15대《승전》에는 14대로 되어 있는데 잘못이다 침류왕枕流王[1] 즉위년(갑신)동진(東晉) 효무제(孝武帝) 태원(太元) 9년에 인도의 승려 마라난타摩羅難陁가 동진에서 왔다. 왕은 그를 궁중으로 맞아들이고 예우했다.

이듬해 385년(을유)에 새 도읍 한산주漢山州에 절을 세우고 승려 10명을 두었으니 이것이 백제 불교의 시초이다. 또 392년 아신왕阿莘王[2]이 즉위한 태원 17년 2월에 교령을 내려서 불법을 신봉하여 복을 구하라 했다.

마라난타는 우리말로 하면 동학童學이라 한다. 그의 특이한 행적은 《승전》에 자세하게 나와 있다.

다음과 같이 찬한다.

> 하늘과 땅이 일어날 때
> 대개 재주 자랑하기 어려운데
> 스스로 깨우쳐 노래와 춤으로
> 주변 사람들을 이끌어 눈뜨게 하네

---

1 백제 제15대왕, 재위 384~385.
2 백제의 제17대 왕.

아도기라 阿道基羅 혹은 아도(我道) 또는 아두(阿頭)

아도가 신라 불교의 기초를 닦다

《신라본기》제4권에 다음과 같은 기록이 있다.

제19대 눌지왕 때 사문沙門[3] 묵호자墨胡子[4]가 고구려에서 일선군一善郡[5]에 이르렀는데 그곳 사람 모례毛禮혹은 모록(毛祿)가 자기 집 안에 굴을 파고 머물도록 했다.

그때 양梁나라에서 사신을 통해 의복과 향을 보내왔다. 고득상의 영사시(詠史詩)에는 양나라에서 원표란 사승(使僧)을 시켜 명단(溟檀), 불경, 불상들을 보내왔다고 한다. 그러나 신라의 임금과 신하들은 그 향의 이름과 용도를 알지 못했다. 사람을 시켜 향을 가지고 나라 안을 돌며 알아보라 했다. 묵호자가 그것을 보고 말했다.

"이것은 향이라는 것입니다. 불에 태우면 진한 향기가 나기 때문에 신성神聖에게 정성을 통하게 하는 데 쓰입니다. 신성한 것 중에서 삼보三寶보다 나은 것이 없으니 향을 피우고 기원하면 반드시 영험이 있을 것입니다."신라의 눌지왕[6]은 중국의 진송(晉宋)시대[7]에 해당되니 양나라[8]에서 사자를 보냈다는 것은 잘못된 기록이다.

---

3 속세를 떠나 수도 생활을 하는 사람을 총칭하는 것으로 비구比丘와 같은 뜻.
4 서역승을 지칭하는 것으로 추측하기도 한다.
5 현재의 경북 구미시 부근.
6 신라의 제19대 왕, 재위 417~458.
7 동진 말기에서 남북조 시대의 송나라(420~479).
8 남북조 시대의 양나라(502~557).

이때 왕녀의 병이 몹시 위독했다. 묵호자를 불러 향을 피우고 기도를 올리니 병이 곧 나았다. 왕이 기뻐하며 예물을 후하게 주었는데 얼마 후 사라져 버렸다.

또 제21대 비처왕毗處王[1] 때 이르러 아도화상阿道和尙이 제자 세 명과 함께 역시 일선군 모례의 집으로 왔다. 생김새가 묵호자와 비슷했다. 몇 해를 신라에 머물렀으며 병도 없이 죽었다.

그가 죽은 후 제자 세 명이 계속 불교의 경문과 율법을 강독하니 이를 신봉하는 사람이 생겨났다. 주(注)에서 '본비(本碑)[2]와 모든 전기에는 전혀 다르게 되어 있다.'고 했다. 또 《고승전》에서는 서천축(西天竺) 사람이라고 했으며 혹은 오(吳)나라에서 왔다고도 했다.

《아도본비我道本础》[3]에는 이렇게 되어 있다.

아도는 고구려 사람이며 어머니는 고도령高道寧이다. 정시正始[4] 연간에 조위曹魏 사람 아굴마我堀摩성이 아(我)이다가 고구려 사신으로 왔을 때 어머니 고도령과 사통하고 돌아갔는데 아도가 태어났다.

어머니는 아도를 5세 때 출가시켰다. 16세에 위나라로 가서 굴마를 찾아 만나고 현창화상玄彰和尙의 문하에서 배웠다. 19세에 다시 돌아오니 어머니가 아도에게 말했다.

---

1 재위 479~500.
2 신라 시대의 김용행이 지은 아도화상비.
3 아도비阿道碑, 아도화상비我道和尙碑.
4 중국 위魏 제왕齊王의 연호, 240~248.

280

"이 나라[5]에는 아직은 불법佛法이 일어나지 않았으나 3천여 달이 지나면 계림(신라)에 성왕이 나타나 크게 불교를 일으킬 것이다. 도읍 안에 일곱 개의 옛 절터가 있다.

첫째는 금교金橋 동쪽의 천경림天鏡林지금의 흥륜사. 금교는 서천의 다리를 말하는데 민간에서는 송교(松橋)[6]로 잘못 부르고 있다. 이 절은 아도가 처음 터를 잡았으나 중간에 폐지되었다. 527년(정미) 법흥왕 14년에 처음 짓기 시작하여 22년(535년, 을묘)에 크게 공사를 벌여 진흥왕 때 완성되었다이다.

둘째는 삼천기三川岐지금의 영흥사. 흥륜사와 같은 시기에 창건되었다이다.

셋째는 용궁龍宮 남쪽지금의 황룡사. 553년(계유) 진흥왕 14년에 처음 개창되었다이다.

넷째는 용궁 북쪽지금의 분황사. 634년(갑오) 선덕여왕 3년에 처음 개창되었다이다.

다섯째는 사천미沙川尾지금의 영묘사이다. 635년(을미) 선덕여왕 4년에 비로소 개창되었다.

여섯째는 신유림神遊林지금의 천왕사. 679년(기묘) 문무왕 19년에 개창되었다이다.

일곱째는 서청전壻請田지금의 담엄사이다.

이곳 모두 전생 부처님 시대의 절터이니 불법이 오래 흐를 것이다. 그곳으로 가 불교를 전파하고 널리 퍼뜨리면 불교의 개조가 될 것이다."

아도는 어머니의 가르침에 따라 신라로 왔다. 왕성의 서쪽 마을에 머물렀는데 곧 지금(고려)의 엄장사嚴莊寺다. 262년(계미) 미추왕味鄒王 즉위

---

5 고구려.
6 솔다리.

2년이었다.

아도는 궁에 가서 교법을 전파하고자 청했다. 그러나 세상에서 일찍이 알지 못했던 것이었으니 꺼리고 심지어 그를 죽이려는 사람도 있었다. 아도는 속림續林지금의 일선현의 모록毛祿록(祿)은 예(禮)와 비슷하여 잘못 알려진 것이다. 《고기》에 법사가 처음 모록의 집에 올 때 천지가 진동했는데 사람들은 중이란 명칭을 몰랐으므로 아두삼마(阿頭三麼)라 했다. 삼마란 우리 말 사미(沙彌)와 같다의 집으로 도망가서 숨어 버렸다.

그로부터 3년 후 성국공주成國公主가 병이 났는데 무의巫醫[1]의 치료도 효험이 없었다. 왕은 사방으로 사람을 보내 의원을 찾았다. 이때 아도 스님이 급히 궁으로 달려가 병을 고쳐주었다. 미추왕이 크게 기뻐하며 스님에게 소원을 묻자 대답했다.

"저를 위해서는 한 가지 소망도 없습니다만 천경림에 불사佛寺를 세워 불교를 크게 일으켜 나라의 복을 빌고 싶을 뿐입니다."

왕은 기꺼이 허락하고 공사를 하도록 명했다. 당시 풍속이 질박 검소하여 띠풀을 엮어 지붕을 덮었다. 아도는 이곳에서 교법을 강설했다. 때때로 천화天花가 내리곤 했다. 절 이름을 흥륜사興輪寺라 했다.

모록의 누이동생 사史씨는 아도에게 귀의하여 비구니가 되었다. 삼천기에 절을 세우고 머물렀다. 그 절은 영흥사永興寺[2]라 했다. 얼마 후 미추왕이 세상을 떠났다. 나라 사람들이 아도를 해치려 하니 스스로 세상과 연

---

1 무당Shaman으로서 불교 전래 전에는 재래신앙을 대표하며 의료도 담당했다.
2 현재 경주시 황남리에 있었다.

을 끊고 다시는 나타나지 않았다. 이로써 불교 또한 폐지되었다.

제23대 법흥왕이 514년(소량蕭梁 천감天監[3] 13년, 갑오)에 왕위에 올라 불교를 일으켰다. 미추왕 즉위 2년으로부터 252년이 지났다. 고도령이 예언한 3천여 달이 들어맞았다.

아도에 관한 《신라본기》와 《아도본비》의 기록 분석

이와 같이 《신라본기》의 기록과 《아도본비》의 두 설이 서로 다르다. 이 문제를 자세히 살펴보고자 한다.

양梁과 당唐, 두 나라의 《승전僧傳》과 《삼국본사三國本史》에는 고구려, 백제 두 나라의 불교 시작이 동진 말 효무제孝武帝 연간(374~384)이라 했다. 순도와 아도 두 법사가 374년(갑술) 소수림왕 때에 고구려에 온 것은 분명하니 두 기록은 틀리지 않다.

그런데 《신라본기》의 기록대로 만일 비처왕 때에 아도화상이 신라에 왔다면 그것은 아도가 고구려에서 1백 년이나 있다가 온 것이 된다. 비록 대성大聖의 출현이 여느 사람과는 같지는 않을 터이지만 반드시 그렇지는 않다. 게다가 신라에서의 불교 신봉이 그처럼 늦지는 않았을 것이다.

또한 《아도본비》에 따르면 신라의 미추왕 때의 일인데 이것은 도리어 아도가 고구려에 들어온 갑술년보다 1백여 년이나 앞서게 된다. 그때에는 신라에 아직 문물文物과 예교禮教도 없었고 국호도 미처 정해지지 않았다.

어떻게 아도가 와서 불교의 신봉을 청했겠는가? 또 고구려를 거치지 않

---

3 중국 양梁 무제武帝의 연호. 502~519.

고 신라로 갔다는 것은 이치에 맞지 않다. 설령 미추왕 연대에 불교가 잠시 일어났다가 곧 없어졌다 해도 소문조차 없었으며 향의 이름도 몰랐겠는가?

하나(《신라본기》)는 (아도가 신라에 온 연대에 대해) 너무 뒤늦고 또 하나(《아도본비》)는 너무 앞서는데, 어떻게 된 것일까?

미루어 생각해 보니 불교가 동쪽으로 전래된 것은 분명 고구려와 백제가 먼저이다. 나중에 신라에 들어왔을 것이다. 신라의 눌지왕과 고구려의 소수림왕이 가까운 시기였으니 아도가 고구려를 떠나 신라로 온 것은 마땅히 눌지왕 때였을 것이다.

또 아도가 왕녀의 병을 치료했다고 전해지고 있으니 이른바 묵호자는 본명이 아니고 단순히 그를 가리키는 이름이었을 것이다. 양나라 사람들이 달마達魔[1]를 가리켜 벽안호碧眼胡라 한 것, 진晉나라에서 승려 도안道安을 조롱하여 칠도인柒道人이라 한 것과 비슷한 것이다. 아도가 신변이 위태로워 이름을 알리지 않은 까닭이다.

아마도 신라 사람들이 소문에 따라 묵호자와 아도라는 두 이름을 별개의 사람으로 전했을 것이다. 더구나 아도와 묵호자의 생김새가 흡사하다 했으니 이름만 다른 같은 인물이었음을 알 수 있다.

고도령이 절터 일곱 개를 차례로 든 것은 곧 개창開創의 선후를 예언한 것이다. 그러나 두 기록이 전해지지 않아서 사천미沙川尾를 다섯째에 놓

---

1 남인도 향지국의 셋째 왕자. 승려가 되어 양나라 무제 19년(520)에 중국으로 건너가 중국 선종의 시조가 되었다. 고산 소림사에서 면벽좌선 9년 만에 도를 깨달았다고 한다.

았다.

3천여 월이란 반드시 그렇게 믿어야 하는 것은 아니다. 눌지왕부터 법흥왕까지는 1백여 년이므로 1천여 달이라 하면 비슷할 터이다. 성이 아我, 이름이 외자인 것은 잘못된 것 같으나 자세히 모를 일이다.

담시가 중국에서 불법을 행하다

또 북위北魏의 승려 담시曇始또는 혜시(惠始)의 전기에 있는 기록이다.

담시는 관중關中² 사람으로 출가한 후에 이적이 많았다. 384년 동진 효무제 태원 9년 말에 경經, 율律 수십 부를 가지고 요동에 가서 불교를 펼치고 3승三乘³을 가르쳐 곧바로 불계佛界에 귀의하게 했다. 대체로 이것이 고구려에서 불교를 접한 시초이다.

405년 의희義熙⁴ 초년에 담시는 다시 관중으로 돌아가서 그 부근을 개도開導했다. 담시는 발이 얼굴보다 더 깨끗하여 아무리 흙탕물 속을 걸어도 조금도 발이 더럽혀지지 않았다. 이에 따라 세상 사람들은 그를 백족화상白足和尙이라 불렀다.

동진 말기에 북방의 흉노 혁련발발赫連勃勃⁵이 관중을 함락시키고 사람을 무수히 죽였다. 그때 담시도 화를 만나 칼에 맞았다. 그러나 죽지 않았

---

2 장안.
3 불교의 세 가지 교법. 성문聲聞, 연각緣覺, 보살菩薩. 부처이 세 가지 교법으로 중생을 실어 열반에 이르게 한다는 것이다.
4 중국 동진 안제安帝의 연호, 405~418.
5 중국 5호 16국의 하나인 하夏나라의 초대 황제 무열제武烈帝.

다. 발발이 감탄하여 승려들을 죽이지 않고 놓아 주었다. 그 후 담시는 깊은 산속으로 숨어들어 두타행頭陀行[1]을 닦았다.

탁발도拓拔燾[2]가 다시 관중과 낙양을 제압했다. 이때 박릉博陵의 최호란 자가 이단의 도道[3]를 조금 익혀 불교를 배척하려 했다. 탁발도의 신임을 받아 재상이 되어 천사天師[4] 구겸지寇謙之와 함께 '불교는 무익하고 민생을 해치는 것'이라 하며 탁발도에게 불교를 폐하도록 권했다.

태평太平[5] 말년에 담시는 마침내 탁발도를 감화시킬 시기가 왔다고 생각했다. 원회일元會日에 불현듯 석장錫杖[6]을 짚고 대궐 문 앞으로 갔다. 탁발도는 담시가 나타났다는 말을 듣고 그를 죽이라고 명했다. 그러나 여러 번 칼을 찔렀으나 조금도 상처가 나지 않았으므로 탁발도가 직접 칼로 내리쳤다. 그래도 다치지 않았다. 이에 북쪽 언덕에 있는 호랑이에게 던져 주었으나 호랑이 역시 감히 다가가지를 않았다.

탁발도는 크게 부끄러워하고 두려워하더니 지독한 병에 걸렸다. 최호와 구겸지 역시 몹쓸 병에 걸렸다. 탁발도는 최호와 구겸지가 저지른 죄 때문이라 하여 두 사람과 집안을 멸족하였다. 그리고 나라에 불교를 선포하고 크게 일으켰다. 담시는 그 후 행방을 알 수 없었다.

---

1 번뇌의 티끌을 없애고, 의식주를 탐하지 않고, 청정하게 불도를 수행하는 것이다. 간혹 걸식하는 중을 의미하기도 한다.
2 중국 북위北魏의 3대 황제 태무제太武帝, 재위 423~452.
3 도교를 일컫는다.
4 도교의 교주.
5 중국 남조 양나라 경제敬帝의 연호, 556~557.
6 승려가 짚는 지팡이.

이에 대해 논한다. 담시는 396년 태원 말년에 해동에 왔다가 405년 의희 초년경에 관중으로 되돌아갔다. 10여 년을 머문 것인데 동국의 역사에는 그 기록이 없으니 무슨 까닭일까?

담시가 이상하여 알려지지 않은 사람이며 아도, 묵호자, 마라난타와 연대와 사적이 비슷하니 이들 중 한 사람이 담시로 이름을 바꾼 것이 아닌가 한다. 이에 그를 찬한다.

> 금교金橋에 눈이 덮여 녹지 않으니
> 계림 땅의 봄빛도 돌아오지 않았네
> 봄의 신이 헤아려 보더니
> 모랑毛郎[7]의 집 매화나무에 먼저 이르렀네

한번 더 들여다보기

우리나라에 불교가 전해진 것은 삼국시대이다. 고구려 제17대 소수림왕 2년(372년)에 중국 전진의 승려 순도가 불상과 불경을 전한 것이 그 시초이다. 《삼국사기》에 의하면 소수림왕 4년(374)에 아도가 고구려에 왔으며 소수림왕 5년(375)에 초문사肖門寺에 순도를, 이불란사伊弗蘭寺에 아도를 두었다고 했다. 이것을 불교의 시작으로 본다.

백제에는 고구려에 불교가 전해진 지 12년 뒤인 침류왕 원년(384

---

7 모록毛祿.

년)에 동진의 승려 마라난타가 불교를 전했다.

신라에 불교가 전해진 시기에 관해 미추왕 2년(계미, 262년)의 연대가 잘못되었다는 일연의 견해가 일반적이다. 즉 전진의 부견이 고구려에 불교를 전한 372년보다 100년 이상 앞섰다는 것에 대해 일연은 《신라본기》와 《아도본비》의 기록을 비교하여 미추왕 대의 아도 전교를 부정하고 있다.

신라에는 불교의 전래가 늦어져 눌지왕(재위 417~458) 때 시작되어 법흥왕 14년(528년)에 정식으로 공인되었다.

미추왕이 죽은 뒤 나라 사람들이 아도를 해치려 했다는 것은 불교를 사이에 둔 왕실과 귀족 간에 일어난 갈등 양상으로 볼 수 있다. 불교가 공인되기 전에 불교를 반대하는 기존세력이 존재하여 새로운 사상이 신라에 정착되기까지의 어려움이 있었음을 추측할 수 있다.

원종흥법原宗興法눌지왕 때보다 1백여 년 뒤 염촉멸신厭觸滅身

이차돈의 순교

《신라본기》에 527년 법흥대왕[1] 즉위 14년에 소신小臣 이차돈異次頓이 불법을 위해 제 몸을 죽였다고 했다. 곧 527년(소량蕭梁[2] 보통普通[3] 8년, 정

---

1 신라 제23대 왕. 재위 514~540.
2 중국 양梁 무제武帝. 재위 502~557.
3 양 무제의 연호. 520~526.

미)에 서천축의 달마가 금릉金陵에 왔던 해이다. 이 해에 낭지법사朗智法師 역시 처음으로 영취산에서 불법을 열었다. 이로써 불교의 흥망도 중국과 신라에서 동시에 서로 감응했음을 확인할 수 있다.

원화元和[4] 연간에 남간사의 사문 일념一念이 〈촉향분예불결사문囑香墳 禮佛結社文〉[5]을 지었는데 이 사실을 자세하게 실어 놓았다. 내용은 다음과 같다.

옛날 법흥대왕이 자극전紫極殿에서 즉위하고 동방의 땅을 살펴보고 말했다.

"옛날에 한漢나라 명제明帝가 꿈에 감응되어 불법이 동쪽으로 전해졌다.[6] 이제 내가 왕위에 오르니 백성을 위해 복을 닦고 죄를 없앨 곳을 만들어 염원하려 한다."

조정의 신하들(향전)에는 공목(工目), 알공(謁恭) 등이라고 했다]이 왕의 깊은 뜻을 헤아리지 못하고 다만 나라를 다스리는 대의만을 지키려 해 절을 세우겠다는 신성한 계획을 따르지 않았다.

대왕이 탄식하여 말했다.

"아, 내가 왕위를 계승했으나 덕이 없어 위로는 음양의 조화를 이루지 못하고 아래로는 백성들의 낙이 없어 나라 일 틈틈이 불도를 닦고자 하는데 누가 나와 함께할 것인가?"

---

4 중국 당唐 헌종憲宗의 연호, 806~820.
5 헌강왕 9년에 일념이 이차돈을 기려 세운 비문.
6 인도에서 중국으로 불교가 들어온 때.

이에 내양자內養者[1]가 있었는데 성은 박朴이오, 자는 염촉厭髑또는 이차(異次)라 하고 혹은 이처(伊處)라고도 하니 방언의 음이 다르기 때문이다. 한자로 풀이하면 염(厭)이다. 촉(髑), 돈(頓), 도(道), 도(覩), 독(獨) 등은 모두 글 쓰는 사람의 편의에 따른 것으로 곧 조사(助辭)다. 이제 윗글자만 한역하고 아래글자는 한역하지 않아 염촉 또는 염도 등이라 한 것이다 이라 했다.

아버지는 알려지지 않았고, 할아버지는 아진阿珍 종宗으로 습보갈문왕 習寶葛文王의 아들이다.신라의 관작은 모두 17등급인데 제4위를 파진찬 또는 아진찬이라한다. 종은 이름이며 습보도 이름이다. 신라인은 대체로 추봉한 왕을 모두 갈문왕이라 했는데 그이유는 사관도 자세히 모른다 했다. 또 김용행이 지은 아도비(阿道碑)를 살펴보면 사인(舍人)[2]은그때 나이가 26세였으며 아버지는 길승, 할아버지는 공한, 증조부는 걸해대왕이라 했다.

염촉은 죽백처럼 곧은 자질과 수경처럼 맑은 뜻을 품었다. 훌륭한 가문의 증손으로 조정의 위사衛士가 되어 성조의 충신으로 태평성대의 신하가 되기를 꿈꾸었다. 그때 나이 22세로 사인舍人신라 관작에 대사, 소사 등이 있었는데 대개 하사의 등급이다[3]의 자리에 있었다.

스스로를 희생하여 불법을 전한 염촉

그가 용안을 우러러보고는 왕의 심정을 알아채고 말했다.

"신이 들으니 옛사람은 비천한 사람에게도 계책을 물었다고 합니다. 신이 중죄를 무릅쓰고서라도 대왕의 뜻을 여쭙고자 합니다."

---

1 신라 시대 궁중에서 임금 또는 중앙의 높은 관리를 받드는 일종의 시위.
2 궁중에서 왕을 받드는 직. 신라 관직 제12와 13관등에 속한다.
3 진평왕 때는 하급관리로서 사인을 두기도 했다.

왕이 말했다.

"네가 할 일이 아니다."

사인이 말했다.

"나라를 위하여 몸을 희생하는 것은 신하의 큰 절개이며 임금을 위해 목숨을 바치는 것은 백성의 올바른 도리입니다. 임금의 명령을 그릇되게 전했다 하여 신을 벌하여 머리를 베면 백성들이 모두 복종하고 감히 왕명을 거역하지 못할 것입니다."

왕이 말했다.

"내 살을 베어 저울에 달아 새 한 마리라도 살리려 했고 피를 뿌려 목숨이 끊어져도 일곱 마리의 짐승을 가엾게 여겼다. 나의 뜻은 사람을 이롭게 하려는 것인데 어찌 죄 없는 너를 죽이겠느냐? 네가 비록 공덕을 쌓으려는 것이지만 죄를 피하는 것만 못하다."

사인이 말했다.

"버리기 어려운 모든 것 중에 목숨보다 더한 것은 없을 것입니다. 그러나 소신이 저녁에 죽어 아침에 대교가 행해진다면 불법이 다시 일어나고 성주聖主께서는 길이 편안하실 것입니다."

왕이 말했다.

"난새와 봉황⁴의 새끼는 어릴 때부터 하늘 높은 곳에 뜻을 두고 기러기와 고니⁵의 새끼는 날 때부터 바다를 건널 기세를 품었다고 하는데 네가

---

4 뛰어난 선비를 뜻한다.
5 큰 인물을 뜻한다.

그렇구나. 가히 보살에 이르는 수행이로다!"

이에 대왕은 일부러 위의를 갖추고 바람 같은 조두刀斗를 동서로 놓고 서슬이 시퍼런 형구形具를 남북으로 세우고 여러 신하들을 불러 물었다.

"그대들은 내가 절을 짓고자 하는데 고의로 지체시켰다."《향전》에는 '염촉이 왕명이라며 역사(役事)를 일으켜 절을 세운다는 뜻을 전했더니 여러 신하들이 와서 간했으므로 왕이 노하여 염촉을 책망하고 왕명을 거짓으로 꾸며 전달했다고 형벌에 처했다.'고 했다.

이에 여러 신하들은 두려워 황급히 맹세하고 손가락으로 동서를 가리 켰다. 왕이 사인을 불러 문책하자 얼굴빛이 변하고 아무 말을 못했다. 대 왕이 분노하여 목을 베라고 명령하니 유사가 그를 묶어 관아로 끌고 갔 다. 사인이 빌었으나 옥리가 끝내 목을 베었는데 흰 젖이 한길이나 솟아 올랐다.《향전》에는 사인이 '대성법왕께서 불교를 일으키니 나는 신명을 돌보지 않고 세상과의 인연을 버립니다. 하늘은 사람들에게 상서를 두루 내려주소서."라고 서원을 올렸다. 이에 그의 머 리가 날아가서 금강산[1] 꼭대기에 떨어졌다고 했다.

이때 사방천지가 침침해져 사양이 빛을 감추었고 땅이 진동하는데 꽃 비가 내렸다. 성왕은 슬퍼하여 그 눈물이 곤룡포를 적셨고 재상은 근심하 여 머리에 쓴 관에 땀이 흘렀다. 샘물이 문득 마르니 고기와 자라가 날뛰 고 곧은 나무가 먼저 부러지니 원숭이가 떼 지어 울었다.

춘궁春宮[2]에서 말고삐를 나란히 하던 친구들은 피눈물을 흘리며 서로 돌아보고 월정에서 소매를 맞잡던 친구들은 창자가 끊어지듯이 이별을 한

---

1 경주 북쪽의 산.
2 태자의 궁을 말한다.

탄했다. 상여를 바라보며 우는 소리가 마치 부모를 잃은 듯했다.

사람들이 말했다.

"개자추介子推[3]가 다리의 살을 베어낸 일도 염촉의 고귀한 절개에 비할 수 없고, 홍연弘演[4]이 배를 가른 일도 어찌 이 장렬함에 견줄 수 있겠는가. 임금의 신력을 붙들어 아도의 불심을 이룬 것이니 진실로 성자이다."

그리고 북산 서쪽고개즉 금강산이다. 향전에는 머리가 날아가 떨어진 곳에 장사지냈다고 했는데 여기에 밝히지 않은 것은 무슨 까닭일까?에 장사지냈다.

궁인들은 슬퍼하여 좋은 터를 찾아 난야蘭若[5]를 짓고 자추사刺楸寺라 했다. 이에 집집마다 부처를 섬기면 반드시 대대로 부귀영화를 얻게 되고 사람마다 도를 닦으면 마땅히 불법의 이익을 얻었다.

흥륜사를 세우다

544년(갑자) 진흥대왕 즉위 5년에 대흥륜사大興輪寺를 지었다.《국사(國史)》와 《향전》에 의하면 실제로는 법흥왕 14년, 527년(정미)에 터를 닦고 22년, 535년(을묘)에 천경림을 크게 벌채하여 처음으로 역사를 시작했는데 기둥과 대들보를 모두 그 숲에서 넉넉히 가져와 썼고 초석과 석감도 다 갖추었다. 진흥왕 5년, 544년(갑자)에 절이 낙성되었으므로 갑자라고 한 것이다. 《승전》에 7년이라고 한 것은 잘못된 것이다.

---

3 중국 진晉나라 때, 문공文公이 망명하여 떠돌며 굶주림에 처했을 때 자신의 다리 살을 베어 먹였다고 한다.
4 춘추시대 위나라 의공懿公의 신하. 오랑캐에 의해 죽은 의공의 시체에 간만 남은 것을 보고, 자신의 배를 갈라 의공의 간을 집어넣고 죽었다.
5 사원을 뜻한다.

547년(태청太淸[1] 초년)에 양나라 사신 심호가 사리를 가져왔고 565년(천가天嘉[2] 6년)에는 진陳나라 사신 유사劉思가 승려 명관明觀과 함께 내경內經을 받들고 왔다.

절들이 별처럼 많이 펼쳐지고 탑과 탑들이 기러기 행렬처럼 늘어섰다. 법당을 세우고 범종을 매어다니, 용상 같은 승려의 무리가 세상의 복전福田이 되고 대소승의 불법이 서울의 자비로운 구름이 되었다.

타방의 보살이 세상에 출현하고분황의 진나(陳那)와 부석의 보개(寶蓋) 그리고 낙산의 오대(五臺)를 말한다 서역의 명승들이 이 땅으로 밀려오니 삼한이 합하여 한 나라가 되고 온 세상을 하나로 만들었다.

이 때문에 덕명德名은 천구의 나무에 새기고 신성한 행적을 은하수에 그림자로 남겼으니 어찌 세 성인의 위덕으로 이룬 것이 아니겠는가.세 성인은 아도, 법흥왕, 염촉을 말한다.

훗날 국통 혜륭惠隆, 법주 효원孝圓과 김상랑金相郎, 대통 녹풍鹿風, 대서성 진노眞怒, 파진찬 김의金嶷 등이 사인의 옛무덤을 새로 쌓아 큰 비석을 세웠다. 817년(원화 12년, 정유) 8월 5일 즉 제41대 헌덕대왕 9년이다.

흥륜사의 영수선사永秀禪師이때는 유가(瑜伽)의 여러 승려를 모두 선사라 불렀다가 이 무덤에 예불하는 향도를 모아 매달 5일에 혼의 묘원을 위해 단을 만들고 범패[3]를 지었다.

또 《향전》에는 '마을의 노인들이 항상 그가 죽은 날이 되면 사社를 만들

---

1 중국 양 무제의 연호, 547~549.
2 중국 진陳 문제文帝의 연호, 560~565.
3 석가여래를 찬미하는 노래.

어 흥륜사에서 모였다.'고 했는데 즉 이 달 초닷새는 사인이 몸을 바쳐 불법에 귀의한 날이다.

아아! 이런 왕이 없었으면 이런 신하가 없었을 것이고 이런 신하가 없으면 이 공덕이 없었을 것이다. 물과 물고기 같았던 유비와 제갈량이며 구름과 용이 서로 감응한 아름다운 일이라 하겠다.

법흥왕은 오래 전에 폐지된 불교를 다시 일으켜 절을 세웠다. 절이 완성되자 왕관을 벗고 가사를 입었으며 왕의 친족들도 데려다 절의 종으로 삼았다. 절의 종은 지금까지도 왕손이라 한다. 그 후 태종왕 때 재상 김양도가 불법을 믿었다. 그의 두 딸 화보(花寶)와 연보(蓮寶)는 사신(捨身)하여 절의 종이 되었다. 또 역신 모척(毛尺)의 가족을 절의 노비로 삼았는데 이들의 후손이 지금까지 끊어지지 않았다. 또 스스로 절의 주지가 되어 불교를 널리 펼쳤다.

진흥왕은 그의 덕행을 이은 성군이었으므로 왕위를 이어 위엄으로 백관을 통솔하나 호령이 다 갖추어졌다. 왕은 이 절에 대왕흥륜사大王興輪寺라는 이름을 내렸다.

법흥왕과 진흥왕의 출가

전왕(법흥왕)의 성은 김씨이며 출가하여 법운法雲이라고 했다. 자는 법공法空이다. 《승전》과 여러 설에 의하면 왕비도 출가하여 이름을 법운이라 했고 진흥왕도 법운이라 했으며 진흥왕의 비도 법운이라 했다고 한다. 혼동된 것이 많아 믿을 만한 것은 아니다.

《책부원구冊府元龜》에는 법흥왕의 성은 모募, 이름은 진秦이라 했다. 처음 역사를 일으켰던 을묘년에 왕비 또한 영흥사를 다시 세우고 사씨史氏[1] 의 유풍을 경애하여 왕과 함께 머리를 깎고 여승이 되어 법명을 묘법妙法 이라 했다. 영흥사에서 몇 해 살다가 세상을 떠났다.

《국사》에는 '614년(건복建福[2] 31년)에 영흥사의 소상이 저절로 무너지더니 얼마 후 비구니 진흥왕비가 죽었다.'고 했다. 살펴보니 진흥왕은 법흥왕의 조카이며 그의 비 사도부인 박씨는 모량리 각간角干 영실英失의 딸이다. 역시 출가하여 비구니가 되었다. 그러나 영흥사의 창건주는 아니다. 아마도 진眞 자는 법法 자로 고쳐야 할 것 같다. 이것은 법흥왕의 비 파조부인巴刀夫人이 여승이 되었다가 죽은 것을 말하니 그가 곧 영흥사를 짓고 불상을 세운 주인이기 때문이다.

법흥과 진흥 두 왕이 왕위를 버리고 출가한 것을 역사에 써 놓지 않은 것은 당시 훌륭한 교훈으로 삼을 만한 것이 아니었기 때문이었을까?

대통사를 세우다

또 527년(대통大通[3] 원년, 정미)에는 양제梁帝를 위해 웅천주에 절을 세우고 대통사라 했다. 웅천(熊川)은 곧 공주인데 당시는 신라에 속하였기 때문이다. 그러나 아마 정미년은 아닌 것 같다. 곧 529년[중대통(中大通)[4] 원년, 기유]에 세운 것이다. 흥륜사를 처음 세운 정미에는 미처 다른 곳에 절을 세울 겨를이 없었을 것이다.

---

1 모례의 누이. 영흥사를 세운 신라 최초의 비구니.
2 신라 진평왕 때의 연호, 584~633.
3 중국 양 무제 때의 연호, 527~529.
4 중국 양 무제 때의 연호, 529~534.

이에 찬한다.

거룩한 지혜는 만세에 빛이 나니
구구한 여론은 보잘것없다
법륜이 금륜을 쫓아 구르니
태평세월에 불사가 빛이 나는구나

이것은 원종原宗[5]을 위한 찬이다.

의를 쫓아 생을 버림도 놀랄 일인데
하늘꽃[天花]과 흰 젖은 더욱 다정하다
칼날 한 번에 번쩍 몸은 사라졌으나
절마다 종소리가 도성을 뒤흔든다

이것은 염촉을 위한 찬이다.

한번 더 들여다보기

법흥왕은 신라에 불교가 들어온 지(눌지왕 재위 417~458) 1백여 년 만에(528년)에 정식으로 불교를 국교로 승인했다. 그것은 이차돈의 순교와 무관하지 않았던 것으로 보인다. 이차돈

---

5 법흥왕의 이름.

은 그가 죽으면서 일어난 기적으로 인해 신라의 승려로서 최초의 순교자가 되었으며, 신라 불교의 전설적인 인물이 되었다.

법흥왕 이후 진흥왕에 이르기까지 신라의 불교는 공인된 지 수십년 만에 왕실의 보호 아래 국가의 종교로 자리 잡아 국왕과 왕비들이 머리를 깎고 승려가 될 정도였다.

신라의 불교가 얼마나 흥성했는지, 일연이 '절들이 별처럼 많이 펼쳐지고, 탑과 탑들이 기러기 행렬처럼 늘어섰다. 법당을 세우고 범종을 매어다니, 용상 같은 승려의 무리가 세상의 복전福田이 되고 대소승의 불법이 서울의 자비로운 구름이 되었다.'라고 할 정도였다.

법왕금살法王禁殺

법왕이 살생을 금하다

백제 제29대 법왕의 이름은 선宣으로, 효순孝順이라고도 한다. 599년(개황開皇[1] 19년, 기미)에 즉위했다. 그해 겨울에 조서를 내려 살생을 금하고 민가에서 기르던 매 등등을 놓아주게 하고 고기잡이나 사냥하는 기구를 불 태워 일체 살생을 금했다.

이듬해 600년(경신)에는 승려 30명을 도를 닦게 하고 도읍 사비성泗沘城지금의 부여에 왕흥사王興寺를 짓기 시작했는데 겨우 기초를 세우고 세상

---

1 중국 수 문제의 연호, 581~600.

을 떠났다. 무왕武王이 왕위를 계승하여 아버지가 닦은 터에 불사를 이어 수십 년 만에 완성했는데 미륵사彌勒寺라고 한다.

산을 등지고 물을 내려다보는 곳으로 꽃나무가 수려하여 사계절이 아름다웠다. 왕은 항상 배를 타고 강물을 따라 절에 가서 장려한 경치를 구경했다. 《고기(古記)》의 기록과는 조금 다르다. 무왕은 가난한 어머니가 연못의 용과 관계하여 낳았는데 어릴 때 이름은 서동(薯童)이고 즉위한 후 시호를 무왕이라 했다. 절은 처음에 왕비와 함께 창건했다.

이에 찬한다.

짐승을 보호하는 그 은혜 천산에 미치고
가축과 물고기까지 어진 덕택으로 흡족하니
덧없이 가신 성군이라 말하지 마라
상방上方[2] 도솔천에는 이제 꽃피는 봄이 한창이네

한번 더 들여다보기

백제는 신라보다 먼저 불교가 들어왔다. 또한 왕실에서 직접 불법을 받들었기 때문에 특별한 갈등은 없었던 것으로 보인다. 오히려 법왕이 지나치게 불교를 숭상했다고 할 정도이다. 살생을 금하면서 백성들에게 고기 잡는 도구, 새를 잡는 것까지 금했기 때문이다.

---

2 천상을 뜻한다.

백제의 법왕이 짓기 시작한 절을 아들 무왕이 완성시킨 것이 미륵사이다. 미륵사는 그 이름에서도 알 수 있듯이 미륵신앙과 관련된 것으로 보인다.

미륵신앙은 석가모니의 제자 미륵보살이 다스리는 도솔천에서 태어나기를 원하는 상생신앙과 미륵이 모든 중생을 구제하기 위해 이 세상으로 다시 내려와 주기를 바라는 하생신앙으로 구분된다. 미륵사는 이 중에 현세를 구제해 줄 미륵을 염원하는 하생신앙이 백제 왕실을 중심으로 구현되고 있었음을 보여 주는 사찰이다.

단, 무왕(40년, 639년) 대에 지어진 것으로 알려진 익산의 미륵사지가 이와 같은 절인지에 대해서는 논란이 있다.

보장봉노寶藏奉老 보덕이암普德移庵

보장왕의 도교 신봉에 보덕이 암자를 옮기다

《고려본기高麗本紀》에 다음과 같은 기록이 있다.

고구려 말기, 무덕武德[1], 정관貞觀[2] 연간에 나라 사람들이 다투어 오두미교五斗米敎[3]를 신봉했다. 당나라 고조가 이 소식을 듣고 도사道士를 시

---

1 중국 당 고조高祖의 연호, 618~626.
2 중국 당 태종太宗의 연호, 627~649.
3 후한 말 장도릉張道陵이 창시한 도교의 일종. 도를 배우러 온 사람들에게 쌀 5말을 받았다 해서 붙여진 이름이다.

켜 천존상天尊像[4]을 보내오고 《도덕경道德經》을 강설하게 했다. 왕과 백성들이 모두 듣고 배웠다. 624년 제27대 영류왕榮留王 즉위 7년(무덕 7년, 갑신)의 일이었다.

이듬해 고구려는 당나라로 사신을 보내어 불교와 도교를 배우고자 청하니 당나라 황제당 고조가 이를 허락했다.

보장왕寶藏王[5]이 즉위하여정관 16년, 임인. 642년 또한 유, 불, 도의 3교를 동시에 일으키려 했다. 그때 총애를 받던 재상 개소문蓋蘇文이 왕에게 권했다.

"유교와 불교는 성행하는데 도교는 그렇지 못하니 당나라에 사신을 보내 도교를 구해야 합니다."

그때 보덕화상普德和尙은 반룡사盤龍寺[6]에 있으면서 사도邪道가 정도正道에 맞서면 국운이 위태하게 될 것을 걱정하여 누차 왕에게 간했으나 듣지 않았다. 이에 보덕화상은 신통력으로 방장方丈[7]을 날려 남쪽의 완산주지금의 전주 고대산孤大山으로 옮겨갔다. 650년(영휘永徽[8] 원년, 경술) 6월이었다. 또 본전(本傳)에는 667년[건봉(乾封)[9] 2년, 정묘] 3월 3일이라 했다.

그 후 얼마 되지 않아 나라가 망했다.668년(총장 원년, 무진)에 나라가 망했으니 경술년과는 19년 차이가 있다. 지금(고려)의 경복사景福寺에 있는 '비래방장飛來方

---

4 도교를 창시한 노자를 천존상으로 숭배했다.
5 고구려 28대 마지막 왕, 재위 642~668.
6 평남 용강군에 있는 절.
7 절의 승려가 거처하는 방.
8 중국 당 고종의 연호, 650~655.
9 중국 당 고종의 연호, 666~667.

丈'이 바로 보덕화상이 날린 방장이다. 이상은 《국사》의 기록이다. 진락공[1]의 시詩가 이 절에 남아 있고 문열공[2]은 그의 전기를 지어 세상에 전했다.

개소문으로 환생한 양명

또 《당서》에는 이렇게 되어 있다.

이보다 앞서 수나라 양제가 고구려의 요동 땅을 정벌할 때 양명羊皿이란 비장裨將이 있었다. 전쟁이 불리하여 양명이 죽게 되었을 때 맹세했다.

"내 반드시 고구려에 다시 태어나 총신寵臣이 되어 나라를 망하게 할 것이다."

개소문이 조정을 정권을 장악하자 개蓋를 성씨로 삼았다. 바로 '양명'(羊과 皿를 합하면)이 이에 부합된다.

또 《고구려고기》에는 다음과 같은 기록이 있다.

수나라 양제가 612년(대업大業 8년, 임신)에 30만 군사를 거느리고 바다를 건너 쳐들어왔다. 614년(대업 10년, 갑술) 10월에 고구려 왕제36대 영양왕 즉위 25년이었다은 양제에게 국서를 보내 항복을 청했다. 그때 어떤 사람이 작은 강궁强弓을 품속에 몰래 감추고 사신을 따라 양제가 머물고 있는 배 안으로 갔다. 양제가 고구려의 국서를 받아 읽을 때 강궁을 쏘아 양제의 가슴을 맞혔다.

양제는 군사를 돌이키며 좌우를 둘러보며 말했다.

---

1 고려의 이자현李資玄, 1061~1125.
2 고려의 김부식金富軾, 1075~1151.

"내가 천하의 주인인데 작은 나라를 친히 정벌하러 왔다가 이기지 못하고 돌아가니 만대의 웃음거리가 되었다."

이때 우상右相 양명이 말했다.

"신이 죽어서 반드시 고구려의 대신으로 태어나 그 나라를 멸망시켜 제왕의 원수를 갚겠습니다."

양제가 죽고 난 뒤 과연 양명은 고구려에 태어났다. 나이 15세에 벌써 총명하고 용맹스러웠다. 당시 무양왕武陽王[3]《국사》에는 영류왕의 이름이 건무 혹은 건성이라 했는데 여기에서는 무양이라 하니 정확히 알 수 없다이 그의 현명함을 듣고 불러들여 신하로 삼았다.

그는 스스로 성을 개盖 이름은 금金이라 했다. 벼슬이 소문蘇文에 이르렀으니 곧 시중侍中의 벼슬이다.《당서》에는 개소문이 스스로 막리지(莫離支)[4]라고 했으니 당의 중서령(中書令)과 같다고 했다. 또 〈신지비사(神誌秘詞)〉의 서문에는 '소문(蘇文) 대영홍이 서문을 쓰고 아울러 주석했다.'고 되어 있다. 즉 소문이 곧 벼슬명인 것은 문헌으로 증명되지만 전기에는 '문인(文人) 소영홍의 서문'이라 했으니 어느 것이 옳은지 알 수 없다.

개금이 왕에게 진언했다.

"솥에는 세 개의 발이 있고 나라에는 삼교三敎가 있어야 하는 법입니다. 신이 살펴보니 나라에 유교와 불교는 있으나 도교가 없습니다. 그래서 나라가 위태롭습니다."

왕은 개금의 말을 옳게 여기고 당나라에 청했다. 당나라 태종은 서달

---

3 고구려의 영류왕.
4 고구려의 최고 관직.

등 도사 8명을 보내 주었다. 《국사》에는 '625년(무덕 8년, 을유)에 사신을 당나라에 보내 불교와 도교를 청하니 당나라 황제가 이를 허락했다.'고 했다. 그런데 이에 따르면 양명이 614년 (갑술)에 죽어서 고구려에 태어났다면 나이가 겨우 10여 세이다. 그러니 재상으로서 왕에게 권고하여 사신을 보내 청했다는 것은 필시 그 연월에 오류가 있을 것이다. 지금 두 기록을 모두 남겨 둔다.

왕이 기뻐하며 사찰을 도관道觀으로 만들고 도사道士를 높여 유사儒士 위에 두었다. 도사들은 나라의 유명한 산천을 돌며 지세를 살펴보았다. 옛 평양성의 형세가 초승달 모양의 신월성新月城이었으므로 남하南河의 용에게 주문을 외워 만월형滿月形의 성채로 다시 쌓게 했다. 그리고 용언 성龍堰城이라 불렀다. 참서讖書[1]를 지어 용언도龍堰堵 또는 천년보장도千年 寶藏堵라 했다. 또 영석靈石속설에 도제암(都帝巖), 조천석(朝天石)이라 하는데 옛날에 성 제(聖帝)가 이 바위를 타고 상제에게 조회했기 때문이다을 파서 깨뜨리기도 했다.

개금이 또 왕에게 진언하여 나라의 동북과 서남에 장성을 쌓았다. 이때 남자는 모두 부역에 나갔으며 여자들이 대신 농사를 지었다. 역사는 16년 만에 끝났다.

보장왕 때 당나라 태종이 직접 6군을 거느리고 쳐들어왔다. 그러나 이기지 못하고 되돌아갔다. 668년(총장 원년, 무진)에 우상右相 유인궤劉仁軌 와 대장군 이적李勣과 신라 김인문金仁問 등이 침공하여 나라를 멸하고 왕을 사로잡아 당나라로 데리고 갔다. 보장왕의 서자[2]는 4천여 호를 거느리

---

1 후일 어떤 징험으로 나타날 것을 예언하는 것.
2 안승을 말하는 듯하다.

고 신라에 투항했다.《국사》와 조금 다르므로 아울러 기록한다.

1091년(대안大安³ 8년, 신미)에 우세승통祐世僧統⁴이 고대산 경복사의 '비래방장'에 가서 보덕 스님의 진영眞影에 예를 드리고 시를 남겼다.

> 열반涅槃 방등교方等敎⁵는
> 우리 스님이 전하셨다.
> 애석하다 방장이 날아온 후
> 동명왕의 옛 나라가 위태해졌네

발문에 다음과 같이 말했다.

고구려 보장왕이 도교에 미혹되어 불교를 신봉하지 않으니 보덕 스님이 방장을 날려 남쪽의 산(고대산)에 이르렀다. 그 후 신인神人이 고구려의 마령馬嶺에 나타나 사람들에게 '너희 나라가 망할 날이 며칠 남지 않았구나.'라고 했다.

이 기록은 《국사》의 것과 같다. 그 이후는 《본전本傳》과 《승전僧傳》에 자세히 실려 있다.

보덕법사에게는 11명의 뛰어난 제자가 있었다. 무상화상無上和尙은 제자 김취金趣 등과 함께 금동사金洞寺를 개창했고, 적멸寂滅과 의융義融 두 법사는 진구사珍丘寺를, 지수智藪는 대승사大乘寺를, 일승一乘은 심정心正,

---

3 중국 요 도종道宗의 연호, 1085~1094.
4 고려의 대각국사 의천, 1055~1101.
5 대승경전.

대원大原 등과 함께 대원사大原寺를, 수정水淨은 유마사維摩寺를, 사대四大
는 계육契育 등과 함께 중대사中臺寺를, 개원화상開原和尙은 개원사開原寺
를, 명덕明德은 연구사燕口寺를 각각 개창했다.

개심開心과 보명普明의 전기가 있는데 모두 《본전》과 같다.

다음과 같이 찬한다.

불교는 끝없이 넓은 바다이니
강물이 바다로 흐르듯 유교, 도교 다 받들었다
가소롭게 고구려왕은 웅덩이만을 지키고
와룡이 바다로 흘러드는 것을 알지 못하였네

한번 더 들여다보기

고구려에 전래된 도교와 관련된 이야기이다. 고
구려의 마지막 왕 보장왕은 연개소문의 건의로 당나라에서 도교를
들여왔을 뿐만 아니라 불교 사원을 도교의 사관으로 삼았다. 이에
도교가 성행하면서 고구려의 불교가 잠시 쇠퇴하자 보장왕 9년 평양
반룡사盤龍寺의 승려 보덕이 방장을 날려 백제로 옮겨가 경복사景福寺
(전주)를 세우고 열반종을 강론했다.

일연의 이야기는 고구려가 불교를 경시하고 도교를 받들어 나라가
위태해졌음을 보여 주려는 의도로 보인다. 반면에 신라에 도교가 전
해진 기록은 거의 없다.

동경東京 흥륜사興輪寺 금당金堂 10성十聖

동쪽 벽에 앉아 서쪽으로 향한 소상은 아도我道, 염촉厭髑, 혜숙惠宿, 안함安含, 의상義湘이며, 서쪽 벽에 앉아 동쪽으로 향한 소상은 표훈表訓, 사파蛇巴, 원효元曉, 혜공惠空, 자장慈藏이다.

제4 탑상塔像

가섭불迦葉佛 연좌석宴坐石

월성 동쪽에 있는 가섭불의 연좌석

《옥룡집玉龍集》과 〈자장전慈藏傳〉 그리고 제가諸家의 전기에는 모두 다음과 같이 기록되어 있다.

신라의 월성 동쪽 용궁의 남쪽에는 가섭불[1]과 연좌석이 있다. 그곳은 곧 전불前佛 시대의 절터이고 지금 황룡사皇龍寺의 지역은 곧 일곱 가람伽藍의 하나이다.

《국사》에 따르면 이렇다.

553년(계유) 진흥왕 즉위 14년 개국開國[2] 3년, 2월에 월성 동쪽에 궁궐을 새로 지으려 했는데 그 터에서 황룡이 나타났다. 왕은 이를 의아하게

---

[1] 석가모니의 과거 7제자 중 여섯 번째 부처. 한번의 설법으로 2만 명의 제자를 얻었다고 한다.
[2] 신라 진흥왕의 연호, 551~567.

308

여겨 궁궐 대신 황룡사를 세웠다.

연좌석은 불전 후면에 있었다. 예전에 한번 본 적이 있는데 돌의 높이는 5, 6자 정도였고 둘레는 겨우 세 아름이었다. 우뚝하게 세워져 위쪽은 평평했다.

진흥왕이 절을 창건한 이래 두 번이나 화재가 나서 돌이 터져 갈라진 곳이 생겼다. 스님이 쇠를 붙여 보호했다.

다음과 같이 찬한다.

> 불교가 사라진 것이 기억할 수 없이 아득한데
> 오직 연좌석만 그대로 남아 있으니
> 뽕밭이 몇 번 변해 푸른 바다가 되었는데
> 애처롭게도 우뚝하게 그 자리에 남아 있구나

그러나 서산의 대병란[3]으로 불전과 탑은 모두 타버리고 이 돌도 파묻혀 거의 땅과 같이 평평해졌다.

천지개벽의 연도

《아함경》을 보면 가섭불은 현겁賢劫[4]의 세 번째 부처이다. 사람의 나이로 보면 2만 세 때 세상에 나타났다 한다. 이에 의거해서 증감법으로 계산

---

3 몽고의 침입.
4 많은 부처님이 출현하는 시기를 말한다.

해 보면 언제나 성겁成劫[1]의 처음에는 모두 무량세를 누렸는데 점점 줄어 수명이 8만 세에 이르면 주겁住劫의 처음이 된다. 이로부터 다시 1백년 마다 1세씩 줄어들어 수명이 10세에 이르는 사이가 1감一減이다. 그러나 다시 증가하여 수명이 8만 세에 이르는 사이가 1증一增이다. 이렇게 20번 줄고 20번 더해지면 1주겁住劫이 된다.

이 1주겁 중에 천불千佛이 세상에 출현하는데 지금의 본사本師 석가모니불은 네 번째 부처이다. 이 부처는 모두 제9감 중에 나타난다. 석가세존이 1백 세의 수를 누린 때부터 가섭불이 2만 세를 누렸던 때까지는 이미 2백만여 세나 되니 현겁 처음의 첫 번째 부처였던 구류손불拘留孫佛 시대까지는 또 몇 만 세가 된다. 이때부터 거슬러 올라가 겁초劫初[2] 무량세의 수명을 누리던 때까지는 또 얼마나 되겠는가?

석가세존에서부터 지금(1281년, 지원至元[3] 18년, 신사)까지가 벌써 2천 2백 30년이나 되었으니 구류손불로부터 가섭불 시대를 지나 지금에 이르기까지는 몇 만 년이나 된다.

본조(고려)의 명사 오세문이 《역대가歷代歌》를 지었는데 1219년(금나라 정우貞祐[4] 7년, 기묘)에서 거슬러 4만 9천 6백여 세에 이르면, 반고씨盤古氏[5]의 천지개벽 무인년이 된다고 했다.

---

1 불교에서 말하는 가장 긴 시간.
2 천지가 열리던 때.
3 중국 원元 세조世祖의 연호, 1264~1294.
4 중국 금金 선종宣宗의 연호, 1213~1217.
5 중국에서 천지가 열릴 때 처음으로 나타났다고 하는 제왕.

또 연희궁 녹사 김희령이 지은 《대일력법》에서는 천지개벽의 상원上元 갑자로부터 1084년(원풍元豐[6], 갑자)에 이르기까지 1백 93만 7천 6백 41세라 했다.

또 《찬고도纂古圖》[7]에는 천지개벽에서부터 기원전 477년(획린獲麟)[8]까지 2백 76만 세라 했다.

여러 경을 살펴보면 가섭불로부터 지금까지가 이 연좌석의 세월이라고 했다. 그러니 겁초의 천지개벽 때와는 거리가 있는 어린아이 정도이다. 세 사람의 말이 이 어린 돌의 나이에도 미치지 못하니 천지개벽의 설에 있어서는 매우 소홀했던 것이다.

한번 더 들여다보기

가섭불이란 석가모니의 전생이다. 가섭불이 연좌하던 바위가 신라의 황룡사 터에 그대로 남아 있다는 이야기이다.

---

6 중국 송宋 신종神宗의 연호, 1078~1085.
7 중국의 역사책.
8 중국의 성인 공자가 《춘추》를 지을 때, 여기까지 서술했다. 중국 춘추시대 노나라 애공 14년(기원전 477) 봄에 왕이 서쪽으로 사냥을 나가 기린을 잡은 때를 말한다.

요동성遼東城 육왕탑育王塔

고구려 성왕이 탑을 세우다

《삼보감통록三寶感通錄》[1]에 다음과 같이 실려 있다.

고구려 요동성[2] 부근에 있는 탑에 대해 옛 노인들이 이렇게 말했다. 옛날 고구려의 성왕聖王이 국경을 순행하다가 이 성에 이르렀는데 오색구름이 땅에 드리워져 있었다. 왕이 구름 속으로 들어가 보았더니 한 스님이 지팡이를 짚고 서 있었는데 가까이 가면 홀연히 없어지고 멀리서 보면 다시 나타났다.

그 옆에 3층 토탑이 있었고 탑 위는 솥을 덮은 듯 보였으나 무엇인지 알수 없었다. 다시 가서 스님을 찾아보았으나 무성한 풀만 있을 뿐이었다. 그곳을 한 길쯤 파 보니 지팡이와 신발이 나오고 또 파니 범서梵書[3]가 있는 명문을 얻었다. 왕을 모시고 따르던 신하가 그 글을 알아보고 '이것은 불탑입니다.'라고 했다.

왕이 자세히 물으니 신하가 답했다.

"이것은 한漢나라 때의 것으로 포도왕蒲圖王본래는 휴도왕(休屠王)이라 했는데 하늘에 제례를 지내는 금인(金人)[4]이다이라 합니다."

왕은 이 일을 겪고 불심이 생겨 7층 목탑을 세웠는데 훗날 불법이 전래

---

1 664년 당나라 도선道宣이 불, 법, 승 삼보의 감통을 기록한 책.
2 중국 요녕성. 만주.
3 인도의 산스크리트어로 기록된 글.
4 즉 부처를 말한다.

되자 그 시말始末을 자세히 알게 되었다. 지금은 탑의 높이가 줄어 목탑이 썩어 무너졌다. 아육왕[5]이 통일했던 염부제주閻浮提洲[6]에는 곳곳에 탑을 세웠으니 이상할 것이 없다.

또 당나라 용삭龍朔[7] 연간에 요동의 전쟁에 나간 행군 설인귀가 수 양제가 정벌한 요동의 옛 땅에 이르렀다. 산에 있는 불상 주위가 텅 비어 매우 쓸쓸하고 사람의 왕래가 거의 없는 것을 보고 그곳의 노인에게 물으니, "이 불상은 옛적(선대)에 나타났던 그대로입니다."라고 했다. 그리하여 이 것을 그대로 그려 가지고 서울로 돌아갔다.모두 약함(若函)[8]에 실려 있다.

서한西漢과 삼국三國의 지리 기록을 살펴보면 요동성은 압록강의 밖에 있으며 한漢나라의 유주幽州에 속한다. 고구려 성왕은 어느 임금인지 알 수 없다. 혹은 동명성제[9]라고 하나 그렇지 않은 것 같다.

동명왕은 기원전 37년(전한前漢 원제元帝 건소建昭 2년)에 즉위하여 기원전 19년(전한 성제成帝 홍가鴻嘉, 임인)에 돌아가셨으니 그때는 한나라에서도 아직 패엽貝葉[10]을 보지 못했는데 어떻게 변방의 신하가 범서를 알아볼 수 있었을 것인가? 그러나 불[佛]을 포도왕이라 했으니 아마 서한시대에도 서역西域[11]의 문자를 알아보는 이가 있었기에 범서라 했을 것이다.

---

5 인도 고대 마우리아 왕조의 제3대왕으로 독실한 불교신자였다. 탑과 석주를 인도 곳곳에 세웠다.
6 인도를 가리킨다.
7 중국 당 고종의 연호, 661~663.
8 대장경을 넣어둔 함이다.
9 고구려의 시조 주몽.
10불경.
11인도.

아육왕이 인도 곳곳에 불탑을 세우다

고전을 살펴보면 아육왕이 귀신의 무리에게 명하여 인구 9억 명이 사는 곳마다 탑 하나씩을 세우게 했다. 그렇게 염부계閻浮界 안에 8만 4천 개를 세워 큰 돌 속에 감추어 두었다. 지금 곳곳에서 그 상서로움이 나타나니 대개 부처의 진신사리는 그 감응을 헤아리기 어려운 것이다.

다음과 같이 찬한다.

아육왕의 보탑이 속세 곳곳에 세워져

비에 젖고 구름에 묻혀 이끼가 가득하니

회상해보니 길 가던 사람들이 바라보며

몇 사람이나 제신祭神의 무덤을 알아보았을까

금관성金官城 파사석탑婆娑石塔

아유타국에서 허황후가 탑을 가져오다

금관金官[1] 호계사虎溪寺의 파사석탑은 옛날 이 고을이 금관국일 때 시조 수로왕의 비 허황후 황옥이 48년(후한 건무建武[2] 24년, 무신)에 서역 아유타국에서 싣고 온 것이다. 처음에 공주가 부모의 명을 받들어 바다를 건너

---

1 김해.
2 중국 후한後漢 광무제光武帝의 연호, 25~56.

314

동쪽으로 향해 가다가 바다의 풍랑을 만나 다시 돌아가 부왕에게 말하니 부왕은 이 탑을 싣고 가라 했다. 그제야 순조롭게 바다를 건너 금관국의 남쪽 해안에 닿았다.

붉은 돛과 붉은 깃발을 달고 주옥으로 장식된 배가 닿은 곳을 주포主浦라 하고 처음 언덕 위에서 비단 바지를 벗던 곳을 능현綾峴이라 하며 붉은 기가 처음 해안에 들어선 곳을 기출변旗出邊이라 한다.

수로왕이 황후를 맞아들여 함께 나라를 다스린 지 1백 50여 년이나 되었다. 그러나 그때 해동에는 아직 절을 세우고 불법을 받드는 일이 없었다. 대개 불교가 아직 들어오지 않아서 그 지방 사람들이 불교를 믿지 않았으므로 본기[3]에도 절을 세웠다는 기록은 없다.

452년(임진) 제8대 질지왕銍知王 2년에 이르러 처음 절을 두었다. 또 왕후사王后寺를 지어아도와 눌지왕의 시대이며 법흥왕 이전이다 지금까지 복을 빌고 있고 아울러 남쪽 왜국을 진압하고 있다는 것도 《가락본기》에 자세히 쓰여 있다.

탑은 4면의 모서리가 있는 5층이며 조각이 매우 기이하다. 돌에는 미세한 붉은 반점이 보이며 질감이 아주 부드럽고 좋은 것이 우리의 것과는 다르다. 《본초本草》[4]에서 말하는 닭의 볏으로 피를 찍어 보아 시험했다는 것이 이것이다. 금관국을 또한 가락국이라고도 하는데 본기에 자세히 기재

---

3 가락국기.
4 《신농본초神農本草》, 후한 때 쓰인 책으로 360여 가지의 약초를 기록해 놓았다. 《신농본초》에는 이 탑에 닭벼슬의 피를 떨어뜨려 시험해 보니 피가 스미거나 굳지 않고 물방울처럼 굴러 떨어졌다는 기록이 남아 있다고 한다.

되어 있다.

다음과 같이 찬한다.

탑을 실은 붉은 돛대와 깃발
가뿐하게 거친 바다를 헤치고
어찌 황옥만을 돕기 위해 이 언덕까지 왔겠는가
천고에 두고두고 왜국의 침략을 막으려는 것이네

고려高麗 영탑사靈塔寺

고구려의 영탑사

《승전》에 '석釋 보덕普德의 자는 지법智法이며 전 고구려 용강현 사람이다.'라고 했다. 보덕은 항상 평양성에 살았는데 산방의 노승이 와서 불경 강의를 청하니 굳이 사양하다가 마지못해 가서 《열반경》 40여 권을 강론했다.

법석을 마치고 평양성 서쪽 대보산 바위굴 아래에 이르러 참선을 하는데 신인이 와서 "이곳에 사는 것이 좋겠다."고 권하였다. 그리고 지팡이로 앞에 있는 땅을 가리키며 "이 땅속에 8면 7층의 석탑이 있다."라고 했다. 과연 그곳을 파보니 탑이 있었다. 그래서 절을 세우고 영탑사라 하고 그곳에서 살았다.

황룡사黃(皇)龍寺 장륙존상丈六尊像

아육왕의 황철과 황금으로 조성한 장륙존상

553년(계유) 신라 제24대 진흥왕 즉위 14년 2월에 용궁의 남쪽에 궁궐을 지으려 하는데 황룡黃龍이 나타났다. 이에 절로 삼고 황룡사라 했다. 569년(진흥왕 30년, 기축)에 주위에 담을 쌓고 17년 만에 겨우 완성했다.

그 후 얼마 안 되어 바다 남쪽에 큰 배 한 척이 나타나 하곡현 사포지금의 울주 곡포에 닿았다. 배를 검사해보니 공문公文이 있었다.

"서천축의 아육왕이 황철 5만 7천 근과 황금 3만 푼을 모아《별전》에는 철 40만 7천 근, 금 1천 냥이라 했는데 아마 잘못된 것 같고 혹은 3만 7천 근이라 한다 석가삼존상을 주조하려다 이루지 못했다. 그래서 배에 실어 바다에 띄우고 '부디 인연이 있는 국토에 가서 장륙존상[1]을 이루소서.'라 축원했다. 그리고 부처상 1개와 보살상 2개도 함께 실었다."

현의 관리가 문서를 갖춰 국왕에게 올렸더니 왕은 그 현의 성 동쪽에 높고 습하지 않은 땅을 골라 동축사東竺寺를 세우고 세 불상을 편안히 모시게 했다. 금과 철은 도성으로 옮겨 574년(대건大建[2] 6년, 갑오) 3월절의 기록에는 573년(계사) 10월 17일에 장륙존상을 주조했는데 단번에 이루어졌다.

무게는 3만 5천 7근으로 황금 1만 1백 98푼이 들었으며 두 보살에는 철 1만 2천 근과 황금 1만 1백 36푼이 들었다.

---

1 부처의 등신불로서 16자(5미터)의 입상을 말한다.
2 중국 남조南朝 진陳 선제宣帝의 연호, 569~581.

장륙존상을 황룡사에 모셨더니 이듬해에 불상에서 눈물이 발꿈치까지 흘러내려 땅이 한 척이나 젖었다. 그것은 대왕이 세상을 떠날 징조였다.

간혹 불상이 진평왕 때 완성되었다고 하는데 잘못이다.

장륙존상 조성에 관한 또 다른 설

별본別本에 다음과 같은 글이 있다.

아육왕은 인도 대향화국에서 부처가 세상을 떠난 후 1백년 만에 태어났다. 그는 부처의 진신에 공양하지 못한 것을 한스럽게 여겨 금과 철 약간을 모아 3번이나 불상을 주조했으나 성공하지 못했다. 그때 왕의 태자가 그 일에 참여하지 않았으므로 그 까닭을 물었다. 태자가 말했다.

"그것은 혼자 힘으로는 성공하지 못할 일이었습니다. 벌써 안 될 줄 알고 있었습니다."

왕도 그 말이 옳다고 여겨져 그것을 배에 실어 바다에 띄워 보냈다. 배는 남염부제 16대국, 5백 대국, 10천 소국, 8만 취락을 두루 돌아다니지 않은 곳이 없으나 모두 불상을 만들지 못했다.

마지막에 신라국에 이르러서야 진흥왕이 문잉림에서 불상을 주조하여 모습을 다 갖추었다. 이로써 아육은 비로소 무우왕無憂王이 되었다.[1]

그 후에 대덕 자장慈藏이 서쪽(중국)으로 유학하여 오대산[2]에 이르렀더니 문수보살이 현신現身으로 나타나 비결을 주며 일렀다.

---

1 장륙존상이 완성되어 아육왕의 근심이 없어졌다는 뜻이다.
2 중국 불교 최대의 영산靈山.

"너희 나라의 황룡사는 바로 석가불과 가섭불이 강연한 곳이므로 연좌석이 지금도 남아 있다. 인도의 무우왕이 황철 약간을 모아 바다에 띄웠는데 1천 3백여 년이 지나 너의 나라에 이르러 불상이 이루어지고 그 절에 모셔졌던 것이다. 대개 위덕威德의 인연으로 그렇게 된 것이다.《별기》의 기록과 일치하지 않는다."

불상이 이루어진 후 동축사의 삼존불상도 황룡사로 옮겨 안치했다.

절의 기록에는 584년(갑진) 진평왕 5년에 이 절의 금당이 조성되었으며, 선덕왕 때 첫 주지는 진골 환희 스님이며, 제2대 주지는 국통國統 자장, 다음은 국통 혜훈惠訓, 다음은 상률 스님이라고 했다. 지금은 병화³ 이래로 큰 불상과 두 보살상은 모두 불에 타 사라지고 작은 석가상만 아직 남아 있다.

다음과 같이 찬한다.

> 티끌 같은 세상 어느 곳이 고향 아니겠느냐
> 향화(불교)에서의 인연은 이 나라가 으뜸이네
> 아육왕이 완성 못한 것이 아니라
> 인연이 월성 옛터를 찾아왔을 뿐이네

한번 더 들여다보기
- - - - - - - - - - 황룡사는 신라 진흥왕 때부터 짓기 시작하여 거

---

3 몽고의 침입.

의 100여 년에 걸쳐 불상, 9층탑, 종 등이 차례로 만들어진 신라 최대의 불교 사찰이다.

설화에 따르면 황룡사는 본래 진흥왕이 대궐을 지으려고 하던 터에 황룡이 나타나 계획을 바꾸어 절로 삼고 황룡사黃(皇)龍寺라 했다고 한다.

가섭불의 연좌석이나 요동성의 석탑, 가락국의 허황후가 가져온 탑, 이 모든 부처의 위덕偉德이 결국 신라의 황룡사에 이르러 결실을 맺고 있음을 보여 준다. 서천축의 아육왕이 이루지 못한 불상이 신라의 황룡사에 이르러 모습을 갖추게 되었으며 감응한 불상이 고마워 눈물까지 흘렸다는 이야기이다.

일연은 탑상편 첫머리에 황룡사에 대해 언급한 다음 이와 관련된 불교 사적을 하나하나 찾아가고 있다. 일연의 서술 방식이 작은 이야기들이 순차적으로 엮여 커다란 서사를 만들어 내고 있다고 느껴지는 부분이다.

황룡사黃龍寺 구층탑九層塔

신인이 자장법사로 하여금 탑을 세우도록 하다

636년(병신) 신라 제27대 선덕왕 즉위 5년 정관貞觀 10년에 자장법사가 서쪽으로 유학 가서 오대산에서 문수보살의 수법을 감응했는데자세한 것은 《본전》에 있다. 문수보살이 이렇게 말했다.

"너희 나라 왕은 천축의 찰리刹利[1] 종족의 왕인데 이미 부처님의 수기 [佛紀][2]를 받은 남다른 인연이 있다. 따라서 동이東夷, 공공共工[3]의 종족과 는 다르다. 그러나 산천이 험준하여 사람들의 성품이 거칠고 험해서 사교 邪敎에 빠지니 간혹 천신의 화를 입기도 한다. 그러나 다문비구多聞比丘[4] 가 나라 안에 있으므로 군신은 편안하고 백성들은 화평하다."

말을 마치고 보살은 사라져 버렸다. 자장은 보살이 대성大聖[5]이 변신한 것이었음을 미처 깨닫지 못한 것을 깊이 슬퍼하며 물러나왔다.

법사가 중국의 태화지太和池를 지나고 있을 때 문득 신인神人이 나타나 물었다.

"어떻게 여기에 온 것입니까?"

자장이 대답했다.

"부처에 이르는 길[菩提]을 구하고자 합니다."

신인이 그에게 절하고 또 물었다.

"그대 나라에 어려움이 있습니까?"

자장이 말했다.

"우리는 북쪽으로 말갈이 있고 남쪽에는 왜국이 가까이 있으며 고구려, 백제 두 나라가 번갈아 국경을 침범하는 등 이웃 나라의 침입이 횡행하니

---

1 고대 인도의 계급 중 왕족, 무사에 속하는 크샤트리아.
2 부처가 인간의 인과응보에 대해 말해 주는 것.
3 중국 한족의 입장에서 변방의 야만족을 이르는 말.
4 법문을 많이 듣고 읽는 승려.
5 석가모니.

백성들이 근심하고 있습니다."

신인이 말했다.

"지금 그대의 나라는 여자를 임금으로 삼았기 때문에 덕은 있으나 위엄이 없습니다. 그래서 이웃 나라가 침략을 도모하니 빨리 본국으로 돌아가야 합니다."

자장이 물었다.

"고국에 돌아가 장차 무슨 일을 해야 도움이 되겠습니까?"

신인이 말했다.

"황룡사 호법룡은 내 큰아들입니다. 범왕梵王의 명으로 그 절을 지키고 있습니다. 본국에 돌아가 절 안에 9층탑을 세우면 이웃 나라가 항복하고 9한九韓이 와서 조공하여 왕업이 길이 편안할 것입니다. 탑을 세운 후 팔관회를 베풀고 죄인을 사면하면 외적이 침범하지 못할 것입니다. 또한 나를 위해 도성 남쪽 언덕에 정사를 짓고 내 복을 빌어 주면 나 역시 그 은덕을 갚을 것입니다."

신령은 말을 마친 후 자장에게 옥을 주고는 홀연히 사라져 버렸다.절 기록에는 '종남산 원향선사에게 탑을 세울 인유(因由)를 받았다'고 되어 있다.

백제 장인 아비지가 9층탑을 세우다

643년(정관 17년, 계묘) 16일에 자장법사는 당나라 황제가 준 불경, 불상, 가사, 폐백 등을 가지고 본국으로 돌아와 왕에게 탑을 세울 것을 청했다.

선덕여왕이 여러 신하에게 물으니 신하들이 답했다.

"탑을 세울 장인을 백제에 청해야 합니다."

왕은 백제에 보물과 비단을 보내 청했다. 장인 아비지阿非知가 명을 받고 와서 목재와 석재를 다듬었다. 이간伊干 용춘龍春 혹은 용수(龍樹)이 그 일을 주관했는데 거느린 장인이 2백 명이나 되었다.

처음 탑의 기둥을 세우는 날 장인은 꿈에 자기 나라 백제가 멸망하는 형상을 보았다. 장인은 의심으로 걱정되어 일손을 멈추었다. 그때 갑자기 땅이 흔들리고 어둠 속에 노승과 장사가 금당 문에서 나타났다. 그들은 기둥을 세우고 다시 사라졌다. 이에 장인은 뉘우치고 그 탑을 완성했다.

기둥을 세울 때의 기록에는 철반鐵盤 이상의 높이는 42자이고 그 이하는 1백 83자라고 했다. 자장이 오대산에서 받은 사리 1백 알[粒]을 그 탑 기둥 속에, 또 통도사 계단과 태화사 탑에 나누어 모셨다. 연못에서 나온 용의 청을 따랐던 것이다. 태화사는 하곡현 남쪽에 있는데 지금의 울주이며 역시 자장법사가 세웠다. 탑을 세운 후 천지가 태평하고 삼한이 통일되었으니 어찌 탑의 영험이 아니겠는가?

후에 고구려왕이 신라를 치려다가 '신라에는 삼보三寶가 있어 침범할 수 없다고 하는데 그것이 무엇이냐?'라고 물으니 '황룡사의 장륙존상과 9층탑과 진평왕의 천사옥대를 가리키는 것입니다."라는 말을 듣고 왕은 마침내 계획을 중지했다.

주周나라에 9정九鼎[1]이 있어서 초楚나라 사람이 감히 북방을 엿보지 못했다고 하는 것과 같은 이치이다.

다음과 같이 찬한다.

---

1 중국 하나라 우왕이 구주九州의 쇠를 모아서 만든 아홉 개의 솥. 왕위를 상징한다.

귀신이 도운 듯 제경帝京을 진압하니

휘황한 금백색의 지붕이 날아갈 듯

올라서서 굽어보니 9한만 항복하겠는가

천하도 평정될 것을 비로소 깨달았네

황룡사 9층탑에 관한 또 다른 기록들

또 해동의 명현名賢 안홍安弘이 지은 《동도성립기東都成立記》에는 다음
과 같은 기록이 있다.

'신라 제27대에 여왕이 임금이 되니 비록 덕은 있으나 위엄이 없으므로
구한이 침범하게 되었다. 만약 용궁 남쪽 황룡사에 9층탑을 세우면 이웃
나라의 침입을 진압할 수 있을 것이니 제1층은 일본, 제2층은 중화, 제3층
은 오월, 제4층은 탁라, 제5층은 응유, 제6층은 말갈, 제7층은 단국, 제8층
은 여적, 제9층은 예맥이다.'

또 《국사》와 《사중고기寺中古記》를 살펴보면 다음과 같다.

'553년(계유) 진흥왕 14년에 황룡사를 세운 후, 645년(을사) 선덕여왕 정
관 19년에 탑이 처음으로 세워졌다. 698년(무술) 제32대 효소왕 즉위 7년
성력聖曆 원년 6월에 벼락을 맞았다.《사중고기》에 성덕왕 때라고 한 것은 잘못이다.
성덕왕 때는 무술년이 없었다. 720년(경신) 제33대 성덕왕 때에 다시 이것을 세웠
으며 868년(무자) 제48대 경문왕 6월에 두 번째 벼락을 받아 다시 세 번째
로 수축했다. 953년(계축) 본조(고려) 광종 즉위 5년 10월에 세 번째 벼락
을 맞아 1021년(신유) 현종 13년에 네 번째로 다시 수축했으며, 1035년(을
해) 정종 2년에 네 번째 벼락을 맞아 1064년(갑진) 문종 때 다섯 번째로 다

시 수축했다. 또 1095년(을해) 헌종 말년에 다섯 번째 벼락을 맞아 1096년 (병자) 숙종 때 여섯 번째 다시 수축했으며, 1238년(무술) 고종 25년 겨울에 몽고의 병란으로 탑과 장륙존상과 절의 전우展宇가 모두 타버렸다.'

한번 더 들여다보기

자장은 선덕여왕 즉위 5년에 중국 오대산에서 문수보살의 현신을 만나 법을 받았다. 문수보살은 자장에게 신라의 황룡사가 석가와 가섭불이 강연하던 땅이라 일러준다. 이에 신라에 돌아온 자장은 황룡사에 탑과 불상을 세울 것을 건의했다.

이로써 엄청난 크기의 장륙존상(3미터 정도)과 9층탑이 세워졌다. 이 장은 장륙존상을 조성함으로써 아육왕의 1300년간의 염원이 실현되었다는 내용이며, 황룡사 9층탑은 문수보살과 태화지 신인의 인도로 가능했다는 신비스러운 설화이다.

생의사生義寺 석미륵石彌勒

선덕왕 때 승려 생의生義는 도중사道中寺에 자주 머물렀다. 어느 날 꿈에 한 스님이 그를 데리고 남산으로 올라가서 풀을 엮어 표시를 남기게 하고 산 남쪽으로 내려와 말했다.

"내가 이곳에 묻혀 있으니 스님이 꺼내어 고개 위에 묻어 주시오."

꿈에서 깨어난 스님은 친구들과 함께 표시해 둔 곳을 찾아 나섰다. 그 골짜기에 이르러 땅을 파 보니 돌미륵이 있어 삼화령三花嶺[1] 위에 모셨다.

644년(갑진) 선덕여왕 12년[2]에 그곳에 절을 짓고 거주하여 훗날 생의사生義寺라 했다. 지금은 잘못 전해져 성의사(性義寺)라 한다. 충담 스님[3]이 매년 3월 3일과 9월 9일에 차를 달여 공양한 분이 바로 이 부처님이다.

흥륜사興輪寺 벽화 보현普賢

제54대 경명왕 때 흥륜사의 남문과 좌우 회랑이 불에 탔으나 미처 수리되지 못하고 있었다. 이에 정화靖和와 홍계弘繼 두 스님이 시주를 모아 수리하려 했다.

921년(정명貞明[4] 7년, 신사) 5월 15일에 제석帝釋이 절의 왼쪽 경루[5]에 내려와 10일 동안 머무르니 불전과 불탑, 풀, 나무, 흙, 돌에서 이상한 향기가 나고, 오색구름이 절을 휘감았다. 또 남쪽 연못의 물고기와 용이 기뻐하며 날뛰었다.

나라 사람들이 모여서 보고 전에 없던 일이라 감탄하여 옥과 비단과 곡식을 산더미처럼 시주했다. 장인들이 모여들어 일을 하니 며칠 안 되어

---

1 경상북도 경주시 남산 북봉 장창곡 근처에 있는 고개.
2 혹은 13년.
3 〈찬기파랑가讚耆婆郞歌〉와 〈안민가安民歌〉를 지은 신라 경덕왕 때의 승려.
4 중국 후량 말제末帝의 연호, 915~921.
5 불경을 보관하던 누각.

일이 끝났다. 천제가 돌아가려 하니 두 스님이 말했다.

"천제께서 만약 돌아가시려면 성스러운 모습을 그림으로 남겨 정성껏 공양하게 하여 하늘의 은혜에 답하게 해주시기 바랍니다. 또한 화상을 남겨서 길이 하계를 보호해 주십시오."

천제가 말했다.

"내 염력은 저 보현보살의 현묘한 교화에 미치지 못하니 보현보살상을 그려서 공양이 끊어지지 않도록 하는 것이 좋겠다."

두 스님은 가르침을 받들어 보현보살을 벽 사이에 경건하게 그려 놓았는데 지금도 그 화상이 남아 있다.

한번 더 들여다보기

보현보살은 석가모니 오른쪽에 있는 보살이다. 모습은 코끼리를 탄 모양과 연화대에 앉은 모양 두 가지가 있다. 왼쪽에 있는 문수보살과 함께 모든 보살 위에 있으면서 석가의 가르침과 수행을 보좌한다.

삼소관음三小觀音과 중생사衆生寺

보이지 않는 배꼽 밑의 점을 그린 화공

《신라고전新羅古典》에는 다음과 같은 글이 있다.

중국의 천자에게 총애하는 여자가 있었는데 아름답기 그지없었다. 고금의 어떤 그림에도 이렇게 아름다운 사람은 없으리라 여긴 천자는 그림을 잘 그리는 사람에게 명하여 그 모습을 그리게 하였다. 화공의 이름은 전하지 않는데 혹은 장승요[1]라고 한다. 그렇다면 오(吳)나라 사람이다. 양나라 무제 천감(天監) 연간에 무릉왕국의 시랑 직비각지화사(直秘閣知畵事)[2]가 되었고 우장군과 오흥태수를 역임했으니 천자는 곧 양(梁)과 진(陳)나라 무렵의 천자를 가리킨다. 그런데 《고전》에 당나라 황제라 한 것은 우리나라[海東] 사람이 중국을 모두 당이라 했기 때문이다. 실제로 어느 시대의 왕인지 확실치 않으므로 두 가지를 다 적어둔다.

화공은 칙명을 받들어 그림을 그렸으나 붓을 잘못 떨어뜨려 배꼽 밑에 붉은 점이 찍혔다. 고치려 해도 고칠 수 없어 혹시 붉은 사마귀가 날 때부터 있었던 것이 아닐까 의심이 들었다. 일을 마치고 그것을 바치니 황제가 그것을 보고 말했다.

"형상은 아주 그럴 듯하나 배꼽 밑에 감추어진 점은 어떻게 알고 그렸느냐?"

황제가 대노해 화상을 옥에 가두고 형벌을 주려 했다. 승상이 말했다.

"저 사람은 마음이 정직한 사람입니다. 그러니 용서해 주십시오."

황제가 말했다.

"그가 어질고 정직하다면 내가 어젯밤 꿈에 본 형상을 그려보게 해라. 그림이 틀림이 없으면 용서하겠다."

이에 화공이 11면 관음보살상을 그려 바치니 꿈에 보았던 그림과 똑같

---

1 중국 오나라 사람으로 양나라 무제 때의 궁정화가.
2 그림을 맡는 직책명.

앗다. 황제는 마음이 풀려서 그제야 그를 놓아 주었다. 겨우 화를 면한 화공은 박사博士 분절芬節에게 앞으로의 일을 의논하며 말했다.

"내가 들으니 신라국은 불법을 숭상한다고 합니다. 함께 배를 타고 바다 건너 그곳으로 가서 불사를 널리 닦아 동방의 나라에 유익하면 좋지 않겠습니까?"

마침내 두 사람은 신라국으로 건너가서 중생사에 관음보살상을 세웠다. 나라 사람들이 우러러 공경하고 기도하여 복을 얻었으니 이루 다 기록할 수 없다.

최은함이 관음보살에게 기도해 최승로를 얻다

신라 말기 천성天成[3] 연간에 정보正甫 최은함崔殷諴이 늦도록 아들이 없어서 이 절의 관음보살 앞에 와서 기도했는데 태기가 생겨 아들을 낳았다. 그러나 석 달이 채 못 되어 후백제의 견훤이 서울을 습격하여 나라가 크게 위험해졌다. 은함은 아이를 안고 중생사에 와서 고했다.

"이웃 나라 군사가 갑자기 쳐들어와 나라가 급박해졌습니다. 어린 자식을 업고 도망하면 둘 다 죽음을 면할 길이 없습니다. 진실로 대성大聖께서 이 아기를 주셨다면 큰 자비의 힘으로 보호하여 길러주시어 우리 부자를 다시 만나게 해주소서."

눈물을 흘리며 슬프게 울고 거듭 당부를 하고 아이를 강보에 싸서 관음보살의 사자좌 밑에 숨겼다. 그리고 떨어지지 않는 발길을 돌려 떠났다.

---

3 중국 후당後唐 명종明宗의 연호, 926~930.

반달이 지나 적이 물러간 후 와서 아이를 찾아보니, 살결은 목욕을 시킨 듯했고 얼굴은 더 예쁘고 입에서는 아직도 젖 냄새가 남아 있었다.

아이를 안고 집에 돌아와 길렀더니 자라서 총명하고 슬기로움이 남보다 뛰어났다. 이 사람이 곧 승로承魯[1]인데, 벼슬이 정광正匡에 이르렀다. 승로는 낭중 최숙을 낳고, 숙은 낭중 제안을 낳았으니 이로부터 후손이 계승되어 끊어지지 않았다. 은함은 경순왕을 따라 본조(고려)에 들어와서 큰 가문을 이루었다.

중생사 관음보살의 신력

또 992년(통화統和[2] 10년) 3월 절의 주지 성태 스님은 보살 앞에 꿇어 앉아 말했다.

"제가 오랫동안 이 절에 살면서 향화를 부지런히 올려 밤낮으로 게을리 하지 않았지만, 절의 전토에서 나는 것이 없어 향사香祀를 이을 수 없으므로 다른 곳으로 옮기려 합니다."

그리고 그날 잠깐 졸다가 꿈을 꾸었는데 대성大聖이 나타나 말했다.

"법사는 아직 머물러 있으며 멀리 떠나지 말라. 내가 법을 들을 인연들을 모아 재 올리는 비용을 만들 것이다."

주지는 기뻐하며 깨달음을 얻어 그 절에 머물고 떠나지 않았다.

그로부터 13일여 만에 갑자기 두 사람이 말과 소에 짐을 싣고 절문 앞

---

1 최승로崔承老(927~989), 고려 초기의 문신, 학자. '시무28조'를 올려 성종 대에 새로이 마련되는 국가체제의 기본 방향을 제시하였다.
2 중국 요遼 성종聖宗의 연호, 983~1011.

에 이르렀다. 스님이 물었다.

"어디에서 왔습니까?"

"우리들은 금주 지방 사람인데 지난번에 한 스님이 우리를 찾아와 "나는 동경[3] 중생사에 오랫동안 있었는데 공양에 필요한 네 가지 시주를 구하려고 이곳에 왔습니다."라고 하여 이웃 마을에 시주를 거두어 쌀 6섬과 소금 4섬을 싣고 왔습니다."

주지가 말했다.

"이 절에서는 시주를 받으러 나간 사람이 없는데 아마 당신들이 잘못 들은 것 같습니다."

그 사람이 말했다.

"지난번에 스님이 우리를 데리고 와서 이곳 신현정 가에 이르러 말하기를 "절이 이곳으로부터 멀지 않으니 내가 먼저 가서 기다리겠다."고 하여 우리들이 뒤쫓아 온 것입니다."

스님이 그들을 인도하여 법당 앞으로 가니 대성을 보고 절하며 말했다.

"이 부처님이 시주를 구하러 온 스님의 상입니다."

그들은 놀라 감탄해 마지않았다. 이로부터 해마다 거르지 않고 쌀과 소금을 바쳤다.

또 하루 저녁은 절 대문에 불이 나서 마을 사람들이 달려와 불을 끄는데 법당에 올라와 관음상을 찾았으나 간 곳이 없었다. 살펴보니 이미 뜰 가운데 서 있었다. 누가 그것을 밖에 내놓았는지를 물었으나 아무도 알지

---

3 경주를 말한다.

못했다. 그제야 대성의 신령스런 위력을 알게 되었다.

또 1173년(대정大定¹ 13년, 계사) 연간에 점숭占崇이란 스님이 이 절에 살고 있었다. 글자는 알지 못했으나 성품이 본래 순수하여 향화를 부지런히 받들었다. 어떤 스님이 그의 거처를 빼앗으려고 친의천사襯衣天使에게 호소했다.

"이 절은 국가에서 은혜를 빌고 복을 받는 곳이기 때문에 마땅히 글을 읽을 줄 아는 사람을 뽑아서 주관하게 해야 할 것입니다."

천사가 그것을 옳게 여겨 점숭을 시험하고자 경문을 거꾸로 주었는데 그가 경문을 받은 즉시 펴들고 거침없이 읽었다. 천사는 유념하였다가 방안으로 물러앉아서 다시 읽게 하니 점숭이 입을 다물고 말이 없었다. 천사가 "상인上人²은 진실로 대성이 지켜 주고 있다."라고 하며 마침내 절을 빼앗지 않았다.

당시 점숭과 같이 살던 처사 김인부가 고을의 노인들에게 전했으므로 이것을 적어서 전한다.

---

1 중국 금金 세종世宗의 연호, 1161~1189.
2 승려의 존칭.

백률사栢栗寺

백률사 불상과 돌 위의 자국

계림의 북쪽 산을 금강령金剛嶺이라 하는데 산의 남쪽에 백률사가 있다. 그 절에 불상이 있는데 시초는 알 수 없으나 영험은 자못 두드러졌다. 어떤 사람은 중국의 신장神匠이 중생사의 불상을 조성할 때 함께 만든 것이라고도 한다.

속설에는 부처가 일찍이 도리천에 올라갔다가 돌아와 법당에 들어갈 때 밟았던 돌 위에 찍힌 발자국이 지금까지 남아 있다고 한다. 또는 부례랑夫禮郎을 구해서 돌아올 때의 자취라고도 한다.

백률사 불상의 영험이 부례랑을 구하다

692년(천수天授**3** 3년, 임진) 9월 7일에 효소왕은 대현 살찬薩喰의 아들 부례랑을 받들어 국선國仙으로 삼았다. 구슬 신을 신은 낭도[珠履]가 1천 명이었는데 그중에서도 안상安常과 더욱 친했다.

693년 천수 4년장수(長壽) 2년, 계사 3월에 부례랑은 낭도를 거느리고 금란으로 유람을 나갔다. 북명北溟 경계에 이르러 적적狄賊**4**들에게 붙잡혀갔다. 낭도들이 모두 어찌할 줄을 모르고 돌아왔으나 안상만은 그 뒤를 쫓아갔다. 3월 11일의 일이었다.

---

3 중국 무주武周 측천무후 때의 연호, 690~691.
4 말갈.

대왕이 이 소식을 듣고 놀라움을 금치 못하고 말했다.

"선왕께서 신적神笛을 얻어 내게 전해주어 지금 현금玄琴과 함께 내고에 간직해 두었는데, 무슨 일로 국선이 갑자기 적의 포로가 되었단 말인가? 이 일을 어찌하면 좋겠느냐?" 피리와 거문고에 관한 일은 《별전》에 자세히 실려 있다.

때마침 상서로운 구름이 천존고天尊庫를 덮었다. 왕은 더욱 놀라서 사람을 시켜 조사해보니 창고 안에 있던 거문고와 피리 두 보물이 없어졌다. 왕이 말했다.

"내 어찌 복이 없어 어제는 국선을 잃고 또 거문고와 피리를 잃게 되었단 말인가?"

왕은 즉시 창고를 지키던 관리 김정고 등 다섯 명을 가두었다. 4월에는 나라 안에 방을 붙였다.

"거문고와 피리를 찾는 자는 1년의 조세를 상으로 내리겠다."

5월 15일 부례랑의 양친이 백률사의 부처님 앞에 가서 여러 날 저녁기도를 올렸다. 그런데 홀연히 향탁 위에서 거문고와 피리 두 보배를 얻게 되었고 부례랑과 안상 두 사람도 불상 뒤에 와 있었다. 낭의 양친이 미칠 듯이 기뻐하며 그 내력을 물으니 부례랑이 말했다.

"저는 잡혀간 후 적국의 대도구라大都仇羅의 집 목동이 되었습니다. 대오라니大烏羅尼 들판 다른 책에는 도구의 집 종이 되어 대마 들에서 방목했다고 했다에서 방목하고 있었습니다. 그런데 홀연히 용모와 거동이 단정한 승려 한 사람이 손에 거문고와 피리를 들고 와서 위로하면서 말했습니다.

"고향 생각이 나느냐?"

저는 저도 모르게 그 앞에 무릎을 꿇고 말했습니다.

"임금과 부모를 그리워함을 어찌 다 말할 수 있겠습니까?"

스님이 말했습니다.

"그렇다면 나를 따라오라."

저를 데리고 해변에 이르렀는데 또 안상을 만났습니다. 스님은 피리를 두 쪽으로 나누어 각각에 태우고 자신은 거문고에 올라탔습니다. 둥둥 떠 가더니 잠깐 사이에 이곳까지 왔습니다.

이 사실을 급히 알렸더니 왕은 크게 놀라며 사람을 보내 낭을 맞아들이고 거문고와 피리도 대궐로 옮겼다. 왕은 각각 50냥의 금은 그릇 5개씩 두 벌과 마납가사 5벌, 대초(비단) 3천 필, 전토 1만 경을 절에 시주하여 부처의 은덕에 보답했다.

나라 안에 대사면을 내리고 사람들에게는 관작 3급을 주고, 백성들에게는 3년간의 조세를 면해 주었다. 또한 그 절의 주지를 봉성사로 옮겨 살게 했다.

부례랑을 대각간신라의 재상으로 삼고 아버지 아찬 대현을 태내각간으로 삼았으며 어머니 용보부인은 사량부 경정궁주로 삼았다. 안상은 대통으로 삼았다. 창고관리 다섯 명은 모두 석방하여 관작을 각각 5급씩을 올려 주었다.

만만파파식적

6월 12일에 혜성이 동방에 나타나고 17일에는 또 서방에 나타나므로 일관이 말했다.

"거문고와 피리의 상서에 대하여 작위를 봉하지 않은 까닭입니다."

이에 신적神笛을 책호冊號하여 만만파파식적萬萬波波息笛이라 하니 혜성이 곧 사라졌다. 그 후에도 신비한 일이 많았지만 장황하여 싣지 않는다. 세상에서는 안상을 준영랑의 낭도라고 하나 자세히는 알 수 없다. 영랑의 낭도에는 다만 진재, 번완 등의 이름이 알려져 있으나 이들 역시 알 수 없는 사람들이다.《별전》에 자세히 있다.

한번 더 들여다보기

효소왕 대 부례랑의 이야기이다. 제1 기이편(상)에서 언급되었던 인물이다. 신문왕의 뒤를 이어 왕위에 오른 효소왕은 즉위 초 부례랑을 국선國仙으로 봉했다. 그런데 부례랑이 갑자기 사라졌으며, 낭도 안상 또한 그를 따라 흔적이 없어졌다.

이 소식을 듣고 왕이 놀랐는데 또한 신라를 지켜준다는 신물 만파식적과 거문고도 없어져 버렸다. 이에 부례랑의 부모가 백률사의 대비에게 치성을 들이니 두 신물은 물론 부례랑과 안상도 함께 다시 나타났다는 이야기이다.

한편 부례랑이 국선이었다면 화랑 중에서 상당한 공적이 있었거나 영향력이 있었을 것으로 짐작된다. 하지만 그에 대한 기록은 어디에도 남아 있지 않다.

백률사는 계림 북쪽 금강령에 있던 절이며, 이차돈의 순교 당시 머리가 떨어져 세운 곳이다. 불교의 영험이 자못 강했던 곳이나 부례랑에 대한 기록을 찾지 못한 일연은 이 설화를 제2 기이편(상)에 싣지 못하고 탑상편에 기록한 것으로 보인다.

미륵선화彌勒仙花 미시랑未尸郎, 진자사眞慈師

원화제도

제24대 진흥왕의 성은 김씨요 이름은 삼맥종三麥宗인데 또는 심맥종深麥宗이라고도 한다. 540년(경신) 양나라의 대동大同[1] 6년에 즉위했다. 백부 법흥왕의 뜻을 흠모하여 일념으로 불교를 받들어 널리 불사를 일으키고 사람들을 제도하여 승려가 되게 하였다.

왕은 천성이 멋스럽고 신선을 매우 숭상하여 민가의 아름다운 낭자를 가려 뽑아 원화原花로 삼았다. 이것은 무리 중에서 인재를 선발하여 그들에게 효제와 충신을 가르치려는 것으로, 또한 나라를 다스리는 대요大要였다.

이에 남모랑南毛娘과 교정랑峧貞娘의 두 원화를 뽑으니 모여든 무리가 3~4백 명이었다. 교정은 남모를 질투하여 술자리를 마련한 다음 남모에게 술을 먹여 취하게 한 후 몰래 북천으로 메고 가서 돌로 묻어서 죽였다.

무리들은 남모가 간 곳을 알지 못해 슬피 울면서 헤어졌다. 그러나 그 음모를 아는 사람이 있어서 노래를 지어 거리의 아이들을 꾀어 부르게 했다. 남모의 무리들은 노래를 듣고 남모랑의 시체를 북천 중에서 찾아내고

---

1 중국 양梁 무제武帝의 연호, 535~546.

교정랑을 죽였다. 이에 대왕은 영을 내려 원화를 폐지했다.

화랑제도

여러 해 뒤에 왕은 또 나라를 흥하게 하려면 반드시 풍월도를 먼저 일으켜야 한다고 생각했다. 다시 명령을 내려 좋은 가문 출신의 남자 중에서 덕행이 있는 사람을 뽑고 화랑이라 했다. 처음 설원랑薛原郎을 받들어 국선國仙으로 삼았는데 이것이 화랑 국선의 시초이다.

그리고 명주에 기념비를 세우고 사람들로 하여금 악을 고쳐 선을 행하게 하고 윗사람을 공경하고 아랫사람에게 온순하게 대하니 5상五常, 6예六藝, 3사三師, 6정六正이 왕의 시대에 널리 행해졌다.《국사》에는 576년[진지왕(眞智王)[1] 대건 8년]에 비로소 화랑을 받들었다 한다. 아마도 사전(史傳)의 잘못일 것이다.

진자 스님과 미륵선화

진지왕 때 흥륜사에 진자眞慈혹은 정재(貞慈)라는 승려가 있었다. 그는 항상 당주堂主 미륵상 앞에 나아가 소원을 빌면서 말했다.

"원컨대 우리 부처께서는 화랑으로 화하여 세상에 출현하시어 제가 늘 부처의 얼굴을 가까이 뵙고 받들어 시중을 들 수 있도록 해주십시오."

스님의 정성스럽고 간절한 기도는 날이 갈수록 더욱 독실해졌다. 어느 날 밤 꿈에 한 승려가 그에게 말했다.

"그대가 웅천지금의 공주의 수원사로 가면 미륵선화彌勒仙花를 볼 수 있을

---

1 신라의 제25대 왕, 재위 576~579.

것이다."

진자는 꿈에서 깨어나 놀랐으나 기뻐하며 그 절을 찾아 나섰다. 열흘 동안 걸음마다 한 번씩 절을 하며 마침내 절에 이르렀다. 절 문밖에 곱상하게 생긴 한 도령이 있었다. 고운 눈매와 입맵시로 그를 맞이해 작은 문으로 인도하여 객실로 모셨다. 진자는 올라가는 동안에도 절을 하며 말했다.

"그대는 평소에 나를 잘 모르는데 어찌 이렇게도 정중하게 대하는가?"

낭이 말했다.

"저도 또한 서울 사람입니다. 스님께서 먼 곳에서 오시는 것을 보고 위로를 드릴 뿐입니다."

잠시 후 그가 문밖으로 나갔는데 간 곳을 알 수 없었다. 진자는 그저 우연이라 생각하고 그다지 이상하게 여기지 않았다. 다만 그 절의 승려들에게 지난밤의 꿈과 자신이 이곳에 온 뜻만을 전하며 덧붙였다.

"잠시 말석이라도 좋으니 이곳에 미륵선화를 기다리고 싶은데 어떻겠습니까?"

절의 승려들은 그의 마음이 황당하다 여기면서도 그의 태도가 겸손하고 성실하다고 생각되어 말했다.

"여기서 남쪽으로 가면 천산千山이 있는데 예부터 현인과 철인이 살고 있어 명감冥感이 많다고 합니다. 어찌 그곳으로 가지 않습니까?"

진자가 그 말을 좇아 산 아래에 이르니 산신령이 노인으로 변하여 그를 맞으며 말했다.

"여기에 무슨 일로 왔느냐?"

진자가 답했다.

"미륵선화를 뵙고 싶을 뿐입니다."

노인이 말했다.

"지난번 수원사 문 밖에서 이미 미륵선화를 보았는데 다시 와서 무엇을 구하느냐?"

진자는 그 말을 듣고 깜짝 놀라 곧장 달려서 본사로 돌아왔다. 한 달 후에 진지왕이 그 소식을 듣고 진자를 불러 그 연유를 물었다.

"낭이 스스로 서울 사람이라 했다면 성인은 본래 거짓말을 하지 않는다. 그러니 왜 성 안을 찾아보지 않았느냐?"

진자는 왕의 뜻을 받들어 무리를 모아 두루 마을을 다니면서 찾았다. 한 소년이 있었는데 화장을 곱게 하고 용모가 수려했으며 영묘사 동북쪽 길가 나무 밑을 돌면서 놀고 있었다. 진자는 소년을 보고 놀라면서 말했다.

"이 분이 미륵선화이다."

이에 다가가서 물었다.

"낭의 집이 어디며 성씨는 무엇인지요?"

낭이 대답했다.

"내 이름은 미시未尸입니다. 어릴 때 부모님이 다 돌아가셔서 성씨는 무엇인지 알지 못합니다."

이에 그를 가마에 태우고 들어가서 왕에게 보였다. 왕은 그를 존경하고 사랑하여 받들어 국선으로 삼았다. 그는 자제[1]들과 화목하고 예의와 풍교는 보통 화랑들과 달랐다. 그의 풍류가 세상에 빛난 지 7년쯤 되었을 때 문득 간 곳이 없었다.

진자는 슬퍼하며 그를 오랫동안 그리워했다. 그러나 그의 자비로운 은택에 힘을 얻었으며 맑은 교화를 친히 접했으므로 스스로 잘못을 뉘우치고 고칠 수 있었다. 따라서 정성으로 도를 닦았는데 만년에는 그 또한 어디에서 세상을 마쳤는지 알 수 없다.

설명하는 이가 말했다.

"미未는 미彌와 음이 서로 가깝고 시尸는 력力과 글자 모양이 서로 비슷하므로 유사한 글자에 의해 실상을 알지 못하게 한 것이다. 부처님이 유독 진자의 정성에 감동된 것만이 아니라 아마 이 땅에 인연이 있어서 때때로 나타나 보인 것이다."

지금도 나라 사람들이 신선을 가리켜 미륵선화라 하고 남에게 매개媒係하는 사람[2]을 미시라고 하니 모두 미륵의 유풍이다. 길옆에 서 있던 나무를 지금도 견랑수見朗樹라 하고 또 민간에서는 사여수似如樹혹은 인여수(印如樹)라고 한다.

이에 찬한다.

    향기로운 자취 찾아 걸음마다 그 모습을 우러러

---

1 화랑도.
2 영매靈媒.

간 곳마다 심은 것은 한결같은 공덕일세

홀연 봄은 가고 찾을 곳 없으니

그 누가 알았을까 잠깐 사이 상림上林이 붉은 줄을

한번 더 들여다보기

화랑과 미륵사상에 대한 설화이다. 원화는 보통 화랑의 전신으로 알려져 있다. 진흥왕 때 만들어진 것으로 남모와 교정이라는 두 여성이 무리를 이끌게 했으나 여성들 간의 시기 질투로 인해 폐지되었다. 그 후 진흥왕은 남성 중심의 화랑제도를 새로 만들었다.

국선은 화랑의 우두머리이다. 진자 스님의 설화에서는 국선國仙을 미륵대성이 화랑으로 변모하여 나타난 미륵선화로 본다. 따라서 부처의 화신이 소년 미시랑으로 태어났으며 미시랑이 미륵선화임을 알아본 진자 스님이 왕에게 데리고 가 국선으로 삼았다는 내용이다.

남백월이성南白月二聖 노힐부득努肹夫得 달달박박怛怛朴朴

백월산이라는 이름의 유래

〈백월산 양성성도기白月山兩聖成道記〉에는 '백월산은 신라 구사군仇史郡 옛 굴자군으로 지금(고려)의 의안군 북쪽에 있다. 산봉우리는 기이하게 솟아 있고 산줄기는 수백리에 뻗어 있어 참으로 진산이다.'라는 기록이 있다.

옛 노인들 사이에는 이런 이야기가 전해지고 있다.

'옛날 당나라의 황제가 일찍이 연못을 하나 팠는데 매달 보름이 되면 달빛이 밝아지고 연못 한가운데 산이 하나 나타났다. 사자처럼 생긴 바위의 그림자가 연못의 꽃 사이로 은은히 비쳤다. 황제는 화공에게 명하여 그 형상을 그리게 하고 사신을 보내 천하를 돌면서 찾게 했다.

사신이 해동에 이르러 백월산에 큰 사자암이 있는 것을 보았다. 산의 서남쪽 2보쯤 되는 곳에 삼산三山이 있는데 화산花山산의 몸체는 하나지만 봉우리가 셋이므로 삼산이라 했다이라 했다. 그림과 아주 비슷했으나 그 진위를 알 수 없었으므로 신발 한 짝을 사자암 꼭대기에 걸어놓고 본국에 돌아가서 황제에게 사실을 전했다.

그런데 신발의 그림자가 연못에 나타났다. 황제가 신기하게 여겨 백월산白月山이라 이름을 지었는데보름 전에 흰 달의 그림자가 못에 나타났기 때문에 백월(白月)이라 했다 그 후 연못 가운데에 그림자가 사라졌다.'

부득과 박박이 백월산으로 들어가다

이 산의 동남쪽 3천 보쯤 되는 곳에 선천촌仙川村이 있다. 그 마을에 두 사람이 살고 있었다. 한 사람은 노힐부득努肹夫得득을 등(等)이라고도 한다인데 아버지의 이름은 월장이고 어머니는 미승이었다. 또 한 사람은 달달박박怛怛朴朴인데 아버지의 이름은 수범修梵이고 어머니의 이름은 범마梵摩였다. 향전(鄕傳)에서 치산촌이라고 한 것은 잘못이다. 두 사람의 이름은 방언인데 두 집에서 각각 두 사람이 마음 수행에 힘써 지조를 잘 지켰다는 두 가지 뜻으로 붙여진 이름이다.

이들은 모두 풍채와 골격이 범상치 않았으며 속세를 초월하겠다는 높은 생각이 서로 마음이 맞아 좋은 벗이 되었다. 나이 스무 살이 되자 마을의 동북쪽 고개 밖에 있는 법적방에서 머리를 깎고 승려가 되었다.

얼마 후 서남쪽 치산촌 법종곡 승도촌에 있는 옛 절이 마음을 수양할 만하다는 소문을 듣고 함께 가서 대불전大佛田, 소불전小佛田 두 마을에 각각 살았다.

부득은 회진암에 살았는데 혹 양사壤寺지금의 회진동에 있는 옛 절터이다라고 했고, 박박은 유리광사지금 이산(梨山) 위에 있는 절터이다에 살았다. 모두 처자를 데리고 와서 살면서 생계를 꾸리고 서로 왕래하면서 정신을 수양하고 마음을 다스리며 방외方外[1]의 생각을 잠시도 버리지 않았다. 그들은 육신과 세상살이의 무상함을 느끼며 말했다.

"기름진 땅에서 많은 수확을 거두는 것은 정말 좋지만 옷과 음식이 원하는 대로 있어 저절로 배부르고 따뜻함을 얻는 것만 못하고, 아내와 가정이 진정으로 좋지만 연화장[蓮池華藏][2]에서 여러 부처와 함께 놀고 앵무새와 공작새와 더불어 즐기는 것만 못하다. 하물며 불법을 배우면 마땅히 성불을 해야 하고 참된 도를 닦으려면 반드시 진리를 얻어야 한다.

지금 우리가 이미 머리를 깎고 승려가 되었으니 얽힌 인연들로부터 벗어나 무상의 도를 이루는 것이 마땅하다. 그러니 티끌 같은 세상에 집착하여 세속의 무리들과 다름이 없다면 되겠는가?"

마침내 두 사람은 인간 세상을 떠나 깊은 골짜기로 들어가 은거하려 했

---

1 세속을 벗어남.
2 비로자나불이 있는 공덕 무량, 광대 장엄의 세계.

다. 어느 날 밤 꿈에 백호의 빛이 서쪽으로부터 비치면서 빛 가운데서 금색의 팔이 내려와 두 사람의 이마를 쓰다듬어 주었다. 꿈에서 깨어난 노힐부득과 달달박박은 각각 꿈 이야기를 했는데 두 사람의 이야기가 꼭 같았으므로 두 사람은 한참을 감탄했다.

마침내 두 사람은 백월산 무등곡無等谷지금의 남수동이다으로 들어갔다. 박박은 산의 북쪽 고개에 있는 사자암에 터를 잡고 여덟 자짜리 판잣집을 지어 머물렀다. 그곳을 판방板房이라 했고 부득은 동쪽 고개의 첩첩한 바위 아래 물이 있는 곳에 역시 방장을 만들어 살았으므로 뇌방磊房향전에는 '부득은 산 북쪽의 유리동에 살았으니 지금의 판방이고 박박은 산 남쪽의 법정동 뇌방에 살았다.'라고 하여 이 기록과는 상반된다. 지금 살펴보면 향전이 잘못되었다이라 했다. 이렇게 각각 살면서 부득은 부지런히 미륵불을 찾고 박박은 아미타불을 염송했다.

보살행을 행하고 부처가 된 부득과 박박

3년이 채 못 된 709년(기유) 경룡景龍[3] 3년, 4월 8일 즉 성덕왕聖德王[4] 즉위 8년이었다. 날이 막 저무는데 스무 살쯤된 아름다운 낭자가 난초 향기와 사향을 풍기며 북암향전에는 남암에 와서 자고 가기를 청하며 시를 지어 바쳤다.

가는 길에 해가 저무니 산은 첩첩하고

---

3 중국 당唐 중종中宗의 연호, 707~709.
4 신라의 제33대 왕, 재위 702~737.

길 막히고 도성은 멀고 고궁에 놓여 있네

오늘은 이 암자에서 머물고자 하니

자비로운 스님은 노여워 마시오

박박이 말했다.

"절간은 청정함을 지켜야 할 의무가 있으니 그대가 가까이 할 곳이 아
니오. 지체 말고 떠나시오."

그러고는 문들 닫고 들어가 버렸다. 기(記)의 기록은 이렇다. '나의 모든 사념은 재
처럼 식었으니 혈낭[1]으로 시험하지 말라.'

낭자는 남암향전에는 북암으로 가서 다시 같은 청을 하니 부득이 말했다.

"그대는 이 밤에 어디에서 왔소?"

낭자가 대답했다. "담연湛然[2] 하기가 태허太虛와 일체인데 어찌 오고 감
이 있겠습니까? 다만 스님의 뜻이 깊고 덕행이 높고 단단하다는 말을 듣
고 장차 보리[3]를 이루도록 돕고자 할 뿐입니다."

그리고 게偈 한 수를 지었다.

해 저문 첩첩한 길에

가도 가도 고궁의 땅

소나무와 대나무 그늘은 더욱 깊고

---

1 육욕.
2 고요하고 맑음.
3 도를 닦아야 하는 길.

골짜기 시냇물 소리 더욱 새롭다

자고 가기를 청하는 것은 길 잃은 탓이 아니고

높은 스님을 인도하려 한 것이네

바라건대 나의 청만 들어 주시고

누구냐고 묻지 마소서

부득이 게를 듣고 놀라면서 말했다.

"이곳은 부녀자가 함께 있을 곳이 아니지만 중생을 따르는 것 역시 보살행의 하나입니다. 하물며 궁벽한 산골에서 밤이 어두웠으니 어찌 소홀히 대할 수 있겠습니까?"

이에 읍하고 그녀를 암자에 머물게 했다. 밤이 되자 부득은 마음을 맑게 하고 지조를 가다듬고 반벽에 등불을 켜고 염송에만 전념했다. 밤이 깊었을 때 낭자가 부득을 불러 말했다.

"제게 공교롭게 해산기가 있으니 스님께서는 짚자리를 깔아주십시오."

부득은 처지가 안쓰러워 거절하지 못하고 촛불을 은은히 밝혀주었다. 낭자는 해산을 마치고 나서 다시 목욕시켜 주기를 청했다.

노힐의 마음은 부끄러움과 두려움이 교차하였다. 그러나 더욱 불쌍한 생각이 들어 다시 통을 준비하여 낭자를 앉히고 더운물로 목욕을 시켰다. 얼마 후 통 속의 물에서 향기가 강렬하게 풍기며 목욕물이 금빛으로 변했다. 노힐이 크게 놀라니 낭자가 말했다.

"우리 스님께서도 이 물에서 목욕하십시오."

노힐이 마지못한 듯 그 말대로 따랐는데 문득 정신이 맑아지는 것을 깨달은 순간 피부가 금빛으로 변했다. 그리고 불현듯 옆으로 연화대가 하나 생겨 있었다. 낭자가 노힐에게 앉기를 권하며 말했다.

"나는 관음보살인데 이곳에 와서 대사가 큰 깨달음을 얻도록 도와준 것입니다."

낭자는 말을 마치고 사라졌다.

박박 또한 성불을 이루다

박박은 노힐이 오늘밤에 틀림없이 계를 더럽히게 될 것이니 비웃어 주겠다고 생각했다. 그러나 가서 보니 노힐은 연화대에 앉은 미륵존상이 되어 광명을 발하고 몸은 금빛으로 곱게 꾸며져 있었다.

박박은 자신도 모르게 머리를 조아려 예를 갖추고 말했다.

"어떻게 된 일입니까?"

노힐이 그간의 사정을 자세히 말했다. 박박이 탄식했다.

"나는 업장[1]이 무거워 간신히 부처님을 만났는데도 오히려 알아보지 못했습니다. 스님은 덕이 높고 인자하여 나보다 먼저 성불을 이루었으니 옛날의 약속을 잊지 마시고 반드시 함께 일을 도모했으면 합니다."

노힐이 말했다.

"통에 남은 금물이 있으니 목욕할 수 있습니다."

박박이 또 목욕을 하니 역시 앞서처럼 무량수를 이루어 두 존상이 의젓하게 마주보았다. 산 아래 마을 사람들이 이 소식을 듣고 다투어 와서 우

---

1 말 또는 마음으로 지은 악업으로 생긴 장애.

러러보고 감탄하면서 말했다.

"드물고 드문 일이다."

두 성인은 그들을 위해 법요를 설해주고 온 몸으로 구름을 타고 가버렸다.

755년(천보天寶² 14년, 을미)에 신라 경덕왕이 즉위하여《고기》에는 천감(天鑑)³ 24년 을미에 법흥왕이 즉위했다고 했는데, 어쩌면 이렇게 선후가 심하게 뒤바뀐 것일까? 이 일을 듣고 757년(정유)에 사자를 보내 큰 절을 창건하고 백월산 남사라고 했다.

764년(광덕廣德⁴ 2년 갑진)고기에는 대력(大曆)⁵ 원년이라 했는데, 또한 잘못이다. 7월 15일에 절이 완성되었다. 다시 미륵존상을 조성하여 금당에 봉안하고 편액을 현신성 미륵지전이라 했다. 또 아미타불상을 만들어 강당에 봉안했는데 남은 금물이 모자라 두루 칠하지 못했기 때문에 아미타상에는 얼룩진 흔적이 남았다. 그 편액은 현신성도 무량수전이라 했다.

논의하여 말한다. 낭자는 부녀의 몸으로 감응하여 섭화⁶한 것이라 했다.《화엄경》에 마야부인이 선지식善知識⁷이었으므로 십일지에 살면서 부처를 낳아 해탈문을 보인 것과 같다. 이제 낭자가 순산한 그 미묘한 뜻도

---

2 중국 당 현종玄宗의 연호, 742~756.
3 연호가 정확하지 않다.
4 중국 당 대종代宗의 연호, 763~764.
5 중국 당 대종의 연호, 776~779.
6 중생을 섭수, 교화한다는 말로 섭수는 부처가 자비심을 가지고 일체 중생을 보호한다는 뜻이다.
7 부처의 교법으로 고통의 세계를 벗어나 이상향에 이르게 하는 사람.

여기에 있다.

그녀가 지은 글을 보면 애절하고 완곡하여 사랑스러우며 완연히 천선
天仙의 의취가 있다. 아! 낭자가 만일 중생들처럼 다라니를 알지 못했으면
능히 이와 같이 할 수 있었겠는가!

그 끝 구절은 마땅히 '맑은 바람이 함께 자리함을 꾸짖지 마소서.'라고
했어야 할 것이지만 그렇게 하지 않은 것은 대개 세속의 말처럼 하고 싶지
않았기 때문이다.

찬한다.

> 푸른 빛 바위 앞에 문 두드리는 소리
> 저문 날에 어느 길손이 구름 사립을 두드릴까
> 가까운 남암으로 갈 것이지
> 나의 뜰 푸른 이끼 밟아 더럽히지 마소서

이것은 북암을 기린 것이다.

> 골짜기 어두운데 어디로 가리
> 남창 아래 저 자리에 머물다 가니
> 깊은 밤 백팔염주 가만가만 세어보며
> 길손이 시끄러워 잠 못 들까 두려워라

이상은 남암을 기린 것이다.

십 리 소나무 그늘 오솔길 더듬어

밤 절간 방문하여 스님을 시험하네

세 차례 목욕 끝나 날 새려 할 때

두 아이 낳아 놓고 서쪽으로 갔구나

이상은 낭자를 기린 것이다.

한번 더 들여다보기
--------- 성불에 대한 불교적 세계관을 보여주는 설화이
다. 노힐부득과 달달박박의 불교 수행이 관음보살이 환생한 한 여인
과의 만남을 통해 시험되는 이야기이다.

노힐부득은 수행의 계율을 어기면 안 되지만 불쌍한 중생을 구제
해야 된다고 생각했기 때문에 미륵불로 현신하게 되었다. 반면에 달
달박박은 계율은 엄격히 지켰으나 노힐부득의 깨달음을 뒤늦게 인정
한다. 그리고 노힐부득의 가르침에 따라 아미타불로 현신하게 된다.

분황사芬皇寺 천수대비千手大悲 맹아득안盲兒得眼

분황사의 천수관음이 눈먼 아이의 눈을 뜨게 하다

경덕왕 때 한기리에 사는 여인 희명希明의 아이가 태어난 지 5년 만에
갑자기 눈이 멀었다. 하루는 어머니가 아이를 안고 분황사 왼쪽 북벽에

그려진 천수대비[1] 앞으로 갔다. 거기서 아이에게 노래하여 기도하게 했더니 마침내 눈을 뜨게 되었다. 그 노래는 다음과 같다.[2]

무릎을 꿇고 두 손을 합장하며
천수관음 앞에 빌며 청하니
천 개의 손과 천 개의 눈
하나를 놓아 하나를 덜기를
두 눈 모두 없는 저에게
하나라도 은밀히 고칠 수 있도록
아아, 나에게 끼쳐 주시면
놓아주고 베푼 자비의 근본이 되리

다음과 같이 찬한다.

죽마 타고 파피리 불며 언덕에서 놀더니
하루아침에 두 눈에 총기를 잃었구나
관음의 자비로운 눈길 아니면
버들가지 날리는 봄날을 얼마나 헛되이 보냈을까

---

1 관세음보살이라고도 한다. 중생이 '관세음보살'을 외면 소원을 이루어준다는 대자비의 보살이다.
2 〈도천수관음가禱千手觀音歌〉라 한다.

낙산이대성洛山二大聖 관음觀音과 정취正趣, 조신調信

낙산사 이름의 유래

옛날 의상義湘[3]법사가 당나라에 유학하고 돌아왔을 때 관음보살의 진신이 이 해변의 석굴 안에 머물고 있다고 들었다. 그래서 낙산洛山이라 했다. 그것은 대개 서역西域의 보타락가산[4]을 백의보살의 진신이 머물러 있는 곳이라 하여 소백화小白華라 이름붙인 것과 유사하다.

의상이 재계齋戒[5]한 지 7일째에 깔고 앉은 자리를 새벽 물 위에 띄웠더니 용천 8부[6]의 시종이 굴속으로 그를 인도했다. 공중을 향해 우러러 예하니, 수정염주 한 꾸러미를 내려 주었으므로 받고 물러 나왔다. 또 동해의 용도 여의보주 한 알을 내려 주어 법사가 받들고 나왔다. 그리고 다시 7일을 재계하니 비로소 관음觀音의 진용眞容을 만나게 되었다.

관음이 말했다.

"네가 앉은 자리 위의 산꼭대기에 한 쌍의 대나무가 솟아날 것이니 반드시 그 땅에 불전을 지어야 할 것이다."

법사가 그 말을 듣고 석굴을 나왔는데 정말 대나무가 땅에서 솟아나왔다. 그곳에 금당을 짓고 관음상을 만들어 모셨는데 둥근 얼굴과 성스러운 자태는 누가 보아도 하늘이 내린 듯했다. 그리고 대나무는 사라졌다. 그

---

3 신라 화엄종의 시조, 625~702.
4 관음보살이 산다는 곳.
5 몸과 마음을 정결하게 하는 것.
6 불법을 수호하는 8신장神將.

제야 그곳이 관음의 진신이 거처하던 곳임을 알았다. 그리하여 절 이름을 낙산사라 하고 법사는 자기가 받은 구슬 2개를 성전에 모셔놓고 떠났다.

원효법사와 낙산사 관음

훗날 원효元曉[1]법사도 예를 올리고자 낙산사를 찾았다. 오는 길 처음에 남쪽 교외에 이르니 흰옷을 입은 한 여인이 논 가운데에서 벼를 베고 있었다. 법사가 희롱 삼아 벼를 달라 하니 여인 또한 짓궂게 흉작이라 대답했다. 법사가 또 길을 가다 다리 밑에 이르니, 한 여인이 개짐을 빨고 있었다. 법사가 마실 물을 청하니 여인은 그 더러운 물을 퍼서 주었다. 법사는 그 물을 엎질러 버리고 냇물을 떠서 마셨다.

바로 그때 들판 한가운데의 소나무 위에서 파랑새 한 마리가 말했다.

"제호화상[2] 그만 두시오!"[3]

그리고 홀연히 날아가 버렸는데 소나무 아래 벗어 놓은 신발 한 짝이 있었다. 법사가 절의 관음상 아래에 이르니 앞에서 보았던 벗은 신발 한 짝이 또 있었다. 그제야 앞에서 만났던 여인이 관음의 진신임을 깨달았다. 이 일로 인해 사람들은 그 소나무를 관음송이라 했다. 법사가 성굴에 들어가 다시 관음의 참모습을 보고자 하니 풍랑이 크게 일어 들어갈 수 없어 그만 떠났다.

---

1 신라의 고승, 617~686.
2 원효법사.
3 관음의 진신을 보고자 함을 그만두라는 의미로 한 말이다.

굴산조사와 정취보살

그후 굴산조사 범일梵日[4]이 태화太和 연간에 당나라에 들어가 명주 개국 사開國寺에 이르렀다. 여러 승려들 말석에 왼쪽 귀가 떨어진 사미승 하나 가 앉아 있었다. 사미가 조사에게 말했다.

"나도 신라 사람입니다. 집은 명주 근경 익령현 덕기방입니다. 조사께 서 훗날 본국에 돌아가거든 꼭 저를 위해 절을 지어 주십시오."

그 후 범일은 총석叢席[5]을 두루 다니며 염관鹽官에게 법을 터득하고이 일 은 본전(本傳)에 자세히 실려 있다. 847년(회창會昌 7년, 정묘)에 신라에 돌아와 제 일 먼저 굴산사崛山寺를 세우고 불교를 전했다.

858년(대중大中[6] 12년, 무인) 2월 15일 밤 조사의 꿈에 예전에 보았던 사 미승이 창문 밑에 와서 말했다.

"예전에 명주 개국사에서 조사께서 약속하고 승낙한 일이 있는데 어찌 하여 늦어지는 것입니까?"

조사는 놀라 깨어나 수십 명을 데리고 익령 근경으로 가서 사미가 사는 집을 찾아 다녔다. 낙산 아랫마을에 한 여인이 살고 있었는데 이름이 덕 기라 했다. 그 여인에게 나이 겨우 여덟 살 된 아들 하나가 있었다. 아이 는 늘 마을 남쪽 돌다리 옆에 나가 놀았는데 하루는 놀다 돌아와 어머니에 게 말했다.

"나와 함께 노는 아이 중에 금빛이 나는 아이가 있어요."

---

4 신라 흥덕왕 때의 고승, 810~889.
5 승려들이 모여 함께 공부하는 사찰.
6 중국 당唐 선종宣宗의 연호, 847~859.

아이 어머니가 조사에게 이 사실을 알렸다. 조사가 놀라 기뻐하며 그 아들과 함께 다리 밑으로 가서 찾아보니 과연 물 속에 돌부처 하나가 있었다. 꺼내보니 왼쪽 귀가 떨어진 모습이 예전에 본 사미와 같았다. 바로 정취보살正趣菩薩[1]의 상이었다.

조사가 점을 치는 패를 놓고 절 지을 터를 찾아보니, 낙산사 위쪽이 길한 자리였다. 그곳에 불전 세 칸을 지어 정취보살상을 모셨다.고본에는 범일의 사적이 앞에 실려 있고 의상과 원효 두 법사의 사적이 뒤에 적혀 있으나 살펴보면 의상과 원효 두 법사의 일은 당 고종 때의 일이고 범일은 회창(會昌) 이후이니 거의 170여 년 차이가 있다.[2] 그러므로 이곳에 앞뒤를 바꾸어 순서를 바로잡아 엮었다. 혹 범일이 의상의 제자라고 하나 잘못이다.

낙산사 보주를 궁으로 옮기다

그로부터 백여 년이 지나 들불이 일어나 이 산까지 번졌으나 낙산의 두 성전만은 화재를 면하고 나머지는 모두 불타버렸다.

몽고의 큰 병란 이후 계축과 갑인[3] 사이에 두 보살의 진용과 2개의 보주寶珠를 양주성으로 옮겼다. 몽고 대군의 공격이 심해져 마침내 성이 함락할 즈음에 주지선사 아행阿行옛 이름은 희현(希玄)이 은합에 2개의 보주를 넣고 몸에 숨기고 도망하려 했는데 절의 노비 걸승이 이것을 빼앗아 땅에 깊이 묻고 맹세했다.

---

1 관세음보살의 다른 이름이라고도 한다.
2 당 고종의 재위기간은 649~683이고, 회창은 당 무종武宗의 연호로 841~846이다.
3 고려 고종 18년(1231)에 몽고 침입을 받은 고종은 19년(1232)에 강화로 천도하였다.

"내가 만약 병란으로 죽음을 면치 못한다면, 이것은 끝내 세상에 나타나지 못하여 아는 사람이 없게 되겠지만 내가 만약 죽지 않는다면 마땅히 2개의 보주를 받들어 나라에 바칠 것이다."

1254년(갑인) 10월 22일에 성이 함락되었다. 아행은 죽음을 면치 못하였다. 그러나 걸승은 죽음을 면하여 적병이 물러간 뒤 땅에 묻어 두었던 보물을 파내어 명주도溟洲道 감창사監倉使에게 바쳤다. 이때 난중 이녹수가 감창사였는데, 받아서 감창고 안에 넣어 두고 교대하며 보관했다.

1258년(무오) 고종 45년 11월에 이르러 불교의 원로승, 기림사 주지 대선사 각유覺猷[4]가 왕께 말했다.

"낙산사의 두 보주는 나라의 신령스러운 보물입니다. 양주성이 함락될 때 절의 노비 걸승이 성 안에 숨겨 두었다가 적이 물러간 뒤에 파내어 감창사에게 바쳐서 명주 감영 창고 안에 간직되어 있습니다. 지금 명주성도 위태로우니 궁궐로 옮겨 놓는 것이 마땅합니다."

임금이 윤허하니 야별초[5] 10명과 함께 걸승을 보냈다. 명주성에서 보주를 가져다 궁궐에 모시고 이 일을 처리한 관원 10명에게는 각각 은 1근과 쌀 5섬을 내렸다.

조신의 하룻밤 꿈

옛날 신라시대에 세달사世達寺지금의 흥교사의 장사莊寺[6]가 명주 내리군지

---

4 고려 때의 승려.
5 고려 고종 때의 순위를 맡은 군대, 삼별초의 전신.
6 나라에서 사찰에 내린 농장.

리지에 따르면 명주에 내리군은 없다. 다만 내성군이 있을 뿐이다. 지금의 영월이다. 또 우수주 영현에 내령군이 있는데 본래는 내이군으로 지금의 강주다. 우수주는 지금의 춘주다. 여기서 내 리군이라 하는 것은 어느 곳인지 확실하지 않다에 있었다.

본사本寺에서 승려 조신調信을 보내 장사의 관리인으로 삼았다. 조신이 장사에 머무는 동안 태수 김흔金昕의 딸에게 매혹되어 몹시 좋아했다. 그 는 여러 번 낙산사의 관음보살 앞에 나아가 그녀와 맺어질 수 있기를 마음 속으로 빌었다. 그러나 몇 년 사이에 그녀에게 짝이 생겼다.

조신은 다시 불당에 나아가 관음보살이 자기의 소원을 이루어 주지 않 음을 슬퍼하며 날이 저물도록 울었다. 그러다 그리움과 원망에 지쳐 어느 결에 잠이 들었다.

문득 꿈에 김씨의 딸이 반기듯이 문으로 들어서서 하얀 이를 드러내며 웃으며 말했다.

"저는 일찍이 스님을 잠깐 보고 마음으로 잠시도 잊은 적이 없습니다. 부모의 명으로 할 수 없이 다른 사람을 따랐습니다. 그러나 이제 죽어도 같은 무덤에 묻힐 대사님의 반려가 되고 싶어 왔습니다."

조신은 매우 기뻐하며 함께 고향으로 돌아갔다. 40여 년을 같이 살며 다섯 자녀를 두었다. 그러나 집은 네 벽뿐이며 나물죽으로도 끼니를 잇지 못했다. 마침내 형편이 너무 어려워 아이들을 끌고 사방으로 떠돌며 겨우 입에 풀칠했다.

10년을 초야를 떠돌았으니 입은 옷은 너덜너덜해져 몸을 가릴 수 없었 다. 결국 명주의 해현령을 지날 때 열다섯 살 난 큰 아이가 갑자기 굶어 죽어 두 부부는 통곡하며 주검을 거두어 길에 묻었다. 그리고 남은 네 자식을 거느리고 떠돌다 우곡현지금의 우현에 이르러 길가의 풀잎을 엮어 집으로 삼고 살았다.

부부가 늙고 병들어 굶주려서 일어나지 못하자 열 살짜리 딸아이가 밥을 동냥하다가 마을의 개에 물려 몸져누워 아픔을 호소하니 부부도 목이 메어 흐느끼며 한없이 눈물을 흘렸다. 부인이 눈물을 훔치더니 망설이듯 말했다.

"내가 처음 당신을 만났을 때는 꽃 같은 나이에 얼굴도 아름다웠고 옷도 많았습니다. 맛있는 음식은 한 가지라도 당신과 나누어 먹고 많지 않은 의복 또한 당신과 나누어 입었습니다. 이제 함께 산 세월이 50년입니다. 그 사이 정은 더할 수 없이 깊어졌고 사랑 또한 끊을 수 없는 정녕 두터운 인연입니다.

그러나 근년에 이르러 몸은 늙고 병은 해마다 더욱 심해졌으며 추위와 배고픔은 날로 더욱 절박합니다. 곁방살이에 물 한 모금 주는 사람도 없어 수많은 집 앞에서 당한 수모가 산더미처럼 무겁습니다. 아이들이 추위에 떨고 굶주림에 지쳐 있는데 어찌할 방도가 없습니다. 이 지경에 부부의 애정을 즐길 겨를이 있겠습니까? 젊은 얼굴의 예쁜 웃음은 풀잎 위의 이슬처럼 사라졌고 지란 같은 백년가약은 고작 바람에 휘날리는 버들가지처럼 없어졌습니다. 당신은 나로 인해 짐이 무겁고 나는 당신 때문에 근심이 되니 옛날의 즐거움을 곰곰이 생각해보지만, 그것이 우환의 시작이었습니다.

당신과 내가 어찌하여 이 지경이 되었을까요? 뭇새가 함께 굶어죽는 것보다 차라리 짝 잃은 난새가 거울을 향하여 짝을 부르는 것만 못할 것입니다. 어려울 때 버리거나 좋을 때 가까이 하는 것은 사람의 정으로 차마 할 일은 아니지만, 버리고 취하는 것도 모두 사람의 뜻대로 되는 것이 아니며 헤어지고 만나는 것도 운명에 달린 것이니 청하건대 이제 헤어지는 것이 좋겠습니다."

조신은 이 말을 듣고 무척 기뻐했다. 네 아이를 각각 둘씩 데리고 헤어지며 아내가 말했다.

"나는 고향으로 갈 것이니 당신은 남쪽으로 가세요."

서로 잡았던 손을 막 놓고 헤어져 길을 떠나려 할 때 조신은 꿈에서 깼다. 어렴풋이 등불이 가물거리며 날이 새려 했다.

새벽에 일어났는데 하룻밤 사이에 머리카락이 모두 하얗게 세어 있었다. 조신은 넋을 잃은 사람처럼 더 이상 인간 세상일에 미련이 남지 않고 싫어졌다. 마치 백 년 동안의 쓰라린 고통을 다 겪은 듯했다. 탐욕의 마음도 얼음 녹 듯 사라져버렸다.

그는 부끄러운 마음으로 관음보살 앞으로 나아가 거룩한 모습에 우러러 예를 올리고 참회했다. 그리고 꿈속에서 큰 아이를 묻었던 혜현을 찾아가 파보니 돌미륵이 나왔다. 이것을 깨끗이 씻어 이웃 절에 봉안했다.

서울로 돌아간 조신은 장사를 관리하던 직책을 사임하고 사재를 들여 정토사를 세우고 부지런히 수도했다. 그 후 어디에서 세상을 마쳤는지 알 수 없다.

논하여 말한다. 조신의 전기를 읽고 곰곰이 생각해보니 어찌 조신의 꿈만 그러하겠는가? 현세의 모든 인간들도 세상이 낙원일 줄만 알고 기뻐 날뛰며 애쓰고 있으나 이는 단지 깨달음을 얻지 못했기 때문이다.

시를 지어 경계하고자 한다.

>즐거운 한때 한가하지만
>어느덧 근심 속에 늙어가니 초췌하다
>한 끼 조밥 익기를 기다릴 새도 없이
>괴로운 인생이 한차례 꿈인 것을 깨달았네
>몸 다스릴 때의 잘잘못은 참된 뜻에 있으니
>홀아비는 여인을, 도둑은 창고를 꿈꾼다.
>어떻게 하면 가을 맑은 밤의 꿈이 올까하여
>때때로 눈감고 청량한 세계로 향하네

한번 더 들여다보기

신라 문무왕 때 당에서 돌아온 의상이 이곳 성굴에서 관음보살의 진신을 친견하고 낙산사를 세운 이야기이다. 낙산사는 해동 관음신앙의 중심이 되었다. 훗날 원효도 이곳을 찾아 관음보살의 진신을 만나려 했으나 알아보지 못했다.

일연의 설화에는 가끔 자신도 알지 못하는 사이에 부처가 현신하여 나타나는 장면들이 종종 등장한다. 결국 인연이라는 것이 부처의 영험에 의해 나타났다 사라지는 것임을 일깨워 주려는 부분이다. 마지막 조신의 애달픈 사랑은 마치 현실 세상이 그대로 투영된 듯한 느낌마저 드는데 인간의 세속적 욕망의 덧없음을 깨닫게 해준다.

어산불영魚山佛影

만어사의 유래

《고기古記》에 다음과 같은 기록이 있다.

만어사萬魚寺는 옛 자성산慈成山 또 아야사산阿耶斯山마땅히 마야사(摩耶斯)로 써야 한다. 이는 물고기를 말한다이다. 그 부근에 가라국呵囉國[1]이 있었다.

옛날에 하늘에서 알이 바닷가로 내려와 사람이 되어 나라를 다스렸다. 바로 수로왕이다. 당시 나라 안에 옥지玉池가 있었는데 그 연못에는 독룡이 살고 있었다. 만어산의 다섯 나찰녀羅刹女[2]가 독룡과 서로 사귀어 통했다. 그 때문에 때로 번개와 비를 내려 4년 동안 곡식이 익지 않았다.

왕은 주술로 이것을 풀려고 했으나 소용이 없었다. 부처께 경배하며 청하여 설법하니 나찰녀가 5계[3]를 받았다. 그 후 재해가 사라졌다. 이로 인해 동해의 물고기와 용이 골짜기에 가득한 바위로 변하여 각각 종과 경쇠의 소리를 냈다. 이상은 고기의 기록이다.

1180년(대정大定[4] 20년, 경자) 즉, 고려 명종 10년에 처음으로 만어사를 세웠다는 다른 기록도 있다. 동량棟梁[5] 보림이 장계를 올린 글이다.

"이 산중의 기이한 자취는 북천축北天竺 가라국의 부처 그림자[6] 사적과

---

1 가락국을 말한다.
2 용모가 아름다운 귀녀인데, 사람을 잡아먹는다.
3 불교의 다섯 가지 계율. 살생, 도둑질, 거짓말, 음행, 음주를 금한다.
4 중국 금金 세종世宗의 연호, 1161~1189.
5 고려 때의 승직.
6 부처의 모습이 비쳐 보이는 바위.

일치하는 세 가지가 있습니다. 첫째, 산에서 가장 가까운 양주 경계의 옥지에도 독룡이 숨어 있다는 것입니다. 둘째, 때때로 강가에서 구름이 일어 산정에 이르면 구름 속에서 음악 소리가 들립니다. 셋째, 부처 그림자의 서북쪽에 있는 반석에 항상 물이 고여 마르지 않는데 이곳은 부처가 가사를 씻던 곳이라고 합니다."

이것은 모두 보림이 말한 것이다. 지금 이곳 가까이에서 예불을 하며 살펴보니 충분히 믿을 만한 것이 두 가지가 있었다. 골짜기에 있는 돌 3분의 2에서 모두 금과 옥의 소리를 내는 것이 그 하나며, 멀리서 보면 곧 나타나고 가까이에서 보면 보이지 않아 혹은 보이기도 하고 보이지 않기도 하는 것이 또 하나이다. 북천축에 대해서는 뒤에 자세히 기록했다.

용왕의 석굴에 부처가 들다

가함의 《관불삼매경》 제7권에는 다음과 같은 글이 있다.

부처가 야건가라국 고선산 담복화 숲의 독룡이 사는 연못을 찾아갔다. 그곳에서 푸른 연꽃이 피어 있는 우물에서 북쪽으로 향해 나찰혈羅刹穴 중앙에 있는 아나사산阿那斯山 남쪽에 이르렀다. 이때 동굴에 있던 다섯 나찰이 여룡으로 화하여 독룡과 교합하였다. 그러자 용이 다시 우박을 내리고 나찰이 흉포하게 날뛰니 기근과 역병이 4년 동안 계속되었다.

왕이 놀라 두려워하며 천지신명에게 기도를 올리며 제를 지냈으나 아무 소용이 없었다. 이때 총명하고 지혜가 많은 범지梵志[7]가 왕에게 말했다.

---

7 브라만. 인도에서 가장 높은 승려족.

"가비라국迦毗羅國[1] 정반왕의 왕자가 지금 도를 이루었는데, 그 이름을 석가문이라 합니다."

왕은 이 말을 듣고 마음 깊이 감사하며 부처를 향해 절하며 말했다.

"오늘날 불일佛日[2]이 이미 일어났다고 하는데 어찌하여 이 나라에는 이르지 않는 것입니까?"

이때 석가여래는 6가지의 지혜를 깨달은 비구들에게 명하여 자기의 뒤를 따르게 하고, 나건가라왕 불파부제弗婆浮提의 청을 들어주었다. 세존의 이마에서 발한 광명의 빛줄기가 1만 여 대화불大化佛로 화하여 나건가라국으로 갔다.

이때 용왕과 나찰녀가 온몸을 땅에 던져[五體投地] 부처께 계 받기를 청하였다. 부처는 즉시 3귀三歸[3]와 5계五戒로 설법했다. 용왕이 꿇어 앉아 합장하고 세존께 이곳에 항상 머물러 주기를 청하면서 말했다.

"부처님께서 만약 이곳에 계시지 않으면, 악심을 품고 있는 제가 아뇩보리阿耨菩提[4]를 깨우칠 방법이 없습니다."

이때 범천왕梵天王[5]이 와서 부처께 절하고 청했다.

"파가파婆伽婆[6]께서는 미래의 여러 중생을 구원해야 하니 오직 이 작은 용만을 구하고자 해서는 안 됩니다."

---

1 석가가 태어난 나라.
2 부처가 중생의 번뇌를 없애주므로 부처를 해에 비유하여 부르는 말이다.
3 불佛, 법法, 승僧 삼보에 귀의하는 것.
4 석가의 지혜.
5 인도 고대 신화에서 최고신.
6 세존을 이르는 석가의 다른 이름.

백천百千의 범왕梵王들도 모두 이와 같이 청하였다. 이때 용왕이 칠보대를 가지고 와 여래께 바치니 부처가 용왕에게 말했다.

"칠보대는 필요 없다. 너는 지금 나찰이 있는 석굴을 가져와 내게 시주하라."

이 말을 듣고 용왕이 기뻐했다고 한다. 이때 여래가 용왕을 위로하여 말했다.

"내가 너의 청을 받아들여 내게 시주한 석굴 안에 앉아 1천 5백 년을 지낼 것이다."

부처가 몸을 솟구쳐 석굴 안으로 들어가니 석굴은 마치 명경처럼 사람의 얼굴 형상을 비춰 주었으며 용들도 모두 나타났다. 부처는 석굴 안에 있으면서 그 모습이 밖으로 비추어 나타났다.

이때 모든 용들은 합장하고 기뻐하며 그곳을 떠나지 않아 항상 부처를 보게 되었다. 세존은 가부좌를 하고 석벽 안에 있었으므로, 중생들의 눈에는 멀리서 바라보면 나타나고 가까이에서 보면 나타나지 않았다. 여러 천중이 부처 그림자에 공양하면 그림자도 역시 설법했다. 또한 '부처가 석돌 위를 두드리면 금세 금과 옥의 소리가 났다.'고 했다.

고승전, 서역전, 서역기에 전하는 부처님

《고승전》에는 '혜원惠遠[7]이 들으니, 천축국에 부처 그림자가 있다 하는데, 옛날에 용을 위하여 남겨둔 그림자라 한다. 북천축 월지국 나갈가성

---

7 중국의 고승, 335~417.

의 남쪽 옛 선인의 석실 안에 있다.'고 되어 있다.

또 법현法現(혜원과 비슷한 시기의 중국의 고승)의 《서역전西域傳》에는 이렇게 되어 있다.

나갈국 경계에 이르면 성 남쪽에서 20여 리 떨어진 곳에 석실이 있다. 그곳은 박산의 서남쪽이며, 부처가 그림자를 남겨 두었다. 석실 안에서 10여 보를 걸어 바라보면 부처의 참모습이 광명처럼 찬란하지만, 멀어질수록 점점 희미해진다. 여러 나라 왕들이 화공을 보내 모사해 보았으나 도무지 비슷하게 그릴 수가 없었다.

나라 사람들이 전하는 말에 따르면, '현겁賢劫의 천불이 모두 이곳에 그림자를 남겨 두었는데 그림자에서 서쪽으로 백 보쯤 되는 곳은 부처가 이 세상에 있을 때 머리를 깎고 손톱을 잘랐던 곳이다.'고 한다.

성함의 《서역기西域記》[1] 제2권의 내용은 다음과 같다.

옛날 석가여래가 세상에 있을 때, 이 용은 소 치는 사람이 되어 왕에게 소의 젖을 공급했다. 그러나 진상을 하다가 실수를 하여 꾸지람을 받았다. 마음에 노여움과 원한을 품고 돈으로 꽃을 사서 부처께 공양하고 솔도파窣堵婆[2]에 수기授記하였다.

"부디 악룡이 되어 나라를 파괴하고 왕을 해하게 해주소서."

그리고 바로 석벽으로 달려가 몸을 던져 죽었다. 이 굴에 살면서 마침내 대용왕이 되어 악한 마음을 일으키니, 석가여래가 이것을 보고 신통력

---

1 《대당서역기大唐西域記》.
2 부처의 사리나 경전을 넣어두는 탑.

을 발하여 이곳에 이르렀다. 용이 부처를 만나자 독한 마음이 사라지고 불살계不殺戒[3]를 받으며 청하였다.

"여래께서는 항상 이 석굴에 머물면서 저의 공양을 받아 주십시오."

부처가 말했다.

"나는 입적할 것이다. 그러니 너를 위해 내 그림자를 남겨 둘 것이니, 만약 노여운 마음이 일어나거든 그때마다 내 그림자를 보도록 하라. 그리하면 노여운 마음이 사라질 것이다."

그리고 부처는 정신을 가다듬고 홀로 석실로 들어갔다. 멀리서 바라보면 곧 나타나고 가까이 가면 나타나지 않았다. 또 석실 위를 발로 다져 칠보대七寶臺로 삼았다 한다.

위의 기록은 대부분 경문經文인데 대략 다음과 같다.

해동海東 사람들은 이 산을 아나사阿那斯라 했는데, 마땅히 마나사摩那斯라 해야 한다. 이를 번역하면 물고기이다. 그것은 북천축의 사적을 취하여 그렇게 말한 것이다.

한번 더 들여다보기

만어萬漁는 1만 마리의 물고기라는 의미이다. 가락국 수로왕 대에 독령과 나찰녀의 악폐를 다스리기 위해 부처께 청하여 설법하여 오계를 받도록 해 만어사를 창건했는데 그때 불법의 감화를 받은 동해의 용과 고기들이 이 산 굴속에 가득 찬 돌로 화하

---

3 5계 중의 하나. 살생을 금하는 계율.

여 그 증거로 돌마다 아름다운 소리를 낸다는 것이다.

또 다른 이야기는 고대인도 북천축 가라국에 전해오는 부처님의 영상과 흡사한 이적이 있는 신령스러운 곳이라 하여 고려 명종 10년에 이곳에 만어사를 세웠다는 것이다.

만어사는 1만 마리의 물고기들이 화한 바위와 부처의 그림자가 있다는 신비스러운 전설로 인해 오늘날에도 많은 사람들에게 상상력의 원천이 되는 곳이다.

대산臺山 5만五萬 진신眞身

자장법사가 노승으로 변신한 문수보살을 만나다

산 중의 옛 기록을 살펴보면 이 산을 진성眞聖 문수보살이 거처한 곳이라 한 것은 자장慈藏[1]법사로부터 비롯되었다 한다.

본래 법사는 중국 오대산[2]의 문수보살의 진신을 보기 위해 선덕여왕 때인 636년(정관 10년, 병신)《당승전》에는 12년이라 하나 여기는 삼국본사에 따른다에 당나라에 들어갔다.

처음 중국 태화지太和池 가의 문수보살상이 있는 곳에 이르러 경건하게 7일 동안 기도했는데, 문득 꿈에 부처가 나타나 네 구절의 게偈를 주었다.

---

1 신라 진평왕에서 태종무열왕 시대의 승려, 580~658.
2 중국 3대 영산靈山의 하나.

꿈에서 깨어났을 때 글귀는 기억하였으나 모두 범어였으므로 의미를 알 수 없었다.

다음 날 아침 승려 한 사람이 붉은 깁[紗]에 금점이 있는 가사 한 벌과 부처의 바리때 하나와 부처의 머리뼈 한 조각을 가지고 법사 옆으로 와서 물었다.

"무엇을 그렇게 근심하고 있습니까?"

법사가 대답했다.

"꿈에 받은 네 구절의 게가 범어로 되어 있어 풀지 못하고 있습니다."

스님이 그것을 해석해 주었다.

"가라파좌낭呵囉婆佐曩은 일체법一切法을 깨달았다는 말이며, 달예치구 야達嚇哆佉野란 자성自省은 무소유란 말입니다. 낭가사가낭曩伽四伽曩은 이와 같이 법성法性을 알았다는 말이며, 달예로사나達嚇盧舍那는 노사나불 盧舍那佛[3]을 곧 본다는 말입니다."

그리고 가져온 가사 등을 법사에게 주면서 부탁하였다.

"이것들은 본사本師 석가세존이 쓰던 것들이니 법사께서 잘 간수해주십 시오."

그리고 다시 당부했다.

"그대의 나라 동북방 명주溟洲 부근에 오대산이 있는데 1만의 문수보살 이 항상 그곳에 머물러 있으니 그곳으로 가면 만날 수 있을 것입니다."

말을 끝내고 승려는 사라졌다. 법사는 영험 있는 부처의 유적지를 두루

---

3 부처의 진신을 말한다.

돌아본 다음 마침내 고국으로 돌아가려 하는데 태화지의 용이 나타나 재齋를 지내주기를 청하므로 7일 동안 공양했다. 그러자 용이 법사에게 말했다.

"전날 게를 전수한 노승이 바로 진짜 문수보살입니다."

그리고 절과 탑을 세워야 한다고 간곡하게 청했다. 별전別傳에 자세히 기록되어 있다.

법사는 643년(정관 17년)에 오대산에 이르러 문수보살의 진신을 만나려 했으나 3일 동안 날씨가 어두워 뜻을 이루지 못했다. 원녕사元寧寺[1]로 돌아갔는데 그곳에서 문수보살을 보았다. 부처께서 말했다.

"칡덩굴이 있는 곳으로 가라."

지금의 정암사淨嵓寺[2]다. 역시 별전에 실려 있다.

월정사의 유래

훗날 두타頭陀 신의信義, 곧 범일의 제자가 자장법사가 머물던 곳을 찾아와 암자를 짓고 살았다. 신의가 죽은 뒤 암자는 또한 오래도록 버려져 있었으나 수다사水多寺[3]의 장로 유연有緣이 암자를 다시 짓고 살았는데 지금의 월정사月精寺다.

---

1 자장이 자신의 집을 희사하여 세운 절. 확실하지는 않다.
2 강원도 태백산에 있는 절.
3 자장이 세운 절이라고 한다.

보천, 효명 태자가 오대산으로 들어가다

자장법사가 신라에 돌아왔을 때 정신대왕淨神大王의 태자 보천寶川과 효명孝明 두 형제가《국사》를 살펴보니 신라에는 정신, 보천, 효명 3부자에 대한 기록이 없다. 그러나 이 글의 말미에 신룡(神龍) 원년에 터를 닦고 절을 세웠다 하였다. 즉 신룡은 성덕왕 즉위 4년(을사)이다. 왕의 이름은 홍광(興光), 본명은 융기(隆基)이며 신문왕의 둘째 아들이다. 성덕왕의 형 효조는 이름이 이공(理恭)이며 공(恭)을 홍(洪)이라고도 썼는데 역시 신문왕의 아들이다. 신문왕 정명의 자는 일조(日照)이다. 정신(淨神)은 아마도 정명, 신문의 와전인 듯하다. 효명은 효조의 조(照)를 소(昭)로 잘못 쓴 듯하다. 기록에는 효명이 즉위하여 신룡 연간에 터를 닦고 절을 세웠다 했으나 아마도 정확하지 않은 듯하다. 신룡 연간에 절을 세운 이는 성덕왕(聖德王)이다 하서부지금의 명주에 또한 하서군이 있으니 이곳이다. 혹은 하곡현이라 썼는데 지금의 울주는 이곳이 아니다에 이르러 각간 세헌의 집에서 하룻밤을 머물렀다.

다음 날 각각 무리 천 명을 거느리고 큰 고개를 넘어 성오평에 이르렀다. 여러 날을 유람하며 놀다가 어느 날 저녁 형제는 속세를 떠날 뜻을 은밀히 약속했다. 그리고 아무도 모르게 도망하여 오대산으로 들어가 버렸다.《고기(古記)》에는 '648년(태화(太和) 원년, 무신) 8월 초에 왕이 산중에 숨었다.'고 했으나 아마 이 글은 아주 잘못된 듯하다. 살펴보니 효조[조(照)를 소(昭)로도 썼다.]는 692년[천수(天授) 3년, 임진]에 즉위했는데 그때 나이 16세였다. 702년[장안(長安) 2년, 임인]에 죽었으니 26세였다. 성덕왕은 이 해에 즉위하니 22세였다. 만약 태화 원년(무신)이라면 효조가 즉위한 임진보다 이미 45년이나 앞섰으니 곧 태종무열왕의 치세이다. 이로써 이 글이 잘못되었음을 알 수 있다. 따라서 이 기록을 따르지 않는다. 왕을 모시던 자들이 간 곳을 찾지 못하고 서울로 돌아왔다.

두 태자가 산 속에 이르니 문득 푸른 연꽃이 땅 위에 피어 있었다. 형 태자가 그곳에 암자를 짓고 살면서 보천암寶川庵이라 했다. 동북쪽을 향하여 6백여 보를 가니, 북대의 남쪽 기슭에 또한 푸른 연꽃이 핀 곳이 있으므로 동생 효명도 또한 암자를 짓고 살면서 서로 부지런히 업을 닦았다.

하루는 형제가 함께 다섯 봉우리에 올라 공경하며 절하는데, 동대東臺인 만월산에 1만 관음보살의 진신이 나타나 있고, 남대南臺인 기린산에 8대 보살을 수위首位로 한 1만 지장보살, 서대西臺인 장령산에 무량수여래를 수위로 한 1만 대세지보살, 북대北臺인 상왕산에는 석가여래를 수위로 한 5백 대아라한, 중대中臺인 풍로산 다른 이름으로 지로산에는 비로자나를 수위로 한 1만 문수보살의 진신이 나타나 있었다. 그들은 5만 진신 모두에게 일일이 절을 올렸다.

날마다 이른 새벽에 문수보살이 진여원眞如院지금의 상원에 이르러 36가지 형상으로 나타났다. 어떤 때는 부처의 얼굴로 나타나고, 혹은 보물, 혹은 부처의 눈, 혹은 부처의 손, 혹은 탑으로, 또는 만 가지 부처의 머리, 혹은 만 가지 등, 혹은 금빛 다리, 혹은 금빛 북, 혹은 금빛 종, 혹은 신통神通, 혹은 금빛 누각, 혹은 금륜, 혹은 금강저, 혹은 금빛 항아리, 혹은 금비녀, 혹은 오색광명, 혹은 오색원광, 혹은 길상초, 혹은 푸른 연꽃 혹은 금전, 혹은 은전, 혹은 부처의 발, 혹은 번개, 혹은 여래가 솟아 나오는 모습, 혹은 지신이 솟아 나오는 모습, 혹은 금봉황, 혹은 금까마귀, 혹은 말이 사자를 낳는 모습, 혹은 닭이 봉황을 낳는 모습, 혹은 청룡, 혹은 흰 코끼리, 혹은 까치, 혹은 소가 사자를 낳는 모습, 혹은 새끼 돼지, 혹은 푸른 뱀의 형상을 지었다.

두 태자는 언제나 골짜기의 물을 길어와 차를 다려서 공양하고, 밤이 되면 각각 암자에서 도를 닦았다.

왕위에 오른 효명

그 무렵 신라 정신왕의 동생이 왕과 왕위를 다투니 나라 사람들이 왕을 폐하고 4명의 장군을 오대산으로 보내 태자를 맞아오게 했다. 이들은 먼저 효명의 암자 앞에 이르러 만세를 불렀다. 그때 오색구름이 일어나 7일 동안이나 그곳을 뒤덮었다.

나라 사람들이 그 구름을 찾아 모여들었다. 의장을 갖추어 열을 짓고, 두 태자를 맞아들이려 하자 보천은 눈물을 흘리며 사양하였다. 이에 효명을 받들고 돌아가 즉위하니 몇 해 동안 나라를 다스렸다. 《고기(古記)》에 효소왕의 재위가 20여 년이라고 한 것은 아마도 죽었을 때의 나이 26세를 잘못 전한 것 같다. 재위는 10년밖에 안 된다. 또 신문왕의 동생이 왕위를 다투었다는 일은 《국사》에 기록이 남아 있지 않아 알 수 없다.

진여원 개창

705년(을사)즉 당의 중종(中宗)이 복위한 해이니 신라 성덕왕 즉위 4년이다 3월 초4일 처음으로 진여원을 개창했다. 대왕이 문무백관들을 친히 거느리고 산에 이르러 전당殿堂을 세우고 또한 문수보살의 소상을 만들어 당 안에 모셨다. 명승과 영변靈卞 등 다섯 명을 뽑아 《화엄경》 전체를 읽게 하는 화엄사華嚴社를 조직하고 공양에 사용할 비용으로 매년 봄과 가을에 산에서 가까운 주, 현에서 창조 100섬과 정유 1섬씩을 바치라는 절의 법규를 내렸다. 또 진여원 서쪽으로 6천 보를 걸어서 모니점과 고이현 경계에 이르는

땔나무를 심은 땅 15결, 밤나무 숲 6결, 전답 2결을 주어 관리하게 했다.

보천의 정진

보천은 항상 신령한 이 골짜기의 물을 길어 마셨으므로 만년에 육신이 공중을 날아올라 유사강 밖 울진국 장천굴에 이르렀다. 그곳에 머무르며 밤낮으로 수구다라니를 외는 것을 업으로 삼았더니 굴의 신령이 현신하여 말했다.

"내가 이 굴의 신이 된 지 2천 년이 되었는데 오늘 비로소 수구다라니의 참 도리를 들었으니 보살계를 받기를 청합니다."

굴의 신이 보살계를 받고 난 다음 날 굴이 갑자기 없어져버렸다. 보천은 놀라고 이상하여 그곳에 20여 일을 머물다 다시 오대산 신성굴로 돌아갔다. 이곳에서 다시 50년 동안 도를 닦았다. 도리천忉利天[1]의 신이 하루 세 번 법을 듣고 정거천淨居天의 무리가 차를 다려 공양했고 40명의 성중이 열 자 높이에서 언제나 호위하고 지니고 있는 지팡이에서 하루 세 번 소리를 내며 방을 세 바퀴 돌았으므로 이 종과 경쇠를 시간으로 삼고 업을 닦았다.

국가에 도움이 될 일들을 기록으로 남기다

문수보살이 때로는 보천의 이마에 물을 붓고 성도기별成道記莂을 주었다. 마침내 입적하는 날 보천은 이후로 산중에서 행하면 국가에 도움이

---

1 33천이라고도 하는데, 부처가 있다는 수미산을 말한다.

될 만한 일들을 기록으로 남겨 두었다.

'이 산은 곧 백두산의 큰 줄기인데 각 대臺는 불보살의 진신이 항상 머무는 땅이다. 청색 방위의 동대 북쪽 모서리 밑과 북대 남쪽 기슭 끝에 있으니, 마땅히 관음방을 두어 원상의 관음보살과 푸른 바탕에 1만 관음상을 그려서 봉안하고, 복전승[福田]² 다섯 명에게 낮에는 8권의《금광명경》,《인왕경》,《반야경》,《천수주》를 읽고 밤에는 〈관음예참〉을 염송하게 하고 이름을 원통사圓通社로 한다.

적색 방위의 남대 남면에 지장방을 두고, 원상의 지장보살과 붉은 바탕에 그린 8대 보살을 수위首位로 한 1만 지장보살상을 그려 봉안하고, 복전승 다섯 명에게 낮에는《지장경》과《금강반야경》을 읽고 밤에는 〈점찰예참〉을 염송하게 하고, 이름을 금강사金剛社로 한다.

백색 방위의 서대 남면에 미타방을 두고, 원상의 무량수불과 흰 바탕에 그린 무량수여래를 수위로 한 1만 대세지보살을 그려 봉안하고, 복전승 다섯 명에게 낮에는 8권의《법화경》을 읽고 밤에는 〈미타예참〉을 염송하게 하여 이름을 수정사水精社로 한다.

흑색 방위의 북대 남면에 나한당을 두고 원상의 석가불과 검은 바탕에 그린 석가여래를 수위로 한 5백 나한을 그려 봉안하고, 복전승 다섯 명에게 낮에는《불보은경》과《열반경》을 읽고 밤에는 〈열반예참〉을 염송하게 하여, 이름을 백련사白蓮社로 한다.

황색 방위의 중대 진여원 중앙에 진흙으로 빚은 문수보살의 부동상을

---

2 비구를 말한다.

봉안하고, 뒷벽에는 황색 바탕에 그린 비로자나불을 수위首位로 36가지의 형상을 그려 봉안하고, 복전승 다섯 명에게 낮에는 《화엄경》과 《6백반야경》을 읽고, 밤에는 〈문수예참〉을 염송하게 하여 이름을 화엄사華嚴社로 한다.

보천암을 화장사華藏寺로 고쳐 세우고, 원상의 비로자나 삼존과 《대장경》을 봉안하고, 복전승 다섯 명이 《대장경》을 늘 열람하고, 밤에는 〈화엄신중〉을 염송하고, 해마다 화엄회를 1백 일 동안 열고 이름을 법륜사法輪寺로 한다.

이 화장사를 오대사五臺寺의 본사로 삼아 단단하게 수호하고, 정결하게 수행을 하는 복전승에게 명하여 오래도록 향화를 봉양하게 하면 반드시 대왕은 천수를 누릴 것이며 백성은 평안하고 문무는 화평하고 온갖 곡식이 풍요로울 것이다. 또 하원에는 문수갑사를 배치하여 여러 사社들의 도회都會로 삼고 일곱 명의 복전승이 밤낮으로 〈화엄신중〉을 염송한다.

위의 37명에게 올리는 재에 들이는 경비와 의복의 비용은 하서부의 도내 8주의 세금으로 네 가지 일의 비용으로 충당한다. 군왕께서 대대로 잊지 않고 받들어 행하면 다행이겠다.'

한번 더 들여다보기
자장법사가 문수보살에게 감응하여 범계를 받고 강원도 오대산에 있다는 1만 문수보살과 감응하는 내용이다.

제 4 권

제5 의해

삼국의 고승 특히 신라의
고승들의 전기와 이적異迹을 다루고 있다.
《삼국사기》에는 승려들에 관한 열전이 없어
《삼국유사》의 독창성이
돋보이는 부분이다.

제5 의해義解

원광서학圓光西學

원광이 당나라에 유학하다

당나라《속고승전續高僧傳》제13권의 기록이다.

신라 황룡사皇隆寺[1]의 승려 원광圓光의 본래 성은 박씨다. 박씨는 삼한 (마한, 진한, 변한)에 흩어져 살았는데 원광은 진한 사람이다. 그의 집안은 대대로 해동에 살아서 조상의 전통을 받들며 오래도록 이어져 오고 있었 다. 즉 재주가 뛰어나고 글을 좋아하여 도교와 유학을 섭렵하고 제자서諸 子書와 역사서도 공부하여 삼한에 널리 이름을 떨쳤다.

그러나 원광은 해박함이 중국에 이르지 못한 것을 부끄러워했다. 그래 서 벗들과 헤어져 해외로 나갈 뜻을 품었다. 나이 25세에 배를 타고 금릉

---

1 황룡사皇龍寺라고 생각되나 신라에 황복사皇福寺 등 황皇 자가 들어간 절이 많아 황룡사 가 아니라는 주장도 있다.

金陵²에 도착했다. 당시 진陳나라는 문교文敎의 나라로 알려져 있었다. 원광은 전부터 가지고 있었던 의문들을 질문하고 도리를 물어 깨달음을 찾을 수 있었다.

처음에는 장엄사莊嚴寺 민공旻公³의 제자 강의를 들었다. 원광은 본래 속세의 전적[世傳]에 익숙하여 그 이치를 깊게 연구하는 것이 도리라 생각했지만 불교의 강론을 듣고는 오히려 전에 알던 이치가 썩은 지푸라기처럼 여겨졌다. 헛되이 명교名敎⁴를 공부하는 것은 진실로 삶에 두려운 일이라 걱정되어 진나라 왕에게 글을 올려 불법에 귀의할 것을 간청하니 왕이 칙명으로 허락했다.

이에 비로소 머리를 깎고 계를 받았다. 그리고 강론하는 곳을 두루 찾아다니며, 참된 깨달음으로 미묘한 말을 해득하는 데 시간을 아끼지 않았다. 그리하여《성실론成實論》과《열반경》을 얻어 마음에 쌓고 간직했으며, 삼장三藏⁵과 석론釋論을 두루 연구했다.

이후 오吳나라의 호구산에 들어가 염정念定을 잃지 않고 각관覺觀을 잊음이 없었다.⁶ 이에 마음의 안식을 찾으려는 무리들이 임천林泉⁷에 구름처럼 몰려들었다. 아울러 4아함경四阿含經⁸을 섭렵하고 공효功效는 팔정八定

---

2 지금의 남경南京.
3 장엄사의 승려. 양나라 시대 3대 법사 중 한 사람.
4 유학.
5 경經, 율律, 론論.
6 사념을 멀리하여 마음의 집중을 이루는 것.
7 승려들이 있는 곳.
8 증일아함경增一阿含經, 장아함경長阿含經, 중아함경中阿含經, 잡아함경雜阿含經.

에 들었으며, 선을 밝히는 것[明善]은 쉽게 되었고 곧음[簡直]을 굽히기는 어려웠다. 평상시 소망했던 일이었기 때문에 이곳에서 평생을 보낼 생각을 했다. 일체 인간 세상의 일을 끊고 성인의 자취를 답사하며 속세에 대한 생각을 영원히 버리려 했다.

중생 교화에 나서다

그때 한 신도가 산 아래에 살고 있었는데 원광에게 강론해주기를 청했다. 원광은 사양하고 허락하지 않았으나 끝까지 청했기 때문에 마침내 허락했다. 처음에는 《성실론》을 강의하고, 나중에는 《반야경》을 강의했다. 사유와 해석이 훌륭하고 명철했으며 질문과 답변에 따라 아름다운 언변으로 깊은 뜻을 풀어내니 듣는 사람들이 흡족해하고 마음에 들어 했다.

이때부터 옛 규범에 따라 중생의 교화를 사명으로 삼으니, 법륜法輪이 한 번 움직일 때마다 강물이 흘러넘치듯 했다. 비록 먼 나라에서 설법을 펼치는 것이었으나 도¹에 빠져들 틈이 없어 원광의 명망이 널리 퍼져 중국의 남방지역까지 전파되었다. 험한 길을 마다하지 않고 바람에 따라 찾아오는 사람들이 줄을 이어 마치 물고기 비늘 같았다.

수隋나라 황제가 천하를 통치하기에 이르러 그 위세가 남국에까지 미치자 진나라의 운이 다했다. 수나라 군대가 양도襄都²에 들어와 원광은 병사들에게 잡혀 목숨이 경각에 이르렀다.

---

1 도교.
2 중국 진陳나라 수도였던 양주.

그때 수나라 대장이 절의 탑이 불에 타는 것을 멀리서 보고 불을 끄려고 달려갔다. 그런데 불길은 안 보이고 다만 원광이 탑 앞에 묶인 채 곧 죽을 지경에 있었다. 대장은 이를 기이하게 여겨 즉시 묶인 결박을 풀고 놓아 주었다. 위기에 처했을 때 감응이 나타난 것이 이와 같았다.

원광의 학문이 남방 오월吳越에 널리 전해지니 이번에는 북방의 주周와 진秦의 교화를 살피기 위해 589년(개황開皇[3] 9년)에 수나라의 도성(장안)으로 올라갔다. 마침 불법의 개최를 맞아 섭론종攝論宗[4]이 비로소 일어나는 때였으므로 원광은 경전의 아름다운 말을 마음속으로 받들고 미묘한 실마리를 일으켜 세웠다. 또한 지혜로운 해석으로 장안에 명예를 드날렸다. 공업을 이루고 나자 도를 동쪽(신라)으로 전하고자 했다.

신라로 돌아오다

멀리 신라에서 이 소문을 듣고 수나라 황제에게 아뢰는 글을 올려 원광을 돌려보내 줄 것을 여러 번 청했다. 황제는 칙명을 내려 노고를 위로하고 고국으로 돌려보냈다.

원광이 수십 년 만에 돌아오니 늙은이 젊은이 할 것이 없이 모두 기뻐했다. 신라 진평왕은 원광을 대면하고 성인처럼 우러러 모셨다.

원광은 성품이 겸허하고 여유롭고 정이 많아 모든 사람을 두루 사랑했으며 말할 때는 항상 미소를 띠고 노여움을 드러내지 않았다.

---

3 중국 수隋 문제의 연호, 581~600.
4 중국 불교 13종 중의 하나.

외교문서나 계서啓書 등 나라의 문서는 모두 그의 심중에서 나왔다. 온 나라가 그를 받들어 나라를 다스리는 법을 맡기고 교화의 도리를 물었다. 벼슬을 받고 금의환향한 사람은 아니었으나 실제로는 중국의 국정을 돌아보고 온 것과 같았다. 시기적절하게 훌륭한 정치를 펼쳐서 지금도 모범이 되고 있다.

원광이 나이 들어 수레를 타고 대궐에 들어서면 좌우 신하들이 거드는 것을 허락하지 않고 왕이 손수 의복과 약과 음식을 마련하였다. 마치 왕이 오로지 혼자 복을 받고자 감복하고 공경하는 모습 같았다.

원광이 세상을 떠나기 전 왕은 친히 손을 잡고 위로하며 백성을 구제할 법을 남겨달라고 부탁하니 상서로운 징조를 설하여 공덕이 바다 구석에까지 미쳤다.

원광이 세상을 뜨다

630년(건복建福 58년) 건강이 좋지 않음을 조금씩 느끼던 원광은 7일도 못 넘기고 간절한 계를 남기고, 자신이 머물던 황룡사에 단정히 앉아 임종했다. 이때가 99세로 당나라 정관貞觀[1] 4년(630)이다. 마땅히 14년이어야 옳다.

임종할 때 절의 동북쪽 허공에 음악 소리가 가득하고 이상한 향기가 절에 충만하여 승려와 신도들이 모두 슬퍼했으니 그의 영감을 느낄 수 있었다. 마침내 도성 외곽에 장사지냈는데, 나라에서 우의羽蟻와 장례용품을 내려 마치 왕의 장례에 못지않았다.

---

1 중국 당 태종太宗의 연호, 627~649.

그 후 속세에서는 죽은 태아를 낳으면 흔히 '복이 있는 사람 무덤 옆에 아이를 묻으면 후손이 끊어지지 않는다.' 하여 죽은 아이를 그(원광)의 무덤 옆에 묻었다. 그러나 그날로 벼락이 태아의 시체에 떨어져 무덤 밖으로 내쳐졌다. 이 일로 인해 존경하지 않던 사람들도 모두 원광을 우러러보게 되었다.

원광의 제자 원안의 기록

그의 제자 중 원안圓安은 천성이 영민하고 유람을 좋아하는 성품이라 심오한 탐구를 동경했다. 마침내 북쪽으로는 환도丸都[2]를 돌아보고 동쪽으로는 불래不耐[3]를 가 보았으며 또 서쪽으로 연燕나라에서 위魏나라, 그리고 황제가 사는 장안에까지 이르렀다. 각 지방의 풍속을 자세히 관찰하고 여러 경론經論을 탐구하여 대략적인 줄기를 섭렵하여 깊은 뜻까지 통달했다.

만년에는 마음의 학문[4]으로 귀의했는데 세속 사람들보다 자취가 높았다. 처음에는 장안의 절에 머물렀는데 도가 높은 것이 알려지자 특진特進 소우蕭瑀가 왕에게 청하여 남전[5]에 지은 진량사에 머물게 했는데 사사四事의 공양을 하루도 어기는 일이 없었다.

원안이 일찍이 원광에 대해 이렇게 말했다.

---

2 평양.
3 동예의 옛 땅.
4 불교.
5 중국 협서성에 있는 현.

"신라의 왕이 병이 걸려 치료해도 낫지 않았다. 그래서 원광을 궁궐로 청해 별도의 궁에 따로 모셨다. 그리고 매일 밤 두 시간씩 심오한 법을 설하고 왕에게 계를 주고 참회하게 하니 왕이 몹시 신봉했다. 어느 날 초저녁 왕이 원광의 머리를 보았는데 금빛으로 찬란히 빛나며 햇무리가 그의 몸을 따라다녔다. 왕후와 궁녀들도 모두 보았다. 따라서 마음을 거듭 다지며 원광을 병실에 머물게 하니 오래지 않아 왕의 병이 나았다. 원광은 진한과 마한 주변에 부처의 설법을 널리 펼쳤으며 해마다 두 차례의 강론을 통해 후학을 양성하고 시주 받은 재물은 모두 절에 희사했다. 남은 것은 단지 가사와 바리때뿐이었다."《달함(達函)》에 실려 있다.

《수이전》에 전하는 원광법사 이야기

또 경주 안일호장 정효貞孝의 집에 있는 고본 《수이전殊異全》[1] 원광법사전에도 다음과 같은 기록이 실려 있다.

법사는 세속에서의 성이 설씨薛氏이며 경주 사람이다. 처음에 승려가 되어 불법을 닦았는데 30세에 조용히 살면서 수도할 생각을 품고 삼기산에서 홀로 살았다. 4년 후에 한 비구가 와서 멀지 않은 곳에 절을 짓고 2년을 살았는데 인품이 매우 사납고 주술 배우기를 좋아했다. 법사가 밤에 혼자 경을 외우고 있는데 문득 신의 목소리가 그의 이름을 부르며 말했다.

"그대의 수행이 참으로 훌륭하구나! 무릇 수행하는 사람은 많아도 제대

---

1 일연이 삼국유사를 집필할 때 참조한 신라의 설화집.

로 하는 사람은 드물다. 지금 이웃에 있는 비구를 보면 주술을 열심히 닦는 것 같으나 얻는 것은 없다. 어지럽게 이웃 사람의 마음을 뒤흔들고 그가 머무는 곳이 내가 다니는 길을 방해하니 오갈 때마다 미운 생각이 든다. 법사는 나를 위해 그에게 다른 장소로 옮겨 가라고 말하라. 만약 오래 머물면 아마도 내가 문득 죄업을 지을 것 같다."

이튿날 법사가 가서 말했다.

"내가 어젯밤에 신의 말씀을 들었는데 비구는 다른 곳으로 가는 것이 좋겠습니다. 그렇지 않으면 재앙이 있을 것입니다."

비구가 대답했다.

"수행이 지극한 사람도 귀신에게 미혹되는 것입니까? 법사는 어찌 여우 귀신의 말을 걱정합니까?"

그날 밤 신이 또 와서 말했다.

"전에 내가 당부한 일에 대해 비구는 무엇이라 하더냐?"

법사는 신이 몹시 화를 낼까 두려워하며 대답했다.

"아직 말하지 못했습니다만 굳이 말하면 어찌 감히 듣지 않겠습니까?"

신이 말했다.

"이미 내가 다 들었는데 법사는 어찌하여 변명하느냐? 잠자코 내가 하는 것을 두고 보거라."

말을 마치고 사라졌는데 그날 밤 뇌성벽력이 들렸다. 이튿날 살펴보니 산이 무너져 비구가 살던 절을 덮쳐 버렸다. 신이 또 와서 말했다.

"법사가 보기에 어떠하냐?"

법사가 대답했다.

"너무 무섭고 두렵습니다."

신이 말했다.

"나는 나이가 3천이니 신비한 술법에 아주 능하다. 이 정도는 따위는 놀랄 일도 아니다. 또한 앞으로의 일도 모르는 것이 없으며 천하의 일도 통달하지 못한 것이 없다. 이제 생각해 보니 법사가 이곳에만 살면 비록 자신에게는 좋은 일이나 다른 사람을 이롭게 할 수는 없다. 지금 높은 명성을 얻지 못하면 미래에도 성과를 취하지 못할 것인데 왜 중국의 불법을 가져와 이 나라의 미혹한 무리들을 인도하지 않느냐?'

법사가 대답했다.

"중국에 가서 도를 배우는 것이 본래 제가 바라던 바이나 바다와 육지가 막혀 있어 가지 못할 따름입니다."

이에 신이 중국에 갈 수 있는 계책을 자세히 일러 주었으므로 법사는 그 말에 따라 중국으로 갔다. 11년 동안 머물면서 삼장三藏에 널리 통달하고 유학도 또한 배웠다.

600년(경신)《삼국사》에는 이듬해 601년(신유)에 왔다고 했다. 진평왕 22년에 법사는 행장을 꾸려 중국에 왔던 조빙사를 따라 본국 신라로 돌아왔다. 법사가 신에게 감사를 드리기 위해 전에 거주했던 삼기산의 절에 도착하니 밤중에 신이 또 와서 그의 이름을 부르며 말했다.

"바다와 육지 길이 어떠했느냐?"

법사가 대답했다.

"신의 은혜를 입어 편안히 다녀왔습니다."

신이 말했다.

"나 또한 법사에게 계를 주겠다."

그리고 윤회의 세상에서 서로를 구제할 약속을 맺었다.

법사가 요청했다.

"신의 진용眞容을 볼 수 있습니까?"

신이 말했다.

"만약 내 모습을 보고 싶다면 내일 아침 동쪽 하늘 끝을 바라 보아라."

법사가 이튿날 아침에 그곳을 바라보니 큰 팔뚝이 구름을 뚫고 하늘 끝에 닿아 있었다.

그날 밤 신이 또 와서 말했다.

"법사는 내 팔뚝을 보았느냐?"

법사가 대답했다.

"매우 기이하고 신묘했습니다."

그래서 세속에서는 삼기산을 비장산臂長山이라 한다.

신이 말했다.

"비록 이 몸을 가졌다 해도 무상無常의 고통을 면하지는 못한다. 나는 어느 달 어느 날에 그 고개에 나를 바칠 것이니, 법사가 와서 영원히 떠나는 내 혼을 전송해 주어라."

법사가 약속한 날에 가서 보니 검게 옻칠한 것 같은 늙은 여우 한 마리가 헐떡거리며 숨을 쉬지 못하더니 곧 죽어 버렸다.

법사가 처음 중국에서 돌아오니 신라 조정의 임금과 신하들은 그를 존경하여 스승으로 삼았다. 법사는 항상 대승경전을 강론했다. 이때 고구려와 백제가 항상 변방을 침범해 왔으므로 왕은 매우 근심하여 법사에게 수

나라마땅히 당나라로 해야 한다에 군사를 요청하는 표문을 짓도록 했다. 황제가 그 표문을 보고 30만 명의 군사를 직접 이끌고 고구려를 쳤다. 이로부터 법사가 두루 통달했다는 것이 세상에 알려졌다.

법사가 향년 84세에 입적하자 명활성 서쪽에 장사지냈다.

《삼국사기》 열전에 있는 원광법사의 기록

《삼국사기》 열전의 기록을 보면 다음과 같다.

어진 선비 귀산貴山은 사량부沙梁部 사람으로 같은 마을에 사는 추항과 친구였다. 두 사람이 만나 말했다.

"우리들이 사군자와 교유하길 기약하면서 먼저 마음을 바르게 하고 몸을 닦지 않는다면 아마도 모욕을 당할 것이다. 그러니 어찌 어진 사람을 찾아가 도를 묻지 않을 수 있겠는가?"

그때 원광법사가 수나라에 갔다가 돌아와 가슬갑嘉瑟岬가서갑(加西岬) 또는 가서갑(嘉栖岬)이라 하는데 모두 방언이다. 갑은 세속에서 곶[古尸]이라 하기 때문에 혹은 고사[古尸寺]라고도 하니 갑사(岬寺)란 말과 같다. 지금 운문사 동쪽 9천보쯤 되는 곳에 가서현(加西峴)이 있으니 어떤 사람은 가슬현(嘉瑟峴)이라고 한다. 현의 북쪽 골짜기에 절터가 있으니 바로 이것이다에 머무르고 있다는 말을 듣고 두 사람이 찾아가 말했다.

"세속의 선비들인데 무지몽매하여 아는 것이 없습니다. 한말씀만 해 주시면 평생토록 경계로 삼겠습니다."

원광법사가 말했다.

"불교에는 보살계가 있고 그에 따른 조항 10가지가 있으나, 너희들은 다른 사람의 신하된 몸이니 아마도 감당할 수 없을 것이다. 지금 세속에 오계五戒가 있다. 첫째는 충성으로 임금을 섬기는 일이고 둘째는 효도로 어버이를 섬기는 일이고 셋째는 믿음으로 벗과 사귀는 일이고 넷째는 싸움터에 나가서는 물러남이 없는 일이고, 다섯째는 살생을 가려서 하는 일이다. 너희들은 이를 실행하는 데 소홀함이 없어야 한다."

귀산 등이 말했다.

"다른 것은 잘 알겠습니다만 이른바 살생을 가려서 하라는 것만은 알지 못하겠습니다."

법사가 말했다.

"육재일六齋日과 봄, 여름에는 살생을 하지 말아야 하니 이는 시기를 가리라는 것이다. 부리는 가축을 죽이지 말라고 하는 것은 말, 소, 닭, 개를 말하는 것이다. 미물을 죽이지 말라고 하는 것은 고기 한 점도 취하지 않아야 한다는 것이니 이는 바로 생물을 가리라는 것이다. 또한 소용되는 것으로 꼭 필요한 양만큼만 죽이고 많이 죽이지는 마라. 이것이 곧 세속의 좋은 계다."

귀산 등이 말했다.

"지금부터 이를 받들어 두루 행하여 감히 어기지 않겠습니다."이후 두 사람은 전쟁터에 나가 모두 나라에 뛰어난 공을 세웠다.

또 건복 30년 613년(계유)바로 진평왕 즉위 35년 가을에 수나라의 사신 왕세의王世儀가 와서 황룡사에 백좌도량을 열고 여러 고승을 불러 불경을 강의했는데 원광법사가 최고 윗자리에 있었다.

일연이 논하다

다음과 같이 논평한다.

원종原宗[1]이 불교를 부흥시킨 후 나루터와 다리는 이미 설치되었으나 당오堂奥[2]에 도달할 겨를이 없었다. 그래서 마땅히 귀계멸참歸戒滅懺[3]의 법으로써 우매함을 깨우쳤던 것이다.

그래서 원광이 머물던 가서갑에 점찰보占察寶[4]를 두어 영원한 규범으로 삼았다. 이때 한 비구니가 점찰보에게 전답을 바쳤으니 지금 동평군의 전답 1백 결이 그것이며 옛 자료가 아직도 남아 있다.

원광은 성품이 텅 비고 고요한 것[虛靜]을 좋아했으며 말할 때는 언제나 얼굴에 미소를 머금고 성난 안색을 보이지 않았다. 나이가 들어 수레를 타고 궁궐에 드나들었는데, 당시 덕망과 인의를 모두 갖춘 선비가 많았지만 감히 그를 뛰어넘을 사람이 없었다. 또한 뛰어난 문장력은 한 나라를 기울일 만했다. 80여 세로 정관 연간에 세상을 떠났는데, 부도는 삼기산 금곡사金谷寺에 있다. 지금의 안강 서남쪽 골짜기이니, 명활성 서쪽이다.

《당전唐傳》에는 황룡사에서 입적했다고 했는데 자세히 알 수 없으나 황룡사의 잘못인 듯싶다. 이는 마치 분황사芬皇寺를 왕분사王芬寺로 적은 예와 유사하다.

---

1 법흥왕.
2 심오한 진리.
3 불, 법, 승 3보의 계법에 귀의하고 번뇌를 제거하고 참회함.
4 점찰법회. 점찰경의 내용을 바탕으로 나무 막대기를 던져 과거 선악의 업을 점쳐보는 의식이다.

위의 《당전》과 《향전》의 두 글을 살펴보면 성씨가 박朴과 설薛로 다르고 출가한 곳도 우리나라와 중국으로 나와 마치 두 사람인 듯하므로 감히 명확하게 결정할 수 없어 전기를 둘 다 그대로 실었다.

그러나 여러 전기를 살펴보면 모두 작갑과 이목과 운문에 대한 일은 없다. 그러나 우리나라 사람 김척명金陟明이 항간의 말을 가지고 그릇되게 글을 꾸며 《원광법사전》을 지으면서 함부로 운문사의 창건자인 보양사의 사적을 합하여 하나의 전기로 만들었다.

후에 《해동승전》을 지은 사람이 잘못된 것을 그대로 기록했기 때문에 당시 사람들 대부분이 그것에 미혹되었다. 그래서 확실히 분별하고자 한 글자도 가감하지 않고 두 전기의 문장을 자세히 실었다.

진나라와 수나라 시대에는 해동 사람으로서 바다를 건너가 불교를 공부한 사람이 드물었으며 설사 있었다 해도 크게 이름을 떨치지는 못했다. 그러나 원광 이후로 그를 이어 중국으로 배우러 간 사람이 끊이지 않았으니 원광이 바로 유학의 길을 열었던 것이다.

다음과 같이 찬한다.

바다 건너 처음으로 한나라 땅의 구름 헤쳐
몇 사람이 왕래하며 맑은 덕을 배웠을까
옛날의 발자취가 청산에 남았으니
금곡金谷과 가서嘉西의 일을 들을 수 있네

신라 진평왕 때의 승려 원광법사의 속성은 박씨이다. 그러나 설씨라는 설도 있다. 그것은 원광법사에 대해 여러 가지 다른 이야기가 전해지고 있기 때문이다.

일연은 《당속고승전》의 기록, 우리나라 고본 《수이전》, 《삼국사기》 열전 외 다양한 기록들을 통해 원광법사의 이야기를 정리했다.

중국(수나라~당나라)에 유학을 간 원광법사는 그곳에서 섭론종을 연구해 중국에 이름을 떨쳤으며, 신라에 돌아와서는 점찰법회를 열어 불교를 깊이 이해하지 못한 사람들을 위해 강설했다. 또한 그의 세속오계는 화랑의 실천덕목이 되어 신라 삼국통일의 정신적 기틀이 되었다.

《수이전》의 원광법사 설화는 전통적인 주술 신앙과 점찰법회와 조화를 통해 불교의 대중화를 이끌었음을 상징한다. 당시 불교가 전래된 지 얼마 되지 않아 미신이나 점과 같은 전통 신앙에 의지하고 있던 신라인들에게 필요한 과정이었던 것으로 보인다.

양지사석 良志使錫

양지 스님이 지팡이를 부리다

승려 양지良志의 조상과 고향은 자세히 알 수 없고 단지 선덕여왕 때 자취를 나타냈을 뿐이다.

지팡이 끝머리에 포대 하나를 걸어 두면 지팡이가 저절로 날아서 시주하는 집으로 가 흔들면서 소리를 냈다. 그 집에서 그것을 알고 재를 올릴 비용을 넣어 주었고 포대가 차면 날아서 되돌아왔다. 그래서 그가 머물고 있는 절을 석장사錫杖寺라 했다.

양지는 신기하고 이상하여 다른 사람이 헤아리기 어려운 점이 많았다. 그러나 그는 잡다한 기예에 통달하여 신묘함이 비할 데가 없었다. 또 글씨도 뛰어났고 영묘사의 장륙삼존과 천왕상 및 전각의 기와와 천왕사 탑 아래의 팔부신장, 법림사의 주불 삼존과 좌우 금강신 등은 모두 그가 빚어낸 것이다.

또한 영묘사와 법림사의 편액을 썼으며 또 일찍이 벽돌을 조각하여 작은 탑을 만들고 이와 함께 3천 개의 불상을 만들어 그 탑을 절 가운데 모시고 예를 올렸다.

그가 영묘사의 장륙을 빚어 만들 때 스스로 선정禪定에 들어가 고요한 상태에서 진흙으로 부처를 빚었기 때문에 온 성안의 남녀들이 다투어 진흙을 날랐다.

그때의 〈풍요風謠〉는 이렇다.

　　　오너라 오너라 오너라
　　　오너라 인생이 슬프고
　　　서러운 우리들!
　　　공덕 닦으러 오너라

지금도 그곳 사람들이 방아를 찧거나 일을 할 때 이 노래를 부르니 아마도 여기에서 비롯된 것으로 보인다. 불상을 처음 만들 때의 비용으로 곡식 2만 3천 7백 석이 들었다. 어떤 사람은 금칠을 다시 할 때의 비용이라 한다.

논평해서 말한다.

"법사는 재주가 완벽하고 덕을 갖춘 큰 인물인데, 작은 기예로 자신을 숨긴 사람이라 할 수 있다."

다음과 같이 찬한다.

> 재를 마치니 법당 앞에 지팡이 한가한데
> 고요함 몸가짐으로 향불 살피며 향을 피우네
> 못다 읽은 불경을 읽고 나면 할 일 없어
> 부처님 모습을 빚어 합장하며 보네

이혜동진二惠同塵

혜숙 스님의 기이한 행적

승려 혜숙惠宿이 화랑 호세랑好世郎의 무리에서 자취를 감추어 버렸으므로 화랑의 명부에서 이름이 지워졌다. 혜숙 스님도 적선촌赤善村지금의 안강현에 적곡촌(赤谷村)이 있다에서 20여 년이나 숨어 살았다.

그때 국선 구참공瞿旵公[1]이 일찍이 적선촌 들에 나가 사냥을 하고 있었

---

1 신라 진평왕 때의 화랑으로 구감공이라고도 한다.

는데 어느 날 혜숙이 길가에 나와 말고삐를 잡으며 청했다.

"소승도 따라가고 싶은데 괜찮겠습니까?"

공은 이를 허락했다. 혜숙이 이리저리 달리며 옷을 벗고 서로 앞서니 공이 매우 기뻐했다. 그들은 쉬려고 앉아 고기를 삶고 구워서 서로 먹기를 권했다. 혜숙도 같이 먹으며 조금도 꺼려하는 기색이 없었다. 이윽고 혜숙이 앞으로 나와 말했다.

"맛있는 고기가 있으니 좀 더 드시겠습니까?"

공이 말했다.

"좋다."

혜숙은 사람을 물리치고 자신의 허벅지 살을 베어 쟁반에 담아 올렸다. 옷에 붉은 피가 줄줄 흘렀다. 공이 깜짝 놀라며 말했다.

"어찌하여 이러는 것이냐?"

혜숙이 말했다.

"처음에 저는 공이 인인仁人이므로 자애로움이 능히 만물에까지 미칠 것이라 여겼기 때문에 따라온 것입니다. 그러나 지금 공이 좋아하는 것을 미루어 보니 살육만 탐하고 짐승을 죽여 자신을 위할 뿐이니 어찌 이것이 어진 사람이나 군자가 할 일입니까? 공은 우리들의 무리가 아닙니다."

마침내 혜숙은 옷을 털고 가버렸다. 공은 몹시 부끄러워하며 혜숙이 먹은 것을 보니 쟁반 위의 고기 살점이 그대로 있었다.

공은 매우 이상하게 생각하여 조정에 돌아와 고했다. 진평왕이 이 말을 듣고 사신을 보내 혜숙을 맞아오게 했는데, 혜숙이 부인의 침상에 누워 자고 있었다. 사신은 흉하다 생각되어 되돌아 나왔다. 7, 8리쯤을 되돌아가고 있는데 다시 혜숙을 만났다. 어디서 오는 길이냐고 묻자 혜숙이 말했다.

"성 안 시주댁의 칠일재七日齋를 끝내고 오는 길이오."

사신이 그 말을 왕에게 고했다. 사람을 보내 시주하는 집을 조사했는데 사실이었다. 그런데 얼마 후에 혜숙이 갑자기 죽으니 마을 사람들이 이현耳峴또는 형현(硎峴) 동쪽에 묻어 주었다. 그때 마을 사람 한 명이 이현 서쪽에서 걸어오다 길에서 혜숙을 만나 어디 가느냐고 물었다.

"이곳에 오래 살았으므로 다른 곳으로 유람을 떠나려 하오."

이들은 서로 인사하고 헤어졌다. 혜숙은 반 리쯤 가다가 구름을 타고 가버렸다. 그 사람이 이현 동쪽수현이라고도 한다에 이르렀을 때 혜숙을 장사지낸 사람들이 아직 모여 있는 것을 보고 혜숙을 만난 사연을 이야기했다. 그래서 무덤을 파 보니 짚신 한 짝만 남아 있을 뿐이었다.

지금(고려) 안강현 북쪽에 혜숙사라는 절이 있는데 혜숙이 살던 곳으로 알려졌으며 또한 부도浮圖가 남아 있다.

혜공 스님의 기이한 행적

승려 혜공惠空은 천진공의 집에서 품을 파는 노파의 아들인데 어릴 적 이름은 우조憂助아마 방언일 것이다.

천진공이 일찍이 몹쓸 종기가 나서 거의 죽을 지경에 이르렀는데 문병 오는 사람들이 길을 메웠다. 일곱 살이던 우조가 어머니에게 말했다.

"집에 무슨 일이 있기에 이처럼 손님이 많습니까?"

어머니가 말했다.

"주인에게 나쁜 병이 들어서 곧 죽게 되었는데 너는 어찌 그것도 모르느냐?"

우조가 말했다.

"제가 병을 낫게 할 수 있습니다."

어머니는 이 말을 기이하다 여겨 공에게 알렸다. 공이 우조를 불러 오게 했다. 아이는 침상 아래에 앉아서 한마디도 하지 않았는데 얼마 후 종기가 터졌다. 공은 그저 우연이라고만 생각하고 그다지 이상히 여기지 않았다.

우조는 자라 공을 위해 매를 길렀는데 공이 아주 흡족해했다. 처음에 공의 동생이 관직을 얻어 지방으로 부임을 하면서 공이 골라놓은 좋은 매를 얻어 가지고 임지로 갔다.

어느 날 저녁 공은 문득 그 매가 생각나서 다음 날 새벽에 우조를 보내 매를 가져오게 하려 했다. 그런데 우조가 공의 뜻을 먼저 알아채고 잠깐 사이에 매를 찾아와 새벽에 공에게 바쳤다. 공이 크게 놀라며 그제야 예전에 종기를 치료한 일이 헤아릴 수 없이 놀라운 일이었다는 것을 깨달았다. 공이 말했다.

"제가 뛰어난 성인이 우리 집에 의탁해 있는 줄도 모르고 몹쓸 말과 예의에 어긋난 행동으로 욕되게 했으니 그 죄를 어찌 씻을 수 있겠습니까? 이후로는 도사導師가 되어 저를 인도해 주십시오."

마침내 공이 내려가 우조에게 절을 했다. 우조는 신령스럽고 기이함이 드러나자 드디어 승려가 되어 이름을 혜공으로 바꾸었다.

그는 항상 작은 절에만 머물렀다. 날마다 만취하여 삼태기를 지고 미친

듯이 거리에서 춤을 추었으므로 사람들이 부궤화상負簣和尙이라 불렀다. 그가 머무는 절은 부개사夫蓋寺라 불렀다. 부개는 삼태기의 향언(신라말)이다.

또 종종 절의 우물에 들어가서 몇 달 동안 나오지 않았으므로 스님의 이름으로 우물 이름을 삼았다. 우물에서 나올 때는 언제나 푸른 옷을 입은 신동이 먼저 솟아올랐다. 절의 승려들은 이것을 우조가 나올 징조로 알았다. 우물에서 나온 후에도 옷이 물에 젖어 있지 않았다.

그는 만년에 항사사恒沙寺지금의 영일현 오어사(吾魚寺). 민간에서는 항사 사람이 세상에 나왔기 때문에 항사동이라 한다고 했다로 옮겨갔다. 이때 원효는 여러 불경의 소疏를 짓고 있었는데 항상 혜공을 찾아가 의심나는 것을 물으며 가끔씩 서로 말장난을 하기도 했다. 어느 날 원효와 혜공이 시냇가에서 물고기와 새우를 잡아먹고 돌 위에 대변을 보았다. 혜공이 그것을 가리키며 말했다.

"자네가 눈 똥은 내가 먹은 물고기다."

그로 인해 절 이름을 오어사吾魚寺라 했다. 어떤 사람은 이 말이 원효법사의 말이라 하는데 황당한 이야기이다. 민간에서는 그 시냇물을 잘못 불러 모의천芼矣川이라고 한다.

구참공이 일찍이 산으로 유람을 나갔다가 혜공이 산길에서 죽어 쓰러져 있는 것을 보았다. 시체가 썩어 구더기가 난 것을 보고 한참 동안 비탄에 잠겨 있었다. 그리고 말고삐를 돌려 성으로 돌아갔다. 그런데 혜공이 크게 취하여 저자에서 춤을 추고 있었다.

또 어느 날은 풀로 새끼줄을 꼬아 영묘사로 가서 금당과 좌우의 경루 및 남문의 회랑을 둘러 묶고 강사剛司에게 일렀다.

"이 새끼줄을 모름지기 사흘 뒤에 풀어라."

강사가 이상히 여겨 그대로 따랐더니 과연 사흘 만에 선덕여왕이 가마를 타고 절에 왔다. 이후 지귀志鬼의 가슴에서 불이 나 탑이 타버렸는데[1] 오직 새끼줄을 묶은 곳만은 화재를 면했다.

또 신인종神印宗[2]의 조사 명랑明朗이 금강사를 새로 세우고 낙성회를 베풀었다. 고승들이 다 모였는데 혜공만은 오지 않았다. 명랑이 향을 피우고 정성껏 기도하니 잠시 후 혜공이 도착했다. 그때 큰비가 내리고 있었으나 공의 옷은 젖지 않았고 발에는 진흙이 묻지 않았다.

혜공이 명랑에게 말했다.

"간절하게 청하여 이렇게 왔습니다."

이처럼 신비로움이 아주 많았다. 죽을 때는 공중에 떠 있는 채로 입적했는데 사리가 그 수를 셀 수 없을 정도로 많았다. 혜공이 일찍이 《조론肇論》[3]을 보고 말했다.

"이것은 내가 예전에 지은 것이다."

이로써 혜공이 승조僧肇의 후신임을 알았다.

---

1 지귀는 선덕여왕을 사모하고 있었는데 하루는 절에 불공을 드리러 갔다가 그 이야기를 들은 왕이 지귀를 불렀다. 하지만 지귀는 절간 탑 밑에서 왕을 기다리다가 잠이 들었다. 왕이 돌아가는 길에 그를 발견하고는 다가가서 자신의 팔찌를 빼어 가슴에 올려 놓고는 왕궁으로 돌아갔다. 후에 잠에서 깬 지귀는 왕이 다녀갔음을 깨닫고 안타까움과 사모의 정이 더더욱 불타올라 마침내 화귀로 변해 탑을 태워버렸다.
2 진언종眞言宗의 한 종파. 진덕여왕 원년에 명랑이 세웠다.
3 중국 후진의 승려 승조가 집필한 책.

찬하여 말한다.

벌판에서 날뛰듯 사냥하고 침상에 누웠으며
술집에서 미친 듯 노래하고 우물 속에서 잠을 자네
짚신 한 짝만 남긴 혜숙, 허공으로 사라진 혜공
한 쌍의 보배로운 불 속의 연꽃이네

한번 더 들여다보기

화랑 출신의 혜숙, 혜공 두 스님에 대한 설화이다. 특히 혜공 스님은 원효대사와 만나 시냇가에서 물고기와 새우를 잡아먹고 서로 똥을 눈 다음 '자네가 눈 똥은 내가 먹은 물고기다.'라고 하여 절의 이름이 오어사吾魚寺가 되었다고 한다.

이 말의 의미에 대해 자네는 똥을 누고 나는 살아 있는 물고기를 누었다(다시 살려 방생했다는 의미). 또는 자네가 눈 똥은 내가 잡은 물고기이다, 등등 다양한 해석이 있다.

혜공 스님은 항상 삼태기를 지고 노래를 부르고 춤을 추면서 거리를 돌아다녀 부궤화상이라 했다. 즉 삼태기 스님이란 말이다. 그러나 원효 스님이 일찍이 혜공을 찾아가 의문 나는 것을 물었을 정도로 그 당시 혜공은 이미 사람들에게 신이한 능력으로 깨달음을 주는 스님으로 알려져 있었다. 훗날 원효대사의 기이한 행적도 혜공 스님과의 교분에서 비롯된 것이 아닌가 추측되는 부분이다.

자장정률慈藏定律

자장의 출생과 출가

대덕大德 자장慈藏은 성이 김씨이며 본래 진한의 진골인 소판蘇判[3급 벼슬]이름 무림茂林의 아들이다. 그의 아버지는 청렴한 관리로 요직을 두루 거쳤으나 뒤를 이을 아들이 없었다. 이에 삼보에 귀의하여 천부관음 앞에 나아가 자식 하나 낳게 해주기를 바라며 축원했다.

"만일 아들을 낳으면 시주하여 법해法海의 진량津梁으로 삼겠습니다."

그의 어머니가 갑자기 별이 떨어져 품 안으로 들어오는 꿈을 꾸더니 임신하여 아이를 낳았는데 석가세존[釋尊]과 생일이 같았으므로 선종랑善宗郞이라 했다.

정신과 마음이 맑고 슬기로우며 문장의 구성이 날로 풍부하여 세속의 정취에 물들지 않았다. 일찍 부모를 잃고 속세와의 인연을 끊고 논과 밭을 희사하여 원녕사元寧寺를 세웠다.

산중 깊숙한 곳에 혼자 살며 이리와 호랑이도 피하지 않았다. 또한 고골관枯骨觀[1]을 수행하면서 조금이라도 나태해지면 작은 집을 짓고 가시덤불로 둘러 막고 그 가운데 알몸으로 앉아 조금만 움직여도 가시에 찔리도록 했다. 머리는 들보에 매달아 혼미한 정신을 쫓았다.

그때 조정에서 재상 자리에 여러 차례 불렀으나 나아가지 않았다. 이에 왕이 명했다.

---

1 무상함을 깨닫고 집착을 없애기 위한 불교수행법.

"나오지 않으면 목을 베겠다.

자장이 이 말을 듣고 말했다.

"차라리 하루 동안 계율을 지키다 죽을지언정 파계하여 백 년 동안 계율을 어기고 살기를 원하지 않습니다."

이 말이 왕에게 전해지자 왕은 그의 출가를 허락했다.

자장은 바위가 많은 깊숙한 곳에 숨어 살았으므로 아무도 양식을 도와주지 않았다. 그러나 때마다 이상한 새가 과실을 물어와 공양하니 손으로 받아먹었다. 얼마 후 꿈에 천인天人이 내려와 오계五戒를 주었다. 그제야 골짜기에서 나오니 마을의 남녀들이 다투어 와서 계를 받았다.

당나라에 유학하다

자장은 변방에 태어난 것이 안타깝게 생각되어 중국으로 유학하여 불교의 교화를 구했다. 636년(인평仁平[1] 3년, 병신)곧 정관 10년에 칙명을 받아 제자 승려 실實 등 10여 명과 함께 서쪽 당나라로 들어가 청량산을 찾아갔다. 이 산에 만수대성曼殊大聖[2]의 소상이 있었는데 그 나라 사람들이 서로 전하여 말했다.

"제석천帝釋天이 장인을 데리고 와서 조각한 것이다."

자장이 소상 앞에서 기도하고 명상을 하니 꿈에 소상이 머리를 어루만지며 범어로 된 게偈를 주었다. 그러나 잠에서 깨어나니 그 의미를 알 수

---

1 신라 선덕여왕 때의 연호, 634~646.
2 문수보살의 다른 이름.

402

없었다. 다음 날 아침 이상한 스님이 와서 해석해 주며 이미 황룡사탑 편에 있다 말했다.

"비록 만교萬敎를 배운다 해도 이 게보다 더 나은 것은 없다."

그리고 가사와 사리 등을 그에게 주고 사라졌다. 자장이 처음에는 이것을 숨겼기 때문에 《당승전(唐僧傳)》에는 실려 있지 않다.

자장은 이미 자신이 문수대성의 기별記莂[3]을 받았음을 알고 북대北臺에서 내려와 태화지에 이르렀다. 당나라 도성으로 들어가니 태종은 칙사를 보내 위로하고 승광별원에서 지내도록 해 주었다. 또한 총애하여 많은 물건을 내려 주었다.

자장은 그 또한 번거롭게 생각되어 글을 올리고 종남산 운제사의 동쪽 절벽으로 가 바위에 기대어 방을 만들었다. 3년 동안 살며 사람과 신의 계를 받으니 영험이 날로 늘었다. 그 내용은 번거로우니 여기에 싣지 않는다. 얼마 후 다시 도성으로 들어가니 또한 칙명으로 위로하고 비단 2백 필을 내려 의복 비용으로 쓰게 했다.

신라로 돌아와 불교를 정비하고 포교하다

643년(정관 17년, 계묘)에 신라의 선덕여왕이 글을 올려 자장을 돌려보내 주기를 청했다. 태종이 허락하고 자장을 궁궐로 불러들여 명주 한 벌과 각종 비단 5백 단을 내려 주었다. 또한 동궁東宮도 비단 2백 단을 내려 주었으며 그 밖에 많은 예물을 주었다.

---

3 부처가 도를 닦는 사람에게 미래의 성불을 예언하는 것.

신라에 불경과 불상이 없으므로 자장은 《대장경》 한 부와 여러 번당幡幢, 화개花蓋에 이르기까지 복이 될 만한 것을 청해 모두 배에 실었다.

그가 돌아오자 온 나라가 환영했다. 왕은 그를 분황사芬皇寺(당전)에는 왕분사王芬寺로 되어 있다에 머물게 하고 쓸 물건과 시위侍衛까지 내리고 극진히 대했다. 어느 해 여름 그를 대궐로 청해 《대승론》을 강론하게 하고 또 황룡사에서 7일 밤낮으로 《보살계본》을 강연하게 하니 하늘에서 단비가 내리고 구름 안개가 자욱하게 강당을 덮었다. 사방의 스님들이 모두 신기함에 탄복했다.

조정에서 의논했다.

"불교가 동방으로 들어온 지 비록 오래 되었으나 불법을 유지하고 받드는 규범이 없으니 통괄하여 다스리지 않으면 바로잡을 수 없다."

왕이 칙서를 내려 자장을 대국통大國統으로 삼고 승려의 모든 규범을 승통에게 위임하여 주관하게 했다. 살펴보니 '북제(北齊)는 천보 연간에 나라에 10통을 두었는데 유사가 마땅히 직위를 구별해야 한다'고 고했다. 이에 문선제(文宣帝)는 법상(法上)과 법사(法師)로 대통(大統)을 삼고 나머지는 통통(通統)으로 삼았다. 또 양(梁)나라와 진(陳)나라 때에는 국통, 주통, 국도, 주로, 승도, 승정, 도유내와 같은 명칭이 있었는데 모두 소현조(昭玄曹)에 속했다. 소현조는 바로 승려를 거느리는 관직 이름이다. 당나라 초기에는 또 10명의 대덕(大德)이 나올 만큼 성했다. 신라 진흥왕 11년 경오에는 안장법사(安藏法師)로 대서성(大書省)을 삼았다. 대서성은 한 사람뿐이었고 소서성(小書省) 두 사람이 있었다. 다음해 신미에는 고구려의 혜량법사를 국통으로 삼았는데 역시 사주(寺主)라 했다. 보량법사를 대도유나(大都維那)로 삼았고 한 사람이었으며 주통 9명과 군통 18명을 두었다. 자장에 이르러 다시 대국통 한 사람을 두었는데 아마도 상시로 두는 관직이 아니었다. 마치 부례랑(夫禮郎)이 대각간이 되고, 김유신이 태대각간(太

大角干)이 된 것과 같다. 그 후 원성대왕 원년에 이르러 또 승관(僧官)을 두어 정법전(政法典)이라 하고 대사 1명과 사 2명을 사(司)로 삼아 승려 가운데 재주와 덕행이 있는 사람을 뽑아 그 일을 맡겼다. 그가 죽으면 다시 바꾸어 정해진 연한은 없었다. 지금의 자주색 가사를 입은 무리들은 역시 율종(律宗)과 다른 종파이다. 《향전》에는 자장이 당나라에 들어가니 태종이 식건전(式乾殿)으로 맞아들여 《화엄경》을 강론하게 했는데 이때 하늘에서 단이슬이 내려 비로소 국사(國師)로 삼았다고 했는데 이는 잘못된 것이다. 《당전》과 《국사》에는 모두 그런 글이 없다.

자장은 이런 좋은 기회를 얻자 용기가 솟아나 불교를 널리 전파하고자 했다.

승니의 5부에 각기 구학舊學을 더 증가하고 보름마다 계율을 설법했으며 겨울과 봄에는 이들을 모아 시험을 실시해 지계持戒와 범계犯戒를 알게 했다. 또 관원을 두어 유지하게 했다.

순사巡使를 보내 서울 바깥의 사찰을 조사하여 승려의 과실을 경계하고 불경과 불상을 잘 정비하는 것을 법칙으로 삼으니 한 시대에 불법을 보호하는 것이 이때 가장 성했다.

이것은 마치 공자가 위나라에서 노나라로 돌아와 악樂을 바로잡아 《시경》의 아雅와 송頌이 각기 마땅함을 얻은 것과 같다.

이때 나라 안의 사람들이 계를 받고 불법을 받드는 이가 열 집 가운데 여덟아홉 집은 되었다. 머리 깎고 승려가 되기를 청하는 자가 날이 갈수록 늘어났다. 이에 통도사通度寺를 세우고 계단戒壇계단에 대한 일은 이미 앞에 나왔다을 쌓아 사방에서 오는 사람들을 받아들였다.

또 자장은 자신이 태어난 집을 고쳐 원녕사로 삼고 낙성회를 베풀어

《잡화경》[1] 1만 게偈를 강론하니 52명의 여인[2]이 감동을 받아 현신하여 받들었다. 그래서 문인門人에게 그 숫자만큼 나무를 심어 특이한 자취를 나타내게 하고 지식수知識樹라 불렀다.

자장은 일찍이 우리나라의 복식이 중국과 같지 않아 이에 대해 조정에 건의하니 조정에서 중국 복식 입는 것을 허락했다. 다음해 649년(진덕여왕 3년 기유)에 처음으로 중국의 의관을 입게 되었다. 다음해 650년(경술) 초하루를 받들어 비로소 영휘永徽라는 연호를 쓰기 시작했다. 이후부터 항상 중국에 조빙할 때면 번국藩國의 제일 윗자리에 있었는데 이는 자장의 공이었다.

문수보살과 자장의 죽음

만년에는 서울을 떠나 강릉군지금의 명주에 수다사水多寺를 세우고 머물렀다. 다시 지난번 북대에서 본 승려가 꿈에 나타나 말했다.

"내일 너를 대송정에서 만나게 되리라."

그가 놀라 일어나 일찍 나가서 송정에 이르니 과연 문수보살이 와 있었다. 감응하여 법요法要를 물으니 답했다.

"다시 태백산 갈반지葛蟠地에서 만나기를 기약하자."

그리고 자취를 감추고 사라져 버렸다.송정에는 지금도 가시나무가 나지 않으며 또 새매 같은 종류도 깃들지 않는다고 한다.

---

1 화엄경.
2 석가모니가 열반할 때 모여든 52부류의 중생.

406

자장이 태백산에 가서 찾아보니 큰 구렁이가 나무 밑에 서리고 있었다. 함께 간 시자侍者에게 말했다.

"이곳이 이른바 갈반지다."

이곳에 석남원石南院(지금의 정암사(淨嵒寺)을 창건하고 성인이 내려오기를 기다렸다. 한 늙은 거사가 남루한 옷을 입고 칡으로 만든 삼태기에 죽은 강아지를 담아 메고 와서 자장의 시자에게 말했다.

"자장을 보려고 왔다."

그가 말했다.

"내가 스승을 모시는 동안 아직까지 스승의 이름을 부른 사람을 보지 못했는데 당신은 누구인데 이처럼 미친 말을 하는가?"

거사가 말했다.

"너의 스승에게 알리기나 해라."

그가 들어가 자장에게 알렸으나 자장도 이를 깨닫지 못하고 말했다.

"아마 미친 사람일 것이다."

시자가 다시 나와 거사를 꾸짖어 내쫓으려 했다.

거사가 말했다.

"돌아가야겠다. 돌아가야겠다. 남을 업신여기려는 마음이 있는 자가 어찌 나를 알아보겠는가?"

거사가 삼태기를 거꾸로 들어 터니 개가 사자보좌獅子寶座로 변했는데 거기에 올라앉아 빛을 발하고는 가버렸다.

자장은 그 말을 듣고 그제야 위의威儀를 갖추고 빛을 찾아 서둘러 남쪽 고개에 올랐으나 이미 까마득하여 따라가지 못했다. 마침내 자장은 그곳에 쓰러져 죽었다. 시신을 화장하고 유골은 굴속에 안치했다.

무릇 자장이 지은 사탑寺塔은 모두 열 군데가 넘었다. 하나를 지을 때마다 반드시 이상한 상서로움이 있어 공양하려는 사람들이 모여들어 며칠되지 않아 완성되곤 했다.

자장의 도구道具와 포말布襪[1]과 태화지의 용이 바친 목압침木鴨枕,[2] 석존의 가사 등은 모두 통도사에 있다.

또 헌양현지금의 언양(彦陽)에 압유사鴨遊寺가 있는데 목침 오리가 일찍이 이곳에서 이상한 행적을 나타냈기 때문에 압유사라 했다.

또 원승圓勝이란 승려가 있는데 자장보다 먼저 중국으로 유학을 갔다가 함께 고향으로 돌아와 율부律部를 널리 펼쳤다고 한다.

다음과 같이 찬한다.

> 일찍이 청량산에서 꿈 깨어 돌아오니
> 칠편삼취七篇三聚[3]가 한꺼번에 열리었다
> 검은 옷과 흰 옷[4]이 부끄러워
> 신라의 의관을 중국처럼 갖추게 했다

---

1 의복과 버선.
2 오리 모양의 목침.
3 칠편은 칠중七衆, 즉 부처의 일곱 제자이고 삼취는 대승보살의 계법인 삼취정계三聚淨戒.
4 승려와 속인의 옷.

자장은 당나라 유학을 끝내고 오면서 불경과 불
상을 싣고 신라에 돌아왔다. 선덕여왕에 의해 대국통大國統의 자리에
오르며 이후 승려들의 모든 계율을 정리하고 이를 관리하는 제도를
정비했다.

설화에 의하면 자장의 수행은 남들보다 혹독했던 것으로 보인다.
가시덤불로 둘러싸 혼미한 정신을 바로잡으며 기도를 할 정도였다.
그로 인해 계와 게를 받았다. 처음에는 재상 자리도 마다했으나 대
국통의 자리에서 불교의 계율을 정비하여 국교로서의 제도적 체제를
갖추게 했다.

만년의 설화는 자장이 우연히 현신한 문수보살을 알아보지 못하고
세상을 떠났다는 이야기이다. 평생 공덕을 쌓아도 마음속의 진짜 부
처를 만나기는 쉽지 않다는 것을 보여주는 불교적 세계관이다.

원효불기元曉不羈

원효의 탄생과 그에 얽힌 기록

성사聖師 원효元曉는 세속의 성이 설씨薛氏이며 할아버지는 잉피공仍皮
公이니 적대공赤大公이라고도 한다. 지금 적대연赤大淵 옆에 잉피공의 사

당이 있다. 아버지는 내말乃末[1] 담내談㮇이다.

원효는 처음에 압량군押梁郡지금의 장산군(章山郡) 남쪽 불지촌佛地村의 북쪽 밤골 사라수 아래에서 태어났다. 불지촌은 간혹 발지촌發智村세속에서는 불등을촌(弗等乙村)이라고도 한다.

사라수에 대해 민간에서 이렇게 말한다.

"성사의 집은 본래 이 골짜기 서남쪽에 있었다. 어머니가 아이를 배어 달이 찼는데 마침 이 골짜기의 밤나무 아래를 지나다가 갑자기 산기를 느꼈다. 너무 급해 집으로 돌아가지도 못하고 남편의 옷을 나무에 걸고 그 안에서 해산했기 때문에 그 나무를 사라수라 불렀다. 그 나무의 열매 또한 보통 것과 달라 지금까지도 사라율娑羅栗이라 부른다."

옛부터 전해오는 이야기에, 옛날 어떤 주지가 절의 노비에게 저녁 끼니로 밤 2개를 주자 노비가 적다며 관에 호소했다. 관리가 괴이하게 여겨 밤을 조사해 보니 밤 1개가 바리때에 가득 찼으므로 도리어 1개씩만 주라고 판결했다. 그래서 밤나무골이라 했다 한다.

성사는 출가하고 나서 집을 희사하여 절을 짓고 초개사初開寺라 이름했다. 또 나무 옆에 절을 세우고 사라사娑羅寺라 했다.

성사의 행장에는 '서울 사람이라고 했으나 이는 할아버지의 본적을 좇은 것이다.'라 했으나 《당승전唐僧傳》에는 '본래 하상주下湘州 사람'이라 기록되어 있다.

---

1 신라의 제11관등, 내마奈麻.

이를 살펴보니 인덕麟德² 2년 무렵에 문무왕이 상주上洲와 하주下洲의 땅을 나누어 삽량주歃良州를 설치했다. 하주는 바로 지금의 창녕군이며 압량군은 본래 하주에 속한 현이었다. 상주는 지금의 상주尙州이니 혹 상주湘洲라고도 한다. 불지촌은 지금의 자인현에 속하니 바로 압량군에서 나뉜 것이다.

성사의 어릴 때 이름은 서당誓幢이며 또 다른 이름은 신당新幢당(幢)이란 세속에서는 털[毛]이라 한다이다.

어느 날 어머니 꿈에 별똥별이 품속으로 들어오더니 임신을 했다. 출산을 하자 오색구름이 땅을 덮었다. 617년 진평왕 39년(대업大業³ 13년, 경축) 이었다.

노래를 지어 불러 설총을 얻다

성사는 날 때부터 총명하고 특이하여 스승 없이 혼자 배웠다. 사방을 떠돌던 시말始末과 불교를 넓게 펼친 자취들은 모두 《당전》과 행장에 실려 있으므로 여기 다 기록하지 않는다. 다만 《향전》에 실린 한두 가지 이상한 일만 기록한다.

성사가 어느 날 일찍이 상례를 벗어난 행동을 하며 거리에서 노래를 불렀다.

---

2 중국 당 고종의 연호, 664~665.
3 중국 수 양제煬帝의 연호, 605~618.

누가 내게 자루 없는 도끼를 줄 텐가

하늘을 떠받칠 기둥을 찍어 보리라

사람들은 모두 노래의 뜻을 알지 못했다. 이때 태종무열왕이 노래를 듣고 말했다.

"스님이 아마 귀한 지어미를 얻어 어진 아들을 얻고 싶은 것 같다. 나라에 큰 현인이 나면 얼마나 이로울 것인가."

이때 요석궁瑤石宮지금의 학원(學院)이 이곳이다에 과부가 된 공주가 있었다. 왕은 궁리宮吏를 시켜 원효를 찾게 했는데 벌써 남산을 내려와 문천교민간에서는 모천(牟川) 또는 문천(蚊川)이라 한다. 또 다리 이름은 유교(楡橋)라 한다를 지나고 있었다. 원효는 일부러 물 속에 빠져 옷을 적시니 궁리가 요석궁으로 원효를 인도하여 옷을 말리고 그곳에 머무르게 했다.

공주가 과연 태기가 있어 설총薛聰을 낳았다. 설총은 나면서부터 총명하여 경서와 역사책에 널리 통달했다. 신라의 10현 중 한 사람이다. 방음方音[1]으로 중국과 외이外夷[2]의 풍속과 사물에 통달하고 6경을 풀이했다. 이로써 지금까지 우리나라에서 경을 공부하는 사람들이 전수하여 끊이지 않고 있다.

---

1 이두나 향찰식 언어.
2 신라를 포함한 중국의 오랑캐.

스스로 거사를 칭하고 불교를 대중화하다

원효는 이미 계를 범하고 설총을 낳은 후로는 세속의 옷으로 바꾸어 입고 스스로 소성거사小姓居士라 했다. 우연히 광대들이 굴리는 큰 박을 얻었는데 그 모양이 기괴했다. 그 형상을 따라 도구를 만들었다. 《화엄경》의 '일체무애인은 한 길로 생사를 벗어난다.'라고 한 문구에서 '무애無㝵'[3]를 가져와 이름으로 삼고 노래를 지어 세상에 퍼뜨렸다.

일찍이 이 도구를 지니고 여러 마을에서 노래하고 춤추고 시를 읊으며 사람들을 교화시켰다. 가난한 자들과 무지한 무리들도 모두 부처의 이름을 알게 되고 나무아미타불을 염송하였으니 원효의 교화가 컸던 것이다.

성사가 태어난 마을을 불지촌이라 하고 절의 이름은 초개사라 했으며 스스로 원효라 한 것은 대개 부처를 처음으로 빛나게 했다는 뜻이다. 원효라는 이름 역시 방언이니 당시 사람들은 향언鄕言으로 첫새벽이라 했다.

일찍이 분황사에 머물며 《화엄경소華嚴經疏》를 지었다. 제4권 십회향품十廻向品에 이르러 그만 그쳤다. 또 송사[4] 때문에 몸을 1백 그루의 소나무에 나누니[5] 모든 사람들이 이를 위계位階의 초지初地[6]라 했다.

또 바다 용의 권유에 따라 길 위에서 조서를 받아 《금강삼매경소金剛三昧經疏》를 지었는데 붓과 벼루를 소의 두 뿔 사이에 놓았으므로 각승角乘이라 했다. 이것은 또한 본각本覺과 시각始覺의 숨은 뜻을 나타낸 것이다. 대안법

---

3 장애를 받지 않는 자유로움.
4 의미가 분명하지 않은 부분이다.
5 육신을 변형해 1백 소나무에 몸을 나누었다는 뜻.
6 보살이 수행하는 52계위 가운데 10지위인 첫 단계를 가리킨다.

사가 와서 종이를 붙였으니 이 또한 기미氣味가 상통해 화답한 것이다.

송사가 입적하자 설총이 유해를 잘게 부수어 진용을 빚어 분황사에 모시고 공경하고 사모하여 슬픔의 뜻을 표했다. 설총이 소상 옆에서 예를 올리니 소상이 갑자기 돌아보았다. 지금도 돌아본 채로 있다. 원효가 거주하던 혈사穴寺 옆에 설총의 집터가 있다고 한다.

다음과 같이 찬한다.

> 각승은 처음으로 삼매경을 열었고
> 무호舞壺[1]는 마침내 온 거리에 걸렸네
> 달 밝은 요석궁에 봄 잠 깊으니
> 문 닫힌 분황사엔 돌아다보는 그림자 비었다

한번 더 들여다보기

삼국에 전래된 불교는 지배층을 중심으로 수용되었다. 특히 왕들은 중앙집권체제를 강화하는 과정에서 국왕의 통치이념을 확립하기 위해 불교를 수용하고 이를 적극 권장했다. 그러나 일반 민중들은 불교의 어려운 교리를 제대로 이해하지 못해 대중화가 힘들었다.

당시 신라는 원광과 자장에 의해 왕실 중심으로 불교의 계율이 자리를 잡아가고 있었다. 이때 원효는 어려운 경전을 읽지 않아도, 불

---

1 무애. 즉 원효가 춤추고 노래하며 대중을 교화할 때 사용하던 도구.

교의 교리에 통달하지 않아도 '나무아미타불'만 염송하면 누구나 극
락에 갈 수 있다는 불교 대중화의 시대를 열었다.

설화에 따르면 원효는 요석궁의 공주에게서 설총을 낳고 환속하여
스스로 소성거사라 하고 '무애'를 가지고 대중들을 교화시켰다. 이로
써 신라에는 염불을 할 줄 모르는 사람이 없게 되었다.

그렇다고 해서 원효가 불교의 교리에 대해 소홀했던 것은 아니다.
누구보다도 불교에 관해 수많은 해석과 저술을 남겼다. 바다 용의
권유에 따라 길 위에서 조서를 받아《금강삼매경소》를 지었는데, 붓
과 벼루를 소의 두 뿔 사이에 놓고 경전을 해석했다는 설화는 원효의
모습을 가장 상징적으로 보여주는 부분이다.

의상전교義湘傳敎

의상이 당나라로 건너가 지엄의 제자가 되다

법사 의상義湘의 아버지는 한신韓信이며 성은 김씨다. 29세에 서울(경
주) 황복사皇福寺에서 머리를 깎고 승려가 되었다. 얼마 후 중국으로 가 부
처의 교화를 보고자 하여 원효와 함께 요동으로 향하던 길에 국경을 지키
는 병사에게 첩자로 의심받아 잡혀갔다. 갇힌 지 수일 만에 겨우 풀려나
돌아왔다. 이 일은 최치원이 지은 의상의 본전(本傳)과 원효법사의 행장에 적혀 있다.

650년 영휘永徽[1] 원년에 마침 귀국하는 당나라 사신의 배를 함께 타고 중국으로 들어갔다. 처음에 양주에 머물렀는데 주장州將 유지인劉至仁이 의상에게 관아 안에 머물기를 청하고 극진히 대접했다. 얼마 후 종남산終南山 지상사至相寺를 찾아가 지엄智儼[2]을 뵈었다.

지엄은 전날 저녁 꿈을 꾸었는데 큰 나무 한 그루가 해동에서 나와 가지와 잎이 널리 우거져 중국까지 덮었다. 나무 위에 봉황의 둥지가 있었는데 올라가보니 마니보주摩尼寶珠[3]가 하나 있어 빛이 멀리 비치고 있었다. 꿈에서 깨어 이상하게 여기며 청소를 깨끗이 하고 기다리는데 의상이 왔다. 지엄은 특별한 예로 맞이하며 조용히 말했다.

"내가 어젯밤에 꾼 꿈은 그대가 내게 올 징조였구나."

이로써 제자가 되는 것을 허락했다. 의상은 《화엄경華嚴經》의 미묘한 뜻을 세밀한 부분까지 분석했다. 지엄은 학문을 나눌 영특한 자질을 만난 것을 기뻐하며 새로운 이치를 깨달아갔다. 가히 심오하고 미묘한 이치까지 찾아내니 남초藍草와 천초茜草가 그 본색을 잃은 것과 같았다.[4]

신라로 돌아와 나라를 구하다

그때 신라의 재상 김흠순金欽純혹은 김인문(金仁問)이라 한다과 김양도 등이 당나라에 갇혀 있었다. 당 고종이 신라를 치려 하니 흠순 등이 의상에게

---

1 중국 당 고종의 연호, 650~655.
2 화엄종의 기초를 세운 당唐의 승려.
3 여의주.
4 빛(제자)이 그 본색(스승)을 뛰어넘는 경지를 의미한다.

먼저 돌아가도록 권했다. 의상은 670년 함형咸亨[5] 원년, 경오에 신라에 돌아와 조정에 그런 사실을 보고했다.

신라에서는 신인종神印宗의 고승 명랑明朗에게 명하여 밀교의 제단을 임시로 세우고 비법으로 기도하니 곧 위기에서 벗어났다.

676년 의봉儀鳳[6] 원년에 의상은 태백산으로 돌아가 조정의 명령을 받들어 부석사浮石寺를 짓고 대승의 교법을 포교하니 영감이 많이 드러났다.

지엄의 문인 현수의 편지

지엄의 문인 현수賢首가 《수현소搜玄疏》를 지어 그 부본을 의상에게 보내고 아울러 은미한 뜻이 담긴 글을 보냈다.

"서경西京 숭복사崇福寺의 승려 법장法藏이 해동 신라의 화엄법사의 시자侍者에게 글을 보냅니다. 헤어진 지 20여 년이 되었으나 한번 존경하는 마음이 염두에서 떠나지 않습니다. 더욱이 연운煙雲 만 리에 바다와 육지가 천 겹이나 쌓였으니 이 몸이 다시 만나 뵐 수 없을 것이 한스럽습니다. 그리운 회포를 어찌 다 말로 하겠습니까?

전생에서는 인연을 같이했고 현세에서 학업을 같이 닦았기에 이런 업을 받아 《화엄경》을 함께하며 특별히 선사에게 심오한 가르침을 얻었습니다. 우러러 들으니 상인上人께서는 고향으로 돌아간 후 《화엄경》을 강론하여 법계의 인연을 선양하고 겹겹의 제망帝網으로 부처님의 나라를 새롭

---

5 중국 당 고종의 연호, 670~674.
6 중국 당 고종의 연호, 676~679.

게 하여 중생을 널리 이롭게 한다고 하니 기쁘기 그지없습니다.

여래께서 돌아가신 후 불교를 빛내고 법륜을 다시 굴려 불법을 널리 머물게 한 사람은 오직 법사뿐임을 알겠습니다. 저는 매진했으나 이룬 것이 없고 활동했으나 볼 만한 것이 적으니 이 경전을 생각하니 돌아가신 스승에게 부끄러울 뿐입니다. 분수에 따라 받은 바를 능히 버릴 수 없으니 이 업에 기대어 내세의 인연을 맺고자 합니다.

다만 스님의 장소章疏는 뜻은 풍부하나 글이 간결하여 후세 사람이 이해하기가 어려울 것 같아 스님의 은미한 말과 미묘한 뜻을 기록하여 주석을 겨우 만들었습니다. 가까운 시일 내에 승전법사가 베껴서 고향으로 돌아가 그 땅에 전할 것입니다. 상인께서 잘잘못을 자세히 검토하셔서 가르쳐 주시면 다행이겠습니다.

삼가 바라옵건대 마땅히 내세에서는 제 몸을 버리고 다시 태어나 노사나불盧舍那佛[1] 앞에서 무궁한 묘법을 받고 무량한 보현의 원행을 수행하면 나머지 악업은 하루아침에 미계에 떨어질 것입니다. 바라건대 상인께서는 지난날의 교분을 잊지 말고 어느 업의 세계에 있든지 정도를 일러 주고 인편과 서신이 있을 때 가끔 생사를 물어 주십시오. 이만 줄입니다."이 글은 《대문류》에 실려 있다.

의상은 곧 열 곳의 사찰에 교리를 전했다. 태백산의 부석사, 원주의 비마라사, 가야산의 해인사, 비슬산의 옥천사, 금정산의 범어사, 지리산의 화엄사이다.또 《법계도서인法界圖書印》과 아울러 거기에 간략한 주석을

---

1 화엄경의 주존불인 비로자나불을 말한다.

붙여 일승一乘[2]의 요점을 모두 포괄하여 천년의 귀감이 될 만하니 여러 사람들이 다투어 소중히 지녔다. 그밖에는 지은 것이 없지만 한 솥의 국 맛을 아는 데 고기 한 점이면 충분하다.

《법계도》는 668년(총장 원년, 무진)에 완성되었는데 이해에 지엄이 입적했다. 마치 공자가 '기린을 잡았다.'[3]라는 구절에서 붓을 꺾은 것과 같다.

의상의 제자들

세상에서는 의상을 두고 금산보개金山寶蓋[4]의 화신이라 한다. 제자로는 오진悟眞, 지통智通, 표훈表訓, 진정眞定, 진장眞藏, 도융道融, 양원良圓, 상원相源, 능인能仁, 의적義寂 10명의 대덕이 영수가 되었으니, 모두 아성亞聖이며 각각 전기가 있다.

오진은 일찍이 하가산 골암사에 살았는데 매일 밤이면 팔을 뻗쳐 부석사 석등에 불을 켰다.

지통은 《추동기錐洞記》를 지었는데 대개 의상의 가르침을 직접 받았으므로 글이 정묘한 지경에 이르렀다.

표훈은 일찍이 불국사에 머물면서 항상 천궁天宮을 오갔다.

의상은 황복사에 있을 때 무리들과 탑을 돌았다. 항상 허공을 밟고 올라가 계단을 밟지 않았기 때문에 그 탑에는 사다리를 놓지 않았다. 무리

---

2 중생을 구제하는 교법을 말한다.
3 공자가 《춘추》를 지을 때 '애공십사년哀公十四年 서수획린西狩獲麟'이란 구절을 끝으로 붓을 내려놓았다는 일화이다. 즉 절필을 의미한다.
4 부처의 몸을 의미한다.

들도 계단에서 석 자나 떠서 공중을 밟고 돌았으므로 의상이 그들을 돌아다보며 말했다.

"세상 사람들이 이것을 보면 반드시 괴이하게 여길 것이니 세상에 가르칠 것은 아니다."

그 나머지는 최치원이 지은 의상의 본전과 같다.

그를 기리며 찬한다.

덤불을 헤치고 연진煙塵을 무릅쓰고 바다를 건너
지상사에 이르러 귀인으로 맞이하네
화엄을 캐어 신라에 심었으니
종남과 태백이 한결같은 봄빛이다

한번 더 들여다보기

의상은 중국 당나라에 유학하여 지엄으로부터 화엄종을 공부하여 통일신라 시대의 화엄종을 열었다.

의상이 당나라로 떠날 때 원효와 함께했던 유명한 이야기가 있다. 661년(문무왕 1년) 두 사람은 함께 유학을 떠난 길에 당항성 근처의 한 무덤가에서 잠이 들었다. 잠결에 목이 말라 물을 달게 마셨는데, 다음 날 깨어나 보니 해골에 담긴 더러운 물인 것을 알고 급히 토했다. 여기에서 원효는 '마음이 나면 갖가지 법이 일어나고, 마음이 사라지면 해골이 여래와 둘이 아님을 알겠다. 부처님의 삼계는 오직 마음이다.'라는 진리를 체득하고 당나라 유학을 포기하고 신라로 돌아갔다. 그러나 의상은 원래대로 당나라로 유학을 떠났다. 의상과 원효의 대조적인 모습을 보여주는 설화이다.

사복불언蛇福不言

사복과 원효가 사복의 어머니 장사를 지내다

서울의 만선북리에 사는 과부가 남편 없이 임신을 하여 아이를 낳았다. 아이는 열두 살이 되어도 말을 못하고 일어서지도 못해 사동蛇童이라아래에 사복(蛇卜) 혹은 사파(蛇巴) 또는 사복(蛇伏) 등으로 썼으나 이는 모두 사동을 말한다했다.

어느 날 그의 어머니가 죽었다. 그때 원효는 고선사高仙寺에 머물고 있었다. 원효가 사복을 보고 맞이하여 예를 올렸으나 사복은 답례도 하지 않고 말했다.

"옛날 그대와 내가 함께 불경을 싣고 다니던 암소[1]가 지금 죽었으니 나와 함께 장사 지내는 것이 어떻겠는가?"

"좋다."

원효는 사복과 함께 그의 집으로 갔다. 사복은 원효에게 포살布薩 수계[2]를 해 달라고 했다. 원효가 시체 옆으로 가서 빌었다.

"나지 말라, 죽는 것이 고통일지니. 죽지 말라, 나는 것 또한 고통이

---

1 사복의 어머니를 가리킨다.
2 승려들이 참회하는 의식을 말한다.

니."

사복이 말했다.

"말이 번거롭다."

원효가 다시 고쳐 말했다.

"죽고 나는 것이 괴롭구나."

두 사람은 상여를 메고 활리산 동쪽 기슭으로 갔다.

원효가 말했다.

"지혜로운 호랑이를 지혜의 숲 속에 장자 지내니 마땅한 일 아닌가?"

사복이 이어 게偈를 지어 불렀다.

옛날 석가모니 부처님께서

사라수 사이에서 열반에 드셨네

지금 또한 그와 같은 이가 있어

연화장 세계로 들어가려 하네

사복이 어머니와 함께 땅속으로 들어가다

노래를 마치고 띠풀의 줄기를 뽑아 보니 아래에 밝고 청허한 세계가 있어 칠보난간에 누각이 장엄하여 인간 세상이 아니었다. 사복이 시체를 업고 땅속으로 함께 들어가니 땅이 다시 합쳐졌다. 원효는 다시 돌아왔다.

후세 사람들이 그를 위해 금강산 동남쪽에 절을 짓고 도량사라 했으며 매년 3월 14일에 점찰회를 여는 것을 항규로 삼았다. 사복이 세상에 응해서 보인 것은 이 일뿐이다. 그런데 세속에서는 황당한 말로 가탁假託한 것이 많으니 참으로 우스운 일이다.

그를 기리며 찬한다.

　　　깊이 잠자는 용이 어찌 등한하리
　　　떠나면서 읊은 노래 짧기도 하다
　　　고달픈 생사는 본디 고통만은 아니니
　　　연화장 극락 세계 넓기만 하구나

한번 더 들여다보기

이 설화는 아주 짧고 간결하지만 신비한 내용으로 인해 어떤 불교 설화보다 함축되어 있는 의미가 크다. 일연은 그 때문인지 앞의 원효 조에 넣지 않고 따로 정리했다.

이 설화에서는 벙어리 아이를 만난 원효가 그를 알아보고 예를 올리고, 사복이 어머니의 장사를 치르고자 하면서 '불경을 실었던 암소'라 지칭한다. 원효 또한 '지혜의 숲에 장사 지내는 것이 마땅하다고' 말한다. 삶과 죽음에 대한 축약된 표현 등등 어느 것 하나 신비하지 않은 내용이 없다.

마지막에 사복이 어머니의 시신과 함께 연화장 세계로 들어가는 모습은 아미타불의 극락세계가 눈앞에 펼쳐지는 듯하다.

전생이 축생(소)이었던 사복의 어머니가 경을 실어 나르는 업을 쌓아 열반에 이르게 되는 것을 상징하는 불교의 윤회업보사상을 보여 주는 설화라 할 수 있다.

진표전간眞表傳簡

지장보살에게 계를 받다

승려 진표는 완산주完山州지금의 전주목 만경현萬頃縣혹은 두내산현(豆乃山縣) 또
는 나산현(那山縣)이라고도 한다. 지금 만경이며 옛이름은 두내산현이다. 관녕전(貫寧傳)에는 진
표의 고향을 금산현(金山縣) 사람이라 하니 절 이름과 현 이름을 혼동한 것이다 사람이다. 아
버지는 진내말이며 어머니는 길보랑이다. 성은 정씨井氏다.

12세에 금산사金山寺 숭제법사崇濟法師의 문하에 들어가 머리 깎고 승
려가 되어 배우기를 간청했다. 숭제법사가 말했다.

"나는 일찍이 당나라에 들어가 선도삼장善導三藏[1]에게 배운 적이 있는
데 그 후 오대산에 들어가 문수보살의 현신에게 감응되어 오계를 받았
다."

진표가 물었다.

"얼마나 부지런히 닦아야 계를 받습니까?"

숭제법사가 말했다.

"정성이 극진하면 1년이면 된다.

진표는 스승의 말을 듣고 명산을 두루 돌았다. 선계산 불사의암不思議
庵에 머물며 삼업을 갖추어 수련하고 망신참법亡身懺法[2]으로 계를 얻었
다. 처음에는 7일 밤을 기약하고 온몸을 바위에 부딪혀 무릎과 팔뚝이 모

---

1 선도는 당나라 정토교의 대성자이다. 경經, 율律, 논論 등 삼장을 잘 아는 스님이라는 뜻
 이다.
2 자신의 몸을 희생하는 참회법.

두 부서지고 바위 언덕이 피로 물들었다. 그래도 부처의 감응이 없자 몸을 버리기로 결심하고 다시 7일을 더 기약하였다. 14일이 되니 지장보살을 뵙고 정계를 받았다. 740년(개원開元 28년, 경진) 3월 15일 진시辰時였다. 진표의 나이 23세였다.

미륵보살이 나타나 간자를 주다

그러나 미륵보살에 뜻이 있었으므로 중간에 그만두지 않고 영산사靈山 ÷혹은 변산(邊山) 또는 능가산(凌駕山)로 옮겨가서 처음과 같이 부지런하고 용감하게 수행했다.

과연 미륵보살이 나타나 《점찰경占察經》 2권이 경은 바로 진(陳)나라와 수(隋)나라 사이에 외국에서 번역된 것으로 지금 처음으로 나타난 것은 아니다. 미륵보살이 이 경을 진표에게 주었을 뿐이다과 증과證果[3]의 간자簡子[4] 189개를 주면서 말했다.

"이 중에서 제8간자는 새로 얻은 묘계妙戒를 이르고 제9간자는 구족계 具足戒를 더 얻음을 이른다. 이 두 간자는 내 손가락의 뼈이며 나머지는 모두 침단목으로 만들었는데 여러 번뇌를 이는 것이다. 너는 이것으로써 세상에 불법을 전하여 사람을 구하는 뗏목으로 삼아라."

금산사에 머물며 포교하다

진표는 미륵보살의 기별을 받고 금산사로 가서 머물렀다. 해마다 단석

---

3 불가에서 수행을 통해 얻는 과果.
4 점찰에 사용되는 문자가 기록된 패쪽을 말한다.

을 열어 불교의 가르침을 널리 베푸니 그 단석의 정엄함이 말세에서는 지금까지 없었던 일이었다.

가르침이 두루 미치자 유람을 떠나 아슬라주阿瑟羅州에 이르렀다. 섬 사이의 물고기와 자라들이 모여 다리를 만들어 물 속으로 인도하므로 불법을 강론하고 물고기와 자라가 계를 받았다. 752년(천보天寶[1] 11년, 임진) 2월 보름이었다.

어떤 책에는 811년(원화元和[2] 6년)이라고 했으나 잘못된 것이다. 원화는 헌덕왕憲德王 시대다. 성덕왕 시대와는 거의 70년이나 차이가 난다.

경덕왕景德王이 이 말을 듣고 그를 궁으로 맞아들여 보살계를 받고 곡식 7만 7천 섬을 내렸다. 왕후와 외척들도 모두 계품을 받고 비단 5백 단과 황금 50냥을 시주했다. 진표는 이것을 모두 받아 여러 사찰에 나누어 불사를 널리 일으켰다.

그의 사리는 지금 발연사鉢淵寺[3]에 있으니 바로 바다의 물고기에게 계를 주었던 곳이다.

법을 받은 제자 중에 영수領袖로는 영심永深, 보종寶宗, 신방信芳, 체진體珍, 진해珍海, 진선眞善, 석충釋忠 등이 있다. 이들은 모두 사원의 개조가 되었다.

영심은 진표에게서 간자를 전해 받고 속리산에 머물면서 법통을 이었다. 단壇을 만드는 방법이 점찰占察 육륜과는 조금 다르지만 수행하는 법

---

1 중국 당 현종의 연호, 742~756.
2 중국 당 헌종의 연호, 806~820.
3 강원도 고성군 금강산.

은 산속에서 전해 오던 원래 법규와 같았다.

《당승전》의 탑참법 기록

《당승전》을 살펴보면 이렇다.

593년(개황開皇[4] 13년) 광주廣州에 어떤 승려가 참법을 행했는데 가죽으로 첩자帖子 2매를 만들어서 선과 악이란 두 글자를 써서 사람에게 던지게 하여 선을 얻은 사람은 길하다 했다. 또 스스로 박참법撲懺法[5]을 행하여 죄를 없앨 수 있다고 했다. 이에 남녀가 뒤섞여 함부로 몰래 행하니 그 영향이 청주靑州까지 미쳤다.

관사가 이 일을 조사하며 요망한 일이라 탓하자 그들이 말했다.

"이 탑참법은《점찰경》에 따르는 것이며 박참법도 여러 불경 중에서 따른 것이다."

그들이 오체를 땅에 던지니 마치 큰 산이 무너지는 듯했다. 이 사실을 위에 알리자 내사시랑 이원찬李元撰에게 명하여 대흥사의 여러 고승에게 물어보게 했다.

대사문大沙門 법경法經과 언종彦琮 등이 대답했다.

"《점찰경》은 두 권 현존하는데 책머리에 보리등菩提燈은 외국에서 번역한 글이라 했으니 최근의 것 같습니다. 또 사본으로 전하는 것이 있는데 여러 기록을 조사해 보아도 모두 이름과 역자와 시일과 장소가 없으니 탑

---

4 중국 당 수문제의 연호, 581~600.
5 자신의 육신을 학대하면서 참회하는 것.

참법은 여러 가지 경전과는 다르므로 행해서는 안 됩니다."

그 때문에 칙명으로 금지시켰다.

일연이 논하다

이제 논의해보면 청주의 거사들이 행한 탑참의 일은 대유大儒가 시서詩書까지 읽고도 무덤을 파내는 것[1]과 같다. 즉 호랑이를 그리려다 이루지 못하고 개를 그렸다고 할 수 있다. 부처가 미리 예방한 것은 바로 이 때문이다.

만약 《점찰경》에 역자와 시일과 장소가 없어 의심스럽다고 한다면 이것 또한 삼[麻]을 취하고 귀한 금金을 버리는 것이다. 경문을 자세히 살펴보면 부처가 중생을 교화하는 설법이 깊고 빈틈없고 더러운 것을 깨끗이 씻어 주고 게으른 사람을 깨우쳐 주는 데 이 경전만한 것이 없기 때문이다. 이로 인해 대승참大乘懺이라 했다. 또한 육근六根[2]의 근원이 모인 가운데에서 나왔다고 한다.

개원開元과 정원貞元 연간에 나온 두 《석교록釋教錄》가운데 정장正藏으로 편입되어 있으니 비록 법성종法性宗은 아니지만 법상종法相宗의 대승으로는 자못 훌륭한 것이다. 그러니 어찌 탑참과 박참을 동일하게 볼 수 있겠는가? 《사리불문경舍利佛問經》에는 부처가 장자長者의 아들 빈야다라邠若多羅에게 말했다.

---

1 《장자》의 구절이다. 시서詩書를 읽은 유학자가 학문을 악용하여 악행을 행하는 것을 풍자한 것이다.
2 눈, 코, 귀, 혀, 몸을 뜻하는 여섯 가지 근원.

"너는 7일 밤낮으로 너의 모든 죄를 뉘우치고 참회해라."

빈야다라는 가르침을 받들어 밤낮으로 정성을 다해 도를 닦았다. 5일째
되는 날 저녁에 그 방안에 갖가지 물건이 쏟아져 내렸는데 수건, 복두, 총
채, 칼, 송곳, 도끼 등이 눈앞에 떨어졌다. 빈야다라가 기뻐하며 부처에게
물으니 부처가 말했다.

"이는 진塵을 벗어날 징조이니 베어 내고 털어내는 물건이다."

이 말에 따르면 《점찰경》에서 윤輪을 던져 상相을 얻는 것과 무엇이 다
르겠는가? 진표가 참법을 일으켜 간자를 얻고, 법문을 듣고 부처를 본 것
이 거짓이 아니라는 것을 알 수 있다. 또한 만약 이 경이 거짓이라면 미륵
보살이 어찌하여 진표법사에게 직접 전해 주었겠는가? 또 만일 이 경을
금한다면 《사리불문경舍利佛問經》도 금해야 할 것인가? 언종의 무리는 금
을 훔치느라 사람을 보지 못한 것이라 할 수 있다.[3] 그와 같으니 글을 읽
을 때 이것을 살펴야 한다. 다음과 같이 그를 찬한다.

> 말세에 현신하여 무지를 깨우치니
> 영악靈岳과 선계仙溪가 감응해서 통했네
> 정성으로 탑참만을 전했다 하지 말라
> 다리 놓아 준 동해의 어룡들도 감화되었네

---

3 《열자列子》의 '확금攫金'이라는 고사에서 나온 말. 제나라에 금을 탐하는 사람이 있었는
데, 어느 날 사람들이 모두 보고 있는 대낮에 태연하게 금을 훔쳐 달아나는 것을 잡아 그
연유를 물었더니 '금을 가지고 갈 때에는 금만 보이고 사람은 보이지 않는다'고 답한 데서
나온 이야기이다.

지장보살에게 가르침을 받고 미륵보살에게 간자를 받아 점찰법을 시행한 진표 스님과 그의 뒤를 이은 제자들에 대한 기록이다.

또한 망신찰법, 즉 자신의 몸을 극단적으로 내던져 도를 구하려는 수행법과 더불어 신라 내에 점찰신앙이 널리 확산되고 있음을 알 수 있다.

제 5 권

제6 신주, 제7 감통,
제8 피은, 제9 효선

신주 편은 밀본법사, 혜통, 명랑 등
모두 밀교의 승려들에 대한 이야기를 모은 것이고,
감통 편은 고승들 못지않게 부처의 영험에 감응한
평범한 불자들에 관한 이야기이다.
피은 편은 글자의 의미 그대로 세상을 피해 숨은 은자,
승려들에 대한 기록이며,
마지막 효선 편은 효행 설화를 다루고 있는데
세속적인 윤리인 효와 불교적 윤리(윤회, 응과응보)가
밀접하게 연결되어 있음을 보여준다.

제6 신주神呪

밀본최사密本摧邪

밀본법사가 요사한 귀신을 물리치다

선덕여왕 덕만德蔓이 병에 걸려 오랫동안 낫지 않았다. 흥륜사의 승려 법척法惕이 조서를 받들어 병을 치료했으나 시간이 흘러도 아무런 효험이 없었다.

당시 밀본법사密本法師의 덕행이 온 나라에 알려져 있었다. 왕 주위의 신하들이 법척 대신에 밀본법사를 권했다. 왕이 조서를 내려 궁궐로 불러들였다.

밀본은 왕의 자리 옆에서 《약사경藥師經》[1]을 읽었다. 경을 다 읽고 나자 가지고 있던 육환장六環杖이 침실 안으로 날아들어 늙은 여우 한 마리와 법척을 찔러 뜰아래에 거꾸로 내던지니 왕의 병이 곧 나았다. 이때 밀본의 이마 위로 신비로운 광채가 비쳐 사람들이 모두 놀랐다.

---

1 약사여래의 본원과 공덕을 말한 경으로 밀교에서 주로 읽는 경전이다.

또 승상承相 김양도金良圖가 어렸을 때 갑자기 입이 붙고 몸이 굳어 말도 못하고 팔다리도 쓰지 못했다. 김양도가 보니 언제나 큰 귀신 하나가 작은 귀신 여럿을 거느리고 와서 집안에 있는 모든 음식을 먹어 치웠다. 무당이 와서 제사를 지내면 여러 귀신들이 모여 다투어 모욕했다. 김양도는 호통을 쳐 귀신들을 쫓아내려 했으나 입이 떨어지지 않았다.

양도의 아버지는 법류사에 있는 이름을 알 수 없는 승려를 청해 와서 경을 암송하게 했다. 그런데 큰 귀신이 작은 귀신에게 명하여 승려의 머리를 철퇴로 쳐서 넘어뜨리니 이내 피를 토하고 죽었다.

며칠 후 사람을 보내 밀본을 불러오게 했는데 심부름 갔던 사람이 돌아와 말했다.

"밀본법사가 청을 받들어 곧 오겠다고 했습니다."

귀신들이 이 소리를 듣고 모두 놀라 얼굴빛이 변했다. 작은 귀신이 말했다.

"법사가 오면 불리하니 피하는 것이 좋겠습니다."

큰 귀신이 거만을 피우며 말했다.

"무슨 해가 있겠는가?"

얼마 후 사방에서 쇠 갑옷과 긴 창으로 무장한 대력신大力神이 귀신들을 붙잡아 갔다. 그리고 무수한 천신天神이 배열하여 기다렸다. 잠시 후 밀본이 와서 경을 펼치기도 전에 김양도의 병이 나았다.

말도 할 수 있고 몸이 풀리자 김양도는 지난 일을 모두 법사에게 이야기했다. 김양도는 이 일로 인해 불교를 독실하게 믿고 평생 동안 게을리하지 않았다.

흥륜사 법당의 주불主佛 미륵존상과 좌우의 보살상을 빚었다. 또 그 당에 금색벽화를 채웠다.

밀본은 일찍이 금곡사에 머물렀다.

거사가 교만한 인혜를 혼내다

또 김유신은 어떤 늙은 거사와 친하게 지낸 적이 있는데 세상 사람들은 그가 누군지 알지 못했다. 그때 유신공의 친척 수천秀天이 오랫동안 나쁜 병을 앓고 있었다. 유신공이 거사를 보내 병을 진단하게 했다. 때마침 수천의 친구 인혜법사가 중악에 찾아와 거사를 보고 모욕하듯 말했다.

"그대의 모습과 태도를 보니 간사하고 아첨을 잘하는 사람 같은데 어떻게 남의 병을 고치겠는가?"

거사가 말했다.

"나는 김공의 명을 받고 마지못해서 왔을 뿐이오."

인혜가 말했다.

"내 신통력이 어떤지 잘 봐두게."

향로를 받들어 향을 피우고 주문을 외니 오색구름이 인혜의 이마를 둘러싸고 천화가 흩어져 내렸다.

거사가 말했다.

"스님의 신통력은 정녕 불가사의합니다. 제게도 변변치 못하나 재주가 있으니 시험해 보기를 청합니다. 스님께서 앞에 잠깐 서 보십시오."

인혜가 그 말대로 했다. 거사가 손가락을 튕겨 소리를 내자 인혜가 공중으로 한 길 남짓 솟구치더니 거꾸로 떨어져 머리가 땅에 말뚝처럼 박혔다. 옆에 있던 사람들이 밀고 당겨 봤지만 꿈쩍하지 않았다. 거사가 그곳을 떠났는데도 인혜는 몸이 거꾸로 박힌 채 밤을 새웠다.

다음 날 수천이 김공에게 알리니 거사를 보내 인혜를 풀어주라 했다. 그 뒤로 인혜는 다시는 자신의 신통력을 자랑하지 않았다.

다음과 같이 찬한다.

> 붉은색과 자주색이 휘날려 주색朱色[1]에 섞이니
> 아! 어목魚目이 어리석은 자를 속이는 구나
> 거사가 손가락을 가볍게 튕기지 않았더라면
> 상자에 옥 같은 돌을 얼마나 담았을까

한번 더 들여다보기

신주神呪란 밀교密敎 신승神僧의 사적이란 뜻이다. 밀교승은 주술로 귀신을 물리치는 승려를 가리킨다. 밀본법사 이야기에 이어지는 다음 장의 혜통, 명랑은 모두 밀교의 승려들이다.

일연은 삼국유사 제 3권에서 4권까지 삼국의 불교 전래 과정과 불교를 일으키고 공부했던 왕과 승려들에 대해 이야기했다.

제 5권은 토착 종교라 할 수 있는 밀교에 관한 이야기로, 밀교가 불교와 함께 융화되어 귀신을 쫓고, 병을 고쳤으며, 국난에 이르러는 강력한 힘이 되어 신라 사회의 한 축이 되었음을 말하고 있다.

---

1 황색이 조금 섞인 붉은 색.

혜통강룡惠通降龍

출가해 선무외삼장의 제자가 되다

승려 혜통惠通의 씨족에 대해서는 자세히 알 수 없다. 속인이었을 때 그의 집은 남산 서쪽 기슭의 은천동銀川洞지금의 남간사(南澗寺) 동쪽 마을 어귀에 있었다.

어느 날 집 동쪽 시냇가에서 놀다가 수달 한 마리를 잡아 죽이고 뼈를 동산에 버렸다. 다음 날 아침에 뼈가 보이지 않아 핏자국을 따라가 보니 그 뼈는 옛날에 살던 굴 안으로 돌아가 다섯 마리의 새끼를 끌어안고 웅크리고 있었다. 혜통은 그것을 보고 크게 놀랐다. 마침내 속세를 버리고 출가하여 이름을 혜통으로 고쳤다.

당나라로 가서 선무외삼장善無畏三藏[1]을 찾아가 배움을 간청하니 삼장이 말했다.

"해가 뜨는 변방 사람이 어찌 불법의 기량을 감당하겠는가?"

삼장이 끝내 가르쳐 주지 않았다. 혜통은 쉽사리 물러나지 않고 3년을 열심히 섬겼다. 그래도 허락하지 않았다. 혜통이 분하고 애가 타서 뜰에서 화로를 머리에 이고 서 있었다. 잠시 후에 이마가 터지며 우레 같은 소리가 났다.

삼장이 이 소리를 듣고 와 보았다. 화로를 내리고 손가락으로 터진 이마를 만지고 신주神呪를 외우니 상처가 아물었다. 임금 왕王 자 모양의 흉

---

1 인도 사람. 출가해서 716년 당나라로 건너가 밀교의 시조가 되었다.

터가 생겼으므로 왕 화상이라 부르고 그 기지를 깊이 인정하여 인결印訣[2]을 전해 주었다.

교룡을 물리치고 신라의 국사가 되다

이때 당나라 황실의 공주가 병이 났다. 고종이 삼장에게 치료해 줄 것을 청했더니 삼장은 자기 대신 혜통을 천거했다.

혜통이 명을 받고 따로 거처하면서 흰 콩 한 말을 은그릇 속에 넣고 주문을 외웠다. 흰 콩이 흰 갑옷을 입은 귀신 군사로 변했다. 그 군사로 병마를 쫓았으나 이기지 못했다. 다시 검은 콩 한 말을 금 그릇에 넣고 주문을 외웠다. 검은 갑옷을 입은 귀신 군사로 변했다. 두 색깔의 귀신 군사가 힘을 합하여 병마를 쫓으니 갑자기 교룡蛟龍이 뛰쳐나가고 마침내 병이 나았다.

교룡은 혜통이 자신을 쫓아낸 것을 원망했다. 이후 신라의 문잉림文仍林으로 가서 수많은 사람의 목숨을 해쳤다. 이때 경공이 당나라에 사신으로 갔다가 혜통을 만나 말했다.

"스님이 내쫓은 독룡毒龍이 본국에 와서 해를 끼치니, 빨리 없애 주십시오."

665년(인덕麟德[3] 2년, 을축)에 혜통은 정공과 함께 본국으로 돌아와 독룡을 쫓아냈다. 독룡은 또 정공을 원망하여 버드나무에 기대어 정공의 집

---

2 이심전심의 비결을 말한다.
3 중국의 당 고종의 연호, 664~666.

문밖에 살았다. 정공은 그 사실을 모르고 나무가 무성한 것을 감상하며 무척 아꼈다.

신문왕이 죽고 효소왕이 왕위에 올랐다. 임금의 무덤을 만들고 장사 지낼 길을 닦는데 정공의 집 버드나무가 길을 막고 있어 관리가 베어 버리려 했다.

정공이 크게 화를 내며 말했다.

"차라리 내 머리를 베지 이 나무는 베지 못한다."

관리가 왕에게 이르니 왕은 크게 노하여 법관에게 명했다.

"정공이 왕 화상의 신술神術을 믿고 임금의 명을 거스르며 제 머리를 베라고 하니 마땅히 원하는 대로 해 주어라."

정공을 죽이고 그 집을 묻어 버린 후 조정에서는 이렇게 의논했다.

"왕 화상이 정공과 상당히 친했으니 당연히 꺼리고 싫어함이 있을 것이니 그도 빨리 없애야 합니다."

왕은 군사를 풀어 왕 화상을 잡아들이도록 했다.

혜통은 왕망사에 있다가 병사들이 오는 것을 보고는 지붕으로 올라갔다. 사기병을 들고 붉은 먹을 붓에 묻히고 외쳤다.

"내가 하는 것을 보아라."

그들이 자신의 목을 보니 모두 붉은 줄이 그어져 있어 서로를 쳐다보며 놀랐다. 혜통이 또 말했다.

"내가 만약 병 목을 자르면 너희 목도 당연히 잘릴 것이니 어찌 하겠느냐?"

그들이 도망와서 붉은 줄이 그어진 목을 왕에게 보이니 왕이 말했다.

"화상의 신통력을 어떻게 사람의 힘으로 막겠느냐?"

이에 혜통을 내버려 두었다. 왕의 딸이 갑자기 병이 들자 왕이 혜통을 불러 치료했더니 곧 나았다. 왕이 몹시 기뻐하자 혜통이 말했다.

"정공은 독룡의 해를 입어 원통하게 나라의 형벌을 받은 것입니다."

왕은 이 말을 듣고 마음속으로 뉘우쳐 정공의 처자를 방면해 주고 혜통은 국사國師로 삼았다.

독룡은 정공에게 원수를 갚은 다음 기장산으로 가 웅신熊神이 되었다. 악독함이 심하여 백성들이 몹시 괴로워했다. 혜통이 산속에 가 독룡을 타일러 불살계不殺戒[1]를 주었다. 바로 웅신의 악행이 사라졌다.

신문왕의 병을 낫게 하고 밀교를 크게 일으키다

신문왕에게 몹쓸 종기가 생기자 혜통에게 치료해 줄 것 청했다. 혜통이 와서 주문을 외우니 즉시 종기가 나았다.

혜통이 말했다.

"폐하께서는 전생에 재상의 신분이었습니다. 선량한 백성 신충信忠을 잘못 판결하여 종으로 삼았기에 신충에게 원한을 가지고 환생하여 앙갚음을 하는 것입니다. 지금의 몹쓸 종기도 신충 때문입니다. 신충을 위해 절을 세우고 명복을 빌어 원한을 풀어 주십시오."

왕은 그 말이 옳다고 여겨 절을 세우고 이름을 신충봉성사信忠奉聖寺라 했다. 절이 지어지자 하늘에서 외치는 소리가 들렸다.

---

1 불교에서 중생을 죽이지 못하게 하는 계율이다.

"왕께서 절을 세워 주시니 괴로움에서 벗어나 하늘에 태어났습니다. 이제 원망이 풀렸습니다."라고 하였다. 어떤 책에는 이 일이 〈진표전眞表傳〉에 실려 있는 것이라 하는데 잘못된 것이다.

또 외침이 들렸던 곳에 절원당折怨堂을 설치했다. 그 본당과 절이 지금까지 남아 있다.

이보다 앞서 밀본법사 이후에 고승 명랑이 있었다. 용궁에 들어가서 신인新印범어로는 문두루(文豆婁)라 하는데, 여기에서는 신인이라 했다을 얻어 신유림神遊林지금의 천왕사에 절을 짓고 기도로 이웃나라의 적을 여러 번 물리쳤다.

또한 화상은 무외삼장의 골자를 전하고 속세를 두루 돌며 사람과 사물을 구제하고 만물을 교화했다. 또 숙명宿命의 밝은 지혜로써 절을 세워 원망을 씻어 주니 밀교의 교풍이 크게 떨쳐졌다. 천마산의 총지암과 모악산의 주석원 등이 모두 그의 유파다.

어떤 사람은 혜통의 속명을 존승각간尊勝角干이라 한다. 각간은 신라의 재상직이다. 혜통이 벼슬을 지냈다는 말은 듣지 못했다. 또 어떤 사람은 승냥이와 이리[豺狼]를 쏘아 잡았다고도 하는데 모두 자세하지 않다.

다음과 같이 찬한다.

> 산 복숭아와 시냇가의 살구 울타리에 비치고
> 오솔길에 봄이 깊어 양 언덕에 꽃이 피었다
> 그대가 수달 잡은 인연으로
> 마귀들 모두 서울 밖으로 내쫓았네

명랑신인明朗神印

신인종의 개조 명랑법사

《금광사본기金光寺本紀》의 기록이다.

법사는 신라에서 태어나 당나라에 들어가 불도를 배웠다. 돌아오는 길에 바다용의 청으로 용궁에 들어가 비법을 전했다. 황금 1천 냥또는 1천 근을 시주받아 땅 속으로 몰래 들어가 자기 집 우물 밑으로 솟아나왔다.

자기 집을 희사하여 절을 짓고 용왕이 시주한 황금으로 탑과 불상을 꾸몄다. 광채가 유난히 빛났으므로 금광사金光寺라 했다.《승전(僧傳)》에는 금우사(金羽寺)라고 했으나 잘못이다.

법사의 이름은 명랑明朗이며 자는 국육國育이다. 신라의 사간沙干 재량의 아들이다. 어머니는 남간부인 또는 법승랑이라 한다. 소판蘇判 무림의 딸 김씨이니 자장법사의 누이동생이다. 재량에게는 세 아들이 있었다. 큰아들은 국교대덕이고 둘째 아들은 의안대덕이며 막내아들이 법사였다. 처음에 어머니가 푸른 구슬을 삼키는 꿈을 꾸고 법사를 잉태했다.

632년(선덕여왕 원년)에 당나라로 들어가 635년(정관 9년, 을미)에 본국으로 돌아왔다.

668년(총장 원년, 무진)에 당나라 장수 이적이 대군을 이끌고 신라와 연합하여 고구려를 멸망시켰다. 그 후 당나라의 남은 군사가 백제에 머물면서 장차 신라를 쳐서 멸망시키려 했다. 신라 사람들이 이것을 알아채고 군사를 일으켜 막았다.

당나라 고종이 매우 노하여 설방에게 명하여 신라를 토벌하려 했다. 문무왕이 이것을 듣고 두려워하여 법사에게 요청하여 비법을 써서이 일은 문무 왕전에 기록되어 있다 적을 물리쳤다.

이로 인해 신인종神印宗의 개조가 되었다.

신인종 승려들

고려 태조가 창업할 때도 해적이 와서 소란을 피우니 안혜와 낭융의 후예인 광학과 대연 등 두 고승을 청해 진압할 비법을 지었다. 모두 명랑의 계통을 전수한 자들이다. 그렇기 때문에 법사를 포함하여 위로 인도의 고승 용수龍樹에 이르기까지를 구조九祖로 삼았다. 본사(本寺)의 기록에는 삼사(三師) 가 율조(律祖)가 되었다 했으나 자세하지 않다.

태조가 이들을 위해 현성사現聖寺를 지어 종파의 뿌리로 삼았다.

또 신라의 서울 동남쪽 20여리 되는 곳에 원원사遠源寺가 있는데 민간에서는 안혜 등 4대덕이 김유신, 김의원, 김술종 등과 함께 소원을 빌려고 지은 것이라 한다.

4대덕의 유골이 모두 이 절의 동쪽 봉우리에 묻혀 있기 때문에 사령산 四靈山 조사암祖師岩이라 한다.

그러므로 4대덕은 모두 신라 때의 고승이다.

돌백사 주첩柱貼의 주각에 실린 것에 따르면 다음과 같다.

"경주의 호장 거천의 어머니는 아지녀이며 아지녀의 어머니는 명주녀이며 명주녀의 어머니는 적리녀이다. 그녀의 아들 광학 대덕과 대연 삼중 예전 이름은 선회이다 모두 신인종에 귀의했다. 931년(장흥長興[1] 2년, 신묘)에 태조를 따라 서울로 올라왔다. 왕을 모시며 분향 수도했다. 태조는 그 노고를 포상하여 두 사람의 부모에게 기일보忌日寶로서 돌백사에 전답 몇 결을 주었다.

광학과 대연 두 사람은 태조를 따라 서울로 들어온 사람이며 안사 등은 김유신 등과 원원사를 세운 사람이다.

그러나 광학 등 두 사람의 유골이 이곳에 와 안장되었을 뿐 4대덕이 모두 원원사를 세우고 태조를 수행했다는 것은 아닐 것이니 자세히 살펴보아야 한다.

한번 더 들여다보기
명랑은 당나라 밀교의 신인 비법을 배워 신라에 전한 신인종의 시조로 알려진 고승이다. 어머니가 자장법사의 누이이니 승려 가문의 후손임을 알 수 있다.

신라 문무왕은 명랑과 사천왕사를 중심으로 문두루 법회를 장려하여 나라와 백성들을 환난과 재액에서 보호해 주기를 기원했다. 그때 행한 문두루 비법에 대해서는 제2 기이(하) 문무왕 편에 자세히 나와 있다. 이때 또한 화엄종의 시조인 의상에 의해 중국의 경전 등이 전해진 시기였다.

즉 삼국을 통일할 즈음에 이르러 신라 왕실에는 불교와 함께 밀교

---

1 중국 승당 명종明宗의 연호, 930~933.

의 주술 신앙도 상당한 영향력을 행사하고 있었음을 알 수 있다.

훗날 명랑의 문두루 비법은 광학과 대연 등에 의해 계승되어 고려 왕조에까지 문두루 도량이 설치되었다.

제7 감통感通

선도성모수희불사仙桃聖母隨喜佛事

선도성모가 불사를 돕다

진평왕 때 지혜智惠라는 비구니가 있었는데 선행을 많이 했다. 안흥사에 머물며 불전을 새로 수리하려 했으나 힘이 모자랐다. 그때 꿈에 모습이 예쁘고 머리를 구슬로 장식한 선녀가 와서 위로하며 말했다.

"나는 선도산仙桃山[1]의 신모神母다. 그대가 불전을 수리하려는 것을 기특하게 여겨 금 열 근을 사주하여 도울 것이다. 내 자리 밑에서 금을 꺼내 주존삼상主尊三像을 장식하고 벽에는 53불五十三佛과 6류성중六類聖衆과 여러 천신天神, 5악신군五岳神君신라에 다섯 개의 큰 산이 있었으니 동쪽의 토함산, 남쪽의 지리산, 서쪽의 계룡산, 북쪽의 태백산, 중앙의 부악 또는 공산이다을 그려라. 매년 봄과 가을에 열흘 동안 선남선녀를 널리 모아 모든 중생을 위해 점찰법회를 여는 것을 일정한 규정으로 삼아라.고려 굴불지(屈弗池)의 용이 황제의 꿈에 나타나

---

1 경주의 서악西岳.

영취산에 약사도량을 길이 베풀어 바닷길을 평탄하게 하라고 청했는데 그 일과 또한 같다."

지혜는 놀라 꿈에서 깨어나 무리를 이끌고 신사神祠에 갔다. 꿈에서 일러준 대로 신모가 앉았던 자리를 파 황금 1백 60냥을 얻어 불전을 수리했다. 모두 신모의 말을 따른 것이다. 그 사적은 남아 있는데 불사는 폐지되었다.

선도산 지신이 된 신모

신모는 본래 중국 황실의 딸이며 이름은 사소娑蘇였다. 일찍이 신선의 술법을 터득하여 신라에 들어와 머물면서 오랫동안 돌아가지 않았다. 이때 황제가 소리개의 발목에 서신을 매달아 보냈다.

"소리개가 멈추는 곳에 집을 지어라."

사소가 서신을 받고 소리개를 놓아 보냈더니 이 선도산에 날아와 멈추었다. 신모는 마침내 이 산에 살면서 지선地仙이 되었다. 그래서 이 산을 서연산西鳶山이라 한다.

신모는 오랫동안 이 산에 살면서 나라를 보호했는데 신령스럽고 이상한 일이 아주 많았다. 나라가 세워진 이후 언제나 삼사三祀의 하나였다. 또한 서열도 여러 산천 제사의 맨 위에 있었다.

제54대 경명왕景明王[1]은 매사냥을 좋아했는데 일찍이 이곳에서 매를 놓았다가 잃어버렸다. 이에 신모에게 "만일 매를 찾게 되면 마땅히 작위를 내리겠습니다."라고 기도했다.

---

1 재위 917~924.

잠시 후 매가 날아와 의자 위에 앉았다. 이로 인해 신모를 대왕으로 봉했다.

신모가 처음 진한辰韓에 와서 신령한 아들을 낳아 동국의 첫 임금이 되었으니 아마 혁거세와 알영 두 성인일 것이다.

계룡鷄龍, 계림鷄林, 백마白馬 등으로 말해지는 것은 닭이 서쪽에 속하기 때문이다. 신모는 일찍이 제천의 선녀들에게 비단을 짜게 하고 붉은 빛깔로 물들여 관복을 만들어 남편에게 주었다. 나라 사람들이 이것으로 비로소 영험을 알게 되었다.

또《국사》에 보면 사신이 말했다.

김부식이 정화政和[2] 연간에 일찍이 사신으로 송나라에 들어갔다. 우신관에 이르렀는데 한 당堂에 여신의 상이 모셔져 있었다. 사신 접대를 맡은 학사 왕보가 말했다.

"이것은 귀국의 신인데 공은 알고 있습니까?"

이어 말했다.

"옛날 중국 황실에 딸이 있었는데 바다를 건너 진한으로 가서 아들을 낳았습니다. 해동의 시조가 되었고 그녀는 지선이 되어 오랫동안 선도산에 있었습니다. 이것이 바로 그녀 상입니다."

또 송나라 사신 왕양이 우리 조정에 왔을 때 동신성모東新聖母에게 제사를 지냈다. 그 제문에 '어진 사람을 낳아 비로소 나라를 세웠다.'라는 구절이 있었다.

---

2 중국 송 휘종의 연호, 1111~1118.

이제 신모가 금을 시주하여 부처를 만들게 하고 중생을 위하여 향화香
火를 열어 진량津梁[1]을 만들어 주었으니 어찌 헛되이 장생長生의 술법만을
배워 몽매함에 얽매여 있을 것인가?

다음과 같이 찬한다.

> 서연에 와서 산 지 몇 십년이 되었을까
>
> 천제녀天帝女를 불러 신선의 옷을 짓고
>
> 장생술도 영이靈異함이 없지 않지만
>
> 부처를 뵙고 옥황상제가 되었다

욱면비념불서승郁面婢念佛西昇

계집종 욱면이 염불하여 극락으로 오르다

경덕왕 때 강주康州지금의 진주. 강주(剛州)라고도 하는데 지금의 순안(順安)이다의 남
자 신도 수십 명이 극락세계를 정성껏 기원하여 주의 경계에 미타사彌陀寺
를 짓고 1만 일을 기약하며 계契를 만들었다. 그때 아간 귀진貴珍의 집에
욱면郁面이란 계집종이 있었다.

욱면은 주인을 모시고 절에 가 마당에 서서 스님을 따라 염불했다. 주
인은 그녀가 자기 일을 제대로 하지 않는다 하여 늘 곡식 두 섬을 주고 하

---

1 나루와 다리, 즉 부처가 사람을 제도하는 일.

루저녁에 다 찧게 했다. 계집종은 초저녁에 다 찧어 놓고 절에 가서'내 일이 바빠 주인집의 방아를 서두른다'라는 속담은 아마 여기에서 나온 것 같다 밤낮으로 염불을 게을리 하지 않았다.

그녀는 마당 좌우에 긴 말뚝을 세우고 두 손바닥을 뚫어 새끼줄로 꿴 다음 말뚝 위에 매달아 합장하고 좌우로 흔들면서 스스로를 격려했다. 이 때 하늘에서 외쳤다.

"욱면 낭자는 불당으로 들어가 염불하라."

절 사람들이 이 소리를 듣고 욱면비郁面婢에게 권하여 법당에 들어가 예에 따라 정진하게 했다. 얼마 후 서쪽 하늘에서 음악 소리가 들려오더니 계집종의 몸이 솟아올라 지붕을 뚫고 나갔다.

서쪽 교외에 이르러 형체를 버리고 진신眞身으로 변하여 연화대에 앉아 큰 빛을 발하면서 천천히 사라졌다. 이때 하늘에서는 음악 소리가 끊이지 않았다. 그 불당에는 지금도 구멍 자리가 있다고 한다.이상은 《향전(鄕傳)》의 기록이다.

또 《승전》에는 이렇게 되어 있다.

동량棟梁 팔진八珍은 관음보살의 현신이었다. 승도를 모으니 1천 명이 었다. 둘로 나누어 한쪽은 노력을 하게 하고 다른 한쪽은 정성껏 수행을 했다. 노력하는 무리 가운데 계戒를 얻지 못해 축생도畜生道[2]에 떨어져 부석사浮石寺의 소가 되었다.

그 소가 일찍이 불경을 싣고 가다가 불경의 힘으로 다시 사람으로 환생

---

2 생전의 죄업 때문에 죽은 뒤에 짐승의 몸이 되어 괴로움을 겪는 길.

했는데 아간 귀진의 집 계집종으로 태어나 이름을 욱면이라 했다.

욱면은 볼 일이 있어 하가산下柯山에 갔다가 꿈에 감응을 받아 불도를 닦을 마음이 생겼다. 아간의 집은 혜숙법사가 지은 미타사와 멀지 않았다. 아간은 매일 그 절에 가서 염불했는데 계집종도 따라가 마당에서 염불했다.

욱면은 9년 동안 염불했다. 755년(을미)¹ 정월 21일에 예불하다가 지붕을 뚫고 나갔다. 소백산에 이르러 신발 한 짝을 떨어뜨렸으므로 그 자리에 보리사菩提寺를 지었다. 산 아래에 이르러 육신을 버렸으므로 그곳에 두 번째 보리사를 지었다. 불당에 욱면등천지전郁面登天之殿이라 방을 써 붙였다. 뚫린 구멍이 10위圍 가량이었는데 세찬 비와 함박눈이 내려도 새지 않았다.

훗날 어떤 호사자好事者가 금탑 한 개를 본떠 만들어 그 구멍을 막고 소란반자² 위에 안치하고 그 이적異跡을 기록했는데 현판과 탑이 지금까지도 남아 있다.

욱면이 떠난 후 귀진도 자기 집이 신령한 사람이 의탁해서 살던 집이라 하여 희사하여 절을 세웠다. 법왕사法王寺라고 이름하고 토지를 바쳤다.

오랜 세월이 흐른 후 절은 폐허가 되었는데 대사 회경懷鏡이 승선 유석劉碩, 소경 이원장李元長과 함께 염원하여 절을 다시 지었다. 회경이 몸소 토목 일을 맡았다. 처음 목재를 나르는데 꿈에 노인이 삼베로 엮은 신발

---

1 신라 경덕왕 14년.
2 격자 모양의 우물반자.

과 칡으로 만든 신발을 각각 한 컬레씩 주었다.

또 옛 신사神祠에 가서 불교의 이치를 깨우치고 그 옆의 재목을 베어 5년 만에 공사를 끝마쳤다. 또 노비까지 바치니 동남쪽의 유명한 절이 되었다. 사람들은 회경을 귀진의 후신後身이라 했다.

논평하여 말한다.

고을의 고전古傳을 살펴보면 욱면의 일은 경덕왕 때이다. 징徵징은 진珍의 잘못인 듯하며 다음도 마찬가지다의 본전에 따르면 808년(원화元和[3] 3년, 무자), 애장왕哀莊王 때의 일이라 했다. 경덕왕 이후 혜공왕, 선덕여왕, 원성왕, 소성왕, 애장왕 등 5대를 지나 60년 뒤의 일이다. 귀진이 먼저이고 욱면은 나중이니 향전과 선후가 어긋난다. 그러나 두 기록을 모두 남겨 의문을 없앤다.

다음과 같이 찬한다.

> 서쪽 이웃 옛 절에 불등佛燈 밝은데
> 방아 찧고 오면 밤은 벌써 이경二更이네
> 홀로 외우는 염불 소리 부처가 되고자
> 손바닥 뚫어 새끼줄 꿰니 이내 육신을 잊었네

한번 더 들여다보기

미타신앙은 사후의 극락세계에 다시 태어나고자

---

3 중국 당 헌종의 연호, 806~820.

하는 염원을 바라는 것이다. 아미타불이 있는 곳이 극락정토인데 그 곳에 가려면 열심히 아미타불을 염불해야 한다는 신앙이다.

그러나 욱면 설화는 사후에 극락정토로 가는 것이 아니라 현신現身으로 극락으로 갔다는 것을 보여주는 것이다. 또한 남의 집 노비였던 욱면이 염불을 하여 극락으로 갔다는 것은 아미타 신앙이 신라의 일반 민중들 사이에 전파되어 가고 있었음을 알 수 있다. 또한 축생계에서 인간으로 그리고 다시 신神으로 거듭나는 불교의 윤회사상도 나타나 있다.

광덕廣德과 엄장嚴莊

서방정토로 간 광덕과 엄장

문무왕 때 광덕廣德과 엄장嚴莊이라는 승려가 있었다. 서로 친하여 밤낮으로 약속했다.

"누구든 먼저 서방西方[1]으로 귀의하면 알려 주어야 하네."

광덕은 분황사 서쪽 마을어떤 사람은 황룡사의 서거방(西去房)이라 하는데 어느 것이 옳은지 알 수 없다에 살면서 신발 만드는 일을 하며 처자식을 먹여 살렸다. 엄장은 남악南岳에 암자를 짓고 살았다. 나무를 불 태워 농사를 지었다.

하루는 해 그림자가 붉게 물들고 소나무 그늘 아래 어둠이 내리는데 창

---

1 서방정토.

밖에서 소리가 나며 알려 주었다.

"내가 벌써 서방으로 가니 자네는 잘 있다가 속히 나를 따라오게."

엄장이 문을 열고 나가 바라보았다. 구름 위 하늘에서 음악소리가 들리고 밝은 빛이 땅까지 뻗쳐 있었다. 다음 날 광덕이 살던 곳으로 찾아가 보니 광덕이 정말 죽어 있었다. 그의 아내와 함께 시신을 거두고 장사를 지내 주었다. 일을 마치고 부인에게 말했다.

"남편이 죽었으니 나와 함께 사는 것이 어떠하오?"

광덕의 아내가 좋다고 하여 그의 집에 머물렀다. 밤이 되어 정을 통하려고 하니 부인이 부끄럽게 여기며 말했다.

"스님께서 정토를 구하는 것은 나무에 올라 물고기를 구하는 것이라 할 수 있습니다."

엄장이 놀라 이상하게 생각하며 물었다.

"광덕도 이미 그러했는데 나는 어찌 꺼리는가?"

광덕의 아내가 말했다.

"남편과 나는 10여 년을 함께 살았지만 하룻밤도 잠자리를 같이한 적이 없습니다. 하물며 몸을 섞었겠습니까? 다만 매일 밤 단정히 앉아 한결같이 아미타불을 했습니다. 또 16관十六觀[2]을 행하고 달관이 무르익어 밝은 달이 창문으로 들면 그 빛에 올라 가부좌를 했습니다. 이처럼 정성을 다했으니 극락으로 가지 않고 어디를 갈 수 있겠습니까? 무릇 천 리를 가는 사람은 가히 첫 걸음으로 알아볼 수 있다고 했습니다. 지금 스님이 하는

---

2 석가모니가 극락정토를 염원하던 수행법이다.

일은 동방으로 가는 것입니다. 서방은 아직 알 수 없습니다."

엄장은 부끄러워 물러나왔다. 곧바로 원효법사의 거처로 가서 도 닦는 묘법을 간절히 구했다. 원효가 삽관법鍤觀法[1]을 만들어 그를 지도했다. 이에 엄장은 몸을 깨끗이 하고 잘못을 뉘우쳤다. 한뜻으로 관觀을 닦아 또한 극락으로 가게 되었다.

삽관법은 원효법사 본전本傳과 《해동고승전》에 실려 있다.

그 부인은 분황사의 여종이었는데 관음보살 십구응신十九應身 중 하나였다. 일찍이 광덕이 노래를 지었는데 다음과 같다.[2]

> 달님이여 이제 서방으로 가시나요
> 무량수불 앞에 전해 주셔요
> 다짐 깊으신 부처님을 향해
> 두 손 모아 비나이다
> 원왕생願往生[3] 원왕생
> 그리워하는 사람 있다고 말해 주세요
> 아아, 이 몸 버려두고
> 마흔여덟 가지 큰 소원 이루실까 저어합니다

---

1 원효만의 독특한 정관법淨觀法.
2 〈원왕생가願往生歌〉라 한다.
3 죽어서 극락세계에 태어나고 싶다는 뜻.

한번 더 들여다보기

　　　　　　　　원효법사는 앞에서 말했듯이 하층민들에게 염불을 가르쳤다. 그러나 이 설화에 의하며 광덕은 여전히 불교의 수행에 미숙하여 원효에게 도를 닦는 묘법을 구한다.

이에 원효는 정관법을 만들어 신을 삼는 갓바치나 화전을 일구는 일반 민중들도 어떻게 수행하면 부처가 있는 극락정토로 갈 수 있는지를 가르친다.

이 설화 역시 이제 불교가 왕실과 귀족, 승려들만의 신앙이 아니라 민중 신앙으로 변모하고 있음을 보여준다.

진신수공眞身受供

진신석가를 몰라본 효소왕

692년(장수長壽[4] 원년, 임진)에 효소왕孝昭王이 즉위하여 처음으로 망덕사望德寺를 짓고 당나라 황실의 복을 빌려고 했다. 그 후 755년(경덕왕 14년)에 망덕사의 탑이 흔들리더니 안사安史의 난[5]이 일어났다. 이때 신라 사람들이 말했다.

"당나라 황실을 위해 이 절을 세웠으니 영험을 보이는 것이 당연하다."

4　중국 당 무측천武測天의 연호, 692~694.
5　중국 당나라 현종 때 안녹산과 사사명이 일으킨 난.

697년(효소왕 6년, 정유)에 낙성회를 열고 효소왕이 몸소 행차하여 공양했다. 그때 행색이 초라한 비구승이 몸을 굽히고 마당에 서 있다가 왕께 청했다.

"소승도 이 재齋에 참여하고 싶습니다."

왕은 자리 끝에 앉아 참예하는 것을 허락했다. 재가 끝날 즈음 왕이 비구승을 희롱하듯 말했다.

"스님은 어디 사는가?"

비구승이 말했다.

"비파암琵琶巖에 살고 있습니다."

왕이 말했다.

"어디 가거든 국왕이 친히 공양하는 재에 참여했다는 말은 하지 말게."

비구승이 웃으며 대답했다.

"폐하도 다른 사람들에게 진신석가眞身釋迦를 모시고 공양했다고 하지 마십시오."

말을 마친 비구승은 몸을 솟구쳐 하늘로 올라 남쪽을 향해 사라졌다. 왕은 놀라고 부끄러웠다. 급히 말을 달려 동쪽 언덕으로 올라가 비구승이 사라진 방향을 향해 예를 올리고 사람을 시켜 찾아보게 했다.

비구승은 남산 삼성곡參星谷 혹은 대적천원大磧川源이라는 바위에 이르러 지팡이와 바리때를 두고 사라졌다. 사자가 와서 사실을 말하니 왕은 비파암 아래에 석가사釋迦寺를 세웠다. 또한 그의 자취가 사라진 곳에 불무사佛無寺를 세워 지팡이와 바리때를 나누어 안치했다.

두 절은 지금까지 남아 있으나 지팡이와 바리때는 없어졌다.

옷에 음식을 준 삼장법사

또 《지론智論》 제4권에는 이렇게 되어 있다.

옛날 계빈국[1] 삼장법사가 아란야법阿蘭若法[2]을 행하여 일왕사一王寺에 이르렀는데 절에 큰 모임이 있었다. 문지기가 스님의 옷이 누추한 것을 보고 문을 막고 들어가지 못하게 했다. 스님은 여러 차례 들어가려 했으나 그때마다 들어가지 못했다. 이에 좋은 옷을 잠깐 빌려 입고 가니 문지기가 막지 않았다. 모임에 참례한 후 여러 가지 좋은 음식이 나오자, 스님은 입고 있는 옷에게 먼저 주었다. 여러 사람들이 왜 그러느냐고 물었다.

스님이 말했다.

"내가 이 모임에 참석하려고 여러 번 시도했으나 매번 들어올 수 없었습니다. 이제 이 옷 덕분에 이 자리에 들어와 음식까지 얻었으니 마땅히 이 옷에게 먼저 주어야지요."

이 일도 비슷한 사례이다.

다음과 같이 찬한다.

> 향 피우고 부처를 가려 새 그림을 보았고
> 음식 만들어 스님을 공양하고 옛 친구를 불렀다
> 이로부터 비파암 위의 달은
> 때로는 구름에 가려 연못에 더디 비치네

---

1 북인도 지방.
2 '아란야'란 시끄러움 없이 한적해 수행하기 좋은 곳을 뜻한다.

월명사月明師 도솔가兜率歌

월명사가 도솔가를 지어 빌다

760년(경덕왕 19년, 경자) 4월 초하루에 두 해가 나란히 나타나 열흘 동안이나 사라지지 않았다.

일관이 말했다.

"인연 있는 승려를 청하여 산화공덕散花功德[1]을 하면 재앙을 물리칠 수 있을 것입니다."

조원전에 깨끗이 단을 만들고 청양루에 행차하여 인연 있는 승려를 기다렸다. 이때 월명사月明師가 밭 사이로 난 남쪽 길을 가고 있었다. 왕이 사람을 보내 그를 불러 단을 열고 기도문을 짓게 했다. 월명사가 말했다.

"신승은 국선의 무리에 속하여 단지 향가만을 알 뿐 범성梵聲[2]은 익숙하지 못합니다."

왕이 말했다.

"이미 인연 있는 승려로 지목되었으니 향가라도 괜찮소."

월명사가 〈도솔가兜率歌〉를 지어 불렀는데 다음과 같다.

오늘 여기 산화가를 불러
솟아나게 한 꽃 너는

---

1 꽃을 뿌려 부처님께 공양하는 것.
2 경 읽는 소리.

곧은 마음의 명을 받들어

미륵좌주彌勒座主를 모셔라

시를 풀이면 다음과 같다.

용루에 이르러 산화가를 불러

청운에 한 송이 꽃을 날려 보낸다

은근하고 곧은 마음이 시키는 것이니

멀리 도솔천의 부처님을 맞이하라

지금 세속에서는 이것을 〈산화가〉라고 하는데 잘못이다. 마땅히 도솔가라 해야 한다. 〈산화가〉가 달리 있으나 글이 번잡하여 싣지 않는다.

얼마 후 해의 괴이함이 곧 사라졌다. 왕이 가상히 여겨 좋은 차 한 봉지와 수정염주 108개를 내렸다.

이때 갑자기 단정한 동자가 나타났는데 공손히 꿇어 앉아 차와 염주를 받들었고 대궐 서쪽의 작은 문으로 나갔다. 월명은 그를 대궐의 시중으로 여겼고 왕은 법사의 시종이라 했다. 서로 알아보니 모두 잘못이었다.

왕이 매우 이상하게 여겨 사람을 시켜 뒤쫓게 하니 동자는 내원의 탑 안으로 사라졌다. 차와 염주는 남벽에 그려진 미륵상 앞에 있었다. 이에 월명의 지극한 덕과 정성이 미륵보살을 감응시켰다는 것을 알게 되었다.

조정과 민간에서 이 일을 모르는 사람이 없었다. 왕은 월명사를 더욱 존경하여 다시 비단 1백 필을 주어 큰 정성을 기렸다.

향가를 지어 누이를 기리다

월명사는 또 일찍 세상을 떠난 누이동생을 위해 재를 올리고 향가를 지어 제사를 지냈다. 그때 회오리바람이 일어나 종이돈이 서쪽으로 날아 사라졌다. 향가는 다음과 같다.[1]

삶과 죽음의 길이
여기 있으니 두려워하고
나는 간다는 말도
못다 이르고 갔느냐
어느 가을 이른 바람에
여기저기 떨어지는 나뭇잎처럼
한 가지에 나고
가는 곳을 모르는구나
아! 미타찰彌陀刹[2]에서 너를 만나기 위해
도를 닦으며 기다리련다

---

1 〈제망매가祭亡妹歌〉라 한다.
2 극락세계.

달이 길을 비추다

월명은 언제나 사천왕사四天王寺에 살았는데 피리를 잘 불었다. 일찍이 달밤에 피리를 불며 문 앞의 큰길을 지나는데 달이 그를 위해 가던 길을 멈추었다. 이로 인해 그 길을 월명리月明里라 했다. 월명사 또한 이 일로 이름이 났다.

월명사는 바로 능준대사能俊大師의 제자다. 신라 사람들이 향가를 숭상한 지 오래되었는데 대개 시가詩歌와 송가頌歌 같은 것이다. 그래서 천지와 귀신을 감동시킨 경우가 한두 번이 아니었다.

다음과 같이 찬한다.

> 바람이 종이돈을 날려 죽은 누이의 노자를 삼게 했고
> 피리 소리는 밝은 달을 움직여 항아姮娥[3]의 발길을 잡네
> 도솔천이 하늘처럼 멀다고 하지 마라
> 만덕화萬德花 한 곡조로 즐겨 맞이하리

융천사融天師 혜성가彗星歌 진평왕 대

혜성가를 지어 변괴를 물리치다

제5 거열랑, 제6 실처랑혹은 돌처랑, 제7 보동랑 등 화랑의 무리 세 사람

---

3 달에 사는 선녀.

이 풍악산楓岳山[1]으로 유람을 떠났다. 이때 혜성이 심대성心大星[2]을 침범했다. 낭도들은 꺼림칙하게 여겨 가는 것을 그만두려 했다.

그때 융천融天 스님이 노래를 지어 부르니 혜성의 변괴가 즉시 사라지고 일본의 군사가 제 나라로 물러가 도리어 경사가 되었다. 왕이 듣고 기뻐하여 낭도들을 금강산으로 가게 했다. 그 노래는 다음과 같다.[3]

옛날 동쪽 물가에서
건달바乾達婆[4]가 놀던 성을 바라보니
왜군이 왔다고 봉화를 올린 변방이 있었구나
세 화랑이 산을 보려 한다는 말을 듣고
달도 부지런히 밝히고
길을 밝히는 별에게
혜성이여! 라고 외친 사람이 있구나
달아 떠 있어라
이런데 무슨 혜성이 있겠느냐

---

1 금강산.
2 28개 별자리 중에서 가장 중심 별.
3 〈혜성가彗星歌〉라 한다.
4 서역에서 하늘의 악사를 가리키는 것으로 신기루를 뜻한다.

노래로 혜성을 사라지게 하고 왜의 병사들도 물리쳤다는 혜성가는 신라의 대표적인 향가 중 하나이다. 향가는 주로 화랑이나 승려들이 지은 것으로 주원적呪願的 성향을 띤 것이었다. 즉 원시적인 주문의 형식을 취했으나 내용은 불교적인 색채가 강했다.

제8 피은避隱

낭지승운朗智乘雲 보현수普賢樹

보현보살로부터 계를 받은 지통

삼량주 아곡현阿曲縣의 영취산靈鷲山삼량은 지금의 양주(梁洲)이며 곡(曲)은 서(西)라고 되어 있다. 혹은 구불(求佛), 굴불(屈弗)이라 한다. 지금의 울주에 굴불역을 두었으니 아직도 그 이름이 남아 있다에 이상한 승려가 있었다. 수십 년 동안 암자에 살고 있었으나 고을에서는 아무도 그를 알지 못했다. 스님 역시 자신의 이름과 성을 말하지 않았다. 언제나 《법화경》을 강론했고 신통력이 있었다.

용삭龍朔[1] 초년에 지통智通이라는 사미沙彌[2]가 있었다. 이량공伊亮公의 종이었다. 7세에 출가하였는데 까마귀가 와서 울며 말했다.

"영취산에 가서 낭지朗智의 제자가 되어라."

---

1 중국 당 고종의 연호, 661~663.
2 출가하여 10계를 받은 어린 승려.

지통은 그 말을 듣고 영취산을 찾아가던 길에 골짜기 나무 아래에서 쉬고 있었다. 문득 이상한 사람이 나타나 말했다.

"나는 보현보살이다. 너에게 계품戒品을 주려고 왔다."

계를 주고 보살은 사라졌다. 지통은 마음에 막힘이 없어지고 지증智證[3]이 두루 통했다. 다시 길을 가다가 한 승려를 만나 낭지법사가 사는 곳을 물으니 그 승려가 되물었다.

"어찌해서 낭지를 찾느냐?"

지통은 까마귀의 일을 자세히 말했다. 스님이 빙그레 웃으며 말했다.

"내가 낭지이다. 지금 법당 앞에 그 까마귀가 와서 일렀다. 신성한 동자가 법사를 찾아오니 나가 맞이하라고 했다."

동자의 손을 잡고 감탄하며 말했다.

"신령스러운 까마귀가 너를 깨우쳐 내게 오라 했구나. 나에게는 너를 맞이하라 일러 주었으니 이 무슨 상서인가? 아마 산신령이 몰래 돕고 있는 것이다. 전해 오는 말에 의하면 산신령은 변재천녀辯才天女[4]라고 한다."

지통이 이 말을 듣고 눈물을 흘리며 감사하고 스님에게 귀의했다. 얼마 후 계를 주려고 하니 지통이 말했다.

"저는 골짜기 나무 밑에서 보현보살로부터 이미 정계正戒를 받았습니다."

---

3 진실한 지혜로 열반을 증명하는 것이다.
4 노래와 음악의 여신. 재복과 지혜를 주며 수명을 늘려 주는 신.

낭지가 감탄하며 말했다.

"잘되었구나! 네가 벌써 보살의 만분계滿分戒를 받았구나. 나는 태어난 이래 아침이나 밤이나 보살을 만나기를 염원했으나 정성이 통하지 않았다. 네가 이미 계를 받았으니 나는 너에게도 훨씬 미치지 못하구나."

도리어 지통에게 예를 올렸다. 이로 인해 그 나무 이름을 보현수普賢樹라 했다. 지통이 말했다.

"법사께서 이곳에 머문 지 오래된 듯합니다."

낭지가 말했다.

"법흥왕 14년(527년, 정미)에 처음으로 이곳에 왔으니 지금은 얼마나 되었는지 모르겠다."

지통이 산에 왔을 때가 바로 문무왕 즉위 원년 661년(신유)이니 연수를 미루어 보면 이미 135년이나 된다.

지통은 그 후 의상의 문하에 가서 높고 오묘한 이치를 깨달았다. 불교의 교화에 힘쓰고자 《추동기錐洞記》를 저술했다.

지통과 원효의 스승 낭지

원효가 반고사磻高寺에 있을 때 자주 낭지를 찾아갔다. 원효에게 《초장관문初章觀文》과 《안신사심론安身事心論》을 짓게 했다. 원효는 글을 끝내고 은사隱士 문선文善을 시켜 글을 받들어 보내면서 그 편의 끝에 게를 적었다.

그 내용은 이렇다.

서쪽 골짜기의 사미 공손히 절하니

동쪽 봉우리의 상덕 고암 앞으로반고사는 영취사의 서북쪽이므로 서쪽 골

짜기의 승려라 함은 자신을 일컫는 말이다.

미세한 먼지를 불어 보내 영취산에 더하고

작은 물방울을 날려 용연龍淵에 던집니다

영취산 동쪽에 태화강이 있다. 중국 태화지에 있는 용의 복을 빌기 위해 만들었기 때문에 용연龍淵이라 했다.

지통과 원효는 모두 큰 성인인데 두 성인이 스승으로 섬겼으니 낭지법사의 도가 고매함을 알 수 있다.

구름을 타고 중국에 드나들다

법사는 일찍이 구름을 타고 중국의 청량산에 가서 신도들과 함께 강론을 듣고 곧바로 돌아오곤 했다. 그곳 승려들을 이웃 사람으로 여겼으나 어디에 사는지 아무도 알지 못했다. 어느 날 절에서 여러 승려들에게 말했다.

"이 절에 항상 머무는 사람 외에 다른 절에서 온 승려들은 저마다 자기가 사는 곳의 이름난 꽃과 진귀한 식물을 가져와서 도량에 바치라."

다음 날 낭지는 산속의 이상한 나뭇가지 하나를 꺾어 와서 바쳤다. 그곳의 승려가 나뭇가지를 보고 말했다.

"이 나무는 범어로 달제가怛提伽라고 한다. 이곳에서는 혁赫이라 하는데 오직 서천축과 해동의 두 영취산에만 있는 것이다. 두 산은 모두 제10

법운지이니 보살이 사는 곳이다. 이 사람은 반드시 성자일 것이다."

그의 행색을 살펴보니 비로소 해동의 영취산에 살고 있음을 알게 되었다. 이로 인해 낭지를 다시 보게 되고 낭지의 이름이 안팎으로 알려졌다. 나라 사람들이 그가 사는 암자를 혁목암赫木庵이라 했다. 지금 혁목사 북쪽 언덕에 있는 터가 바로 그 자리이다.

또 《영취사기》에는 이렇게 기록되어 있다.

낭지법사가 일찍이 말하기를, 이 암자가 있는 자리는 가섭불 때의 절터이다. 이 땅을 파 보아 등잔 기름병 두 개를 얻었다라고 했다. 원성왕 때 이르러 대덕 연회緣會가 이 산 속에 살면서 낭지법사의 전기를 지었는데, 이것이 세상에 전해지고 있다.

또 《화엄경》을 살펴보니 제10 법운지는 법사가 구름을 타던 곳이니 대개 부처가 세 손가락을 구부리고 원효가 1백 개의 몸으로 분신한 것과 같은 것이라 할 수 있다.

다음과 같이 기린다.

> 바위 사이에 백 년 동안 숨어 살며
> 높은 이름이 세상에 드러나지 않았는데
> 산새들이 지저귀는 것을 금할 길 없어
> 구름 타던 길이 함부로 알려져 왔다갔다 하는구나

한번 더 들여다보기
- - - - - - - - - - 피은 편은 글자의 의미 그대로 세상을 피해 숨은

은자들의 이야기이다. 낭지 스님은 영취산에 머물렀으며 《법화경》을 강론했다. 설화에 의하면 구름을 타고 중국의 청량산을 드나드는 이적을 보인다. 청량산은 중국의 3대 성산 중의 하나이다.

또한 원효 대사가 젊었을 때 반고사에 머물며 낭지 스님을 찾아가 만났다는 이야기도 있다. 그러나 낭지 스님에 대한 기록은 아무 것도 남아 있는 것이 없다.

연회도명緣會逃名 문수점文殊岾

연회가 명예를 마다하고 문수점에서 도를 닦다

고승 연회緣會는 일찍이 영취산에 숨어 살았다. 언제나 《법화경》을 읽고 보현관행普賢觀行[1]을 닦았다. 뜰의 연못에는 언제나 연꽃 몇 송이가 피어 있어 사시사철 시들지 않았다. 지금 영취산의 용장전이 옛날 연회가 살던 곳이다.

원성왕이 연꽃의 상서로움과 기이함을 듣고 그를 불러 국사로 삼고자 했다. 법사는 이 소식을 듣고 암자를 떠났다. 서쪽 고개 바위 사이를 지나는데 어떤 노인이 밭을 갈고 있다 물었다.

"법사께서는 어디를 가십니까?"

법사가 대답했다.

"나라에서 잘못 알고 내게 관직을 내려 속세에 두려고 하니 피하는 중

---

1 보현보살의 수행법.

입니다."

노인이 말했다.

"이곳에서 이름을 떨칠 수 있는데 왜 힘들게 멀리 가려고 하십니까? 오히려 이름을 알리는 것이 싫지 않은가 보군요."

연회는 자신을 모욕하는 것이라 여겨 듣지 않았다. 몇 리를 더 가다가 시냇가에서 한 노파를 만났는데 또 물었다.

"법사께서는 어디로 가십니까?"

법사는 전처럼 대답했다. 노파가 말했다.

"이 앞에서 사람을 만난 적 있습니까?"

법사가 대답했다.

"어떤 노인이 나를 너무나 모욕하여 화를 내고 왔습니다."

노파가 말했다.

"그분은 문수보살인데 어찌 그 말씀을 듣지 않았습니까?"

연회는 놀랍고 송구스러워 급히 노인이 있던 곳으로 되돌아가 머리를 숙이고 사과했다.

"성자의 말씀을 어찌 감히 거역하겠습니까? 이제 다시 돌아왔습니다. 그런데 시냇가의 노파는 누구입니까?"

노인이 말했다.

"변재천녀이다."

말을 마치고 노인은 사라졌다. 연회는 다시 암자로 돌아왔다. 얼마 후 왕의 사자가 조서를 가지고 왔다. 연회는 어쩔 수 없이 받아야 할 것이라 생각되었다. 이에 임금의 명으로 대궐로 나아가니 왕은 그를 국사로 봉했다. 《승전》에는 헌안왕(憲安王)이 연회를 이조왕사로 삼아 칭호를 조(照)라고 했으며 함통 4년에 죽었다고 했다. 원성왕의 연대와는 서로 다르니 어느 것이 옳은지는 알 수 없다.

법사가 노인에게서 감응 받은 곳을 문수점文殊岾이라 하고 변재천녀를 만난 곳을 아니점阿尼岾이라 했다.

다음과 같이 기린다.

> 속세에는 오래 숨기 힘들고
> 주머니 속 송곳은 감추기 어렵구나
> 뜰에 핀 연꽃 때문에 그리된 것이지
> 운산雲山이 깊지 않은 것은 아니라네

혜현구정惠現求靜

혜현의 붉은 혀

승려 혜현惠現은 백제 사람이다. 어려서 출가하여 오로지 한마음으로 정진하여 《법화경》[1] 외우는 것을 업으로 삼았다. 부처에게 기도하여 복을 청하니 영험이 많았다. 삼론三論을 배우고 수도하여 깨달음을 알아 신명과 통했다.

처음에는 북부 수덕사修德寺에 머물렀다. 신도들이 있으면 불경을 강론

---

1 묘법연화경을 가리킨다. 대승불교에서 가장 대표적인 경전.

하고 없으면 경을 외웠다. 사방에서 그의 교화를 듣고자 문 밖에 신발이 가득했다.

혜현은 번잡해지는 것을 싫어하여 마침내 강남江南의 달라산達拏山으로 가서 살았다. 산이 아주 험준하니 찾는 사람이 드물었다. 고요히 앉아 온갖 번뇌에서 벗어나기를 기도하며 산 속에서 일생을 마쳤다.

동학들이 그의 시신을 옮겨 석실 안에 두었다. 호랑이가 유해를 다 먹어 버렸는데 오직 해골의 혀만 남겨 두었다. 추위와 더위가 세 번이나 지나가도 혀는 오히려 더 붉고 부드러웠다.

그 후에는 차차 변해 검붉어지더니 돌처럼 단단해졌다. 승려와 속인들이 모두 혜현을 공경하여 석탑 속에 간직했다.

혜현의 나이 58세였으니 즉 정관 초년이었다. 서쪽(중국)으로 유학을 가지 않고도 고요히 은거하여 일생을 마쳤다. 그의 이름은 중국(당나라)에까지 알려져서 전기가 만들어질 정도로 명성이 자자했다.

파약의 수행

또 고구려의 승려 파약[般若]은 중국 천태산으로 들어가 지자智者[1]의 교관敎觀을 받았다. 그의 신이함이 알려졌는데 깊은 산에 머물다가 죽었다. 《당승전》에 역시 실려 있고 영험한 가르침이 아주 많다.

다음과 같이 기린다.

---

1 중국 수나라 천태종의 개창자 지의智顗.

주미塵尾²로 불경을 전해도 한바탕 소란하여

지난날의 독경소리 구름 속에 숨겼다

세속에 오래도록 이름을 날리니

사후의 연꽃처럼 향기로운 혀로구나

한번 더 들여다보기

백제의 승려 혜현과 고구려 승려 파약의 이야기
이다. 혜현은 항상 법화경을 외웠으며 수덕사에서 그의 불심이 이름
이 나자 많은 사람들이 찾아 들었다. 이를 피해 강남의 달나산으로
가서 번뇌를 초월하려고 노력했다. 마침내 세상을 떠나면서 산중의
범에게 육신을 보시했다. 그러나 법화경을 염송하던 혀는 그대로 나
마 썩지 않고 나중에 돌로 변했다. 법화경을 외우던 파약의 혀도 썩
지 않았다는 이야기이다.

신충괘관信忠掛冠

잣나무 아래서 효성왕과 신충이 약속하다

효성왕이 왕위에 오르기 전, 대궐 잣나무 아래에서 어진 선비 신충信忠
과 바둑을 두며 말했다.

---

2 불법을 전할 때 손에 쥐고 흔드는 총채.

"훗날에 내가 만일 그대를 잊는다면 저 잣나무를 증거로 삼으리라."

신충이 일어나 절했다. 몇 달 후 마침내 효성왕이 즉위하였는데 공신들에게 벼슬을 내리면서 신충을 잊고 품계에 넣지 않았다.

이에 신충은 원망하는 노래를 지어 잣나무에 붙였는데 나무가 이내 시들어 버렸다. 왕이 괴이하게 여겨 사람을 시켜 살펴보게 하였는데 그 노래를 찾아 바쳤다. 왕이 크게 놀라며 말했다.

"정무가 복잡하여 가깝게 지내던 사람을 잊을 뻔했다."

왕이 신충을 불러 벼슬을 내리니 잣나무가 곧 되살아났다.

그 노래는 다음과 같다.[1]

> 무성한 잣나무는 가을에도 시들지 않는데
>
> 너를 어찌 잊겠느냐 하신 우러러보던 그 얼굴이 바뀌었네
>
> 달그림자가 옛 못의 일렁거리는 물결을 원망하듯
>
> 얼굴만 바라보고 있으니 세상 모든 것이 싫구나

뒷 구절은 없어졌다. 그 후 신충에 대한 총애가 두터워 두 왕조[2]에 걸쳐 벼슬을 했다.

---

1 〈원가怨歌〉라 한다.
2 효소왕과 경덕왕.

승려가 된 신충

763년(계묘) 경덕왕바로 효성왕의 아우 22년에 신충은 친구 두 사람과 약속을 하고 벼슬을 그만두고 남악南岳[3]으로 들어갔다. 왕이 두 번이나 불러도 나오지 않고 머리를 깎고 승려가 되었다.

왕을 위해 단속사斷俗寺를 세우고 대왕의 복을 빌겠다고 하니 왕이 허락하였다. 이에 죽을 때까지 은거하였다. 왕의 진영眞影을 남겨 두었는데, 금당 뒷벽에 있는 것이 바로 그것이다.

절 남쪽에 속휴俗休라는 마을이 있었는데, 지금 잘못 전해져 소화리小花里라 한다.《삼화상전三和尙傳》을 살펴보면 신충봉성사가 있는데 이것과 혼동된다. 그러나 그것은 신문왕 때이니 경덕왕으로부터 백여 년이나 차이가 난다. 그러니 신문왕 때의 신충은 오래전 일이다. 경덕왕 때의 신풍이 아닌 것이 분명하다. 자세히 살펴야 한다.

또 다른 기록에는 이렇게 되어 있다.

경덕왕 때 직장直長 이준李俊《고승전》에는 이순李純으로 되어 있다.이 일찍이 소원을 빌었다. 50살이 되면 출가해 절을 세우겠다고 했다. 748년(천보天寶 7년, 무자)에 50이 되자 조연槽淵의 작을 절을 큰 사찰로 고쳐 단속사라 했다. 자신도 머리 깎고 법명을 공굉장로孔宏長老라 했다. 20년 동안 이 절에 머물다가 죽었다.

이것은 앞의 《삼국사》에 실린 것과 같지 않아 두 가지 다 기록한다. 의심나는 점은 논하지 않는다.

다음과 같이 기린다.

---

3 지리산.

공명도 이루기 전 귀밑머리 하얗구나

임금의 총애 극진해도 한평생 황망하다

언덕 저편 산이 자주 꿈속에 들어오니

가서 향 피워 왕의 복을 빌 것이다

영재우적永才遇賊

영재가 도적을 만나다

승려 영재永才는 천성이 익살스럽고 재물에 얽매이지 않았으며 향가를 잘 지었다. 나이 들어 남악으로 들어가려고 길을 떠났다.

대현령에 이르렀을 때 도적 60여 명을 만났다. 도적이 영재를 해치려 했으나 영재는 칼날이 닿아도 두려워하는 기색 없이 태연했다. 도적들이 이상하게 여겨 이름을 물으니 영재라 답했다. 도적들은 평소에 그의 이름을 듣고 알고 있던 터라 노래를 지어 보라 했다.

그 가사는 다음과 같다.[1]

내 마음의 모든 형상을 모른 채 지냈던 날

멀리 지나 보내고 이제 숨어 살려고 하네

오직 그릇된 파계승을

---

1 〈우적가遇賊歌〉라 한다.

두려워할 짓에 다시 돌아가리

이 칼이야 맞고 나면 좋은 날이 오겠지만

아, 이만한 선善으로는 새 업을 이룰 수 없네

도적들이 노래에 감동하여 비단 두 필을 주었다.

영재는 웃으며 사양하며 말했다.

"재물이 지옥의 근본이라는 것을 알고 깊은 산으로 피해 일생을 보내려 하는데 어찌 감히 받겠소?"

영재는 재물을 땅에 던져 버렸다. 도적들은 또 이 말에 감동하여 칼과 창을 버렸다. 머리를 깎고 승려가 되어 영재와 함께 지리산으로 들어갔다. 그리고 다시는 세상으로 나오지 않았다.

영재의 나이 아흔이었으니 원성대왕의 시대이다.

다음과 같이 기린다.

지팡이 짚고 산을 찾으니 그 뜻 매우 깊은데

비단과 주옥으로 어찌 마음을 다스리랴

산속 도적들이여 주지도 말고 받지도 말게

몇 푼 재물도 지옥의 근본이네

제9 효선孝善

대성효이세부모大城孝二世父母 신문왕 대神文王代

대성이 전생에 밭을 보시하다

모량리牟梁里혹은 부운촌(浮雲村)의 가난한 여인 경조慶祖에게 아들이 하나 있었다. 머리는 크고 정수리가 평평하여 마치 성城과 같아 대성이라 불렀다. 집이 가난하여 생활하기 어려워 부자 복안의 집에 품을 팔았다. 그 집에서 논 몇 이랑을 주었으므로 먹고 살았다.

그때 고승 점개漸開가 흥륜사에서 육륜회를 열고자 하여 시주를 얻으러 복안의 집에 왔다. 복안이 베 50필을 시주하니 점개가 축원하여 말했다.

"신도가 시주를 아끼지 않으니 천신이 항상 보호하고 지켜주실 것입니다. 하나를 보시하면 1만 배를 얻게 되니 복을 누리고 장수할 것입니다."

대성이 이 말을 듣고 달려와 어머니에게 말했다.

"제가 문간에 온 스님이 축원하는 소리를 들으니 하나를 보시하면 1만 배를 얻는다고 합니다. 우리는 전생의 업을 쌓은 것이 없어 지금 이렇게

478

곤궁한 것 같습니다. 지금 보시하지 못하면 내세에 더욱 가난할 것입니다. 우리가 품을 팔아 얻은 밭을 법회에 보시하여 뒷날의 응보應報를 도모함이 어떻겠습니까?"

어머니도 좋다고 했으므로 그 밭을 점개에게 보시했다.

얼마 후 대성이 죽었다. 이날 밤 재상 김문량金文亮의 집에 하늘에서 외치는 소리가 들렸다.

"모량리에 사는 대성이란 아이가 지금 네 집에 태어날 것이다."

집안사람들이 놀라서 사람을 시켜 모량에 가서 알아보았다. 정말 대성이 죽었다는 날이 하늘의 외침이 들렸던 날과 같았다.

이에 임신하여 아이를 낳았는데 왼손 주먹을 쥐고 펴지 않다가 7일 만에 폈다. 손에는 금간자金簡子[1]가 있었는데 대성이란 두 글자가 새겨져 있었다. 이에 대성이라 이름하고 그 어머니를 집에 모셔와 함께 봉양했다.

두 생의 부모를 위해 불국사와 석불사를 세우다

대성은 어른이 되어 사냥을 좋아했다. 하루는 토함산에 올라 곰 한 마리를 잡고 산 밑 마을에서 묵었다. 꿈에 곰이 귀신으로 변하여 책망했다.

"너는 어찌하여 나를 죽였느냐? 내가 이제 너를 잡아먹을 것이다."

대성이 두려워하며 용서를 빌었다. 귀신이 말했다.

"나를 위해 절을 지어 줄 수 있겠느냐?"

대성이 그렇게 하겠다고 맹세했다. 꿈에 깨어 보니 땀에 흠뻑 젖어 있

---

1 글자가 새겨진 금패.

었다. 이후로 사냥을 금하고 곰을 잡았던 자리에 곰을 위해 장수사長壽寺를 세웠다. 또한 마음에 감동되는 것이 있어서 자비의 원顯이 더욱 두터워졌다.

이승의 부모를 위해 불국사佛國寺를 세우고 전생의 부모를 위해 석불사石佛寺[1]를 세웠다. 신림神琳, 표훈表訓 두 대성을 청해 각각 머물게 했다. 큰 불상을 세워서 길러주신 수고에 보답했다. 한 몸으로 전생과 이생의 부모에게 효도한 것은 옛적에도 듣기 드문 일이다. 시주를 잘한 영험을 어찌 믿지 않을 수 있을 것인가?

대성의 불국사 창건

대성이 장차 석불을 조각하려고 큰 돌 한 개를 다듬었다. 감개龕蓋[2]를 만드는 중에 돌이 갑자기 세 쪽으로 갈라졌다. 대성이 분통해 하다가 옷을 입은 채 잠이 들었다. 밤중에 천신이 내려와 다 만들어 놓고 돌아갔다.

대성은 깨어나자마자 남쪽 고개를 향해 쫓아가 향나무를 태워 천신을 공양했다. 이일로 인해 그곳을 향령香嶺이라고 한다.

불국사의 운제雲梯[3]와 석탑은 그 돌과 나무에 새겨진 솜씨가 동도東道[4]의 여러 사찰 중 그 어느 것보다 뛰어나다.

위의 기록은 옛 《향전鄕傳》에 있는 것이다.

---

1 경주 석굴암.
2 불상을 모시는 궤의 뚜껑.
3 구름다리.
4 경주.

480

그러나 절의 기록에는 '경덕왕 때 대상大相 대성이 751년(천보天寶 10년, 신묘)에 처음으로 불국사를 세우기 시작하여 혜공왕 대를 거쳐 774년(대 력大歷 9년, 갑인) 12월 2일 대성이 죽고 나라에서 공사를 끝냈다. 처음에 는 유가의 고승 항마降魔를 청해 이 절에 살게 하여 그를 계승하여 지금 에 이르렀다.'고 되어 있다. 고전古傳과 같지 않으니 어느 것이 옳은지 알 수 없다.

찬한다.

> 모량에서 봄을 지나 밭 세 묘를 보시하니
> 향령에 가을이 되니 만금을 거두네
> 어머니는 평생 가난하다 부귀를 누리니
> 괴정槐庭[5]은 한 꿈 사이에 두 세상 오갔구나

한번 더 들여다보기

불국사를 창건한 것으로 알려진 김대성에 대한 설화이다. 이 설화에 의하면 김대성이 전생의 부모를 위해서는 석굴 암을, 이승의 부모를 위해서는 불국사를 세운 것으로 되어 있다.

그러나 《불국사고금역대기佛國寺古今歷代記》에 따르면 528년 법흥 왕의 어머니 영제부인과 기윤부인이 불국사를 창건했다는 기록도 있 어 혼돈이 되는 부분이다.

---

5 재상의 관직을 의미하는 것으로, 즉 김대성을 말한다.

상득사지할고공친向得舍知割股供親 경덕왕 대景德王代

상득 사지가 다리 살을 베어 아버지를 공양하다

웅천주熊川州에 상득사지라는 사람이 있었다. 그해 흉년이 들어 그의 아버지가 거의 굶어 죽게 되자 상득은 자기의 허벅지 살을 베어 봉양했다. 마을 사람들이 그 일을 자세히 왕에게 고하니 경덕왕이 조租 5백 섬을 상으로 내렸다.

손순매아孫順埋兒 흥덕왕 대興德王代

손순이 아이를 묻으려다 돌 종을 얻다

손순고본에는 손순(孫舜)은 모량리 사람이며 아버지는 학산鶴山이다. 아버지가 세상을 떠나자 아내와 함께 남의 집에 품을 팔았다. 품삯으로 곡식을 얻어 늙은 어머니를 봉양했다. 어머니의 이름은 운오運鳥이다.

손순에게 어린 아이가 있는데 항상 어머니 음식을 빼앗아 먹었다. 손순이 민망하여 아내에게 말했다.

"아이는 또 얻을 수 있겠으나 어머니는 다시 모실 수 없소. 아이가 어머님 드실 것을 빼앗게 되니 어머니께서 얼마나 배고프시겠소. 우선 아이를 묻고 어머니 배를 채워 드립시다."

부부는 아이를 업고 취산醉山이 산은 모량리 서북쪽에 있다 북쪽 들판으로 갔다. 땅을 파다가 이상한 돌 종을 얻었는데 매우 기이했다. 놀라고 이상하게 여겨 잠시 나무 위에 걸고 한번 두드려 보았다. 종소리가 은은하여 듣기에 아주 좋았다. 아내가 말했다.

"이상한 물건을 얻은 것은 아마도 아이의 복인 듯하니 아이를 묻지 않는 것이 좋겠습니다."

남편도 그렇게 여겨 아이와 돌 종을 지고 집으로 돌아왔다. 종을 들보에 매달고 두드리니 소리가 대궐까지 들렸다. 흥덕왕이 듣고 말했다.

"서쪽 교외에서 이상한 종소리가 들리는데 맑고 멀리까지 들리니 보통 종과 다를 것이니 빨리 가서 조사해 보아라."

사신이 그 집에 가서 조사하고 왕에게 사실을 고했다. 왕이 말했다.

"옛날에 곽거郭巨[1]가 아들을 묻으려 하니 하늘이 금 솥을 내렸다. 지금 손순이 아이를 묻으려 하니 땅에서 돌 종이 솟았다. 전세와 후세의 효를 천지가 함께 살핀 것이다."

이에 집 한 채를 내리고 해마다 벼 50섬을 주어 지극한 효성을 기렸다.

손순은 옛 집을 희사하여 절을 세워 홍효사弘孝寺라 하고 돌 종을 두었다. 진성여왕 때 후백제의 도적이 그 마을에 쳐들어가 종은 없어지고 절만 남았다. 그 종을 얻은 자리를 완호평完乎坪이라 했다. 지금은 잘못 전해져서 지량평枝良坪이라고 한다.

---

1 중국 후한 사람. 24효孝의 한 사람이다.

저자 일연—然에 대하여

일연의 생애

1206~1289년(희종 2~충렬왕 15). 고려 후기의 승려이다. 보각국사普覺國師라고도 한다. 고려 충렬왕 때 《삼국유사》를 지었다. 속성은 김씨, 이름은 견명見明이다. 처음에 승려로 받은 이름은 회연晦然이었다. 후에 일연으로 고쳤다.

경북 경산(당시 경주의 속현이었던 장산군)에서 태어났으며 어렸을 때 출가하여 9세(1214년, 고종 1)에 해양(지금의 광주光州) 무량사無量寺에서 머리를 깎고 승려의 길로 들어섰다. 14세에 설악산 진전사陳田寺에서 정식으로 구족계具足戒를 받았다.

22세(1227년)에 승과에 뽑히고 그 후부터 여러 사찰을 돌며 선관禪觀을 탐구했다. 41세(1246년)에 선사禪師, 54세(1259년)에 대선사가 되었다.

그러나 몽고의 침입이 계속되는 동안 남쪽의 포산, 남해 등지에서 수행에 전념했다. 56세(1261년)에 원종의 부름을 받고 강화도로 가서 선월사禪月寺 주지로 있으면서 설법하며 지눌知訥의 법통을 이었다.

63세(1268년, 원종 9)에 왕명으로 선종과 교종의 고승 100명을 모아 개경에서 대장경 낙성회향법회를 강론하여 선교의 맹주가 되었다.

72세(1277년)에 충렬왕의 명을 받아 청도 운문사雲門寺의 주지가 되어 왕에게 법설을 강론했다. 1283년 국존國尊으로 추대되어 원경충조圓經沖照라는 호를 받았다.

말년에 연로한 어머니를 모시기 위해 고향으로 내려가 경북 군위의 인각사麟角寺를 중축하여 그곳에 머물렀다. 그동안에도 궁에서 두 번에 걸쳐 구산문도회九山門都會를 열었으며 84세인 1289년에 입적했다.

저서로는 《삼국유사》 외에 《어록》, 《계송잡저》, 《조정사원》 등 불교관련 서적 80여 권이 있다.

《삼국유사》 편찬

일연이 《삼국유사》를 정확히 언제 편찬했는지는 알려지지 않았다. 그러나 본격적으로 집필을 시작한 것은 운문사에 머물고 있었던 1281년에서 1283년(충렬왕 7~9)경으로 본다. 그러나 유사에 실린 방대한 자료로 미루어보아 60세 무렵부터 80세에 이르기까지 20여 년에 걸쳐 자료를 수집했을 것으로 보인다.

일연이 살던 고려 시대는 정치적으로는 무신정권(1170~1258년) 시기였으며 또한 몽고와의 항쟁으로 강화도로 천도했던(1232년, 고종 19) 시기이기도 하다.

통일신라를 이은 고려 초기는 유교의 정치이념을 기반으로 도덕적 합리주의에 입각한 중앙집권적 귀족 정치를 실현하고자 했던 시대이다. 이

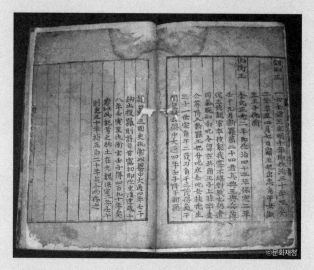

삼국유사 규장각본

러한 정치이념은 점차 고려 귀족의 넓은 지지를 받게 되었으며 그 결과 신라 때의 불교와는 비교도 안 되던 유교가 고려 왕실을 중심으로 성장하게 되었다.

따라서 고려 시대는 유교를 국가를 다스리는 올바른 길로 생각했으며 국왕이나 귀족들은 도덕적 수양을 중요하게 여겼다. 이러한 입장에서 편찬된 역사서가 당대 최고의 유학자 김부식에 의해 저술된 《삼국사기》이다.

《삼국사기》는 유교적 합리주의를 강조하고 중국 중심적이어서 우리 민족 입장에서 중요한 역사적 사실이 빠지거나 왜곡되는 경우가 있었다. 또한 통일신라의 호국종교였던 불교적 측면을 소홀히 다루었다.

보각국사 탑비와 보각국사비 비문

　그러나 당시 고려가 비록 유교를 통치이념으로 삼고 있었다 하더라도 거란과 몽고의 침입 때 대장경이 만들어졌던 것을 보면 불교를 배척했던 것만은 아니었다. 여전히 불교를 국가를 보호하는 종교로, 또한 내세를 위한 가르침으로 생각하여 유교와 함께 병존했던 것이다.

　고려 후기의 불교계를 주도했던 일연으로서는 유교적 사관에서 저술된 《삼국사기》와는 대별되는 불교적 사관의 새로운 역사서의 필요성이 절실했던 것으로 보인다. 그 결과가 《삼국유사》로, 한국 고대의 신화와 역사를 비롯하여 삼국시대 불교의 흥망성쇠를 비롯한 불교 문화사적 설화와 신라의 향가 등이 수록되었다. 이는 우리 고대의 역사와 문학의 귀중한 문헌이다.

　일연이 삼국유사를 집필했던 곳으로 알려진 경북 군위 인각사지는 현재 일연 스님을 기념하는 사적으로 지정되어 여러 유물들이 보관되어 있다. 스님의 초상과 부도와 불상이 있으며, 또한 보각국사 탑과 비석이 있다.

　보각국사 탑비는 1295년(충렬왕 21)에 세워진 것으로 추정되는데 그 명문이 남아 있어 일연의 생애와 저서를 알려주는 아주 귀중한 자료이다. 그런데 일연이 편찬한 책의 목록 중에 《삼국유사》가 빠져 있어 학계에 많은 의문점을 주고 있다.

　아마도 《삼국유사》 속에 무수히 소개되는 불교적 설화에 대한 고려시대 학자들의 거부감 때문이 아니었을까 생각된다. 또한 제7 감통의 진신수공 眞身受供 조에 실려 있는 다음과 같은 설화에서도 그 이유를 찾을 수 있을 듯하다.

　697년 신라 효소왕 6년 때이다. 낙성회를 열고 왕이 친히 행차하여 고승대덕들과 함께 공양을 행하려 할 때, 행색이 초라한 비구승이 자신도 이 재에 참석하게 해달라고 왕에게 청했다. 왕은 제일 끝자리를 허락했다. 재가 끝난 후 왕이 비구승에게, 혹 어느 자리에 가거든 국왕이 친히 공양하는 재에 참여했다는 말을 하지 말라고 하였다. 이에 비구승은 웃으며, 폐하도 다른 사람에게 진신석가 眞身釋迦를 모시고 공양했다고 떠들지 말라고 한다. 초라한 행색의 스님이 사실은 현신한 석가였으나 왕이 알아보지 못했다는 내용이다.

　만백성의 왕이라 할지라도 부처님을 만나기는 쉽지 않다고 나무라는 대담함과 신랄함이 드러나는데, 이는 당시의 지식인들로서는 불경죄로 다스려야 했을 것이다.

위대한 예술가들 중에는 작품 어딘가에 작가의 모습을 남겨 놓는 경우가 종종 있다. 스페인 건축가 가우디의 사그라다 파밀리아 성당의 수많은 군상 조각 중에 잘 살펴보면 가우디의 모습이 있다. 또한 벨라스케스의 〈시녀들〉이라는 유명한 그림 속에는 왕실 가족들 사이에 화가 자신이 큰 캔버스 앞에서 작업 중인 그림을 바라보고 있다.

《삼국유사》 어딘가에 일연 스님의 모습이 남겨져 있다면, 비록 행색은 초라하지만 효소왕 앞에서 당당하게 왕을 나무라던 스님의 모습이 아니었을까!

삼국유사의 체제와 구성에 대하여

역사서는 편찬 형식에 따라 기전체와 편년체로 나뉜다. 기전체는 본기, 세가, 표, 지, 열전으로 구성되는데, 사마천의 《사기》가 대표적이다. 반면 편년체는 역사적 사실을 연월일 순으로 기록한다. 공자가 쓴 노나라의 역사 《춘추》가 가장 오래된 편년체 역사서이다.

김부식의 《삼국사기》(고려 17대 인종 23, 1145년)는 왕명에 의해 저술된 삼국의 정사이며 사마천의 《사기》를 모방하여 본기, 연표, 지, 열전으로 구성된 기전체 역사서이다. 이에 비해 《삼국유사》의 체제는 역사서 형식은 아니지만, 전기체 기록의 형식을 갖춘 중국의 《고승전》과 유사하다.

그 내용을 살펴보면 다음과 같다. 모두 5권으로 되어 있으며, 이 5권은 다시 9편으로 나뉘어 있다.

권1 제1 왕력王歷, 제1 기이紀異(상)
권2 제2 기이(하)
권3 제3 흥법, 제4 탑상

제1 왕력

삼국(고구려, 백제, 신라)과 후삼국, 가야의 왕대와 연표를 실었다.

제1 기이(상)

우리의 건국 신화인 단군신화에서부터 고조선을 시작으로 신라 통일 이전 태종무열왕까지를 다루고 있다. 우리의 고대사라 할 수 있는 고조선과 위만조선, 부여, 옥저, 대방, 가야, 이서국 그리고 발해의 역사를 다루었으며 고구려, 백제, 신라의 건국 신화와 설화 등이 실려 있다.

제2 기이(하)

기이(상)에 이어 문무왕 이후의 통일신라와 백제, 가야의 기록이 실려 있다. 주로 신라에 초점을 맞추어 고려 건국 이전까지 신라의 왕과 기이한 사건들을 연대기적으로 다루고 있다. 또한 신라의 통일 전쟁으로 인해 사라져간 백제와 가야의 역사를 다루었다. 특히 김부식에 의해 철저하게 외면당한 가야의 역사는 아주 소중한 사료이다.

제3 흥법

고구려, 백제, 신라에 처음으로 불교가 전래된 과정을 다루고 있다. 초기 전래는 중국과 지리적으로 가까웠던 고구려가 가장 빨랐다. 삼국 중

신라는 불교의 전래가 늦었으나 가장 흥성했음을 알 수 있다. 또한 도교에 탐닉하여 불교를 외면했기 때문에 고구려가 멸망한 것이라는 일연의 견해로 미루어 일연의 불교적 세계관을 짐작할 수 있다.

제4 탑상

삼국에 조성된 탑과 불상, 사찰에 대한 이야기이다. 삼국 불교의 성격을 살펴볼 수 있게 했으며 특히 통일신라의 불교를 중심으로 호국 불교로 성장한 과정이 잘 나타나 있다.

제5 의해

삼국의 고승 특히 신라의 고승들의 전기와 이적異迹을 다루고 있다. 따라서 중국의 《고승전》과 유사하다. 그러나 《삼국사기》에는 승려들에 관한 열전이 없어 《삼국유사》의 독창성이 돋보이는 서술 부분이다.

당시 당나라 화엄종의 최고 승려였던 지엄이 '큰 나무 한 그루가 해동에서 나와 가지와 잎이 널리 우거져 중국까지 덮었다. 나무 위에 봉황의 둥지가 있었는데 올라가보니 마니보주摩尼寶珠가 하나 있어 빛이 멀리 비치는' 꿈을 꾼 다음 의상을 만났다는 설화에서는 신라의 승려인 의상이 비록 당나라 유학승이었지만 중국의 승려보다 더 뛰어난 존재로 형상화되고 있음을 엿볼 수 있다.

이와 같이 독창적이며, 자주적이고 불교적인 일연의 서술 태도는 《삼국유사》 곳곳에 드러나 있다.

제6 신주

신주神呪란 밀교密敎 신승神僧의 사적이란 뜻이다. 밀교는 비밀 불교 또는 밀의密儀 종교의 약칭으로 진언眞言 밀교 또는 신인종神印宗이라 한다. 따라서 밀교승은 주술로 귀신을 물리치는 승려를 가리킨다. 밀본법사, 혜통, 명랑 등 모두 밀교의 승려들에 대한 이야기가 실려 있다.

토착 종교라 할 수 있는 밀교도 불교와 함께 융화되어 귀신을 쫓고, 병을 고쳤으며, 국난에 이르러서는 강력한 힘이 되어 신라 사회의 한 축이 되었음을 알 수 있다.

제7 감통

불교의 고승들 못지않게 부처의 영험에 감응한 평범한 불자들을 다루고 있다. 남의 집 노비였던 욱면이나 신을 만드는 갓바치, 화전민 같은 일반 민중들도 구도와 염불을 통해 부처가 있는 극락정토로 가게 되는 종교적 체험에 관한 내용들이다. 즉 아미타 신앙이 신라의 일반 민중들 사이에 전파되어 가고 있었음을 보여 준다.

통일신라 시대 초기에는 왕실과 귀족, 승려들만의 신앙이었던 불교가 차츰 후대에 이르러 정토신앙, 민중신앙으로 변모하였음을 알 수 있다.

그 외에 도솔가, 혜성가 등 신라의 향가가 수록되어 있다.

제8 피은

피은避隱은 글자의 의미 그대로 세상을 피해 숨은 은자, 승려들의 이야기이다. 그러나 비록 속세에서는 떠나 있었지만 나름대로의 방식으로 내

세 정토에 귀의하려는 불교적 신앙을 가지고 있었음을 보여 준다.

제9 효선

효행 설화를 중심으로 세속적인 윤리인 효와 불교적 윤리(윤회, 인과응
보)가 밀접하게 연결되어 있음을 예시한다.

《삼국유사》가 비록 《삼국사기》와 같은 역사서의 형태를 벗어나 중국
《고승전》의 형태로 저술된 것, 지나치게 신라 중심적이라는 비판을 받고
있으나, 역사적 사료로서의 고대사를 비롯하여 불교에 관한 풍부한 자료
와 설화 등이 수록되어 아주 소중한 가치를 지니고 있는 문헌이다.

또한 신라 시대의 정형시가인 향가 14수(모죽지랑가, 헌화가, 안민가, 찬기
파랑가, 처용가, 서동요, 도천수관음가, 풍요, 원왕생가, 도솔가, 제망매가, 혜성
가, 원가, 우적가)가 실려 있어 그 문학사적 가치는 절대적이다.

향가는 신라 때 불리던 민간노래이다. 향찰이라고도 한다. 형식은 4구
체, 8구체, 10구체로 나뉘며 한자로 지은 노래도 있고, 이두로 지어진 노
래도 있다.

내용은 다양하나 노동요나 민요로 추측되는 풍요, 귀신이나 액운을 막
기 위한 주술적 노래, 또는 자신의 감정을 털어놓는 노래들도 있다.

그 외에 《삼국유사》에는 편찬자 일연이 불교 설화를 소개하면서 각 항
목 말미에 덧붙인 찬시 48편이 있다. 각각의 설화에 대해 일연 자신의 주
관적인 감흥을 노래한 것으로 비유와 상징을 통해 불교의 참뜻을 알려주
며 불가사의한 영험의 세계로 이끈다.

각국의 왕 계보와 재위기간

신라新羅

상대(기원전 57~654)

혁거세赫居世(기원전 57~4) - 남해차차웅南解次次雄(4~24) ─ 노례니질금弩禮尼叱今(24~57) ─ 탈해니질금脫解尼叱今(57~80) ─ 파사니질금婆娑尼叱今(80~112) ─ 지마니질금祗磨尼叱今(112~134) ─ 일성니질금逸聖尼叱今(134~154) ─ 아달라니질금阿達羅尼叱今(154~184) ─ 벌휴니질금伐休尼叱今(184~196) ─ 내해니질금奈解尼叱今(196~230) ─ 조분니질금助賁尼叱今(230~247) ─ 이해니질금理解尼叱今(247~261) ─ 미추니질금未鄒尼叱今(261~284) ─ 유례니질금儒禮尼叱今(284~298) ─ 기림니질금基臨尼叱今(298~310) ─ 걸해니질금乞解尼叱今(310~356) ─ 내물마립간奈勿麻立干(356~402) ─ 실성마립간實聖麻立干(402~417) ─ 눌지마립간訥祗麻立干(417~458) ─ 자비마립간慈悲麻立干(458~479) ─ 비처마립간毗處麻立干(479~500) ─ 지정마립간智訂麻立干(500~514) ─ 법흥왕法興王(514~540) ─ 진

흥왕眞興王(540~576) ― 진지왕眞智王(576~579) ― 진평왕眞平王(579~632) ―
선덕여왕善德女王(632~647) ― 진덕여왕眞德女王(647~654)

중대(654~780)

태종무열왕太宗武烈王(654~661) ― 문무왕文武王(661~681) ― 신문왕神文王
(681~692) ― 효소왕孝昭王(692~702) ― 성덕왕聖德王(702~737) ― 효성왕孝成
王(737~742) ― 경덕왕景德王(742~765) ― 혜공왕惠恭王(765~780)

하대(780~935)

선덕왕宣德王(780~785) ― 원성왕元聖王(785~798) ― 소성왕昭聖王(798~800)
― 애장왕哀莊王800~809) ― 헌덕왕憲德王(809~826) ― 흥덕왕興德王(826~836)
― 희강왕僖康王(836~838) ― 민애왕閔哀王(838~839) ― 신무왕神虎王(839) ―
문성왕文聖王(839~857) ― 헌안왕憲安王(857~861) ― 경문왕景文王(861~875)
― 헌강왕憲康王(875~886) ― 정강왕定康王(886~887) ― 진성여왕眞聖女王
(887~897) ― 효공왕 孝恭王(897~912) ― 신덕왕神德王(912~917) ― 경명왕景明
王(917~924) ― 경애왕景哀王(924~927) ― 경순왕敬順王(927~935)

고구려高句麗

동명왕東明王(기원전 37~기원전 19) ― 유리왕瑠璃王(기원전 19~18) ― 대무
신왕大虎神王(18~44) ― 민중왕閔中王(44~48) ― 모본왕慕本王(48~53) ― 국

조왕國祖王(?53~?146) ― 차대왕次大王(146~165) ― 신대왕新大王(165~179) ― 고국천왕故國川王(179~197) ― 산상왕山上王(197~227) ― 동천왕東川王 (227~248) ― 중천왕中川王(248~270) ― 서천왕西川王(270~292) ― 봉상왕烽 上王(248~270) ― 미천왕美川王(300~331) ― 고국원왕故國原王(331~371) ― 소수림왕小獸林王(371~384) ― 고국양왕故國壤王(384~391) ― 광개왕廣開王 (391~412) ― 장수왕長壽王(412~491) ― 문자명왕文咨明王(491~519) ― 안장왕 安藏王(519~531) ― 안원왕安原王(531~545) ― 양원왕陽原王(545~559) ― 평원 왕平原王(559~590) ― 영양왕嬰陽王(590~618) ― 영류왕榮留王(618~642) ― 보 장왕寶藏王(642~668)

백제百濟

온조왕溫祚王(기원전 18~28) ― 다루왕多婁王(28~77) ― 사루왕巳婁王 (77~128) ― 개루왕蓋婁王(128~166) ― 초고왕肖古王(166~214) ― 구수왕仇首 王(214~234) ― 사반왕沙泮王(234) ― 고이왕古爾王(234~286) ― 책계왕責稽王 (286~298) ― 분서왕汾西王(298~304) ― 비류왕比流王(304~344) ― 계왕契王 (344~346) ― 근초고왕近肖古王(346~375) ― 근구수왕近仇首王(375~384) ― 침류왕枕流王(384~385) ― 진사왕辰斯王(385~392) ― 아신왕阿莘王(392~405) ― 전지왕腆支王(405~420) ― 구이신왕仇尓辛王(420~427) ― 비유왕毗有王 (427~455) ― 개로왕盖鹵王(455~475) ― 문주왕文周王(475~477) ― 삼근왕三 斤王(477~479) ― 동성왕東城王(479~501) ― 무령왕武寧王(501~523) ― 성왕

聖王(523~554) ─ 위덕왕威德王(554~598) ─ 혜왕惠王(598~599) ─ 법왕法王
(599~600) ─ 무왕武王(600~641) ─ 의자왕義慈王(641~660)

가락駕洛

수로왕首露王(42~199) ─ 거등왕居登王(199~253) ─ 마품왕麻品王(253~291)
─ 거질미왕居叱彌王(291~346) ─ 이시품왕伊尸品王(346~407) ─ 좌지왕坐知王
(407~421) ─ 취희왕吹希王(421~451) ─ 질지왕銍知王(451~491) ─ 겸지왕鉗知
王(491~521) ─ 구형왕仇衡王(521~532)

○·············○   ○·············○

한漢

전한前漢(기원전 206~8)

고제高帝(기원전 202~기원전 195) ─ 혜제惠帝(기원전 195~기원전 188) ─ 소
제少帝(기원전 188~기원전 184) ─ 소제少帝(기원전 184~기원전 180) ─ 문제
文帝(기원전 180~기원전 175) ─ 경제景帝(기원전 157~기원전 141) ─ 무제武帝

(기원전 141 ~기원전 87) ― 소제昭帝(기원전 87~기원전 74) ― 폐제廢帝(기원전 74) ― 선제宣帝(기원전 74~기원전 49) ― 원제元帝(기원전 49~기원전 33) ― 성제成帝(기원전 33~기원전 7) ― 애제哀帝(기원전 7~기원전 1) ― 평제平帝(기원전 1~5) ― 유자孺子(6~8)

후한後漢(25~220)

무제光武虎(25~57) ― 명제明帝(28~75) ― 장제章帝(75~88) ― 화제和帝(88~106) ― 상제殤帝(106) ― 안제安帝(106~125) ― 소제少帝(125) ― 순제順帝(125~144) ― 충제冲帝(144~145) ― 질제質帝(145~146) ― 환제桓帝(146~168) ― 영제靈帝(168~189) ― 소제少帝(홍농왕弘農王으로 강등, 189) ― 헌제獻帝(189~220)

진晉

서진西晉(265~317)

무제武帝(265~290) ― 혜제惠帝(290~306) ― 회제懷帝(306~312) ― 민제愍帝(313~317)

동진東晉(317~420)

원제元帝(317~322) ― 명제明帝(322~325) ― 성제成帝(325~342) ― 강제康皇帝(342~344) ― 목제穆帝(344~361) ― 애제哀帝(361~365) ― 폐제廢帝

(365~371) ― 간문제簡文帝(371~372) ― 효무제孝武帝(372~396) ― 안제安帝
(396~418) ― 공제恭帝(418~420)

남북조南北朝

북조(북위 – 동위 – 서위 – 북제 – 북주)
남조(송 – 제 – 양 – 진)

송宋(420~79)

무제武帝(420~422) ― 소제小帝(422~424) ― 문제文帝(424~453) ― 효무
제孝武帝(453~464) ― 폐제廢帝(464~465) ― 명제明帝(465~472) ― 폐제廢帝
472~477) ― 순제順帝(477~479)

제齊(479~502)

고제高帝(479~482) ― 무제武帝(482~493) ― 울림왕鬱林王(493~494) ― 해릉
공왕海陵恭王(494) ― 명황제明 帝(494~498) ― 동혼후東昏侯(498~501) ― 화제
和帝(501~502)

양梁(502~557)

무제武帝(502~549) ― 간문제簡文帝(549~551) ― 원제元帝(552~554) ― 민제
閔帝(555) ― 경제敬帝(555~557)

진陳(557~589)

무제武帝(557~559) — 문제文帝(559~566) — 폐제廢帝(566~568) — 선제宣帝
(569~582) — 진 후주陳後主(582~589)

수隋

문제文帝(581~604) — 양제煬帝(604~618) — 공제恭帝(617~618)

당唐

고조高祖(618~626) — 태종太宗(626~649) — 고종高宗(649~683) — 중종中
宗(684) — 예종睿宗(684~690) — 측천무후則天武后(무주武周 황제로서 통치,
690~705) — [복위] 중종中宗(705~710) — [복위] 예종睿宗(710~712) — 현종玄宗
(712~756) — 숙종肅宗(756~762) — 대종代宗(762~779) — 덕종德宗(779~805)
— 순종順宗(804~805) — 헌종憲宗(805~820) — 목종穆宗(820~824) — 경종敬宗
(824~826) — 문종文宗(826~840) — 무종虎宗(840~846) — 선종宣宗(846~859)
— 의종懿宗(859~873) — 희종僖宗(873~888) — 소종昭宗(888~903)—경종景宗
(904~907)